Ma double vie

Les Mémoires de Sarah Bernhardt

Sarah Bernhardt

Writat

Cette édition parue en 2024

ISBN : 9789359940786

Publié par
Writat
email : info@writat.com

Contenu

I ENFANCE ..... - 1 -

II AU INTERNAT ..... - 6 -

III VIE DU COUVENT ..... - 15 -

IV MON DÉBUT ..... - 24 -

V LE SHAKO DU SOLDAT ..... - 34 -

VI LE CONSEIL DE FAMILLE ET MA PREMIÈRE VISITE AU THÉÂTRE ..... - 41 -

VII MA CARRIÈRE – PREMIÈRES LEÇONS ..... - 52 -

VIII LE CONSERVATOIRE ..... - 56 -

IX UNE DEMANDE DE MARIAGE ET DES EXAMENS — LE CONSERVATOIRE ..... - 64 -

X MON PREMIER FIANÇAILLES À LA COMÉDIE FRANÇAISE ..... - 77 -

XI MON DÉBUT À LA MAISON DE MOLIÈRE, ET MON PREMIER DÉPART DE CELLE -CI ..... - 87 -

XII AU THÉÂTRE GYMNASE—UN VOYAGE EN ESPAGNE - 96 -

XIII DE LA PORTE ST. THÉÂTRE MARTIN À L'ODÉON ..... - 106 -

XIV LE PASSANT—AUX TUILERIES—INCENDIE DANS MON APPARTEMENT ..... - 122 -

XV LA GUERRE FRANCO-PRUSSE ..... - 137 -

XVI L'AMBULANCE DE SARAH BERNHARDT AU THÉÂTRE ODÉON ..... - 145 -

XVII PARIS BOMBARDÉ ..... - 156 -

XVIII UN VOYAGE AUDACIEUX À TRAVERS LES LIGNES ALLEMANDES ..... - 171 -

XIX MON RETOUR À PARIS—LA COMMUNE—
À ST. GERMAIN-EN-LAYE .... - 194 -

XX VICTOR HUGO .... - 202 -

XXI UN SOUPER MÉMORABLE .... - 206 -

XXII À LA COMÉDIE FRANÇAISE DE NOUVEAU—
SCULPTURE .... - 219 -

XXIII UNE DESCENTE DANS L'ENFER DU PLOGOFF —
MA PREMIÈRE APPARITION EN PHÈDRE — LA
DÉCORATION DE MON NOUVEAU MANOIR .... - 235 -

XXIV ALEXANDRE DUMAS—L'ETRANGERE—MA
SCULPTURE AU SALON .... - 247 -

XXV « HERNANI » – UN VOYAGE EN BALLON .... - 255 -

XXVI LA COMÉDIE FRANÇAISE SE VA À LONDRES - 266 -

XXVII LONDON LIFE—MA PREMIÈRE REPRÉSENTATION
AU
GAIETY THEATRE .... - 277 -

XXVIII MES PERFORMANCES À LONDRES — MON
EXPOSITION — MES ANIMAUX SAUVAGES —
PROBLEMES
AVEC LA COMÉDIE FRANÇAISE .... - 283 -

XXIX LA COMÉDIE FRANÇAISE RETOURNE À PARIS —
COMMENTAIRES DE SARAH BERNHARDT SUR LES
ACTEURS
ET ACTRICES DU JOUR .... - 299 -

XXX MON DÉPART DE LA COMÉDIE FRANÇAISE —
PRÉPARATIFS DE MA PREMIÈRE TOURNÉE
AMÉRICAINE — UNE AUTRE VISITE À LONDRES .... - 303 -

XXXI UNE TOURNÉE AU DANEMARK – FAMILLES
ROYALES – LES « VINGT-HUIT JOURS » DE SARAH
BERNHARDT .... - 316 -

XXXII EXPÉRIENCES ET RÉFLEXIONS À BORD DU
NAVIRE DU HÂVRE À NEW YORK .... - 326 -

XXXIII ARRIVÉE À NEW YORK—REPORTERS
AMÉRICAINS—LA DOUANE—

PERFORMANCES À NEW YORK—UNE VISITE À
EDISON À MENLO PARK .... - 334 -

XXXIV À BOSTON—HISTOIRE DE LA BALEINE .... - 350 -

XXXV GRANDE RÉCEPTION DE MONTRÉAL—LE POÈTE
FRÉCHETTE—UNE ESCAPADE SUR LE SAINT-LAURENT.
FLEUVE SAINT-LAURENT .... - 357 -

XXXVI SPRINGFIELD—BALTIMORE—PHILADELPHIE—
CHICAGO—AVENTURES ENTRE ST. LOUIS ET
CINCINNATI—PEINE CAPITALE .... - 366 -

XXXVII LA NOUVELLE-ORLÉANS ET AUTRES VILLES
AMÉRICAINES
—UNE VISITE AUX CHUTES DU NIAGARA .... - 379 -

XXXVIII LE RETOUR EN FRANCE — L'ACCUEIL
AU HÂVRE .... - 395 -

JE
L'ENFANCE

Ma mère aimait voyager : elle allait de l'Espagne à l'Angleterre, de Londres à Paris, de Paris à Berlin et de là à Christiania ; puis elle revenait, m'embrassait et repartait pour la Hollande, sa patrie. Elle envoyait à mon infirmière des vêtements pour elle et des gâteaux pour moi. À une de mes tantes, elle écrivait : « Prends soin de la petite Sarah ; Je reviendrai dans un mois. Un mois plus tard, elle écrira à une autre de ses sœurs : « Va voir l'enfant chez sa nourrice ; Je serai de retour dans quelques semaines.

L'âge de ma mère était de dix-neuf ans ; J'avais trois ans et mes deux tantes avaient dix-sept et vingt ans ; une autre tante avait quinze ans et l'aînée vingt-huit ; mais la dernière habitait la Martinique et était mère de six enfants. Ma grand-mère était aveugle, mon grand-père était mort et mon père vivait en Chine depuis deux ans. Je ne sais pas pourquoi il était allé là-bas.

Mes jeunes tantes promettaient toujours de venir me voir, mais tenaient rarement parole. Ma nourrice était originaire de Bretagne et habitait près de Quimperlé, dans une petite maison blanche au toit de chaume bas, sur laquelle poussaient des giroflées sauvages. C'est la première fleur qui a charmé mes yeux d'enfant et je l'aime depuis. Ses feuilles sont lourdes et tristes et ses pétales sont faits de soleil couchant.

La Bretagne est loin, même à notre époque de vélocité ! A cette époque, c'était la fin du monde. Heureusement, ma nourrice était, semble-t-il, une bonne et aimable femme, et, comme son propre enfant était mort, elle n'avait que moi à aimer. Mais elle aimait à la manière des pauvres, quand elle en avait le temps.

Un jour, alors que son mari était malade, elle alla aux champs pour aider à cueillir des pommes de terre ; le sol trop humide les pourrissait et il n'y avait pas de temps à perdre. Elle m'a laissé la garde de son mari, qui gisait sur son lit breton souffrant d'une grave crise de lumbago. La bonne femme m'avait placé dans ma chaise haute, et avait eu soin de mettre la cheville en bois qui soutenait l'étroite table pour mes jouets. Elle jeta un fagot dans la cheminée et me dit en langue bretonne (jusqu'à l'âge de quatre ans je ne comprenais que le breton) : « Sois une bonne fille, Fleur de Lait. C'était mon seul nom à l'époque. Lorsqu'elle fut partie, j'essayai de retirer la cheville en bois qu'elle avait pris tant de peine à mettre en place. Finalement je réussis à écarter le petit rempart. Je voulais atteindre le sol, mais, pauvre petit moi ! je tombai dans le feu qui brûlait joyeusement.

Les cris de mon père adoptif, qui ne pouvait plus bouger, ont attiré des voisins. J'ai été jeté, tout fumant, dans un grand seau de lait frais. Mes tantes furent informées de ce qui s'était passé : elles communiquèrent la nouvelle à ma mère, et pendant les quatre jours suivants, cette partie tranquille du pays fut sillonnée par des diligences qui arrivèrent en succession rapide. Mes tantes venaient de toutes les parties du monde, et ma mère, la plus effrayée, accourut de Bruxelles, avec le baron Larrey, un de ses amis, qui était un jeune médecin qui commençait à peine à acquérir de la célébrité, et un chirurgien-interne que le baron Larrey l'avait amené avec lui. On m'a dit depuis que rien n'était plus douloureux à voir et pourtant plus charmant que le désespoir de ma mère. Le médecin approuvait le « masque au beurre », qu'on changeait toutes les deux heures.

Cher Baron Larrey ! Je l'ai souvent revu par la suite, et de temps en temps nous le rencontrerons dans les pages de mes Mémoires. Il me racontait avec tant de charme à quel point ces gentils gens aimaient Milk Blossom. Et il ne pouvait s'empêcher de rire à la pensée de ce beurre. Il y avait du beurre partout, disait-il : sur les lits, sur les armoires, sur les chaises, sur les tables, accroché aux clous des vessies. Tous les voisins apportaient du beurre pour fabriquer des masques pour Milk Blossom.

Mère, adorablement belle, ressemblait à une Madone, avec ses cheveux dorés et ses yeux bordés de cils si longs qu'ils faisaient une ombre sur ses joues lorsqu'elle baissait les yeux.

Elle distribuait de l'argent de tous côtés. Elle aurait donné ses cheveux dorés, ses doigts fins et blancs, ses petits pieds, sa vie elle-même, pour sauver son enfant. Et elle était aussi sincère dans son désespoir et son amour que dans son oubli inconscient. Le baron Larrey revint à Paris, laissant avec moi ma mère, tante Rosine et le chirurgien. Quarante-deux jours plus tard, maman ramenait en triomphe à Paris la nourrice, le père adoptif et moi, et nous installait dans une petite maison à Neuilly, au bord de la Seine. Je n'avais même pas de cicatrice, semble-t-il. Ma peau était d'un rose un peu trop vif, mais c'était tout. Ma mère, à nouveau heureuse et confiante, a recommencé à voyager, me laissant aux soins de mes tantes.

Deux années furent passées dans le petit jardin de Neuilly, plein d'horribles dahlias serrés les uns contre les autres et colorés comme des boules de bois. Mes tantes n'y sont jamais venues. Ma mère envoyait de l'argent, des bonbons et des jouets. Le père adoptif mourut et ma nourrice épousa un concierge qui ouvrait la porte du 65, rue de Provence.

Ne sachant où trouver ma mère et ne pouvant écrire, ma nourrice, sans en parler à aucun de mes amis, m'emmena avec elle dans sa nouvelle demeure.

Le changement m'a ravi. J'avais alors cinq ans et je me souviens de ce jour comme si c'était hier. La demeure de ma nourrice se trouvait juste au-dessus de la porte de la maison, et la fenêtre était encadrée dans la lourde et monumentale porte. De l'extérieur, j'ai trouvé que c'était beau et j'ai commencé à applaudir en arrivant à la maison. C'était vers cinq heures du soir, au mois de novembre, quand tout paraît gris. On me mit au lit, et sans doute je m'endormis aussitôt, car là s'arrêtent mes souvenirs de cette journée.

Le lendemain matin, un terrible chagrin m'attendait. Il n'y avait pas de fenêtre dans la petite chambre où je dormais, et je me mis à pleurer et à m'échapper des bras de ma nourrice qui m'habillait, pour me rendre dans la chambre voisine. J'ai couru vers la fenêtre ronde, qui formait une immense « cible » au-dessus de la porte. J'ai appuyé mon front têtu contre la vitre et je me suis mis à crier de rage en ne voyant ni arbres, ni buis, ni feuilles qui tombaient, rien, rien que de la pierre, une pierre froide, grise et laide, et des vitres en face de moi. "Je veux m'en aller! Je ne veux pas rester ici ! Tout est noir, noir ! C'est moche ! Je veux voir le plafond de la rue ! et j'ai fondu en larmes. Ma pauvre nourrice me prit dans ses bras et, m'enveloppant dans un tapis, me fit descendre dans la cour. « Lève la tête, Fleur de Lait, et regarde ! Voyez, voilà le plafond de la rue !

Cela me réconfortait un peu de voir qu'il y avait du ciel dans cet endroit laid, mais ma petite âme était bien triste. Je ne pouvais pas manger, je suis devenu pâle et je suis devenu anémique, et je serais certainement mort de phtisie si ce n'était pas un simple hasard, un incident des plus inattendus. Un jour, je jouais dans la cour avec une petite fille, appelée Titine, qui habitait au deuxième étage et dont je ne me souviens ni du visage ni du vrai nom, lorsque j'ai vu le mari de ma nourrice traverser la cour avec deux dames, dont l'une était habillé de la manière la plus à la mode. Je ne pouvais voir que leur dos, mais la voix de la dame habillée à la mode a fait arrêter mon cœur de battre. Mon pauvre petit corps tremblait d'excitation nerveuse.

"Est-ce qu'une des fenêtres donne sur la cour ?" elle a demandé.

"Oui, Madame, ces quatre-là", répondit-il en désignant quatre ouvertes au premier étage.

La dame se tourna vers eux et je poussai un cri de joie.

« Tante Rosine ! Tante Rosine ! m'exclamai-je en m'accrochant aux jupes de la jolie visiteuse. J'ai enfoui mon visage dans ses fourrures, piétinant, sanglotant, riant et déchirant ses larges manches en dentelle dans ma frénésie de plaisir. Elle m'a pris dans ses bras et a essayé de me calmer, et interrogeant la concierge, elle a balbutié à son amie : « Je ne comprends pas ce que tout cela veut dire ! C'est la petite Sarah ! L'enfant de ma sœur Youle !

SARAH BERNHARDT ET SA MÈRE

Le bruit que je faisais avait attiré l'attention et les gens ouvraient leurs fenêtres. Ma tante décida de se réfugier dans la loge de la concierge, pour avoir une explication. Ma pauvre nourrice lui raconta tout ce qui s'était passé, la mort de son mari et son second mariage. Je ne me souviens pas de ce qu'elle a dit pour s'excuser. Je m'accrochais à ma tante, délicieusement parfumée, et je ne la lâchais pas. Elle m'a promis de venir me chercher le lendemain, mais je ne voulais pas rester plus longtemps dans cet endroit sombre. J'ai demandé à commencer immédiatement avec mon infirmière. Ma tante me caressa doucement les cheveux et parla à son amie dans une langue que je ne comprenais pas. Elle essaya en vain de m'expliquer quelque chose ; Je ne sais pas ce que c'était, mais j'ai insisté sur le fait que je voulais partir immédiatement avec elle. D'une voix douce, tendre et caressante, mais sans véritable affection, elle disait toutes sortes de jolies choses, me caressait de ses mains gantées, tapotait ma robe qui était retroussée, et me faisait une foule de petits gestes charmants et frivoles : mais tout cela sans réel sentiment. Elle s'en alla ensuite, sur les instances de son amie, après avoir vidé son sac entre les mains de ma nourrice. Je me précipitai vers la porte, mais le mari de ma nourrice, qui lui avait ouvert, la referma. Ma nourrice pleurait et, me prenant dans ses bras, elle ouvrit la fenêtre en me disant : « Ne pleure pas, Fleur de Lait. Regarde ta jolie tante ; elle reviendra, et alors tu pourras partir avec elle. De grosses larmes coulaient sur son beau visage calme, rond. Je ne voyais que le trou sombre et noir qui restait là, immuable, derrière moi, et, désespéré, je me précipitais vers ma tante, qui venait de monter en voiture. Après cela, je n'ai plus rien su ; tout semblait sombre, il y avait du bruit au loin. Je pouvais entendre des voix très, très loin. J'avais réussi à échapper à ma pauvre nourrice et j'étais tombé sur le trottoir devant ma tante. Je m'étais cassé le bras à deux endroits et je m'étais blessé à la rotule gauche. Je ne suis revenu à moi que quelques heures plus tard et j'ai découvert que j'étais dans un beau et large lit qui sentait très bon. Elle se trouvait au milieu d'une grande pièce, avec deux belles fenêtres, ce qui me rendit très heureux, car je voyais à travers elles le plafond de la rue.

Ma mère, qu'on avait immédiatement appelée, est venue s'occuper de moi et j'ai vu le reste de ma famille, mes tantes et mes cousins. Mon pauvre petit cerveau ne comprenait pas pourquoi tous ces gens m'aimaient tout à coup tant, alors que j'avais passé tant de jours et de nuits sous les soins d'une seule personne.

Comme j'étais faible et mes os petits et friables, j'ai mis deux ans à me remettre de cette terrible chute, et pendant ce temps j'ai été presque toujours transporté. Je passerai sous silence ces deux années de ma vie qui ne m'ont laissé qu'un vague souvenir de caresses et d'un état de torpeur chronique.

II
AU INTERNAT

Un jour, ma mère m'a mis à genoux et m'a dit : « Tu es une grande fille maintenant et tu dois apprendre à lire et à écrire. J'avais alors sept ans, et je ne savais ni lire, ni écrire, ni compter, car j'avais été cinq ans avec la vieille nourrice et deux ans malade. "Tu dois aller à l'école", continuait ma mère en jouant avec mes cheveux bouclés, "comme une grande fille". Je ne savais pas ce que tout cela signifiait et j'ai demandé ce qu'était une école.

« C'est un endroit où il y a beaucoup de petites filles », répondit ma mère.

« Sont-ils malades ? » J'ai demandé.

"Oh non! Ils vont très bien, comme vous maintenant, et ils jouent ensemble et sont très gais et heureux.

Je sautais de joie et laissais libre cours à ma joie, mais en voyant des larmes dans les yeux de ma mère, je me jetai dans ses bras.

"Mais et toi, maman ?" J'ai demandé. "Tu seras tout seul et tu n'auras pas de petite fille."

Elle s'est penchée vers moi et m'a dit : « Dieu m'a dit qu'il m'enverrait des fleurs et un petit bébé. »

Ma joie était de plus en plus bruyante. "Alors j'aurai un petit frère!" M'écriai-je, « ou bien une petite sœur. Oh non, je ne veux pas de ça ; Je n'aime pas les petites sœurs.

Maman m'embrassa très affectueusement, puis je fus vêtue, je me souviens, d'une robe en velours côtelé bleu dont j'étais très fier. Ainsi habillé dans toute ma splendeur, j'attendais avec impatience la voiture de tante Rosine qui devait nous conduire à Auteuil.

Il était environ trois heures lorsqu'elle arriva. La bonne était partie depuis environ une heure, et j'avais vu avec délice ma petite malle et mes jouets être chargés dans la voiture. La femme de chambre monta et prit place à côté du chauffeur, malgré les protestations de ma mère au début. Lorsque le magnifique équipage de ma tante arriva, maman fut la première à monter, lentement et calmement. Je suis monté à mon tour en me donnant des airs, car le concierge et quelques commerçants regardaient. Ma tante entra alors légèrement, mais nullement calmement, après avoir donné ses ordres en anglais au cocher raide et ridicule, et lui avoir remis un papier sur lequel était écrite l'adresse. Une autre voiture suivait la nôtre, dans laquelle étaient assis trois hommes : Régis L..., un ami de mon père, le général de P..., et un artiste, nommé Fleury, je crois, dont les tableaux de chevaux et de sujets sportifs étaient très en vogue. la mode à ce moment-là.

J'appris en chemin que ces messieurs devaient faire un petit dîner près d'Auteuil, pour consoler maman de sa grande peine d'être séparée de moi. D'autres invités devaient être là pour les rencontrer. Je n'ai pas prêté beaucoup d'attention à ce que ma mère et ma tante se disaient. Parfois, lorsqu'ils parlaient de moi, ils parlaient anglais ou allemand et me souriaient affectueusement. Ce long trajet fut grandement apprécié par moi, car, le visage appuyé contre la vitre et les yeux grands ouverts, je regardais avec avidité la route grise et boueuse, avec ses maisons laides de chaque côté et ses arbres nus. Je pensais que tout cela était très beau, parce que cela changeait constamment.

La voiture s'est arrêtée au 18 rue Boileau, à Auteuil. Sur le portail en fer se trouvait une longue enseigne sombre avec des lettres dorées. Je l'ai regardé et maman a dit: "Tu pourras bientôt le lire, j'espère." Ma tante m'a chuchoté : « Pensionnat, Madame Fressard », et très vite j'ai dit à maman : « C'est écrit « Pensionnat, Madame Fressard ».

Maman, ma tante et les trois messieurs rirent de bon cœur de mon assurance, et nous entrâmes dans la maison. Madame Fressard est venue à notre rencontre et elle m'a tout de suite plu. Elle était de taille moyenne, plutôt grosse, et ses cheveux devenaient gris, *à la Sévigné*. Elle avait de beaux grands yeux, un peu comme ceux de George Sand, et des dents très blanches, qui ressortaient d'autant plus que son teint était plutôt fauve. Elle avait l'air en bonne santé, parlait gentiment ; ses mains étaient charnues et ses doigts longs. Elle prit doucement ma main dans la sienne et, à moitié agenouillée, de manière à ce que son visage soit au niveau du mien, elle dit d'une voix musicale : « Tu n'auras pas peur de moi, n'est-ce pas, petite fille ? Je n'ai pas répondu, mais mon visage est devenu rouge comme une crête de coq. Elle m'a posé plusieurs questions, mais j'ai refusé de répondre. Ils se sont tous rassemblés autour de moi. « Parle, mon enfant… Viens, Sarah, sois une bonne fille… Oh, le vilain petit enfant !

Tout cela a été en vain. Je suis resté parfaitement muet. La tournée habituelle fut alors faite dans les chambres, la salle à manger, les salles de classe, et les compliments exagérés d'usage furent adressés. « Comme tout est joliment conservé ! Comme tout est impeccablement propre ! et cent bêtises de ce genre sur le confort de ces prisons pour enfants. Ma mère s'éloigna avec Mme Fressard, et je me cramponnai à ses genoux pour qu'elle ne puisse pas marcher. « C'est la prescription du médecin », dit-elle, puis elle suivit une longue liste de choses qui devaient être faites pour moi.

Madame Fressard sourit un peu ironiquement. «Vous savez, Madame, dit-elle à ma mère, nous ne pourrons pas lui boucler les cheveux comme ça.»

"Et tu ne parviendras certainement pas à le dérouler", répondit ma mère en me caressant la tête de ses mains gantées. « C'est une perruque ordinaire, et ils ne doivent jamais essayer de la peigner tant qu'elle n'a pas été bien brossée. Autrement, ils ne pourraient pas dénouer les nœuds, et cela lui ferait trop de mal. Que donnez-vous aux enfants à quatre heures ? » demanda-t-elle en changeant de sujet.

"Oh, une tranche de pain et juste ce que les parents leur laissent."

« Il y a douze pots de confitures différentes », dit ma mère, « mais il lui faut de la confiture un jour et du chocolat un autre, car elle n'a pas bon appétit et a besoin de changer de nourriture. J'ai apporté six livres de chocolat. Madame Fressard sourit d'une manière bon enfant mais un peu ironique. Elle prit un paquet de chocolat et regarda le nom du fabricant.

« Ah ! de chez Marquis ! Quelle petite fille gâtée ! Elle me tapota la joue avec ses doigts blancs, puis, alors que ses yeux tombèrent sur un grand pot, elle parut surprise. «C'est de la crème froide», dit ma mère. «Je le fais moi-même et j'aimerais qu'on frotte le visage et les mains de ma petite fille tous les soirs lorsqu'elle se couche.»

– Mais…, commença madame Fressard.

« Oh, je paierai le double des frais de blanchisserie pour les draps », interrompit ma mère avec impatience. (Ah, ma pauvre mère ! Je me souviens très bien que mes draps étaient changés une fois par mois, comme ceux des autres élèves.)

Le moment des adieux arriva enfin, et tout le monde se rassembla autour de maman, et finalement l'emporta, après beaucoup de baisers et avec toutes sortes de paroles de consolation. « Ce sera si bon pour elle, c'est justement ce dont elle a besoin, vous la trouverez toute changée quand vous la reverrez » — etc. etc.

Le général, qui m'aimait beaucoup, me prit dans ses bras et me lança en l'air.

«Espèce de petit imbécile», dit-il; "On vous met à la caserne, et vous devrez faire attention à votre comportement !"

J'ai tiré sa longue moustache, et il m'a dit en clignant de l'œil et en regardant Mme Fressard, qui avait une légère moustache : « Il ne faut pas faire ça à cette dame, vous savez !

Ma tante rit de bon cœur, et ma mère eut un petit rire étouffé, et toute la troupe s'en alla dans un tourbillon régulier de bruissements de jupes et d'adieux, tandis qu'on m'emmenait dans la cage où je devais être enfermé.

J'ai passé deux ans dans cette pension. On m'a appris à lire, à écrire et à compter. J'ai aussi appris une centaine de nouveaux jeux. J'ai appris à chanter *des rondeaux* et à broder des mouchoirs pour ma mère. J'y étais relativement heureux, car nous sortions toujours quelque part le jeudi et le dimanche, ce qui me donnait une sensation de liberté. Le sol même de la rue me paraissait bien différent du sol du grand jardin de la pension. D'ailleurs, il y avait chez Mme Fressard de petites festivités qui me ravissaient. Mlle. Stella Colas, qui venait de faire ses *débuts* au Théâtre Français, venait parfois le jeudi nous réciter de la poésie. Je n'ai jamais pu dormir la veille, et le matin, je me coiffais soigneusement et je me préparais, le cœur battant fort d'excitation, pour écouter quelque chose que je ne comprenais pas du tout, mais qui me laissait pourtant envoûté. Et puis il y avait toute une légende attachée à cette jolie fille. Elle s'était jetée presque sous les pieds des chevaux, pendant que l'empereur avançait, pour attirer son attention et obtenir le pardon de son frère, qui avait conspiré contre son souverain.

Mlle. Stella Colas avait une sœur chez Madame Fressard, et cette sœur, Clothilde, est aujourd'hui l'épouse de M. Pierre Merlou, sous-secrétaire d'État au Trésor. Stella était légère et blonde, avec des yeux bleus plutôt durs mais expressifs. Elle avait une voix grave et lorsque cette jeune fille pâle et fragile s'est mise à réciter le Rêve d'Athalie, cela m'a enthousiasmé jusqu'au bout. Combien de fois, assis sur le lit de mon enfant, me suis-je habitué à dire à voix basse : « *Tremble, fille digne de moi* » ; je tournais ma tête sur mes épaules, je gonflais mes joues et je commençais :

« *Tremble… tremble-ble… tremble-em-ble …* »

Mais ça finissait toujours mal, et je recommençais très doucement, d'une voix étouffée, puis inconsciemment je parlais plus fort ; et mes compagnons, réveillés par le bruit, s'amusaient de mes tentatives et éclataient de rire. Je me précipitais alors à droite et à gauche, leur donnant des coups de pied et des coups qu'ils me rendaient avec intérêt.

La fille adoptive de Madame Fressard, Mlle. Entrerait alors en scène Caroline (que j'ai rencontré par hasard longtemps après, mariée au célèbre artiste Yvon). En colère et implacable, elle nous infligeait toutes sortes de punitions pour le lendemain. Quant à moi, j'étais enfermé pendant trois jours, puis j'étais détenu le premier jour où nous pouvions sortir. Et en plus je recevais cinq coups de règle sur les doigts. Ah ! ces coups de règle de Mlle. Celle de Caroline ! Je lui en ai fait des reproches lorsque je l'ai retrouvée vingt-cinq ans plus tard. Elle nous faisait mettre tous nos doigts autour du pouce et lui tendre les mains, et puis, bang, sa large règle en ébène arrivait. Elle nous donnait un coup cruel et dur qui nous faisait jaillir les larmes aux yeux. J'ai pris en aversion Mlle. Caroline. Elle était belle, mais avec le genre de beauté qui ne me plaisait pas. Elle avait le teint très blanc et les cheveux très noirs, qu'elle portait en *bandeaux ondulés* . Lorsque je l'ai revue longtemps après, un de mes parents l'a amenée chez moi et m'a dit : « Je suis sûr que vous ne reconnaîtrez pas cette dame, et pourtant vous la connaissez très bien. J'étais adossé à la grande cheminée du hall, et j'ai vu cette grande femme, toujours belle, mais un peu provinciale, traverser le premier salon. Alors qu'elle descendait les trois marches du hall, la lumière tombait sur son front saillant, encadré de chaque côté par des *bandeaux durs et ondulés* .

« Mademoiselle Caroline ! » M'écriai-je et, d'un mouvement furtif et enfantin, je cachai mes deux mains derrière mon dos. Je ne l'ai jamais revu, car la rancune que je lui devais depuis mon enfance devait se manifester sous ma politesse d'hôtesse.

Comme je l'ai déjà dit, je n'étais pas malheureuse chez Mme Fressard, et il me paraissait tout naturel d'y rester jusqu'à ce que je sois une grande fille. Mon oncle Félix Faure, entré à la Chartreuse, avait exigé que sa femme, la sœur de ma mère, me fasse souvent sortir. Il possédait à Neuilly une très belle propriété de campagne, traversée par un ruisseau, et j'y pêchais pendant des heures avec mes deux cousins, un garçon et une fille.

Ces deux années de ma vie se passèrent paisiblement, sans autre événement que mes terribles accès de colère, qui bouleversèrent toute la pension et me laissaient toujours deux ou trois jours à l'infirmerie. Ces accès de colère étaient comme des accès de folie.

Un jour, tante Rosine est arrivée tout à coup pour m'emmener complètement. Mon père m'avait écrit pour me donner des ordres quant à l'endroit où je devais être placé, et ces ordres étaient impératifs. Ma mère était en voyage, elle avait donc prévenu ma tante, qui était partie aussitôt, entre deux danses, exécuter les instructions qu'elle avait reçues.

L'idée qu'on devait me commander, sans aucun égard pour mes propres souhaits ou inclinations, me mettait dans une rage indescriptible. Je me roulais par terre en poussant les cris les plus déchirants. Je criais toutes sortes de reproches, reprochant à maman, à mes tantes et à madame Fressard de ne pas trouver le moyen de me retenir auprès d'elle. La lutte dura deux heures, et pendant que je m'habillais, je m'enfuis deux fois dans le jardin et tentai de grimper aux arbres et de me jeter dans l'étang, où il y avait plus de boue que d'eau.

Finalement, complètement épuisé et abattu, on m'emmena en sanglotant dans la voiture de ma tante.

Je suis resté trois jours chez elle, car j'avais tellement de fièvre qu'on disait que ma vie était en danger.

Mon père venait chez ma tante Rosine, qui habitait alors au 6 rue de la Chaussée d'Antin. Il entretenait des relations amicales avec Rossini, qui habitait au n°4 de la même rue. Il le faisait souvent venir et Rossini me faisait rire avec ses histoires intelligentes et ses grimaces comiques.

Mon père était « beau comme un dieu » et je le regardais avec fierté. Je ne le connaissais pas bien, car je le voyais si rarement, mais je l'aimais pour sa voix séduisante et ses gestes lents et doux. Il imposait un certain respect et j'ai remarqué que même ma tante exubérante se calmait en sa présence.

J'étais guéri et le docteur Monod, qui me soignait, m'a dit que je pouvais désormais être déplacé sans aucune crainte de conséquences néfastes.

Nous attendions ma mère, mais elle était malade à Haarlem. Ma tante a proposé de nous accompagner si mon père voulait bien m'emmener au couvent, mais il a refusé, et je l'entends maintenant de sa voix douce dire :

"Non; sa mère la conduira au couvent. J'ai écrit aux Faures, et l'enfant doit y rester quinze jours.

Ma tante était sur le point de protester, mais mon père répondit :

"C'est plus calme là-bas, ma chère Rosine, et l'enfant a besoin de tranquillité plus que toute autre chose."

Je me rendis le soir même chez ma tante Faure. Je ne l'aimais pas beaucoup, car elle était froide et affectée, mais j'adorais mon oncle. Il était si doux et si calme, et il y avait un charme infini dans son sourire. Son fils était aussi turbulent que moi, aventureux et plutôt farfelu, si bien que nous aimions toujours être ensemble. Sa sœur, une adorable fille à la Greuze, était réservée et craignait toujours de salir ses robes et même ses tabliers. La pauvre enfant épousa le baron Cerise, et mourut pendant son accouchement, dans la fleur même de la jeunesse et de la beauté, parce que sa timidité, sa réserve et son éducation étroite lui avaient fait refuser de voir un médecin lorsque l'intervention d'un médecin était absolument nécessaire. . Je l'aimais beaucoup et sa mort m'a été un grand chagrin. À présent, je ne vois jamais le moindre rayon de lune sans qu'il m'évoque une pâle vision d'elle.

Je restai trois semaines chez mon oncle, errant avec mon cousin et passant des heures allongé à pêcher des écrevisses dans le petit ruisseau qui traversait le parc. Ce parc était immense et entouré d'un large fossé. Combien de fois j'ai parié avec mes cousins que je sauterais par ce fossé ! Le pari était parfois trois feuilles de papier, ou cinq épingles, ou peut-être mes deux crêpes, car nous avions l'habitude de manger des crêpes tous les mardis. Et après le pari, je sautais, tombant le plus souvent dans le fossé et barbotant dans l'eau verte, criant parce que j'avais peur des grenouilles, et hurlant de terreur quand mes cousins faisaient semblant de s'enfuir.

Quand je rentrais à la maison, ma tante guettait toujours avec anxiété notre arrivée en haut des marches de pierre. Quelle conférence j'ai eue et quel regard froid.

« Montez vous changer, Mademoiselle, lui disait-elle, et restez ensuite dans votre chambre. Votre dîner vous y sera envoyé sans aucun dessert.

En passant devant le grand verre dans le hall, je m'aperçus semblable à une souche d'arbre pourrie, et je vis mon cousin qui me faisait signe, en mettant la main à sa bouche, qu'il m'apporterait du dessert.

Sa sœur allait chez sa mère, qui la caressait et semblait lui dire : « Dieu merci, tu n'es pas comme cette petite bohème ! C'était l'épithète cinglante que ma tante me faisait dans les moments de colère. Je montais dans ma chambre le cœur lourd, complètement honteux et vexé, me jurant de ne plus jamais sauter par-dessus le fossé, mais en arrivant dans ma chambre j'y trouvais la fille du jardinier, une grande fille maladroite et joyeuse. fille, qui m'attendait.

"Oh, comme ça a l'air comique, Mademoiselle !" » disait-elle en riant si chaleureusement que j'étais fier d'avoir l'air comique, et j'ai décidé que lorsque je sauterais à nouveau dans le fossé, j'aurais des mauvaises herbes et de la boue partout sur moi. Une fois déshabillée et lavée, j'enfilais une robe de flanelle et j'attendais dans ma chambre jusqu'à ce que mon dîner arrive. On envoya de la soupe, puis de la viande, du pain et de l'eau. Je détestais alors la viande, tout comme aujourd'hui, et je la jetais par la fenêtre après avoir coupé la graisse, que je mettais sur le bord de mon assiette, comme ma tante me le disait à l'improviste.

« Avez-vous dîné, Mademoiselle ? elle demanderait.

"Oui, tante," répondis-je.

"As-tu encore faim?"

"Non, tante."

« Écris trois fois « Notre Père » et le « Credo », espèce de petit païen. » C'était parce que je n'avais pas été baptisé. Un quart d'heure plus tard, mon oncle montait.

"Avez-vous assez dîné?" il demanderait.

"Oui, mon oncle," répondis-je.

"As-tu mangé ta viande?"

"Non; Je l'ai jeté par la fenêtre. Je n'aime pas la viande.

« Vous avez donc dit un mensonge à votre tante. »

"Non; elle m'a demandé si j'avais mangé mon dîner, et j'ai répondu que oui, mais je n'ai pas dit que j'avais mangé ma viande.

« Quelle punition vous a-t-elle infligée ? »

"Je dois écrire trois fois le Notre Père et le Credo avant de me coucher."

« Vous les connaissez par cœur ?

« Non, pas très bien ; Je fais toujours des erreurs.

Et cet homme adorable me dictait alors le « Notre Père » et le « Credo », et je le copiais de la manière la plus dévouée, comme il avait l'habitude de le dicter avec une émotion et une émotion profondes. Il était religieux, très religieux, mon oncle, et après la mort de ma tante, il devint moine chartreux. Au moment où j'écris ces lignes, malade et âgé comme il est, courbé par la douleur, je sais qu'il creuse sa propre tombe, affaibli par le poids de la bêche, implorant Dieu de le prendre, et pensant parfois à moi, à son petit Bohémien. Ah ! le cher et bon homme, c'est à lui que je dois tout ce qu'il y a de meilleur en moi. Je l'aime passionnément et j'ai le plus grand respect pour lui. Combien de fois, dans les phases difficiles de ma vie, j'ai pensé à lui et consulté ses idées, car je ne l'ai jamais revu, car ma tante se disputait volontairement avec ma mère et moi. Mais il m'a toujours aimé et il a dit à ses amis de m'en assurer. Parfois aussi, il m'a envoyé ses conseils, toujours très simples et pleins d'indulgence et de bon sens.

Récemment, je suis allé dans le pays où se sont réfugiés les Chartreux. Un de mes amis est allé voir mon oncle, et j'ai pleuré en entendant les paroles qu'il m'avait dictées de me répéter.

Pour revenir à mon histoire. Après la visite de mon oncle, Marie, la fille du jardinier, est venue dans ma chambre, l'air assez indifférente, mais les poches remplies de pommes, de biscuits, de raisins secs et de noix. Ma cousine m'avait envoyé du dessert, mais elle, la fille au bon cœur, avait débarrassé tous les plats de dessert. Je lui ai dit de s'asseoir et de casser les noix, et que je les mangerais quand j'aurais fini mon « Notre Père » et mon « Credo ». Elle s'est assise par terre pour pouvoir tout cacher rapidement sous la table au cas où ma tante reviendrait. Mais ma tante n'est pas revenue, car elle et sa fille passaient leurs soirées au piano, pendant que mon oncle enseignait les mathématiques à son fils.

Finalement, ma mère m'a écrit pour me dire qu'elle venait. Il y avait une grande agitation dans la maison de mon oncle, et ma petite malle était prête à être remplie.

Le couvent du Grand-Champs, où j'allais entrer, avait un uniforme prescrit, et ma cousine, qui aimait coudre, marquait toutes mes affaires des initiales SB en coton rouge. Mon oncle m'a donné une cuillère, une fourchette et un gobelet en argent, tous marqués du numéro 32, qui était le numéro sous lequel j'étais enregistré là-bas. Marie m'a offert un épais cache-nez en laine dans les tons violets, qu'elle tricotait pour moi en secret depuis plusieurs jours. Ma tante m'a mis autour du cou un petit scapulaire béni, et quand ma mère et mon père arrivèrent, tout était prêt.

Un dîner d'adieu fut donné, auquel furent invités deux amies de ma mère, tante Rosine, et quatre autres membres de la famille.

Je me sentais très important. Je n'étais ni triste ni gai, mais j'avais juste ce sentiment d'importance qui me suffisait amplement. Tout le monde à table parlait de moi ; mon oncle n'arrêtait pas de me caresser les cheveux et ma cousine, du bout de la table, me jetait des baisers. Soudain, la voix musicale de mon père me fit me tourner vers lui.

« Écoute-moi, Sarah, » dit-il. "Si tu es très bon au couvent, je viendrai dans quatre ans te chercher, et tu voyageras avec moi et visiteras de beaux pays."

"Oh, je serai bon!" m'écriai-je; «Je serai aussi bonne que tante Henriette!»

C'était ma tante Faure. Tout le monde souriait.

Après le dîner, le temps étant très beau, nous sommes tous sortis nous promener dans le parc. Mon père m'a emmené avec lui et m'a parlé très sérieusement. Il m'a raconté des choses tristes que je n'avais jamais entendues auparavant. J'ai compris, même si j'étais si jeune et que mes yeux étaient remplis de larmes. Il était assis sur un vieux banc et j'étais sur ses genoux, la tête posée sur son épaule. J'ai écouté tout ce qu'il a dit et j'ai pleuré en silence, mon esprit d'enfant étant perturbé par ses paroles. Pauvre père ! Je ne devais jamais, plus jamais le revoir.

III
VIE DU COUVENT

Je n'ai pas bien dormi cette nuit-là, et le lendemain matin, à huit heures, nous partions en diligence pour Versailles. Je revois Marie maintenant, toute grande fille qu'elle était alors, en larmes. Tous les membres de la famille étaient rassemblés en haut des marches de pierre. Il y avait ma petite malle, puis une caisse en bois de jeux que ma mère avait apportée, et un cerf-volant que mon cousin avait fabriqué et qu'il m'a donné au dernier moment, au moment où la voiture démarrait. Je vois encore la grande maison blanche, qui semblait devenir de plus en plus petite à mesure que nous nous en éloignions. Je me suis levé, mon père me tenant, et j'ai agité son cache-nez en soie bleue que je lui avais retiré du cou. Après cela, je m'assis dans la voiture et m'endormis, ne me réveillant que lorsque nous fûmes devant la lourde porte du couvent des Grands-Champs. Je me suis frotté les yeux et j'ai essayé de rassembler mes pensées. Je sautai alors de la diligence et regardai curieusement autour de moi. Les pavés de la rue étaient ronds et petits, avec de l'herbe poussant partout. Il y avait un mur, puis une grande porte surmontée d'une croix, et rien derrière, rien du tout à voir. À gauche, il y avait une maison et à droite, la caserne Satory. Pas un son, pas un pas, pas même un écho.

« Oh, maman, m'écriai-je, est-ce que je dois y aller ? Oh non! Je préférerais retourner chez Madame Fressard !

Ma mère haussa les épaules et désigna mon père, expliquant ainsi qu'elle n'était pas responsable de cette démarche. Je me suis précipité vers lui et il m'a pris par la main en sonnant. La porte s'ouvrit et il me fit entrer doucement, suivi de ma mère et de tante Rosine.

La cour était grande et triste, mais il y avait des bâtiments et des fenêtres d'où des visages d'enfants nous regardaient avec curiosité. Mon père a dit quelque chose à la religieuse qui s'est avancée et elle nous a emmenés dans le salon. Celle-ci était grande, avec un sol ciré et divisée par une énorme grille noire qui courait sur toute la longueur de la pièce. Il y avait des bancs recouverts de velours rouge près du mur, et quelques chaises et fauteuils près de la grille. Aux murs étaient un portrait de Pie IX, un en pied de saint Augustin et un de Henri V. Mes dents claquaient, car il me semblait que je me souvenais d'avoir lu dans quelque livre la description d'une prison, et que c'était juste comme ça. J'ai regardé mon père et ma mère et j'ai commencé à me méfier d'eux. J'avais si souvent entendu dire que j'étais ingouvernable, que j'avais besoin d'une main de fer pour me gouverner et que j'étais le diable incarné dans un enfant. Ma tante Faure avait si souvent répété : « Cette enfant va mal finir, elle a des idées tellement folles », etc. etc. « Papa, papa ! » J'ai crié tout à coup, saisi de terreur ; « Je n'irai pas en prison. C'est une prison, j'en suis sûr. J'ai peur… oh, j'ai tellement peur !

De l'autre côté de la grille, une porte venait de s'ouvrir et je m'arrêtai pour voir qui arrivait. Une petite femme ronde et petite apparut et s'approcha de la grille. Son voile noir était baissé jusqu'à sa bouche, de sorte que je ne pouvais presque rien voir de son visage. Elle reconnut mon père, qu'elle avait sans doute déjà vu, au moment où les choses s'arrangeaient. Elle ouvrit une porte dans la grille et nous passâmes tous de l'autre côté de la pièce. En me voyant pâle et mes yeux effrayés pleins de larmes, elle prit doucement ma main dans la sienne et, tournant le dos à mon père, releva son voile. J'ai alors vu le visage le plus doux et le plus joyeux qu'on puisse imaginer, avec de grands yeux bleus d'enfant, un nez retroussé, une bouche rieuse aux lèvres charnues et de belles dents fortes et blanches. Elle avait l'air si gentille, si énergique et si heureuse que je me jetai aussitôt dans ses bras. C'était Mère Sainte-Sophie, supérieure du couvent des Grands-Champs.

« Ah, nous sommes amis maintenant, tu vois », dit-elle à mon père en abaissant de nouveau son voile. Quel instinct secret aurait pu dire à cette femme, qui n'était pas coquette, qui n'avait pas de miroir et qui ne se souciait jamais de la beauté, que son visage était fascinant et que son sourire éclatant pouvait égayer les ténèbres du couvent ?

« Nous allons maintenant aller voir la maison », dit-elle.

Nous partîmes aussitôt, elle et mon père me tenant chacun la main. Deux autres religieuses nous accompagnaient, dont l'une était la Mère Préfète, une grande femme froide aux lèvres fines, et l'autre sœur Séraphine, blanche et souple comme un brin de muguet. Nous entrâmes dans le bâtiment et arrivâmes d'abord à la grande salle de classe où tous les élèves se réunissaient le jeudi pour les cours, presque toujours donnés par Mère Sainte-Sophie. La plupart d'entre eux faisaient des travaux d'aiguille à longueur de journée ; certains travaillaient à la tapisserie, d'autres à la broderie, d'autres encore à la décalcographie.

La salle était très grande et, le jour de la Sainte-Catherine et les autres jours fériés, nous y dansions. C'était aussi dans cette salle qu'une fois par an la Mère Supérieure donnait à chacune des sœurs le *sou* qui représentait son revenu annuel. Les murs étaient ornés de gravures religieuses et de quelques peintures à l'huile réalisées par les élèves. Mais la place d'honneur appartenait à saint Augustin. Une magnifique grande gravure représentait la conversion de ce saint, et oh, combien de fois j'ai regardé cette gravure. Saint Augustin m'a certainement causé beaucoup d'émotion et a beaucoup troublé mon cœur d'enfant. Maman admirait la propreté du réfectoire. Elle demanda à voir quelle serait ma place à table, et quand on la lui montra, elle s'opposa fortement à ce que j'occupe cette place.

«Non», dit-elle; « L'enfant n'a pas une poitrine solide et elle serait toujours dans le courant d'air. Je ne la laisserai pas rester là.

Mon père était d'accord avec ma mère et a insisté pour qu'un changement soit apporté. Il fut donc décidé que je m'asseyais au fond de la salle, et la promesse faite fut fidèlement tenue.

Quand maman aperçut le large escalier qui menait aux dortoirs, elle fut stupéfaite. C'était très, très large, et les marches étaient basses et faciles à monter, mais il y en avait tellement avant qu'on atteigne le premier étage. Pendant quelques secondes, maman hésita et resta là à les regarder, les bras pendants de désespoir.

"Reste ici, Youle", dit ma tante, "et je monterai."

«Non, non», répondit ma mère d'une voix triste. — Il faut que je voie où dormir cette enfant, elle est si délicate.

Mon père l'aida, et même faillit la porter, et nous entrâmes alors dans un des immenses dortoirs. Il ressemblait beaucoup au dortoir de Mme Fressard, mais en beaucoup plus grand, et il y avait du carrelage sans tapis.

LE COUVENT DU GRAND CHAMP, DEPUIS LE JARDIN

"Oh, c'est tout à fait impossible !" s'exclama maman. « L'enfant ne peut pas dormir ici ; c'est trop froid; ça la tuerait.

La Mère Supérieure, Sainte Sophie, a donné une chaise à ma mère et a essayé de la calmer. Elle était pâle, car son cœur était déjà très atteint.

« Nous mettrons votre petite fille dans ce dortoir, Madame », dit-elle en ouvrant une porte qui donnait sur une chambre de huit lits. Le parquet était en bois ciré, et cette chambre, attenante à l'infirmerie, était celle où dormaient les enfants délicats ou convalescents. Maman fut rassurée en voyant cela, et nous descendîmes alors inspecter les lieux. Il y avait trois bois, le « Petit Bois », le « Bois du Milieu » et le « Grand Bois », puis il y avait un verger qui s'étendait à perte de vue. Dans ce verger se trouvait le bâtiment où vivaient les enfants pauvres. Ils recevaient un enseignement gratuit et, chaque semaine, ils aidaient au linge du couvent.

La vue de ces bois immenses, avec des balançoires, des hamacs et un gymnase, me ravissait, car je pensais pouvoir m'y promener à loisir. Mère Sainte Sophie nous a expliqué que le Petit Bois était réservé aux élèves les plus âgés, et le Bois du Milieu aux plus petits, tandis que le Grand Bois était réservé à tout le couvent en vacances. Puis après nous avoir parlé de la cueillette des châtaignes et de la cueillette des acacias, Mère Sainte Sophie nous a informé que chaque enfant pouvait avoir un petit jardin, et que parfois deux ou trois d'entre eux en avaient un plus grand.

"Oh, puis-je avoir mon propre jardin?" M'écriai-je, "un jardin pour moi tout seul ?"

"Oui, l'un des vôtres."

La Mère Supérieure appela le jardinier, le Père Larcher, le seul homme, à l'exception de l'aumônier, qui faisait partie du personnel du couvent.

« Père Larcher, dit la bonne femme, voici une petite fille qui veut un beau jardin. Trouvez-lui un endroit agréable.

"Très bien, Révérende Mère", répondit l'honnête garçon, et je vis mon père glisser dans sa main une pièce de monnaie, dont l'homme le remercia d'un air embarrassé.

Il se faisait tard et nous avons dû nous séparer. Je me souviens très bien que je n'éprouvais aucun chagrin, car je ne pensais qu'à mon jardin. Le couvent ne me semblait plus une prison, mais un paradis. J'ai embrassé ma mère et ma tante. Papa m'a attiré vers lui et m'a serré un instant dans ses bras. Quand je l'ai regardé, j'ai vu que ses yeux étaient pleins de larmes. Je n'avais pas du tout envie de pleurer, je l'embrassai chaleureusement et lui murmurai : "Je vais être très, très bon et bien travailler, pour pouvoir t'accompagner au bout de quatre ans." Je me dirigeai alors vers ma mère, qui donnait à Mère Sainte-

Sophie les mêmes instructions qu'elle avait données à Madame Fressard sur le froid , le chocolat, la confiture, etc. etc. Mère Sainte-Sophie a écrit toutes ces instructions, et il est juste de dire qu'elle les a ensuite exécutées avec le plus grand scrupule.

Quand mes parents furent partis, j'avais envie de pleurer, mais la Mère Supérieure me prit par la main et, me conduisant au Bois du Milieu, me montra où serait mon jardin. C'était bien assez pour me distraire, car nous y trouvâmes le Père Larcher en train de tracer mon terrain dans un coin du bois. Il y avait un jeune bouleau contre le mur. L'angle était formé par la jonction de deux murs, dont l'un délimitait la voie ferrée sur la rive gauche de la rivière qui coupe en deux le bois de Satory. L'autre mur était celui du cimetière. Tous les bois du couvent faisaient partie de la belle forêt de Satory.

Ils m'avaient tous donné de l'argent, mon père, ma mère et ma tante. J'avais en tout environ quarante ou cinquante francs, et je voulais tout donner au Père Larcher pour l'achat de semences. La Mère Supérieure sourit et fit appeler la Mère Économe et Mère Sainte Appoline. J'ai dû remettre tout mon argent à la première, à l'exception des vingt sous qu'elle m'a laissés en me disant : « Quand tout cela sera fini, petite fille, viens m'en chercher encore.

Mère Sainte-Appoline, qui enseignait la botanique, m'a alors demandé quel genre de fleurs je voulais. Quel genre de fleurs ! Eh bien, je voulais toutes les espèces qui poussaient. Elle me donna aussitôt une leçon de botanique en m'expliquant que toutes les fleurs ne poussaient pas à la même saison. Elle demanda alors à la Mère Économe une partie de mon argent, qu'elle remit au Père Larcher, en lui disant de m'acheter une bêche, un râteau, une houe et un arrosoir, quelques graines et quelques plantes dont les noms elle a écrit pour lui. J'étais ravie et j'allai ensuite avec Mère Sainte-Sophie au réfectoire pour dîner. En entrant dans l'immense salle, je restai immobile une seconde, étonné et confus. Plus d'une centaine de jeunes filles y étaient rassemblées, debout pour que la bénédiction soit prononcée. Quand la Mère Supérieure parut, tout le monde s'inclina respectueusement, et alors tous les regards se tournèrent vers moi. Mère Sainte-Sophie m'a conduit à la place qui m'avait été choisie au fond de la salle, puis est revenue au milieu du réfectoire. Elle s'arrêta, fit le signe de croix et prononça la bénédiction d'une voix audible. Lorsqu'elle quitta la pièce, tout le monde s'inclina de nouveau, et je me retrouvai alors seul, tout seul, dans cette cage de petites bêtes sauvages. J'étais assis entre deux petites filles de dix à douze ans, toutes deux brunes comme deux jeunes taupes. C'étaient des jumeaux de Jamaïque et ils s'appelaient Dolores et Pepa Cardaños. Ils n'étaient au couvent que depuis deux mois et paraissaient aussi timides que moi. Le dîner était composé d'une soupe faite de tout et de veau aux haricots. J'ai détesté la soupe et j'ai toujours eu horreur du veau. J'ai retourné mon assiette quand la soupe a été distribuée, mais la religieuse qui nous servait l'a retournée à nouveau et a versé la soupe chaude dedans, sans vouloir me brûler.

«Tu dois manger ta soupe», murmura mon voisin de droite, qui s'appelait Pepa.

"Je n'aime pas ce genre de choses et je n'en veux pas", dis-je à voix haute. L'inspectrice passait justement par là.

« Il faut que vous mangiez votre soupe, Mademoiselle, dit-elle.

"Non, je n'aime pas ce genre de soupe," répondis-je.

Elle sourit et dit d'une voix douce : « Nous devons tout aimer. Je reviendrai tout à l'heure. Sois une gentille fille et prends ta soupe.

J'étais en colère, mais Dolorès m'a donné son assiette vide et a mangé la soupe pour moi. Lorsque l'inspectrice revint, elle exprima sa satisfaction. J'étais furieux et j'ai tiré la langue, ce qui a fait rire toute la table. Elle se retourna, et l'élève qui était assise au bout de la table et qui était désignée pour veiller sur nous, parce qu'elle était l'aînée, lui dit à voix basse : « C'est la nouvelle qui fait des grimaces. L'inspectrice s'éloigna de nouveau, et lorsque le veau fut servi, ma part se retrouva dans l'assiette de Dolorès. Mais je voulais garder les haricots et nous avons failli nous disputer à ce sujet. Elle a fini par céder, mais avec le veau elle a arraché quelques haricots que j'ai essayé de garder dans mon assiette.

Une heure plus tard, nous avons fait la prière du soir, puis nous sommes tous allés nous coucher. Mon lit était placé contre le mur, dans lequel se trouvait une niche pour la statue de la Vierge Marie. Une lampe brûlait toujours dans la niche, et l'huile nécessaire était fournie par les enfants malades et reconnaissants de leur guérison. Deux minuscules pots de fleurs étaient placés au pied de la petite statue. Les pots étaient en terre cuite et les fleurs en papier. J'ai très bien fait des fleurs en papier et j'ai tout de suite décidé de faire toutes les fleurs pour la Vierge Marie. Je m'endormais en rêvant de guirlandes de fleurs, de haricots et de pays lointains, car les jumeaux de la Jamaïque m'avaient marqué.

Le réveil fut cruel. Je n'avais pas l'habitude de me lever si tôt. La lumière du jour était à peine visible à travers les vitres opaques. Je râlais en m'habillant, car nous avions droit à un quart d'heure, et il me fallait toujours une bonne demi-heure pour me coiffer. Sœur Marie, voyant que je n'étais pas prête, s'approcha de moi et, avant que je sache ce qu'elle allait faire, m'arracha violemment le peigne des mains.

« Viens, viens, dit-elle ; "Il ne faut pas traîner ainsi." Elle a ensuite planté le peigne dans ma tignasse et en a arraché une poignée. La douleur et la colère de me voir ainsi traité me jetèrent aussitôt dans une de mes colères qui effrayèrent toujours ceux qui en étaient témoins. Je me jetai sur la malheureuse sœur, et avec les pieds, les dents, les mains, les coudes, la tête et même tout mon pauvre petit corps, je frappai et frappai en criant en même temps. Toutes les élèves, toutes les sœurs, et même tout le monde, accoururent pour voir ce qui se passait. Les sœurs firent le signe de croix, mais n'osèrent pas s'approcher de moi. La Mère Préfète m'a jeté de l'eau bénite pour exorciser le mauvais esprit. Finalement la Mère Supérieure arrive sur les lieux. Mon père lui avait parlé de mes accès de fureur sauvage, qui étaient mon seul défaut grave, et mon état de santé en était tout autant responsable que la violence de mon caractère. Elle s'est approchée de moi alors que je serrais toujours Sœur Marie dans mes bras, bien que j'étais épuisé par cette lutte avec la pauvre femme qui, bien que grande et forte, essayait seulement de parer mes coups sans riposter, s'efforçant de retenir d'abord mes pieds puis mes mains. .

J'ai levé les yeux en entendant la voix de Mère Sainte-Sophie. Mes yeux étaient baignés de larmes, mais néanmoins je vis une telle expression de pitié sur son doux visage que, sans tout lâcher, je cessai de me battre une seconde, et tout tremblant et honteux, je dis très vite : « Elle a commencé. Elle m'a arraché le peigne des mains comme une méchante femme et m'a arraché les cheveux. Elle était dure et m'a blessé. C'est une femme méchante, très méchante. J'ai alors éclaté en sanglots et mes mains ont lâché prise. La prochaine chose que je savais, c'est que je me suis retrouvé allongé sur mon petit lit, avec la main de Mère Sainte-Sophie sur mon front et sa voix douce et grave me sermonnant doucement. Tous les autres étaient partis et j'étais tout seul avec elle et la Sainte Vierge dans la niche. A partir de ce jour, Mère Sainte-Sophie eut sur moi une immense influence. Chaque matin, j'allais chez elle, et sœur Marie, à qui j'avais dû demander pardon devant tout le couvent, me coiffait devant elle. Assise sur un petit tabouret, j'écoutais le livre que me lisait la Mère Supérieure ou l'histoire instructive qu'elle me racontait. Ah ! quelle femme adorable elle était, et comme j'aime à la rappeler à ma mémoire !

Je l'adorais comme un enfant adore l'être qui a entièrement conquis son cœur, sans le savoir, sans raisonner, sans même avoir conscience qu'il en était ainsi, mais j'étais simplement sous le charme d'une fascination infinie. Depuis, cependant, je l'ai comprise et admirée, me rendant compte combien une âme unique et rayonnante était emprisonnée sous l'extérieur trapu et le visage heureux de cette sainte femme. Je l'aime depuis lors pour tout ce qu'elle a éveillé en moi de noblesse. Je l'aime pour les lettres qu'elle m'a écrites, des lettres que je lis et relis souvent. Je l'aime aussi parce que, si imparfait que je suis, il me semble que je l'aurais été cent fois plus si je n'avais connu et aimé cette pure créature.

Une seule fois, je la vis sévère et je sentis qu'elle se mettait soudain en colère. Dans la petite pièce qui servait de salon, qui conduisait à sa cellule, se trouvait le portrait d'un jeune homme dont le beau visage était empreint d'une certaine noblesse.

"Est-ce que c'est l'Empereur ?" Je lui ai demandé.

«Non», répondit-elle en se tournant rapidement vers moi; « c'est le roi ; c'est Henri V.

Ce n'est que plus tard que j'ai compris le sens de son émotion. Tout le couvent était royaliste, et Henri V était leur souverain reconnu. Ils avaient tous le plus grand mépris pour Napoléon III, et le jour du baptême du Prince Impérial, il n'y eut pas de distribution de bonbons pour nous, et nous n'eûmes pas droit au congé qui était accordé à tous les collèges, internats. , et les couvents. La politique était pour moi lettre morte et j'étais heureuse au couvent, grâce à Mère Sainte-Sophie.

Et puis j'étais aussi l'un des favoris de mes camarades de classe, qui faisaient souvent mes compositions pour moi. Je n'aimais aucune étude, sauf la géographie et le dessin. L'arithmétique me rendait fou, l'orthographe me gênait la vie et je méprisais complètement le piano. J'étais très timide et j'ai perdu la tête lorsqu'on m'a interrogé à l'improviste.

J'avais une passion pour les animaux de toutes sortes. Je transportais avec moi, dans des petits cartons ou des cages que je fabriquais moi-même, des vipères dont nos bois étaient remplis, des grillons que je trouvais sur les feuilles des lys tigrés et des lézards. Ces derniers avaient presque toujours la queue cassée, car, pour voir s'ils mangeaient, je soulevais un peu le couvercle de la boîte, et, voyant cela, les lézards se précipitaient vers l'ouverture. Je referme la boîte très vite, rouge de surprise devant une telle assurance, et *crac* ! en un clin d'œil, soit à droite, soit à gauche, il y avait presque toujours une queue prise. Cela me désolait pendant des heures, et pendant qu'une des sœurs nous expliquait, par des chiffres au tableau, le système métrique, je me demandais, ma queue de lézard à la main, comment je pourrais la rattacher. J'avais des *toc-marteau* (montres de la mort) dans une petite boîte, et cinq araignées dans une cage que le Père Larcher m'avait confectionnée avec du grillage. Je donnais très cruellement des mouches à mes araignées, et elles, grasses et bien nourries, tissaient leurs toiles. Très souvent, pendant les récréations, un groupe entier d'entre nous, dix ou douze petites filles, nous tenions debout, avec une cage sur un banc ou une souche d'arbre, et regardions le merveilleux travail de ces petites créatures. Si une de mes camarades se coupait, j'allais immédiatement la voir, très fier et important : « Viens tout de suite, lui disais-je, j'ai de la toile d'araignée fraîche et je t'envelopperai le doigt dedans. » Muni d'un petit bâton fin, je prenais la toile et l'enroulais autour du doigt blessé. "Et maintenant, mes dames araignées, vous devez recommencer votre travail", et, actives et minuscules, *mesdames* les araignées recommencèrent leur rotation.

J'étais considéré comme une petite autorité et j'étais nommé arbitre dans les questions qui devaient être tranchées. Je recevais des commandes de trousseaux à la mode, en papier, pour poupées. C'était une chose assez facile pour moi à cette époque de confectionner de longs manteaux d'hermine avec des pointes et des manchons en fourrure, et cela remplissait d'admiration mes petits camarades de jeu. Je facturais mes *trousseaux* , selon leur importance, deux crayons, cinq plumes *tête de mort* ou quelques feuilles de papier blanc. Bref, je suis devenu une personnalité, et cela a suffi à mon orgueil d'enfant. Je n'ai rien appris et je n'ai reçu aucune distinction. Mon nom n'a figuré qu'une seule fois au palmarès, et ce n'était pas en tant qu'élève studieux, mais pour un acte courageux. J'avais repêché une petite fille dans la grande piscine. Elle était tombée en essayant d'attraper des grenouilles. La piscine se trouvait dans le grand verger, du côté du terrain réservé aux enfants pauvres. En guise de punition pour un méfait dont je ne me souviens pas, j'avais été envoyé pendant deux jours parmi les enfants pauvres. C'était censé être une punition, mais j'en ai pris plaisir. En premier lieu, j'étais considérée par eux comme une « jeune femme ». Puis je donnais quelques sous aux externes pour m'apporter, en cachette, un peu de sucre moelleux. Pendant la récréation, j'entendis des cris déchirants, et, me précipitant vers la piscine d'où ils venaient, je sautai dans l'eau sans réfléchir. Il y avait tellement de boue que nous nous sommes tous deux enfoncés dedans. La petite fille n'avait que quatre ans et était si petite qu'elle ne cessait de disparaître. J'avais plus de dix ans à cette époque. Je ne sais pas comment j'ai réussi à la sauver, mais je l'ai tirée hors de l'eau avec la bouche, le nez, les oreilles et les yeux remplis de boue. On m'a dit par la suite qu'il lui avait fallu beaucoup de temps avant de reprendre conscience. Quant à moi, j'étais emporté, claquant des dents, nerveux et à moitié évanoui. J'ai ensuite eu beaucoup de fièvre et Mère Sainte-Sophie elle-même s'est assise à côté de moi. J'ai entendu ses paroles au médecin :

« Cet enfant, dit-elle, est l'un des meilleurs que nous ayons ici. Elle sera parfaite lorsqu'elle aura reçu le Saint-Chrême.

Ce discours m'a fait une telle impression que, à partir de ce jour, le mysticisme a eu une grande emprise sur moi. J'avais une imagination très vive et j'étais extrêmement sensible, et la légende chrétienne s'est emparée de moi, de mon cœur et de mon âme. Le Fils de Dieu est devenu l'objet de mon culte et la Mère des Sept Douleurs mon idéal.

IV
MON DÉBUT

Un événement, très simple en soi, était destiné à troubler le silence de notre vie retirée et à m'attacher plus que jamais à mon couvent, où je voulais rester pour toujours.

L'archevêque de Paris, Monseigneur Sibour, effectuait une tournée de visites dans certaines communautés, et la nôtre figurait parmi les élues. La nouvelle nous a été annoncée par Mère Saint Alexis, la *doyenne* , la plus âgée de la communauté, si grande, si maigre et si vieille que je ne l'ai jamais considérée comme un être humain ni comme un être vivant. Il m'a toujours semblé qu'elle était bourrée et qu'elle se déplaçait grâce à une machinerie. Elle m'a fait peur, et je n'ai consenti à l'approcher qu'après sa mort.

Nous étions tous rassemblés dans la grande salle que nous utilisions le jeudi. Mère Saint-Alexis, soutenue par deux sœurs converses, se tenait sur la petite estrade et, d'une voix qui paraissait lointaine, nous annonçait la visite prochaine de Monseigneur. Il devait venir le jour de la Sainte-Catherine, quinze jours seulement après le discours de la Révérende Mère.

Notre paisible couvent était désormais comme une ruche dans laquelle serait entré un frelon. Nos heures de cours furent réduites pour que nous ayons le temps de confectionner des guirlandes de roses et de lys. Le large et haut fauteuil en bois sculpté n'était pas rembourré, afin de pouvoir être verni et poli. Nous avons réalisé des abat-jour recouverts de cristallin. L'herbe a été arrachée dans la cour, et je ne sais pas ce qui n'a pas été fait en l'honneur de ce visiteur.

Deux jours après l'annonce faite par Mère Sainte-Alexis, le programme de la *fête* nous a été communiqué par Mère Sainte-Sophie. La plus jeune des religieuses devait lire quelques mots de bienvenue à Monseigneur. C'était la charmante sœur Séraphine. Marie Buguet jouera ensuite un solo de pianoforte d'Henri Herz. Marie de Lacour devait chanter une chanson de Louise Puget, puis on donnerait une petite pièce de théâtre en trois tableaux intitulée *Tobit retrouvant la vue* . Il avait été écrit par Mère Sainte Thérèse. J'ai maintenant devant moi le petit manuscrit, tout jauni par le temps et déchiré, et je parviens à peine à en comprendre le sens et quelques phrases. Scène I. Les adieux de Tobias à son père aveugle. Il jure de lui rapporter les dix talents prêtés à Gabael, un de ses proches. Scène II. Tobias, endormi au bord du Tigre, est veillé par l'Ange Raphaël. Lutte contre un poisson monstre qui avait attaqué Tobias pendant son sommeil. Lorsque le poisson est tué, l'ange conseille à Tobias de prendre son cœur, son foie et son fiel, et de les conserver religieusement. Scène III. Le retour de Tobias auprès de son père aveugle. L'ange lui dit de frotter les yeux du vieil homme avec les entrailles du poisson. La vue du père est rétablie, et lorsque Tobie supplie l'ange Raphaël d'accepter une récompense, celui-ci se fait connaître et, dans un chant à la gloire de Dieu, disparaît au ciel.

La petite pièce nous a été lue par Mère Sainte Thérèse, un jeudi, dans la grande salle de réunion. Nous étions tous en larmes à la fin, et Mère Sainte Thérèse a dû faire un grand effort pour éviter de commettre, ne serait-ce qu'une seconde, le péché d'orgueil.

Je me demandais avec anxiété quelle part je prendrais dans cette comédie religieuse, car, étant donné que j'étais maintenant traité comme un petit personnage, je ne doutais pas qu'un *rôle* ne me serait confié. Rien que d'y penser me faisait trembler d'avance. J'ai commencé à devenir très nerveux ; mes mains devinrent très froides, mon cœur battait furieusement et mes tempes palpitaient. Je ne m'approchais pas, mais restais boudeuse assise sur mon tabouret lorsque Mère Sainte Thérèse me dit de sa voix calme :

« Jeunes filles, s'il vous plaît, faites attention et écoutez vos noms et les différentes parties :

Tobie	EUGÉNIE CHARMEL
Tobias	AMÉLIE PLUCHE
Gabaël	RENÉE D'ARVILLE
L'ange Raphaël	LOUISE BUGUET
La mère de Tobias	EULALIE LACROIX
La sœur de Tobias	VIRGINIE DEPAUL . »

J'avais écouté, même si je faisais semblant de ne pas le faire, et j'étais stupéfait, étonné et furieux. Mère Sainte Thérèse ajouta alors : « Voici vos manuscrits, demoiselles », et un manuscrit de la petite pièce fut remis à chaque élève choisi pour y participer.

Louise Buguet était ma camarade de jeu préférée, je m'approchai d'elle et lui demandai de me montrer son manuscrit que je relis avec enthousiasme.

"Tu me feras répéter, quand je connaîtrai mon rôle, n'est-ce pas ?" » a-t-elle demandé, et j'ai répondu : « Oui, certainement.

"Oh, comme j'aurai peur !" dit-elle.

Elle avait été choisie pour l'ange, je suppose, parce qu'elle était aussi pâle et douce qu'un rayon de lune. Elle avait une voix douce et timide, et parfois on la faisait pleurer, tellement elle était jolie à l'époque. Les larmes coulaient limpides et perlées de ses yeux gris et interrogateurs.

Elle commença aussitôt à apprendre son rôle, et j'étais comme un chien de berger allant de l'un à l'autre parmi les élus. Cela n'avait vraiment rien à voir avec moi, mais je voulais être « dedans ». La Mère Supérieure est passée par là et, tandis que nous lui faisions tous la révérence, elle m'a tapoté la joue.

« Nous avons pensé à toi, petite fille, dit-elle, mais tu es si timide quand on te demande quelque chose. »

"Oh, c'est quand il s'agit d'histoire ou d'arithmétique", dis-je. "Ce n'est pas la même chose et je n'aurais pas dû avoir peur."

Elle sourit avec méfiance et partit. Il y a eu des répétitions la semaine suivante. J'ai demandé à pouvoir jouer le rôle du monstre, car je voulais à tout prix avoir un *rôle dans la pièce*. Il fut cependant décidé que César, le chien du couvent, serait le monstre poisson.

Un concours a été ouvert pour le costume de poisson. Je me suis donné beaucoup de mal à découper des écailles dans du carton que j'avais peint et à les coudre ensuite. J'ai fait d'énormes branchies qui devaient être collées sur César. Mon costume n'a pas été choisi ; on l'a passé pour celui d'une grande et stupide fille dont je ne me souviens plus du nom. Elle avait fait une énorme queue de chevreau et un masque avec de grands yeux et de grandes branchies, mais il n'y avait pas d'écailles, et il faudrait voir le pelage hirsute de César. Je me suis néanmoins intéressé au costume de Louise Buguet et j'y ai travaillé avec deux des sœurs converses, sœur Sainte-Cécile et sœur Sainte-Jeanne, qui s'occupaient de la lingerie.

Aux répétitions, pas un mot ne put être extorqué à l'Ange Raphaël. Elle restait là, stupéfaite, sur la petite estrade, les larmes obscurcissant ses beaux yeux. Elle a arrêté toute la pièce et a continué à m'appeler d'une voix en pleurant.

Je l'y incitai et, me levant, je me précipitai vers elle, je l'embrassai et lui murmurai tout son discours. Je commençais enfin à être moi-même « dedans ».

Enfin, deux jours avant la grande solennité, il y eut une répétition générale. L'ange était ravissant, mais dès qu'il entra, il se laissa tomber sur un banc en sanglotant d'une voix suppliante :

"Oh non; Je n'y arriverai jamais, jamais !

« C'est vrai, elle ne le pourra jamais », soupira Mère Sainte-Sophie.

Oubliant pour l'instant le chagrin de mon petit ami, et fou de joie, de fierté et d'assurance, j'ai couru jusqu'à la plate-forme et j'ai bondi vers la forme sur laquelle l'Ange Raphaël s'était affalé en pleurant.

« Oh, Mère, je connais son rôle. Dois-je la remplacer pour la répétition ?

"Oui oui!" s'exclamaient des voix de tous côtés.

"Oh oui, tu le sais bien", dit Louise Buguet, et elle voulut me mettre son bandeau sur la tête.

"Non, laissez-moi d'abord répéter comme je suis," répondis-je.

Ils recommencèrent la deuxième scène et j'entrai avec une longue branche de saule.

"Ne crains rien, Tobias," commençai-je. "Je serai votre guide. J'enlèverai de ton chemin toutes épines et toutes pierres. Vous êtes accablé de fatigue. Allonge-toi et repose-toi, car je veillerai sur toi.

Alors Tobias, épuisé, se coucha à côté d'une bande de mousseline bleue, dont cinq mètres environ, étendus et enroulés, représentaient le Tigre.

J'ai ensuite continué avec une prière à Dieu pendant que Tobias s'endormait. César apparut ensuite dans le rôle du Poisson Monstre, et le public trembla de peur. César avait été bien instruit par le jardinier, le père Larcher, et il s'avançait lentement sous la mousseline bleue. Il portait son masque, représentant une tête de poisson. Deux énormes coquilles de noix pour ses yeux avaient été peintes en blanc et percées d'un trou pour que le chien puisse voir. Le masque était attaché avec du fil de fer à son collier, qui supportait également deux branchies aussi grandes que des feuilles de palmier. César, reniflant le sol, renifla et grogne, puis sauta sauvagement sur Tobias, qui, de son gourdin, tua le monstre d'un seul coup. Le chien est tombé sur le dos, les quatre pattes en l'air, puis s'est retourné sur le côté en faisant semblant d'être mort.

Il y avait une joie folle dans la salle, et le public applaudissait et piétinait. Les plus jeunes se levaient sur leurs tabourets et criaient : « Bon César ! Malin

César ! Oh, bon chien, bon chien ! Les sœurs, touchées par les efforts de la gardienne du couvent, secouaient la tête avec émotion. Quant à moi, j'oubliais complètement que j'étais l'Ange Raphaël, et je me baissai pour caresser affectueusement César. « Ah ! comme il a bien joué son rôle ! dis-je en l'embrassant et en prenant une patte puis l'autre dans ma main, tandis que le chien, immobile, restait mort.

La petite cloche sonna pour nous rappeler à l'ordre. Je me relevai et, accompagnés du piano, nous entonnâmes un hymne de louange, un duo à la gloire de Dieu, qui venait de sauver Tobias du monstre effrayant.

Après cela, le petit rideau de serge verte fut tiré, et je fus entouré, caressé et loué. Mère Sainte-Sophie est montée sur l'estrade et m'a embrassée affectueusement. Quant à Louise Buguet, elle était à nouveau joyeuse et son visage angélique rayonnait.

"Oh, comme tu connaissais bien le rôle !" dit-elle. « Et puis aussi, tout le monde peut entendre ce que vous dites. Oh merci beaucoup!" Elle m'a embrassé et je l'ai serrée dans mes bras de toutes mes forces. Enfin j'étais dedans !

La troisième scène commença. L'action s'est déroulée dans la maison du Père Tobit. Gabaël, l'Ange et le jeune Tobias tenaient dans leurs mains les entrailles des poissons et les regardaient. L'Ange expliqua comment ils devaient être utilisés pour frotter les yeux du père aveugle. Je me sentais un peu malade, car je tenais dans ma main le foie d'une raie, le cœur et le gésier d'une volaille. Je n'avais jamais touché à de telles choses auparavant, et de temps en temps, la nausée me submergeait et les larmes me montaient aux yeux.

Finalement, le père aveugle entra, conduit par la sœur de Tobias. Gabaël s'agenouilla devant le vieillard et lui remit les dix talents d'argent, en lui racontant, dans un long récit, les exploits de Tobie à Médée. Après cela, Tobias s'avança, embrassa son père, puis se frotta les yeux avec le foie du raie.

Eugénie Charmel fit une grimace, mais après s'être essuyé les yeux elle s'écria :

«Je peux voir, je peux voir. Oh! Dieu de bonté, Dieu de miséricorde ! Je peux voir, je peux voir !

Elle s'avançait les bras tendus, les yeux ouverts, dans une attitude extatique, et toute la petite assemblée, si simple et si aimante, pleurait.

Tous les acteurs, sauf le vieux Tobie et l'Ange, tombèrent à genoux et louèrent Dieu, et à la fin de cette action de grâces, le public, ému par le sentiment religieux et la discipline, répéta : Amen !

La mère de Tobias s'approcha alors de l'Ange et lui dit : « Oh, noble étranger, habite désormais chez nous. Tu seras notre invité, notre fils, notre frère !

Je m'avançai et, dans un long discours d'au moins trente lignes, je fis savoir que j'étais le messager de Dieu, que j'étais l'Ange Raphaël. Je ramassai alors rapidement le tarlatane bleu pâle, qu'on cachait pour un effet final, et me voila d'un tissu nuageux destiné à simuler mon vol vers le ciel. Le petit rideau de serge verte s'est alors refermé sur cette apothéose.

Enfin le jour solennel arriva.

J'étais si fiévreux d'attente que je n'ai pas pu dormir les trois dernières nuits.

La cloche du pansement a été sonnée plus tôt que d'habitude, mais j'étais déjà debout et j'essayais de lisser mes cheveux rebelles, que j'ai brossés avec une brosse humide pour qu'ils se comportent mieux.

Monseigneur devait arriver à onze heures du matin. Nous déjeunâmes donc à dix heures, puis nous fûmes rangés dans la cour principale. Seule Mère Sainte-Alexis, l'aînée des religieuses, était devant, et Mère Sainte-Sophie juste derrière elle. L'aumônier était à peu de distance des deux supérieurs. Puis vinrent les autres religieuses, et derrière elles les filles, puis tous les petits enfants. Les sœurs converses et les servantes étaient également présentes. Nous étions tous vêtus de blanc, aux couleurs respectives de nos différentes classes.

La cloche sonna. La grande voiture entra dans la première cour. La porte de la cour principale s'ouvrit alors, et Monseigneur parut sur le marchepied que le valet de pied descendit pour lui. Mère Saint-Alexis s'avança et, se penchant, baisa l'anneau épiscopal. Mère Sainte-Sophie, la supérieure, qui était la plus jeune, s'agenouilla pour baiser l'anneau. Le signal nous fut alors donné, et nous nous agenouillions tous pour recevoir la bénédiction de Monseigneur. Lorsque nous relevâmes la tête, le grand portail était fermé et Monseigneur avait disparu, conduit par la Mère Supérieure. Mère Saint-Alexis était épuisée et retourna dans sa cellule.

Conformément au signal donné, nous nous levâmes tous à genoux. Nous nous rendîmes ensuite à la chapelle, où fut célébrée une courte messe, après quoi nous fîmes une heure de récréation. Le concert devait commencer à une heure et demie. L'heure de la récréation était consacrée à préparer la grande salle et à se préparer à comparaître devant Monseigneur. Je portais la longue robe de l'ange, avec une ceinture bleue autour de la taille et deux ailes en papier attachées par de fines lanières bleues qui se croisaient devant. Autour de ma tête se trouvait une bande de tresse dorée attachée derrière. Je n'arrêtais pas de marmonner mon « rôle », car à cette époque nous ne connaissions pas le mot *rôle* . Les gens connaissent mieux la scène de nos jours, mais au couvent on disait toujours « part », et des années après, j'ai été surpris, la première fois que j'ai joué en Angleterre, d'entendre une jeune Anglaise dire : « Oh, quel beau rôle. tu avais à *Hernani* !

La pièce était magnifique, oh, tellement belle ! Il y avait partout des festons de feuilles vertes, avec des fleurs en papier à intervalles réguliers. Ensuite, il y avait de petits lustres suspendus avec des cordons d'or. De la porte au fauteuil de Monseigneur était étendu un large tapis de velours rouge , sur lequel étaient deux coussins de velours rouge à franges d'or.

Je trouvais toutes ces horreurs très belles, très belles !

Le concert commença et il me sembla que tout se passait très bien. Monseigneur ne put cependant s'empêcher de sourire à la vue de César, et c'est lui qui donna les premiers applaudissements à la mort du chien. C'est César, en effet, qui eut le plus grand succès, mais nous fûmes néanmoins convoqués devant Monseigneur Sibour. Il était certainement le plus aimable et le plus charmant des prélats, et à cette occasion il remit à chacun de nous une médaille consacrée.

Quand mon tour est venu, il m'a pris la main et m'a dit : « C'est toi, mon enfant, qui n'es pas baptisé, n'est-ce pas ?

«Oui, Révérend Père, oui, Monseigneur», répondis-je confus.

« Elle doit être baptisée ce printemps », dit la Mère Supérieure. "Son père revient spécialement d'un pays très lointain."

Elle et Monseigneur se dirent alors quelques mots à voix très basse.

"Très bien; si je le peux, je reviendrai pour la cérémonie », a déclaré à haute voix l'archevêque. Je tremblais d'émotion et de fierté en embrassant la bague du vieil homme. J'ai ensuite couru vers le dortoir et j'ai pleuré longtemps. On m'y a retrouvé plus tard, profondément endormi d'épuisement.

A partir de ce jour, je fus un meilleur enfant, plus studieux et moins violent. Dans mes accès de colère, la mention du nom de Monseigneur Sibour me calmait et me rappelait sa promesse de venir me faire baptiser.

Hélas! Je n'étais pas destiné à avoir cette grande joie. Un matin de janvier, alors que nous étions tous réunis dans la chapelle pour la messe, j'ai été surpris et j'ai eu le pressentiment du malheur en voyant l'abbé Lethurgi monter en chaire avant de commencer la messe. Il était très pâle, et je me suis retourné. instinctivement à regarder la Mère Supérieure. Elle était assise à sa place habituelle. L'aumônier commença alors, d'une voix brisée par l'émotion, à nous raconter le meurtre de Monseigneur Sibour.

Assassiné ! Un frisson d'horreur nous parcourut, et cent cris étouffés, formant un grand sanglot, noyèrent un instant la voix du curé. Assassiné ! Le mot semblait me piquer personnellement encore plus que les autres. N'avais-je pas été, un instant, le favori de ce bon vieillard ? C'était comme si l'assassin Verger m'avait frappé aussi, dans mon amour reconnaissant pour le prélat, dans ma petite renommée qu'il m'avait maintenant volée. J'éclatai en sanglots, et l'orgue, accompagnant la prière pour les morts, augmenta ma douleur, qui devint si intense que je m'évanouis. C'est à partir de ce moment que je fus pris d'un amour ardent pour le mysticisme. Elle était fortifiée par les exercices religieux , l'effet dramatique de notre culte et les doux encouragements, à la fois fervents et sincères, de ceux qui m'éduquaient. Ils m'aimaient beaucoup et je les adorais, de sorte que même aujourd'hui leur souvenir, si fascinant et si reposant soit-il, me passionne d'affection.

L'heure fixée pour mon baptême approchait et je devenais de plus en plus excité. Mes crises de nerfs étaient de plus en plus fréquentes : crises de larmes sans raison et crises de terreur sans cause. Tout semblait prendre d'étranges proportions à mes yeux. Un jour, une de mes petites amies a laissé tomber une poupée que je lui avais prêtée (car j'ai joué avec des poupées jusqu'à plus de treize ans). Je commençais à trembler de partout, tant j'adorais cette poupée que mon père m'avait offerte.

"Tu as cassé la tête de ma poupée, vilaine fille !" M'écriai-je. « Tu as blessé mon père ! »

Après, je ne voulais plus rien manger et la nuit je me réveillais en sueur, les yeux hagards, en sanglotant : « Papa est mort ! Papa est mort !

Trois jours plus tard, ma mère est arrivée. Elle demanda à me voir au salon et, me faisant me placer devant elle, elle me dit : « Ma pauvre petite fille, j'ai quelque chose à te dire qui te fera beaucoup de peine. Papa est mort.

«Je sais», dis-je, «je sais»; et l'expression de mes yeux, me disait souvent ma mère par la suite, était telle qu'elle trembla longtemps de ma raison.

J'étais très triste et pas bien du tout. J'ai refusé d'apprendre quoi que ce soit, sauf le catéchisme et les Écritures, et je voulais être religieuse.

Ma mère avait réussi à faire baptiser avec moi mes deux sœurs, Jeanne, qui avait alors six ans, et Régina, qui n'en avait pas trois, mais qui avait été prise en pension au couvent dans l'idée que sa présence ça pourrait me remonter un peu le moral.

J'ai été isolé une semaine avant mon baptême et une semaine après, car je devais être confirmé une semaine après l'événement.

Ma mère, tante Rosine Berendt et tante Henriette Faure, mon parrain Régis, Monsieur Meydieu, parrain de Jeanne, et le général Polhes, parrain de Régina, les marraines de mes deux sœurs et de mes divers cousins, sont tous venus et ont révolutionné le couvent. Ma mère et mes tantes portaient des tenues de deuil à la mode. Tante Rosine avait mis une gerbe de lilas dans son bonnet,

« pour égayer son deuil », comme elle disait. C'était une expression étrange, mais je l'ai certainement entendu depuis utilisée par d'autres personnes qu'elle.

Je ne m'étais jamais senti aussi loin de tous ces gens venus là à cause de moi. J'adorais ma mère, mais avec un désir touchant et fervent de la quitter, de ne plus la revoir, de la sacrifier à Dieu. Quant aux autres, je ne les ai pas vus. J'étais très grave et plutôt maussade. Peu de temps auparavant, une religieuse avait pris le voile au couvent, et je ne pensais à rien d'autre.

Cette cérémonie de baptême était le prélude à mon rêve. Je me voyais comme la novice qui venait d'être admise comme religieuse. Je me voyais allongé par terre recouvert du lourd drap noir avec sa croix blanche et de quatre chandeliers massifs placés aux quatre coins du drap, et je comptais mourir sous ce drap. Comment je devais faire cela, je ne le sais pas. Je n'ai pas pensé à me suicider, car je savais que ce serait un crime. Mais j'avais décidé de mourir ainsi, et mes idées galopaient, de sorte que je voyais dans mon imagination l'horreur des sœurs et entendais les cris des élèves, et me réjouissais de l'émotion que j'avais provoquée.

Après la cérémonie du baptême, ma mère a voulu m'emmener avec elle. Elle avait loué une petite maison avec jardin boulevard de la Reine, à Versailles, pour mes vacances, et elle l'avait fleurie pour ce jour *de fête* , car elle voulait célébrer le baptême de ses trois enfants. On lui a dit très gentiment que, comme je devais être confirmé dans une semaine, je devais maintenant être isolé d'ici là. Ma mère a pleuré, et je me souviens maintenant, avec tristesse, que cela ne me rendait pas triste de voir ses larmes, bien au contraire.

Quand tout le monde fut parti et que j'entrai dans la petite cellule dans laquelle je vivais depuis une semaine et où je devais vivre encore une semaine, je tombai à genoux en état d'exaltation et offris à Dieu la douleur de ma mère. . « Tu as vu, Seigneur Dieu, que maman a pleuré et que cela ne m'a pas touché ! Pauvre enfant que j'étais, j'imaginais, dans ma folle exagération de tout, que ce qu'on attendait de moi, c'était le renoncement à toute affection, à tout dévouement et à toute pitié.

Le lendemain, Mère Sainte-Sophie me sermonna doucement sur ma mauvaise compréhension des devoirs religieux, et elle me dit qu'une fois confirmée, elle me donnerait quinze jours de vacances, pour aller faire oublier à ma mère ses chagrins et ses déceptions.

Ma confirmation eut lieu avec le même cérémonial pompeux. Tous les élèves, vêtus de blanc, portaient des cierges en cire. Pendant toute la semaine, j'avais refusé de manger. J'étais pâle et maigri, et mes yeux paraissaient plus grands à cause de mes perpétuels transports, car j'allais à l'extrême en tout.

Le baron Larrey, qui accompagnait ma mère à ma confirmation, me demanda un mois de vacances pour recruter, et cela fut accordé.

Nous partîmes donc, ma mère, Madame Guérard, son fils Ernest, ma sœur Jeanne et moi, pour Cauterets dans les Pyrénées.

Le mouvement, le conditionnement des malles, des colis et des colis, le chemin de fer, la diligence, le paysage, la foule et le tumulte général me guérirent de mes nerfs et de mon mysticisme. Je frappais dans mes mains, je riais tout haut, je me jetais sur maman et je faillis l'étouffer de baisers. J'ai chanté des hymnes à pleine voix ; J'avais faim et soif, alors j'ai mangé, bu et, en un mot, j'ai vécu.

V
LE SHAKO DU SOLDAT

Cauterets à cette époque n'était pas ce qu'il est aujourd'hui. C'était un petit trou abominable mais charmant, avec beaucoup de verdure, très peu de maisons et beaucoup de cabanes appartenant aux montagnards. Il y avait beaucoup d'ânes à louer, qui nous faisaient gravir les montagnes par des sentiers extraordinaires.

J'adore la mer et la plaine, mais je n'aime ni les montagnes ni les forêts. Les montagnes semblent m'écraser et les forêts m'étouffer. Il me faut à tout prix avoir l'horizon à perte de vue et des ciels à rêver.

Je voulais gravir les montagnes pour qu'elles perdent leur effet écrasant. Et par conséquent nous montions toujours plus haut.

Maman restait à la maison avec sa douce amie, Madame Guérard. Elle lisait des romans pendant que Madame Guérard brodait. Ils s'asseyaient là, sans parler, chacun rêvant son propre rêve, le voyant s'effacer et le recommençant. La vieille servante Marguerite était la seule que maman domestique eût amenée avec elle, et elle nous accompagnait. Gaie et audacieuse, elle a toujours su faire rire les hommes avec ses bavardages dont je n'ai compris que bien plus tard le sens et la grossièreté. Elle a toujours été la vie de la fête. Comme elle était avec nous depuis notre naissance, elle nous était très familière, et parfois de manière répréhensible ; mais je ne la laissais pas faire ce qu'elle voulait avec moi, et je lui répondais de la manière la plus acerbe. Elle s'est vengée le soir en nous offrant pour le dîner un plat de friandises que je n'ai pas aimé.

J'ai commencé à mieux comprendre le changement et, bien que toujours très religieux, mon mysticisme devenait plus calme. Mais comme je ne pouvais exister sans une passion quelconque, je commençai à m'intéresser beaucoup aux chèvres, et je demandai très sérieusement à maman si je pouvais devenir berger.

«Je préférerais que tu sois cela plutôt qu'une religieuse», répondit-elle; puis elle a ajouté : « Nous en reparlerons plus tard. »

Chaque jour, j'amenais avec moi de la montagne un autre petit enfant. Nous en avions sept, lorsque ma mère intervint et mit un terme à mon zèle.

Enfin, il était temps de retourner au couvent. Mes vacances étaient terminées et j'étais à nouveau très bien.

Je devais retourner au travail une fois de plus. J'ai accepté la situation de bon gré, à la grande surprise de maman, qui aimait voyager, mais détestait se déplacer d'un endroit à un autre.

J'étais enchanté à l'idée de remballer les colis et les malles, d'être assis dans des choses qui bougeaient, de revoir tous les villages, les villes, les gens et les arbres qui changeaient tout le temps. Je voulais emmener mes chèvres avec moi, mais ma mère a failli faire une crise.

"Tu es fou!" s'exclama-t-elle. « Sept chèvres dans un train et dans une voiture ! Où pourrais-tu les mettre ? Non, cent fois non !

Elle consentit finalement à ce que j'en prenne deux et un merle qu'un des montagnards m'avait donné. Nous sommes donc retournés au couvent.

J'y ai été reçu avec une joie si sincère que je me suis immédiatement senti à nouveau très heureux. J'avais le droit d'y garder mes deux chèvres et de les sortir pendant les récréations. Nous nous amusions beaucoup avec eux : ils nous donnaient des coups et nous les frappions, et nous riions, gambadions et étions très stupides. Et pourtant j'avais presque quatorze ans à cette époque ; mais j'étais très chétif et enfantin.

Je restai encore dix mois au couvent sans rien apprendre de plus. L'idée de devenir religieuse m'a toujours hantée, mais je n'étais plus mystique.

Mon parrain me considérait comme le plus grand cancre des enfants. Mais je travaillais pendant les vacances et je prenais des cours avec Sophie Croizette, qui habitait près de notre bastide. Cela m'a donné un léger élan dans mes études, mais ce n'était que léger. Sophie était très gaie, et ce que nous préférions, c'était aller au musée, où sa sœur Pauline, qui deviendra plus tard Madame Carolus Duran, copiait des tableaux des grands maîtres.

Pauline était aussi froide et calme que Sophie était charmante, bavarde et bruyante. Pauline Croizette était belle, mais je préférais Sophie, elle était plus gracieuse et plus jolie. Madame Croizette, leur mère, semblait toujours triste et résignée. Elle avait abandonné très tôt sa carrière. Elle avait été danseuse à l'opéra de Saint-Pétersbourg et avait été très adorée, flattée et gâtée. Je crois que c'est la naissance de Sophie qui l'a obligée à quitter la scène. Son argent avait alors été mal placé et elle était ruinée. Elle avait l'air très distinguée ; son visage avait une expression aimable ; il y avait en elle une mélancolie infinie, et les gens étaient instinctivement attirés vers elle. Maman et elle s'étaient connues en écoutant de la musique dans le parc de Versailles, et depuis quelque temps nous nous vîmes beaucoup.

Sophie et moi avons fait de belles parties dans ce magnifique parc. Mais notre plus grande joie fut d'aller chez Mme Masson, rue de la Gare. Madame Masson avait une boutique de curiosités. Sa fille Cécile était une parfaite petite beauté. Nous nous amusions tous les trois à changer les billets des vases, des tabatières, des éventails et des bijoux, et puis quand le pauvre M. Masson revenait avec un riche client — car Masson l'antiquaire jouissait d'une réputation mondiale — Sophie et moi il se cachait pour qu'on voie sa fureur. Cécile, d'un air innocent, aidait sa mère et nous jetait de temps en temps des regards narquois.

Le tourbillon de la vie me sépara brusquement de tous ces gens que j'aimais, et un incident, insignifiant en soi, me fit quitter le couvent plus tôt que ne le souhaitait ma mère.

C'était un jour *de fête* et nous avions deux heures de récréation. Nous marchions en procession le long du mur qui longe la voie ferrée sur la rive gauche de la Seine, et tandis que nous enterrions mon lézard domestique, nous chantions le « De Profundis ». Une vingtaine de mes petits camarades de jeu me suivaient, quand soudain le shako d'un soldat tomba à mes pieds.

"Qu'est ce que c'est?" » a crié une des filles.

"Le shako d'un soldat."

« Est-ce que ça vient de par-dessus le mur ?

"Oui oui. Écouter. Il y a une querelle en cours !

Nous étions soudain silencieux, écoutant de toutes nos oreilles.

« Ne sois pas stupide ! C'est idiot ! C'est le couvent des Grands-Champs !

« Comment puis-je récupérer mon shako ? »

Ce sont les mots que nous avons entendus, puis, alors qu'un soldat est soudainement apparu à califourchon sur notre mur, il y a eu des cris des enfants terrifiés et des exclamations de colère des religieuses. En une seconde, nous étions tous à une vingtaine de mètres du mur, comme un groupe de moineaux effrayés s'envolant pour se poser un peu plus loin, curieux et très en alerte.

« Avez-vous vu mon shako, jeunes filles ? » cria le malheureux soldat d'un ton suppliant.

"Non non!" J'ai pleuré en le cachant derrière mon dos.

"Oh non!" » faisaient écho aux autres filles, avec des éclats de rire, et de la manière la plus tourmentante, la plus insolente et la plus goguenarde, nous avons continué à crier « Non, non ! courant à reculons tout le temps pour obéir aux sœurs qui, voilées et cachées derrière les arbres, étaient désespérées.

Nous n'étions qu'à quelques mètres de l'immense gymnase. Je grimpai à toute vitesse, essoufflé, et j'atteignis la large planche du sommet ; là, je détachai l'échelle de corde, mais comme je ne pouvais pas relever jusqu'à moi l'échelle de bois par laquelle j'étais monté, je détachai les anneaux. L'échelle en bois tomba et se brisa en faisant un grand bruit. Je me suis alors levé méchamment triomphant sur la planche en criant : « Voici votre shako, mais vous ne l'aurez pas maintenant ! Je l'ai mis sur ma tête et j'ai marché de long en large, car personne ne pouvait m'atteindre là-bas, car j'avais remonté l'échelle de corde. Je suppose que ma première idée avait été juste de m'amuser un peu, mais les filles avaient ri et applaudi, et mes forces avaient résisté mieux que je ne l'avais espéré, de sorte que ma tête était tournée et que rien ne pouvait alors m'arrêter.

Le jeune soldat était furieux. Il a sauté du mur et s'est précipité dans ma direction, repoussant les filles de son chemin. Les sœurs, hors d'elles, coururent vers la maison pour appeler à l'aide. L'aumônier, la Mère Supérieure, le Père Larcher et tous les autres accoururent. Je crois que le soldat a juré comme un soldat, et c'était vraiment tout à fait excusable. Mère Sainte Sophie d'en bas m'a supplié de descendre et d'abandonner le shako.

Le militaire a essayé de me rejoindre à l'aide du trapèze et de la corde du gymnase.

Ses efforts inutiles ravirent tous les élèves que les sœurs avaient vainement tenté de renvoyer. Finalement, la sœur qui était portière a sonné l'alarme et, cinq minutes plus tard, les militaires de la caserne de Satory sont arrivés, pensant qu'un incendie s'était déclaré. Lorsque l'officier qui commandait fut informé de ce qui se passait, il renvoya ses hommes et demanda à voir la Mère Supérieure. Il fut amené chez Mère Sainte-Sophie, qu'il trouva sous le gymnase, pleurant de honte et d'impuissance. Il a ordonné au militaire de regagner immédiatement la caserne. Il obéit après m'avoir serré le poing, mais en levant les yeux, il ne put s'empêcher de rire. Son shako descendait jusqu'à mes yeux, et n'était empêché que par mes oreilles, courbées, de me couvrir le visage.

J'étais furieux et extrêmement excité par la tournure que ma blague avait prise.

« Le voilà, ton shako ! J'ai crié et je l'ai jeté violemment par-dessus le mur qui longeait le gymnase et délimitait le cimetière.

"Oh, la jeune peste !" murmura l'officier, puis, s'excusant auprès des religieuses, il les salua et s'en alla accompagné du père Larcher.

Quant à moi, je me sentais comme un renard avec la queue coupée.

J'ai refusé de descendre immédiatement.

«Je descendrai quand tout le monde sera parti», m'écriai-je.

Toutes les classes ont reçu des punitions.

Je suis resté seul. Le soleil s'était couché. Le silence dans le cimetière m'a terrifié. Les arbres sombres prenaient des formes tristes ou menaçantes. L'humidité du bois tombait comme un manteau sur mes épaules et semblait devenir de plus en plus lourde à chaque instant. Je me sentais abandonnée par tout le monde et je me suis mise à pleurer.

J'étais en colère contre moi-même, contre le soldat, contre Mère Sainte-Sophie, contre les élèves qui m'avaient excité par leurs rires, contre l'officier qui m'avait humilié et contre la sœur qui avait tiré la sonnette d'alarme.

Puis j'ai commencé à penser à descendre l'échelle de corde que j'avais hissée sur la planche. Très maladroitement, tremblant de peur au moindre bruit, écoutant avec avidité tout le temps, et les yeux regardant à droite et à gauche, j'étais un temps énorme, et j'avais très peur de décrocher les anneaux. Finalement, je parvins à le dérouler, et j'étais sur le point de poser le pied sur la première marche lorsque les aboiements de César m'alarmèrent. Il s'arrachait du bois. La vue de l'ombre sombre sur le gymnase parut au chien fidèle n'augurer rien de bon. Il était furieux et commença à gratter les épais poteaux de bois.

"Pourquoi, César, tu ne connais pas ton ami ?" Dis-je très doucement. Il grogna en réponse, et d'une voix plus forte je dis : « Fi, César, mauvais César ; tu devrais avoir honte ! Envie d'aboyer après votre ami ! »

Il se mit alors à hurler et je fus saisi de terreur. J'ai remonté l'échelle et me suis assis en haut. César s'allongea sous le gymnase, la queue tendue, les oreilles dressées, le poil hérissé, grognant d'un air maussade. J'ai fait appel à la Sainte Vierge pour qu'elle m'aide. J'ai prié avec ferveur, j'ai juré de dire chaque jour trois *Ave supplémentaires* , trois *Credos* et trois *Paters* .

Quand je fus un peu plus calme, j'appelai d'une voix sourde : « César ! mon cher César, mon beau César ! Tu sais que je suis l'Ange Raphaël ! Ah, César tenait beaucoup à lui. Il trouvait ma présence, seule, à une heure aussi tardive, dans le jardin et dans le gymnase, tout à fait incompréhensible. Pourquoi n'étais-je pas au réfectoire ? Pauvre César, il continuait à grogner, et j'avais très faim, et je commençais à trouver que c'était bien injuste. Il est vrai que c'était moi qui avais pris le shako du soldat, mais après tout, il avait commencé. Pourquoi avait-il jeté son shako par-dessus le mur ? Mon imagination me vint alors en aide et je finis par me considérer comme un martyr. J'avais été laissé au chien et il me mangerait. J'étais terrifié par les morts derrière moi et tout le monde savait que j'étais très nerveux. Ma poitrine aussi était délicate, et j'étais là, exposée au froid mordant, sans aucune protection. Je commençai à penser à Mère Sainte-Sophie, qui ne se souciait visiblement plus de moi, tant elle m'abandonnait cruellement. Je m'étendis la face contre terre sur la planche, et je me livrai au désespoir le plus fou, appelant ma mère, mon père et Mère Sainte-Sophie, sanglotant, souhaitant pouvoir mourir sur-le-champ et alors... Entre mes sanglots, j'entendis soudain mon nom prononcé par une voix. Je me levai et, regardant à travers l'obscurité, j'aperçus ma bien-aimée Mère Sainte-Sophie. Elle était là, la chère sainte, et n'avait jamais quitté son enfant rebelle. Cachée derrière la statue de saint Augustin, elle priait en attendant la fin de cette crise qui, dans sa simplicité, croyait pouvoir être fatale à ma raison et peut-être à mon salut. Elle avait renvoyé tout le monde et restait là seule, et elle non plus n'avait pas dîné. Je descendis et me jetai, repentant et misérable, dans ses bras maternels. Elle ne me dit pas un mot de cet horrible incident, mais me ramena promptement au couvent. J'étais tout mouillé par la rosée glaciale du soir, mes joues étaient fiévreuses, mes mains et mes pieds étaient gelés.

J'eus ensuite une pleurésie, et il me restait vingt-trois jours entre la vie et la mort. Mère Sainte-Sophie ne m'a jamais quitté un instant. La douce Mère s'en voulait de ma maladie, déclarant en se frappant la poitrine qu'elle m'avait laissé trop longtemps dehors.

"C'est de ma faute! C'est de ma faute!" elle n'arrêtait pas de s'exclamer.

Ma tante Faure venait me voir presque tous les jours. Ma mère était en Ecosse et elle revenait à petites étapes. Ma tante Rosine était à Baden-Baden, ruinant toute la famille avec un nouveau « système ». "J'arrive. J'arrive », répétait-elle lorsqu'elle m'écrivait pour me demander comment j'allais. Le Dr Despagne et le Dr Monod, appelés en consultation, ne croient pas qu'il y ait d'espoir. Le baron Larrey, qui m'aimait beaucoup, venait souvent. Il avait une certaine influence sur moi et je lui obéis volontiers. Ma mère arriva peu de temps avant ma convalescence et ne me quitta plus. Dès que j'ai pu être déplacé, elle m'a emmené à Paris, en me promettant de me renvoyer au couvent quand j'étais tout à fait rétabli.

C'était pourtant pour toujours que j'avais quitté mon cher couvent, mais ce n'était pas pour toujours que j'avais quitté Mère Sainte-Sophie. J'avais l'impression d'emporter quelque chose d'elle avec moi. Elle a longtemps fait partie de ma vie, et aujourd'hui encore, alors qu'elle est morte depuis des années, elle hante mon esprit, me ramenant les pensées simples d'autrefois et faisant refleurir les simples fleurs d'autrefois.

La vie pour moi a alors commencé sérieusement.

La vie claustrale est une vie pour chacun. Il peut y avoir là une centaine ou un millier d'individus, mais chacun mène une vie qui est la même et la seule pour tous. La rumeur du monde extérieur s'éteint devant la lourde porte du cloître. La seule ambition est de chanter plus fort que les autres aux vêpres, de prendre un peu plus la forme, d'être au bout de la table, d'être sur la liste d'honneur. Quand on me dit que je ne devais pas retourner au couvent, ce fut pour moi comme si j'allais être jeté à la mer alors que je ne savais pas nager.

J'ai supplié mon parrain de me laisser rentrer au couvent. La dot que m'a laissée mon père était suffisante pour la dot d'une religieuse. Je voulais prendre le voile. « Très bien, répondit mon parrain ; « On peut prendre le voile dans deux ans, mais pas avant. En attendant, apprends tout ce que tu ne sais pas encore (et ça veut dire tout) auprès de la gouvernante que ta mère a choisie pour toi.

Ce jour-là, une vieille dame célibataire, aux yeux doux, gris et doux, est venue prendre possession de ma vie, de mon esprit et de ma conscience pendant huit heures chaque jour. Elle s'appelait Mlle. de Brabender, et elle avait éduqué une grande-duchesse en Russie. Elle avait une voix douce, une énorme moustache couleur sable, un nez grotesque, mais une façon de marcher, de s'exprimer et de s'incliner qui imposait simplement de la déférence. Elle demeurait au couvent de la rue Notre-Dame des Champs, et c'est pourquoi, malgré les instances de ma mère, elle refusait de venir rester chez nous.

Elle a vite gagné mon affection et j'ai appris assez facilement avec elle tout ce qu'elle voulait que j'apprenne. Je travaillais avec ardeur, car mon rêve était de retourner au couvent, non pas comme élève, mais comme sœur enseignante.

VI
LE CONSEIL DE FAMILLE ET MA PREMIÈRE VISITE AU THÉÂTRE

Je me levai un matin de septembre, le cœur bondissant d'une joie lointaine. Il était huit heures. J'ai appuyé mon front contre les vitres et j'ai regardé dehors, regardant je ne sais quoi. J'avais été réveillé en sursaut au milieu de quelque beau rêve, et je m'étais précipité vers la lumière dans l'espoir de trouver dans l'espace infini du ciel gris le point lumineux qui expliquerait mon attente anxieuse et bienheureuse. Attente de quoi ? Je n'aurais pas pu répondre à cette question à l'époque, pas plus qu'aujourd'hui après mûre réflexion. J'étais à la veille de mon quinzième anniversaire et j'étais dans l'attente quant à l'avenir de ma vie. Ce matin-là me semblait être le précurseur d'une ère nouvelle. Je ne m'étais pas trompé, car, ce jour de septembre, mon sort était réglé pour moi.

Hypnotisé par ce qui se passait dans mon esprit, je restais le front appuyé contre la vitre, regardant à travers le halo de vapeur formé par mon souffle les maisons, les palais, les carrosses, les bijoux et les perles qui passaient devant moi... oh, combien de perles il y avait ! Il y avait aussi des princes et des rois ; oui, je pourrais même voir des rois ! Oh! à quelle vitesse l'imagination voyage, et son ennemie, la raison, lui permet toujours de vagabonder seule. Dans mon imagination, je rejetais fièrement les princes, je rejetais les rois, je refusais les perles et les palais, et je déclarais que j'allais être religieuse, car dans le ciel gris infini j'avais entrevu le couvent du Grand-Champs. , de ma chambre blanche et de la petite lampe qui se balançait au-dessus de la petite Vierge, le tout décoré de fleurs par nos soins. Le roi m'offrait un trône, mais je préférais le trône de notre Mère Supérieure, et j'avais l'ambition vague de l'occuper un jour lointain, dans un avenir lointain ; le roi avait le cœur brisé et mourait de désespoir. Oui, *mon Dieu !* Je préférais aux perles qu'on m'offrait les princes les perles du chapelet que je récitais avec mes doigts ; et aucun costume ne pouvait rivaliser dans mon esprit avec le voile de barège noir qui tombait comme une ombre douce sur la batiste blanche comme neige qui entourait les visages aimés des religieuses de Grand-Champs. Je ne sais depuis combien de temps je rêvais ainsi lorsque j'entendis la voix de ma mère demander à notre vieille servante Marguerite si j'étais réveillé. D'un bond, je me recouche et j'enfouis mon visage sous le drap. Maman entrouvrit la porte très doucement, et je fis semblant de me réveiller.

"Comme tu es paresseux aujourd'hui!" dit-elle. Je l'ai embrassée et j'ai répondu d'un ton câlin : « Nous sommes jeudi et je n'ai pas de cours de musique.

"Et es-tu content?" elle a demandé.

"Oh oui," répondis-je rapidement.

Ma mère fronça les sourcils ; elle adorait la musique et je détestais le piano. Elle aimait tellement la musique que, même si elle avait alors presque trente ans, elle prenait elle-même des cours pour m'encourager à pratiquer. Quelle horrible torture c'était ! Je faisais, très méchamment, tout ce que je pouvais pour mettre en désaccord ma mère et ma maîtresse de musique. Ils étaient tous deux aussi myopes que possible. Quand ma mère avait pratiqué trois ou quatre jours un nouveau morceau, elle le connaissait par cœur et le jouait assez bien, au grand étonnement de Mlle. Clarisse, mon insupportable vieille prof, qui tenait la musique à la main et lisait chaque note avec son nez touchant presque la page. Un jour, j'entendis avec joie une querelle commencer entre maman et cette désagréable Mlle. Clarisse.

"Là, c'est un tremblement !"

"Non, il n'y a pas de tremblement!"

"C'est un appartement!"

« Non, tu oublies le tranchant ! Comme vous êtes absurde, Mademoiselle ! ajouta ma mère, parfaitement furieuse.

Quelques minutes plus tard, ma mère se rendit dans sa chambre et Mlle. Clarisse partit en marmonnant.

Quant à moi, j'étouffais de rire dans ma chambre, car un de mes cousins, qui était bon musicien, m'avait aidé à ajouter des dièses, des bémols et des croches, et nous l'avions fait avec un tel soin que même un œil exercé aurait eu du mal à déceler immédiatement la fraude. Comme Mlle. Clarisse avait été expulsée, je n'ai pas eu de cours ce jour-là. Maman m'a regardé longtemps avec ses yeux mystérieux, les plus beaux yeux que j'aie jamais vus de ma vie, puis elle m'a dit en parlant très lentement :

"Après le déjeuner, il y aura un conseil de famille."

Je me sentais pâlir.

"Très bien," répondis-je. « Quelle robe dois-je mettre, maman ? J'ai dit cela simplement pour dire quelque chose et pour m'empêcher de pleurer.

« Mettez votre soie bleue ; tu as l'air plus posé là-dedans.

Juste à ce moment, ma sœur Jeanne ouvrit bruyamment la porte, et, dans un éclat de rire, sauta sur mon lit et, se glissant sous les draps, cria : « J'y suis !

Marguerite l'avait suivie dans la chambre, haletante et grondant. L'enfant s'était échappé d'elle au moment où elle s'apprêtait à lui donner son bain et lui avait annoncé : « Je vais dans le lit de ma sœur.

La gaieté de Jeanne en ce moment, que je sentais très grave pour moi, me fit éclater en pleurs et en sanglots. Ma mère, ne comprenant pas la raison de ce chagrin, haussa les épaules, dit à Marguerite d'aller chercher les pantoufles de Jeanne, et, prenant dans ses mains les petits pieds nus, les baisa tendrement.

J'ai sangloté plus amèrement que jamais. Il était bien évident que maman aimait ma sœur plus que moi, et cette préférence, qui ne me gênait pas d'une manière ordinaire, me blessait maintenant beaucoup.

Maman est partie, irritée par moi. Je m'endormis pour oublier et fut réveillé par Marguerite qui m'aida à m'habiller, sinon j'aurais été en retard au déjeuner. Les invités ce jour-là étaient Tante Rosine, Mlle. de Brabender, ma gouvernante (une charmante créature que j'ai toujours regrettée), mon parrain, et le duc de Morny, grand ami de mon parrain et de ma mère. Le déjeuner fut pour moi un repas triste, car je pensais tout le temps au conseil de famille. Mlle. de Brabender, avec sa douceur et ses paroles affectueuses, insistait pour que je mange. Ma sœur a éclaté de rire en me regardant.

« Vos yeux sont aussi petits que cela », dit-elle en posant son petit pouce sur le bout de son index ; et ça te fait du bien, parce que tu pleures, et maman n'aime pas qu'on pleure. Et toi, maman ?

"Pourquoi as-tu pleuré?" demanda le duc de Morny. Je n'ai pas répondu, malgré le coup de coude amical de Mlle. de Brabender m'a donné son coude pointu. Le duc de Morny m'a toujours un peu impressionné. Il était doux et gentil, mais c'était un excellent quiz. Je savais aussi qu'il occupait une place élevée à la cour et que ma famille considérait son amitié comme un grand honneur.

« Parce que je lui ai dit qu'après le déjeuner, il y aurait un conseil de famille en son nom », dit ma mère en parlant lentement. «Parfois, il me semble qu'elle est assez idiote. Elle me décourage vraiment.

« Viens, viens », s'écria mon parrain, et tante Rosine dit au duc de Morny quelque chose en anglais qui le fit sourire astucieusement sous sa fine moustache. Mlle. Mme de Brabender me grondait à voix basse, et ses réprimandes étaient comme des paroles venues du ciel. Quand le déjeuner fut enfin terminé, maman me dit, en passant, de verser le café. Marguerite m'aida à ranger les tasses et j'entrai dans le salon. Maître C..., le notaire du Hâvre, que je détestais, était déjà là. Il représentait la famille de mon père, mort à Pise, d'une manière qui n'avait jamais été expliquée, mais qui paraissait mystérieuse. Ma haine d'enfant était instinctive et j'appris plus tard que cet homme avait été l'ennemi acharné de mon père. Il était très, très laid, ce notaire ; tout son visage semblait s'être élevé. C'était comme s'il était resté longtemps suspendu par les cheveux, et que ses yeux, sa bouche, ses joues et son nez avaient pris l'habitude d'essayer d'atteindre l'arrière de sa tête. Il aurait dû avoir une expression joyeuse, car tant de ses traits étaient relevés, mais au lieu de cela, son visage était lisse et sinistre . Il avait des cheveux roux plantés sur la tête comme du chiendent et sur le nez il portait une paire de lunettes à monture dorée. Oh, l'horrible homme ! Quel cauchemar torturant que le souvenir même de lui, car il était le mauvais génie de mon père, et sa haine me poursuivait maintenant. Ma pauvre grand-mère, depuis la mort de mon père, ne sortait plus, mais passait son temps à pleurer la perte de son fils bien-aimé, mort si jeune. Elle avait une confiance absolue en cet homme, qui était en outre l'exécuteur testamentaire de mon père. Il avait le contrôle de l'argent que mon cher père m'avait laissé. Je ne devais la recevoir que le jour de mon mariage, mais ma mère devait utiliser les intérêts pour mon éducation. Mon oncle Félix Faure était également présent. Assis près de la cheminée, enfoui dans un fauteuil, M. Meydieu sortit sa montre d'un air maussade. C'était un vieil ami de la famille, et il m'appelait toujours *ma fil* , ce qui m'ennuyait beaucoup, ainsi que sa familiarité. Il me trouvait stupide, et quand je lui tendis son café, il me dit d'un ton goguenard : « Et c'est pour toi, *ma fil* , qu'on a gêné tant d'honnêtes gens dans leur travail. Nous avons bien d'autres choses à faire, je peux vous l'assurer, que de discuter du sort d'un petit morveux comme vous. Ah ! si c'avait été sa sœur, il n'y aurait eu aucune difficulté. » Et de ses doigts engourdis il tapota la tête de Jeanne qui restait par terre à tresser la frange du canapé sur lequel il était assis.

Une fois le café bu, les tasses emportées et ma sœur aussi, il y eut un court silence.

Le duc de Morny se leva pour prendre congé, mais ma mère le pria de rester. « Vous saurez nous conseiller », insista-t-elle, et le duc reprit sa place près de ma tante, avec laquelle il me semblait avoir un léger flirt.

Maman s'était rapprochée de la fenêtre, son métier à broder devant elle et son beau profil bien dessiné mis en valeur à contre-jour. Elle avait l'air de n'avoir rien à voir avec ce qui allait être discuté.

Le hideux notaire s'était levé.

Mon oncle m'avait attiré près de lui. Mon parrain Régis semblait être l'exact pendant de M. Meydieu. Ils avaient tous deux le même esprit *bourgeois* , et étaient également têtus et obstinés. Ils s'adonnaient tous les deux au whist et au bon vin, et tous deux convenaient que j'étais assez maigre pour un épouvantail. La porte s'ouvrit et une femme pâle et brune entra, une créature à l'air poétique et charmante. C'était Madame Guérard, « la dame de l'étage supérieur », comme l'appelait toujours Marguerite. Ma mère s'était liée d'amitié avec elle de façon plutôt condescendante certes, mais Mme Guérard m'était dévouée et supportait les petits affronts auxquels elle était traitée avec beaucoup de patience pour moi. Elle était grande et mince comme une latte, très docile et sage. Elle habitait l'appartement du dessus et était descendue sans chapeau ; elle portait une robe d'intérieur en indienne avec un dessin de petites feuilles brunes.

M. Meydieu a murmuré quelque chose, je n'ai pas compris quoi. L'abominable notaire salua très brièvement Mme Guérard. Le duc de Morny était très aimable, car la nouvelle venue était si jolie. Mon parrain baissa simplement la tête, car Mme Guérard n'était rien pour lui. Tante Rosine la regardait de la tête aux pieds. Mlle. Mme de Brabender lui serra cordialement la main, car Mme Guérard m'aimait.

Mon oncle, Félix Faure, lui donna une chaise et lui fit asseoir, puis s'enquit gentiment de son mari, un *savant* , avec qui mon oncle collaborait parfois pour son livre « La Vie de Saint Louis ». »

Maman avait seulement regardé à travers la pièce sans lever la tête, car Mme Guérard ne me préférait pas ma sœur.

«Eh bien, comme nous sommes venus ici à cause de cette enfant, dit mon parrain en regardant sa montre, il faut commencer et discuter de ce qu'il faut faire d'elle.»

Je me mis à trembler et je me rapprochai de *ma petite Dame* (comme j'avais toujours appelé Madame Guérard depuis mon enfance) et de Mlle. de Brabender. Ils m'ont chacun pris la main en guise d'encouragement.

– Oui, continua M. Meydieu en riant ; "Il semble que tu veuilles être religieuse."

« Ah ! en effet », dit le duc de Morny à tante Rosine.

"Chut!" rétorqua-t-elle en riant. Maman soupira et approcha ses laines de ses yeux pour les assortir.

— Il faut pourtant être riche pour entrer dans un couvent, grogna le notaire du Havre, et on n'a pas un sou. Je me penchai vers Mlle. de Brabender et murmura : « J'ai l'argent que papa a laissé. »

L'horrible homme a entendu.

« Votre père a laissé de l'argent pour vous marier », a-t-il déclaré.

« Eh bien, j'épouserai le *bon Dieu* », répondis-je, et ma voix était maintenant tout à fait résolue. Je suis devenu très rouge et, pour la deuxième fois de ma vie, j'ai ressenti un désir et une forte inclination à me battre pour moi-même. Je n'avais plus peur, car tout le monde était allé trop loin et m'avait trop provoqué. Je m'éloignai de mes deux aimables amis et m'avançai vers l'autre groupe.

"Je serai religieuse, je le ferai!" M'écriai-je. « Je sais que papa m'a laissé de l'argent pour que je me marie, et je sais que les religieuses épousent le Sauveur. Maman dit qu'elle s'en fiche, cela lui est égal, pour que cela ne la contrarie pas du tout, et on m'aime mieux au couvent que toi ici !

« Mon cher enfant, dit mon oncle en m'attirant à lui, votre vocation religieuse me paraît plutôt un désir d'aimer... »

- Et être aimée, murmura madame Guérard à voix très basse.

Tout le monde regardait maman, qui haussait légèrement les épaules. Il me sembla que le regard qu'ils lui jetaient tous était un regard de reproche, et j'éprouvais aussitôt un pincement au remords. Je m'approchai d'elle et, lui jetant les bras autour du cou, je lui dis :

« Cela ne vous dérange pas que je sois religieuse, n'est-ce pas ? Cela ne vous rendra pas malheureux, n'est-ce pas ?

Maman me caressait les cheveux, dont elle était très fière.

« Oui, cela me rendrait malheureux. Tu sais bien qu'après ta sœur, je t'aime plus que personne au monde.

Elle dit cela très lentement, d'une voix douce. C'était comme le bruit d'une petite cascade qui coule de la montagne, babillante et claire, entraînant avec elle le gravier et augmentant progressivement de volume avec la neige dégelée jusqu'à ce qu'elle entraîne les rochers et les arbres dans son cours. C'est l'effet que la voix claire et traînante de ma mère produisit sur moi à ce moment-là. Je me précipitai impulsivement vers les autres, qui restèrent tous bouche bée devant cet éclat d'éloquence inattendu et spontané. J'allais de l'un à l'autre, expliquant ma décision et donnant des raisons qui n'en étaient certainement pas du tout. J'ai fait tout mon possible pour que quelqu'un me soutienne dans cette affaire. Finalement le duc de Morny s'ennuya et se leva pour partir.

« Savez-vous ce que vous devriez faire de cet enfant ? il a dit. "Tu devrais l'envoyer au Conservatoire." Il m'a ensuite tapoté la joue, a embrassé la main de ma tante et s'est incliné devant tous les autres. Alors qu'il se penchait sur la main de ma mère, je l'entendis lui dire : « Tu aurais fait un mauvais diplomate ; mais suivez mon conseil et envoyez-la au Conservatoire.

Il partit alors, et je regardai tout le monde avec une parfaite angoisse.

Le Conservatoire ! Qu'est-ce que c'était? Qu'est-ce que cela signifiait ?

Je m'approchai de ma gouvernante, Mlle. de Brabender. Ses lèvres étaient fermement pressées l'une contre l'autre et elle paraissait choquée, comme elle le faisait parfois lorsque mon parrain racontait une histoire qu'elle n'approuvait pas à table. Mon oncle Félix Faure regardait le sol d'un air distrait ; le notaire avait un regard méchant, ma tante parlait avec beaucoup d'excitation, et M. Meydieu secouait la tête en marmonnant : « Peut-être... oui... qui sait ?... hum... hum ! Madame Guérard était très pâle et triste, et elle me regardait avec une infinie tendresse.

Que pourrait être ce Conservatoire ? Le mot prononcé si négligemment semblait avoir entièrement perturbé l'équanimité de toutes les personnes présentes. Chacun d'eux me semblait avoir une impression différente à ce sujet, mais aucun ne paraissait content. Tout à coup, au milieu de l'embarras général, mon parrain s'écria brutalement :

"Elle est trop maigre pour faire une actrice."

"Je ne serai pas actrice !" M'écriai-je.

«Vous ne savez pas ce qu'est une actrice», dit ma tante.

"Oh oui, je le fais. Rachel est une actrice.

"Tu connais Rachel?" demanda maman en se levant.

"Oh oui; elle est venue une fois au couvent voir la petite Adèle Sarony. Elle parcourut le couvent et le jardin, et dut s'asseoir parce qu'elle ne reprenait pas son souffle. Ils lui apportèrent quelque chose pour la réconforter, et elle était si pâle, oh ! si pâle. J'étais bien désolé pour elle, et sœur Sainte-Appoline m'a dit que ce qu'elle avait fait, c'était la tuer, car elle était actrice ; et donc je ne serai pas actrice, je ne le ferai pas !

J'avais dit tout cela d'un souffle, les joues en feu et la voix dure.

Je me souvenais de tout ce que m'avait dit sœur Sainte-Appoline, ainsi que Mère Sainte-Sophie. Je me souvenais aussi que lorsque Rachel était sortie du jardin, très pâle et se tenant par le bras d'une dame, une petite fille lui avait tiré la langue. Je ne voulais pas que les gens me tirent la langue quand je serai grande.

Conservatoire! Ce mot m'a alarmé. Il voulait que je sois actrice et il était maintenant parti pour que je ne puisse pas en discuter avec lui. Il s'en alla souriant et tranquille, après m'avoir caressé de la manière amicale habituelle. Il était parti, se souciant peu de l'enfant décharné dont on avait parlé de l'avenir.

"Envoyez-la au Conservatoire!"

Et cette phrase, prononcée avec insouciance, était entrée dans ma vie comme une bombe.

Moi, l'enfant rêveur, qui ce matin-là j'étais prêt à repousser les princes et les rois ; Moi, dont les doigts tremblants racontaient ce matin-là des chapelets de rêves, qui, quelques heures auparavant, avais senti mon cœur battre avec une émotion qui m'était jusqu'alors inconnue ; Moi qui m'étais levé en attendant quelque grand événement, je devais tout voir disparaître, grâce à cette phrase lourde comme du plomb et meurtrière comme une balle.

"Envoyez-la au Conservatoire!"

Et j'ai deviné que cette phrase allait être le signe de ma vie. Tous ces gens s'étaient rassemblés au détour des carrefours. "Envoyez-la au Conservatoire!" Je voulais être religieuse, et cela était considéré comme absurde, idiot, déraisonnable. "Envoyez-la au Conservatoire!" avait ouvert un champ de discussion, l'horizon d'un avenir. Mon oncle Félix Faure et Mlle. Brabender était le seul à s'opposer à cette idée. Ils essayèrent en vain de faire comprendre à ma mère qu'avec les 100 000 francs que mon père m'avait laissés, je pourrais me marier. Mais ma mère répondit que j'avais déclaré que j'avais horreur du mariage et que j'attendrais d'être majeure pour entrer dans un couvent.

« Dans ces conditions, dit-elle, Sarah n'aura jamais l'argent de son père. »

"Non, certainement pas", répondit le notaire.

« Alors, continua ma mère, elle entrerait au couvent comme servante, et je ne veux pas de ça ! Mon argent est une rente, je ne peux donc rien léguer à mes enfants. Je souhaite donc qu'ils aient leur propre carrière.

Ma mère était maintenant épuisée par tant de paroles et s'allongeait dans un fauteuil. J'étais très excité et ma mère m'a demandé de partir.

Mlle. de Brabender et madame Guérard discutaient à voix basse, et je pensais à l'homme aristocratique qui venait de nous quitter. J'étais très en colère contre lui, car cette idée du Conservatoire était la sienne.

Mlle. de Brabender essaya de me consoler. Madame Guérard disait que cette carrière avait ses avantages. Mlle. de Brabender estimait que le couvent aurait une grande fascination pour une nature aussi rêveuse que la mienne. Celui-ci était très religieux et grand pratiquant, *mon petite Dame* était païenne dans le plus pur sens de ce mot, et pourtant les deux femmes s'entendaient très bien, grâce à leur affectueuse dévotion à mon égard.

Madame Guérard adorait la fière révolte de mon caractère, mon joli visage et la finesse de ma taille ; Mlle. de Brabender fut touché de ma santé délicate. Elle s'efforçait de me réconforter lorsque j'étais jaloux de ne pas être aimé autant que ma sœur, mais ce qu'elle aimait le plus chez moi, c'était ma voix. Elle déclarait toujours que ma voix était modulée pour les prières, et mon plaisir au couvent lui paraissait tout naturel. Elle m'aimait d'une douce pieuse affection, et Mme Guérard m'aimait avec des éclats de paganisme. Ces deux femmes, dont le souvenir me est encore cher, me partagèrent entre elles et tirèrent le meilleur de mes qualités et de mes défauts. Je leur dois certainement à tous deux cette étude de moi-même et la vision que j'ai de moi-même.

La journée était destinée à se terminer de la manière la plus étrange. Madame Guérard était rentrée chez elle, à l'étage, et j'étais allongé sur un petit fauteuil de cannage qui était le meuble le plus ornemental de ma chambre. Je me sentais très somnolent et je tenais Mlle. la main de de Brabender dans la mienne, lorsque la porte s'ouvrit et que ma tante entra, suivie de ma mère. Je les vois maintenant, ma tante dans sa robe de soie puce bordée de fourrure, son chapeau de velours marron noué sous le menton par de longues et larges ficelles, et maman, qui avait ôté sa robe et enfilé une robe de chambre en laine blanche. . Elle avait toujours détesté garder sa robe à la maison, et je comprenais à son changement de costume que tout le monde était parti et que ma tante était prête à partir. Je me levai de mon fauteuil, mais maman me fit rasseoir.

« Reposez-vous bien, dit-elle, car nous allons vous conduire ce soir au théâtre, aux Français. J'étais sûr que ce n'était qu'un appât et je ne montrerais aucun signe de plaisir, même si au fond j'étais ravi à l'idée d'aller aux Français. Le seul théâtre que je connaissais était le Robert Houdin, où on m'emmenait quelquefois avec ma sœur, et je crois que c'était pour elle que nous y allions, car j'étais vraiment trop vieux pour me soucier de ce genre de représentation.

«Veux-tu venir avec nous?» dit maman en se tournant vers Mlle. de Brabender.

— Volontiers, Madame, répondit cette chère créature. "Je vais rentrer chez moi et changer de robe."

Ma tante a ri de mon air maussade.

« Petite fraude », dit-elle en s'éloignant ; « tu caches ta joie. Eh bien, vous verrez des actrices ce soir.

« Est-ce que Rachel va agir ? J'ai demandé.

"Oh non; elle est malade."

Ma tante m'a embrassé et est partie en me disant qu'elle devrait me revoir plus tard, et ma mère l'a suivie hors de la pièce. Mlle. de Brabender se précipita alors à me quitter. Elle devait rentrer chez elle pour s'habiller et dire qu'elle ne rentrerait que très tard, car dans son couvent il fallait obtenir une autorisation spéciale lorsqu'on voulait sortir après dix heures du soir. Quand j'étais seul, je me balançais d'avant en arrière dans mon fauteuil, qui d'ailleurs n'était pas du tout un rocking-chair. J'ai commencé à réfléchir et, pour la première fois de ma vie, ma compréhension critique m'est venue en aide.

Ainsi tous ces gens sérieux avaient été incommodés, le notaire allé chercher au Hâvre, mon oncle arraché à son travail de livre, le vieux garçon M. Meydieu dérangé dans ses us et coutumes, mon parrain éloigné de la Bourse, et cela le duc de Morny, aristocratique et sceptique, s'est cramponné pendant deux heures au milieu de notre entourage *bourgeois* , et tout pour aboutir à cette décision, *on la conduira au théâtre.* J'ignore quel rôle mon oncle avait joué dans ce projet burlesque, mais je doute qu'il ait été de son goût. J'étais quand même content d'aller au théâtre ; cela m'a fait me sentir plus important. Ce matin-là, au réveil, j'étais toute une enfant, et voici qu'il s'était produit des événements qui m'avaient transformée en une jeune fille. J'avais été discuté par tout le monde, et j'avais exprimé mes souhaits, sans résultat, certes, mais quand même je les avais exprimés, et maintenant il fallait me plaisanter et me faire plaisir pour me convaincre. Ils ne pouvaient pas me forcer à accepter ce qu'ils voulaient que je fasse. Mon consentement était nécessaire, et j'en fus si joyeux et si fier que j'en fus tout touché et presque prêt à céder. Je me suis dit qu'il valait mieux me débrouiller et les laisser me redemander.

Après le dîner, nous nous sommes tous entassés dans un fiacre, maman, mon parrain, Mlle. de Brabender et moi. Mon parrain m'a fait cadeau de gants blancs.

En montant les marches du Théâtre Français, j'ai marché sur une robe de dame. Elle s'est retournée et m'a traité d'« enfant stupide ». Je reculai précipitamment et entra en collision avec un vieux monsieur très gros, qui me poussa brutalement en avant.

Une fois que nous fûmes tous installés dans une loge face à la scène, maman et moi au premier rang, avec Mlle. de Brabender derrière moi, je me sentais plus rassuré. J'étais tout contre la cloison de la loge, et je sentais Mlle. les genoux pointus de de Brabender à travers le velours de ma chaise. Cela m'a donné confiance et je me suis appuyé volontairement contre le dossier de la chaise pour sentir le soutien de ces deux genoux.

Lorsque le rideau se leva lentement, je crus que j'aurais dû m'évanouir. C'était comme si le rideau de ma vie future se levait. Ces colonnes (on jouait *Britannicus) devaient être mes palais, les frontières au-dessus devaient être mes cieux, et ces planches devaient plier sous mon frêle poids.* Je n'ai rien entendu de *Britannicus* , car j'étais loin, très loin, à Grand-Champs, dans mon dortoir là-bas.

"Eh bien, qu'en penses-tu?" demanda mon parrain lorsque le rideau tomba. Je ne répondis pas, et il posa la main sur ma tête et tourna mon visage vers lui. Je pleurais et de grosses larmes coulaient lentement sur mes joues, ces larmes qui viennent sans sanglots et sans aucun espoir de jamais cesser.

Mon parrain haussa les épaules et, se levant, sortit de la loge en claquant la porte derrière lui. Maman, perdant toute patience avec moi, se mit à visiter la maison à travers ses jumelles.

Mlle. Mme de Brabender me passa son mouchoir, car j'avais laissé tomber le mien et je n'osais le ramasser.

Le rideau était levé pour la deuxième pièce, *Amphytrion* , et je m'efforçais d'écouter, pour plaire à ma gouvernante, si douce et si conciliante. Je ne me souviens que d'une chose, c'est qu'Alcmène semblait si malheureuse que j'éclatais en sanglots, et que toute la maison, très amusée, regardait notre loge. Ma mère, très ennuyée, m'a fait sortir, et Mlle. de Brabender nous accompagna. Mon parrain était furieux et murmurait : « Il faudrait l'enfermer dans un couvent et l'y laisser. Mon Dieu, quel petit idiot cet enfant ! Ce fut le *début* de ma carrière artistique.

VII
MA CARRIÈRE – PREMIÈRES LEÇONS

Mais je commençais à penser à ma nouvelle carrière. Des livres m'étaient envoyés de toutes parts : Racine, Corneille, Molière, Casimir Delavigne, etc. Je les ai ouverts, mais, comme je ne les comprenais pas du tout, je les ai refermés bien vite, et j'ai lu mon petit Lafontaine, que j'aimais passionnément. Je connaissais toutes ses fables, et un de mes plaisirs était de faire un pari avec mon parrain ou avec M. Meydieu, notre savant et ennuyeux ami. Je pariais qu'ils ne reconnaîtraient pas toutes les fables si je commençais par le dernier couplet et revenais au premier, et je gagnais souvent le pari.

Un jour, une ligne de ma tante arriva, annonçant à ma mère que M. Auber, alors directeur du Conservatoire, nous attendait le lendemain à neuf heures du matin. J'étais sur le point de mettre le pied à l'étrier. Ma mère m'a envoyé avec Madame Guérard. M. Auber nous reçut très affablement, comme le duc de Morny lui avait parlé de moi. J'ai été très impressionné par lui, avec son visage raffiné et ses cheveux blancs, son teint ivoire et ses magnifiques yeux noirs, son regard fragile et distingué, sa voix mélodieuse et la célébrité de son nom. J'osais à peine répondre à ses questions. Il m'a parlé très doucement et m'a dit de m'asseoir.

« Vous aimez beaucoup la scène ? il a commencé.

"Oh, non, Monsieur," répondis-je.

Cette réponse inattendue l'étonna. Il regardait madame Guérard sous ses lourdes paupières, et elle dit aussitôt : « Non, elle n'aime pas la scène ; mais elle ne veut pas se marier, et par conséquent elle n'aura pas d'argent, puisque son père lui a laissé cent mille francs qu'elle ne pourra obtenir que le jour de son mariage. Sa mère veut donc qu'elle ait un métier, car Mme Bernhardt n'a qu'une rente, assez bonne, mais ce n'est qu'une rente, et elle ne pourra donc rien laisser à ses filles. C'est pour cette raison qu'elle souhaite que Sarah devienne indépendante. Elle aimerait entrer au couvent.

"Mais ce n'est pas une carrière indépendante, mon enfant", dit lentement Auber. "Quel âge a-t-elle?" Il a demandé.

- Quatorze et demi, répondit Mme Guérard.

"Non", m'écriai-je, "j'ai presque quinze ans."

Le gentil vieil homme sourit.

« Dans vingt ans, dit-il, vous insisterez moins sur les chiffres exacts », et, pensant visiblement que la visite avait assez duré, il se leva.

« Il paraît, dit-il à madame Guérard, que la mère de cette petite fille est très belle ?

"Oh, très belle", répondit-elle.

"Veuillez lui exprimer mes regrets de ne pas l'avoir vue, et mes remerciements pour qu'elle ait été si charmantement remplacée." Il baisa alors la main de Mme Guérard, et elle rougit légèrement. Cette conversation est restée gravée dans mon esprit. Je me souviens de chaque parole, de chaque mouvement et de chaque geste de M. Auber, car ce petit homme si charmant et si doux tenait mon avenir dans sa main transparente. Il nous a ouvert la porte et, me touchant l'épaule, il m'a dit : « Viens, courage, petite fille. Croyez-moi, vous remercierez un jour votre mère de vous y avoir conduit. N'aie pas l'air si triste. La vie vaut bien la peine de commencer sérieusement, mais gaiement.

J'ai balbutié quelques mots de remerciement, et au moment où je sortais, une belle femme m'a frappé. Elle était pourtant lourde et extrêmement remuante, et M. Auber pencha la tête vers moi et dit doucement :

« Surtout, ne vous laissez pas grossir comme ce chanteur. L'embonpoint est l'ennemi d'une femme et d'un artiste.

Le domestique nous tenait maintenant la porte ouverte, et comme M. Auber revenait vers son visiteur, je l'entendis dire :

"Eh bien, la femme la plus idéale?"

Je suis parti un peu étonné et je n'ai pas dit un mot dans la voiture. Madame Guérard raconta notre entrevue à ma mère, mais elle ne la laissa même pas finir et dit seulement : « Bien, bien ; merci."

L'examen devant avoir lieu un mois après cette visite, il devenait nécessaire de s'y préparer. Ma mère ne connaissait aucun amateur de théâtre. Mon parrain m'a conseillé d'apprendre *Phèdre*, mais Mlle. de Brabender s'y opposa, trouvant cela un peu offensant, et refusa de m'aider si je choisissais cela. M. Meydieu, notre vieil ami, voulait que je travaille chez Chimène au *Cid*, mais il déclara d'abord que je serrais trop les dents pour cela. Il est bien vrai que je n'ai pas assez ouvert le *o* et que je n'ai pas suffisamment roulé le *r* non plus. Il m'a écrit un petit carnet que je copie textuellement, car ma pauvre chère Guérard a gardé religieusement tout ce qui me concernait, et elle m'a donné, plus tard, une quantité de papiers qui me sont utiles maintenant.

Voici l'œuvre de notre odieux ami :

« Chaque matin au lieu de *do... re... mi...* pratique *te... de... de...* afin d'apprendre à vibrer....

« Avant le petit déjeuner, répétez quarante fois : *Un—très—gros—rat—dans— un—très—gros—trou* , pour faire vibrer le *r* .

« Avant le dîner, répétez quarante fois : *Combien ces six saucisses-ci ? C'est six sous, ces six saucisses-ci. Six sous ces six saucisses-ci ? Six sous ceux-ci ! Six sous ceux-là ; six sous ces six saucissons-ci !* afin d'apprendre à ne pas siffler les *s* .

« Le soir, en vous couchant, répétez vingt fois : *Didon dîna, dit-on, du dos d'un dodu dindon.*

« Et vingt fois : *Le plus petit papa, petit pipi, petit popo, petit pupu.* Ouvrez la bouche carrée pour le *d* et faites la moue pour le *p* . »

Il confia ce travail très sérieusement à Mlle. de Brabender, qui voulait très sérieusement que je le pratique. Ma gouvernante était charmante, et je l'aimais beaucoup, mais je ne pus m'empêcher de rire aux éclats quand, après m'avoir fait passer le *te de de* exercice, qui se passa assez bien, puis le *très gros rat* , etc., elle commencé sur le *saucisson* (saucisses) ! Ah non. Il y avait une cacophonie de sifflements dans sa bouche édentée, à faire hurler tous les chiens de Paris. Et quand elle a commencé par le *Didon* , accompagné du *plus petit papa* , j'ai cru que ma chère gouvernante perdait la raison. Elle fermait à moitié les yeux, son visage était rouge, sa moustache hérissée, elle prenait un air sentencieux et précipité ; sa bouche s'élargissait et ressemblait à la fente d'une tirelire, ou bien elle était pliée en un petit anneau, et elle ronronnait et sifflait et gazouillait et trompait sans cesse. Je me jetai épuisé dans mon fauteuil d'osier, étouffé de rire, et de grosses larmes coulèrent de mes yeux. J'ai piétiné le sol, j'ai étendu mes bras à droite et à gauche jusqu'à ce qu'ils soient fatigués, et je me suis balancé d'avant en arrière en éclatant de rire.

Ma mère, attirée par le bruit que je faisais, entrouvrit la porte. Mlle. Mme de Brabender lui expliqua très gravement qu'elle me montrait la méthode de M. Meydieu. Ma mère me parlait, mais je ne voulais rien écouter, car j'étais presque hors de moi de rire. Elle emmena alors Mlle. de Brabender s'éloigna et me laissa tranquille, car elle craignait que j'en finisse avec l'hystérie. Une fois seul, j'ai commencé à me calmer. Je fermai les yeux et repensai à mon couvent. Le *te de de* se confondait dans mon cerveau énervé avec le « Notre Père », que je devais répéter certains jours quinze ou vingt fois en guise de punition. Finalement, je revins à moi, je me levai et, après m'être lavé le visage dans de l'eau froide, je me rendis chez ma mère, que je trouvai en train de jouer au whist avec ma gouvernante et mon parrain. J'ai embrassé Mlle. Mme de Brabender, et elle me rendit mon baiser avec une bonté si indulgente que j'en fus tout embarrassé.

Dix jours s'écoulèrent, et je ne fis aucun des exercices de M. Meydieu, sauf le *te de de* au piano. Ma mère venait me réveiller tous les matins pour ça, et cela me rendait fou. Mon parrain m'a fait apprendre *Aricie* , mais je n'ai rien compris à ce qu'il m'a dit sur les vers. Il considérait et m'expliquait que la poésie devait être dite avec une intonation et que toute sa valeur résidait dans la rime. Ses théories étaient ennuyeuses à écouter et impossibles à mettre en œuvre. Ensuite, je ne comprenais pas le caractère d'Aricie, car il ne me semblait pas du tout qu'elle aimait Hippolyte, et elle me paraissait une coquette intrigante. Mon parrain m'expliqua qu'autrefois c'était ainsi qu'on s'aimait, et quand je remarquai que Phèdre paraissait aimer mieux que cela, il me prit par le menton et me dit : « Regarde donc ce vilain enfant. . Elle fait semblant de ne pas comprendre et voudrait qu'on lui explique... »

C'était tout simplement idiot. Je n'ai pas compris et je n'ai rien demandé, mais cet homme avait un esprit *bourgeois*, il était sournois et obscène. Il ne m'aimait pas parce que j'étais mince, mais il s'intéressait à moi parce que j'allais devenir actrice. Ce mot évoquait pour lui le côté faible de notre art. Il n'en voyait pas la beauté, la noblesse, ni encore sa puissance bienfaisante.

Je n'arrivais pas à comprendre tout cela à cette époque, mais je ne me sentais pas à l'aise avec cet homme que je côtoyais depuis mon enfance et qui était pour moi presque comme un père. Je ne voulais pas continuer à apprendre *Aricie*. En premier lieu, je ne pouvais pas en parler avec ma gouvernante, car elle ne voulait pas du tout en discuter.

J'ai ensuite appris *L'Ecole des Femmes*, et Mlle. de Brabender m'a expliqué Agnès. La chère et bonne dame n'y voyait pas grand-chose, car toute l'histoire lui paraissait d'une simplicité enfantine, et quand je disais ces lignes : « Il m'a pris, il m'a pris le ruban que vous m'aviez donné, » elle souriait en toute confiance quand Meydieu et mon parrain riaient de bon cœur.

VIII
LE CONSERVATOIRE

Finalement, le jour de l'examen arriva. Tout le monde m'avait donné des conseils, mais personne ne m'avait vraiment conseillé. Personne n'avait pensé que j'aurais dû avoir un professionnel pour me préparer à mon examen. Je me levais le matin le cœur lourd et l'esprit anxieux. Ma mère m'avait fait confectionner une robe en soie noire. Il était légèrement décolleté et se terminait par une couchette froncée. La robe était plutôt courte et montrait mes tiroirs. Celles-ci étaient ornées de broderies et descendaient jusqu'à mes bottes de chevreau marron. Une guimpe blanche sortait de mon corsage noir et était attachée autour de mon cou, trop mince. Mes cheveux étaient séparés sur mon front et tombaient ensuite à volonté, car ils n'étaient retenus ni par des épingles ni par des rubans. Je portais un grand chapeau de paille, bien que la saison fût un peu avancée. Tout le monde venait inspecter ma tenue, et on me retournait au moins vingt fois. J'ai dû faire ma révérence à la vue de tous. Finalement, j'ai semblé donner une satisfaction générale. *Ma petite Dame* est descendue avec son grave mari et m'a embrassé. Elle en fut profondément affectée. Notre vieille Marguerite me fit asseoir et me présenta une tasse de thé de bœuf froid, qu'elle avait si longtemps mijoté, que c'était alors une délicieuse gelée ; Je l'ai avalé en une seconde. J'étais très pressé de commencer. En me levant de ma chaise, je bougeai si brusquement que ma robe s'accrocha à un éclat de bois invisible et se déchira. Ma mère se tourna vers un visiteur, arrivé environ cinq minutes auparavant et resté depuis lors dans une admiration contemplative.

« Voilà, lui dit-elle d'un ton vexé, c'est une preuve de ce que je vous ai dit. Toutes vos soies se déchirent au moindre mouvement.

« Oh non », répondit rapidement notre visiteur ; "Je vous ai dit que celui-ci n'était pas bien habillé, et je vous l'ai laissé à bas prix pour cette raison."

Celui qui parlait était un jeune juif, pas laid. C'était un Néerlandais, timide, tenace, mais jamais violent. Je le connaissais depuis mon enfance. Son père, qui était un ami de mon grand-père maternel, était un riche commerçant et père d'une tribu d'enfants. Il donna à chacun de ses fils une petite somme d'argent et les envoya faire fortune là où ils voulaient. Jacques, celui dont je parle, est venu à Paris. Il avait commencé par vendre des gâteaux de Pâque et, étant enfant, il m'en avait souvent apporté au couvent, ainsi que les friandises que ma mère m'envoyait. Plus tard, ma surprise fut grande en le voyant offrir à ma mère des rouleaux de toile cirée comme on en utilise pour les nappes du petit déjeuner matinal. Je me souviens d'un de ces draps dont la bordure était formée de médaillons représentant les rois de France. C'est grâce à cette toile cirée que j'ai le mieux appris mon histoire. Depuis un mois, il possédait un véhicule assez élégant et il vendait « des soieries mal habillées ». Il est actuellement l'un des principaux joailliers de Paris.

La fente de ma robe fut bientôt réparée, et, sachant maintenant que la soie n'était pas bien habillée, je la traitai avec respect. Eh bien, nous avons enfin commencé, Mlle. de Brabender, madame Guérard et moi, dans une voiture qui n'était prévue que pour deux personnes ; et j'étais heureux qu'il soit si petit, car j'étais près de deux personnes qui m'aimaient, et ma robe de soie était soigneusement étalée sur leurs genoux.

Lorsque j'entrai dans la salle d'attente qui donne accès à la salle de récital du Conservatoire, il y avait là une quinzaine de jeunes hommes et une vingtaine de filles. Toutes ces filles étaient accompagnées de leur mère, père, tante, frère ou sœur. Il y avait une odeur de pommade et de vanille qui me donnait la nausée.

Lorsqu'on nous fit entrer dans cette pièce, j'eus l'impression que tout le monde me regardait et je rougis jusqu'à l'arrière de la tête. Madame Guérard m'entraîna doucement, et je me retournai pour emmener Mlle. la main de de Brabender. Elle s'avança timidement, rougissant encore plus et encore plus confuse que moi. Tout le monde la regardait et j'ai vu les filles se donner des coups de coude et hocher la tête dans sa direction.

L'une d'elles s'est levée brusquement et s'est dirigée vers sa mère. "Oh, pitié, regarde ce vieux spectacle!" dit-elle. Ma pauvre gouvernante se sentait très mal à l'aise, et j'étais furieux, je la trouvais mille fois plus gentille que toutes ces grosses mères habillées et d'apparence vulgaire. Certes, elle était différente des autres par son apparence, car Mlle. de Brabender portait une robe couleur saumon et un châle indien, bien serré sur ses épaules et fermé par une très grande broche camée. Son bonnet était garni de ruches si serrées qu'on aurait dit un couvre-chef de religieuse. Elle ne ressemblait certainement pas du tout à ces gens affreux dans la société desquels nous nous trouvions, et parmi lesquels il n'y avait pas plus de dix exceptions. Les jeunes gens se tenaient en groupes compacts près des fenêtres. Ils riaient et, je suppose, faisaient des remarques d'un goût douteux.

La porte s'ouvrit et une jeune fille au visage rouge et un jeune homme parfaitement écarlate revinrent après avoir joué leur scène. Ils allèrent chacun chez leurs amis respectifs puis bavardèrent, se reprochant mutuellement. Un nom fut crié : Mlle. Dica Petit et moi avons vu une grande fille blonde et distinguée s'avancer sans aucune gêne. Elle s'arrêta en chemin pour embrasser une jolie femme, grosse, au teint rose et blanc, et très habillée.

« N'aie pas peur, maman chérie », dit-elle, puis elle ajouta quelques mots en néerlandais avant de disparaître, suivie d'un jeune homme et d'une fille très maigre qui devaient jouer avec elle.

Cela m'a été expliqué par Léautaud, qui a appelé les noms des élèves et noté ceux qui devaient passer leur examen et ceux qui devaient agir avec eux et leur donner les signaux. Je ne savais rien de tout cela et je me demandais qui allait me donner les indications pour Agnès. Il a mentionné plusieurs jeunes hommes, mais je l'ai interrompu.

"Oh non," dis-je; « Je ne le demanderai à personne. Je n'en connais aucun et je ne le demanderai pas.

– Eh bien, que allez-vous réciter, Mademoiselle ? demanda Léautaud avec l'accent le plus *fouchtre* possible.

«Je vais réciter une fable», répondis-je.

Il éclata de rire en écrivant mon nom et le titre *Deux Pigeons* que je lui ai donné. Je l'entendais encore rire sous sa lourde moustache tandis qu'il poursuivait sa ronde. Il rentra alors au Conservatoire, et je commençai à avoir de la fièvre d'excitation, à tel point que Mme Guérard s'inquiétait pour moi, car ma santé était malheureusement très délicate. Elle m'a fait asseoir, puis elle m'a mis quelques gouttes d'eau de Cologne derrière les oreilles.

LE CONSERVATOIRE NATIONAL DE MUSIQUE
ET DE DÉCLAMATION, PARIS

« Voilà, ça t'apprendra à faire un clin d'œil comme ça ! furent les mots que j'entendis soudain, et une fille avec le plus joli visage imaginable avait les oreilles bien frappées. La mère de Nathalie Mauvoy corrigeait sa fille. Je me levai , tremblant d'effroi et d'indignation ; J'étais en colère comme un jeune dindon. J'avais envie d'aller frapper en retour les oreilles de l'horrible femme, puis d'embrasser la jolie fille ainsi insultée, mais j'étais fermement retenu par mes deux tuteurs.

Dica Petit revint alors, ce qui fit diversion dans la salle d'attente. Elle était radieuse et plutôt satisfaite d'elle-même. Oh, vraiment très satisfait ! Son père lui tendit un petit flacon dans lequel il y avait une sorte de cordial, et j'en aurais aimé aussi, car ma bouche était sèche et brûlante. Sa mère lui mit alors un petit carré de laine sur la poitrine avant de lui attacher son manteau, puis toutes trois s'en allèrent. Plusieurs autres filles et jeunes hommes furent appelés avant que mon tour vienne.

Finalement, l'appel de mon nom me fit sursauter comme le fait une sardine poursuivie par un gros poisson. Je secouai la tête pour rejeter mes cheveux en arrière, et *mon petite Dame* caressa ma soie mal habillée. Mlle. de Brabender m'a rappelé le *o* et le *a* , le *r* , le *p* et le *t* , et je suis ensuite entré seul dans la salle. Je n'avais jamais été seule une heure de ma vie. Petite enfant, je m'accrochais toujours aux jupes de ma nourrice ; au couvent j'étais toujours avec une de mes amies ou une des sœurs ; à la maison soit avec Mlle. de Brabender ou Madame Guérard, ou s'ils n'étaient pas là dans la cuisine avec Marguerite. Et maintenant, j'étais seul dans cette pièce étrange, avec une estrade au fond, une grande table au milieu, et, assis autour de cette table, des hommes qui grognent, grognent ou se moquent. Il n'y avait qu'une seule femme présente et elle avait une voix forte. Elle tenait une lunette et, lorsque j'entrai, elle la laissa tomber et me regarda à travers sa jumelle. J'ai senti le regard de tout le monde sur mon dos alors que je montais les quelques marches menant à la plate-forme. Léautaud se pencha et murmura : « Saluez-vous et commencez, puis arrêtez-vous lorsque le président sonnera. » Je regardai le président et vis que c'était M. Auber. J'avais oublié qu'il était directeur du Conservatoire, comme j'avais oublié tout le reste. Je m'inclinai aussitôt et commençai :

Deux pigeons s'aimaient d'amour tendre,

L'un d'eux s'ennuyait....

Un son sourd et grommelant se fit entendre, puis un « ventriloque » marmonna : « Ce n'est pas un cours d'élocution ici. Quelle idée de venir ici réciter des fables !

C'était Beauvallet, le tragique assourdissant de la Comédie Française. Je m'arrêtai net, mon cœur battant à tout rompre.

« Vas-y, mon enfant », dit un homme aux cheveux argentés. C'était le prévôt.

"Oui, ce ne sera pas aussi long qu'une scène de pièce de théâtre", s'est exclamée Augustine Brohan, la seule femme présente.

J'ai recommencé :

Deux pigeons s'aimaient d'amour tendre,

L'un d'eux s'ennuyant au logis

Fut assez....

« Plus fort, mon enfant, plus fort », dit d'un ton bienveillant un petit homme aux cheveux blancs bouclés. C'était Samson.

Je m'arrêtai de nouveau, confus et effrayé, pris soudain d'une nervosité si stupide que j'aurais pu crier ou hurler. Samson vit cela et me dit : « Viens, viens ; nous ne sommes pas des ogres ! Il venait de causer à voix basse avec Auber.

« Allez, recommencez, dit-il, et parlez. »

« Ah non, dit Augustin Brohan, si elle doit recommencer, ce sera plus long qu'une scène ! Ce discours fit rire toute la table, et cela me laissa le temps de me ressaisir. Je trouvais que tous ces gens étaient méchants de rire ainsi aux dépens d'un pauvre petit être tremblant qui leur avait été livré pieds et poings liés.

J'éprouvais, sans le définir exactement, un léger mépris pour ces juges impitoyables. Depuis lors, j'ai très souvent pensé à mon épreuve et j'en suis arrivé à la conclusion que les individus gentils, intelligents et compatissants deviennent moins estimables lorsqu'ils sont ensemble. Le sentiment d'irresponsabilité personnelle éveille leurs mauvais instincts, et la peur du ridicule chasse les bons.

Une fois ma volonté retrouvée, j'ai recommencé ma fable, déterminé à ne pas me soucier de ce qui se passait. Ma voix était plus liquide à cause de l'émotion, et le désir de me faire entendre la rendait plus résonnante.

Il y eut un silence et, avant que j'aie fini ma fable, la petite cloche sonna. Je m'inclinai et descendis les quelques marches de la plate-forme, complètement épuisé. M. Auber m'arrêta au moment où je passais devant la table.

«Eh bien, petite fille, dit-il, c'était vraiment très bien. M. Provost et M. Beauvallet vous veulent tous deux dans leur classe.

Je reculai un peu lorsqu'il me dit qui était M. Beauvallet, car c'était le « ventriloque » qui m'avait fait tant de frayeur.

« Eh bien, lequel de ces deux messieurs préférez-vous ? » Il a demandé.

Je n'ai pas prononcé un mot, mais j'ai montré M. Provost.

"C'est d'accord. Sortez votre mouchoir, mon pauvre Beauvallet, et je vous confierai cet enfant, mon cher prévôt.

J'ai compris et, fou de joie, je me suis exclamé : « Alors j'ai réussi ?

« Oui, vous avez réussi ; et il n'y a qu'une chose que je regrette, c'est qu'une si jolie voix ne soit pas pour la musique.

Je n'entendis rien d'autre, car j'étais hors de moi de joie. Je ne restai pour remercier personne, mais je me dirigeai vers la porte.

« *Ma petite Dame !* Mademoiselle, j'ai réussi ! M'écriai-je, et lorsqu'ils me serrèrent la main et me posèrent une infinité de questions, je ne pus que répondre : « Oh, c'est tout à fait vrai. J'ai réussi, j'ai réussi !

J'ai été encerclé et interrogé.

« Comment sais-tu que tu as réussi ? Personne ne le sait à l'avance.

"Oui oui; Mais je sais. Monsieur Auber me l'a dit. Je dois entrer dans la classe de M. Provost. Monsieur Beauvallet me voulait, mais sa voix est trop forte pour moi !

Une fille désagréable s'est exclamée : « Tu ne peux pas arrêter ça ? Et donc ils te veulent tous ! Une jolie fille, mais trop brune à mon goût, s'approcha et me demanda gentiment ce que j'avais récité.

"La fable des 'Deux Pigeons'", répondis-je.

Elle fut surprise, et tout le monde aussi ; tandis que, quant à moi, j'étais ravi de les surprendre tous. Je jetai mon chapeau sur ma tête, secouai ma robe et, entraînant mes deux amis, je m'enfuis en dansant. Ils voulaient m'emmener chez le confiseur pour prendre quelque chose, mais j'ai refusé. Nous montâmes dans un fiacre et j'aurais aimé pousser ce fiacre moi-même. Il me semblait voir les mots : « J'ai réussi », écrits sur toutes les boutiques.

Quand, à cause de la foule des rues, le fiacre dut s'arrêter, il me sembla que les gens me regardaient fixement, et je me surpris à hocher la tête, comme pour leur dire à tous que c'était bien vrai que j'avais réussi mon examen. Je ne pensais plus au couvent et n'éprouvais qu'un sentiment de fierté d'avoir réussi ma première entreprise aventureuse. Aventurier, mais le succès ne dépendait que de moi. Il me semblait que le cocher n'arriverait jamais au 265 rue Saint-Honoré. Je n'arrêtais pas de mettre la tête par la fenêtre et de dire : « Plus vite, chauffeur de taxi, plus vite, s'il vous plaît !

Finalement, nous arrivâmes à la maison, je sautai hors du fiacre et me dépêchai d'annoncer la bonne nouvelle à ma mère. En chemin, je fus arrêté par la fille du concierge. Elle était corsetière et travaillait dans une petite chambre au dernier étage de la maison qui faisait face à notre salle à manger, où je donnais mes leçons avec ma gouvernante, de sorte que je ne pouvais m'empêcher de la voir rougeâtre, large. -visage éveillé constamment. Je ne lui avais jamais parlé, mais je savais qui elle était.

"Eh bien, mademoiselle Sarah, êtes-vous satisfaite ?" a-t-elle appelé.

"Oh oui, j'ai réussi", répondis-je, et je ne pus m'empêcher de m'arrêter une minute pour profiter de l'étonnement de la famille des concierges. Je me dépêchai alors, mais en arrivant dans la cour je m'arrêtai net, la colère et le chagrin s'emparant de moi, car là je vis ma *petite dame*, ses deux mains formant trompette, la tête renversée, criant à ma mère, qui se penchait à la fenêtre : « Oui, oui ; elle est décédée !

Je lui ai donné un coup de poing avec ma main serrée et j'ai commencé à pleurer de rage, car j'avais préparé une petite histoire pour ma mère, qui s'est terminée par une joyeuse surprise. J'avais eu l'intention de prendre un air très triste en arrivant à la porte et de faire semblant d'avoir le cœur brisé et honteux. J'étais sûr qu'elle dirait : « Oh, je ne suis pas surprise, mon pauvre enfant, tu es si stupide ! et alors j'aurais dû lui jeter mes bras autour du cou et lui dire : « Ce n'est pas vrai, ce n'est pas vrai ; J'ai réussi!" Je m'étais imaginé son visage s'éclairant, puis la vieille Marguerite et mon parrain riant de bon cœur et mes sœurs dansant de joie, et voici Madame Guérard sonnant de la trompette et gâchant tous les effets que j'avais si bien préparés.

Je dois dire que la bonne femme a continué, tant qu'elle a vécu, c'est-à-dire la plus grande partie de ma vie, à gâcher tous mes effets. C'est en vain que j'ai fait des scènes ; elle ne pouvait pas s'en empêcher. Chaque fois que je racontais une aventure et que je voulais qu'elle soit très efficace, elle éclatait invariablement de rire avant la fin. Si je racontais une histoire avec une fin très lamentable, ce qui devait être une surprise, elle soupirait, roulait des yeux et murmurait : « Oh mon Dieu, oh mon Dieu ! de sorte que je manquais toujours l'effet sur lequel je comptais. Tout cela m'exaspérait à tel point qu'avant de commencer une histoire ou un jeu, je lui demandais de sortir de la pièce, et elle se levait et partait en riant à l'idée de la gaffe qu'elle ferait si elle était là. .

Injuriant Guérard, je montai chez ma mère, que je trouvai devant la porte ouverte. Elle m'embrassa affectueusement et, voyant mon visage boudeur, me demanda si je n'étais pas satisfait.

"Oui," répondis-je; mais je suis furieux contre Guérard. Sois gentille, maman, et fais comme si tu ne savais pas. Fermez la porte et je sonnerai.

Elle a fait ça et j'ai sonné. Marguerite ouvrit la porte, et ma mère vint et feignit d'être étonnée. Mes sœurs sont également arrivées, ainsi que mon parrain et ma tante. Quand j'ai embrassé ma mère en m'exclamant : « J'ai réussi ! tout le monde criait de joie et j'étais de nouveau gay. J'avais fait mon effet, de toute façon. C'était « la carrière » qui prenait possession de moi sans m'en rendre compte. Ma sœur Régina, que les sœurs n'auraient pas voulu avoir au couvent et qu'elles avaient donc renvoyée chez elle, s'est mise à danser une gigue. Elle avait appris cela à la campagne, lorsqu'on l'avait mise en nourrice, et à chaque occasion elle le dansait, finissant toujours par ce couplet :

Mon p'tit ventr' éjouis toi

Tout ce ze gagn' est pou' toi....

Rien de plus comique que cette enfant potelée, à l'air sérieux. Régina ne riait jamais, et seul un soupçon de sourire jouait sur ses lèvres fines et sa bouche trop petite. Rien de plus comique que de la voir, l'air grave et rude, danser la gigue.

Elle était plus drôle que jamais ce jour-là, excitée par la joie générale. Elle avait quatre ans et rien ne la gênait. Elle était à la fois timide et audacieuse. Elle détestait le monde et les gens en général, et lorsqu'on la faisait entrer dans la salle à manger, elle embarrassait les gens par ses propos grossiers, les plus bizarres, par ses réponses brusques, par ses coups de pied et ses coups. C'était une enfant terrible, aux cheveux argentés, au teint foncé, aux yeux bleus, trop grands pour son visage, et aux cils épais qui faisaient une ombre sur ses joues lorsqu'elle baissait les paupières et rejoignaient ses sourcils lorsqu'elle ouvrait les yeux. Elle restait parfois quatre ou cinq heures sans prononcer un mot, sans répondre à aucune des questions qu'on lui posait, puis elle sautait de sa petite chaise, se mettait à chanter aussi fort qu'elle pouvait et dansait la gigue. Ce jour-là, elle était de bonne humeur, car elle m'embrassa affectueusement et ouvrit ses lèvres fines pour sourire. Ma sœur Jeanne m'a embrassé et m'a fait lui raconter mon examen. Mon parrain m'a donné cent francs, et Meydieu, qui venait d'arriver pour connaître le résultat, m'a promis de m'emmener le lendemain chez Barbédienne pour choisir une pendule pour ma chambre, car c'était un de mes rêves.

IX
UNE DEMANDE DE MARIAGE ET DES EXAMENS – LE CONSERVATOIRE

Une évolution s'est opérée en moi à partir de ce jour. Pendant assez longtemps, mon âme resta enfantine, mais mon esprit discernait plus distinctement la vie. J'ai ressenti le besoin de me créer une personnalité. Ce fut le premier éveil de ma volonté. Je voulais être quelqu'un. Mlle. de Brabender m'a déclaré que c'était de l'orgueil. Il me semblait que ce n'était pas tout à fait cela, mais je ne pouvais alors définir quel était le sentiment qui m'imposait ce souhait. Je n'ai compris que quelques mois plus tard pourquoi je souhaitais être quelqu'un.

Un ami de mon parrain m'a fait une proposition de mariage. Cet homme était un riche tanneur et très gentil, mais si brun, avec des cheveux si longs et une barbe si longue qu'il me dégoûtait. Je l'ai refusé et mon parrain a alors demandé à me parler seul. Il me fit asseoir dans le boudoir de ma mère et me dit : « Mon pauvre enfant, c'est une pure folie de refuser monsieur Bed.... Il a soixante mille francs de rente et des espérances. C'était la première fois que j'entendais cet usage du mot, et quand le sens m'a été expliqué, je me suis demandé si c'était la bonne chose à dire en pareille occasion.

«Eh bien, oui», répondit mon parrain; « tu es idiot avec tes idées romantiques. Le mariage est une affaire commerciale et doit être considéré comme tel. Vos futurs beaux-pères et belles-mères devront mourir, tout comme nous, et il n'est pas désagréable de savoir qu'ils laisseront deux millions de francs à leur fils, et par conséquent à vous, si vous l'épousez. »

"Mais je ne l'épouserai pas."

"Pourquoi?"

"Parce que je ne l'aime pas."

"Mais vous n'avez jamais aimé votre mari avant..." répondit mon conseiller pratique. "Tu pourras l'aimer après."

"Après quoi?"

"Demande à ta mère. Mais écoutez-moi maintenant, car il ne s'agit pas de cela. Vous devez vous marier. Ta mère a un petit revenu que ton père lui a laissé, mais ce revenu vient des bénéfices de la manufacture, qui appartient à ta grand-mère, et elle ne peut pas supporter ta mère, qui perdra donc ce revenu, et alors elle n'aura plus rien, et trois enfants dans ses bras. C'est ce maudit avocat qui arrange tout cela. Le pourquoi du comment serait trop long à expliquer. Votre père gérait très mal ses affaires. Vous devez donc vous marier, sinon pour votre propre bien, du moins pour le bien de votre mère et de vos sœurs. Vous pourrez alors donner à votre mère les cent mille francs que votre père vous a laissés, auxquels personne d'autre ne pourra toucher. Monsieur Bed... vous paiera trois cent mille francs. J'ai tout arrangé pour que tu puisses donner cela à ta mère si tu veux, et avec quatre cent mille francs elle pourra très bien vivre.

J'ai pleuré et sangloté, et j'ai demandé à avoir le temps d'y réfléchir. J'ai retrouvé ma mère dans la salle à manger.

« Est-ce que ton parrain te l'a dit ? » demanda-t-elle doucement, d'une manière plutôt timide.

« Oui, maman, oui ; il me l'a dit. Laisse-moi y réfléchir, veux-tu ? dis-je en sanglotant ; alors que je l'embrassais longuement dans le cou. Je m'enfermai alors dans ma chambre et, pour la première fois depuis plusieurs jours, je regrettais mon couvent. Toute mon enfance se dressait devant moi, et je pleurais de plus en plus, et je me sentais si malheureuse que j'aurais souhaité pouvoir mourir. Peu à peu, cependant, j'ai commencé à retrouver mon calme et j'ai réalisé ce qui s'était passé et ce que signifiaient les paroles de mon parrain. Je ne voulais absolument pas épouser cet homme. Depuis que j'étais au Conservatoire, j'avais appris vaguement, très vaguement, car je n'étais jamais seule, mais j'en comprenais assez pour ne pas vouloir me marier sans être amoureuse. J'étais cependant destiné à être attaqué d'un côté où je ne l'aurais pas attendu. Madame Guérard m'a demandé de monter dans sa chambre voir la broderie qu'elle faisait sur un cadre pour l'anniversaire de ma mère.

Mon étonnement fut grand de trouver M. Bed... là. Il m'a supplié de changer d'avis. Il m'a rendu très malheureux, car il suppliait les larmes aux yeux.

« Voulez-vous un accord de mariage plus important ? » Il a demandé. "Je gagnerais cinq cent mille francs."

Mais ce n'était pas du tout cela, et je dis tout bas : « Je ne vous aime pas, Monsieur.

« Si vous ne m'épousez pas, Mademoiselle, dit-il, je mourrai de chagrin.

Je le regardais et me répétais les mots : « meurs de chagrin ». J'étais gêné et désespéré, mais en même temps ravi, car il m'aimait comme un homme dans une pièce de théâtre. Les phrases que j'avais lues ou entendues me revenaient vaguement à l'esprit, je les répétais sans réelle conviction, puis je le quittais sans la moindre coquetterie.

M. Bed... n'est pas mort. Il est toujours en vie et a une situation financière très importante. Il est beaucoup plus gentil maintenant que lorsqu'il était si noir, car à présent il est tout à fait blanc.

Eh bien, je venais de passer mon premier examen avec une réussite remarquable, notamment en tragédie.

M. Provost, mon professeur, n'avait pas voulu que je concoure au *Zaïre*, mais j'avais insisté. J'ai trouvé cette scène avec Zaïre et son frère Néréstan très belle et elle me convenait. Mais lorsque Zaïre, accablée par les reproches de son frère, tombe à genoux à ses pieds, Provost veut que je lui dise ces mots : « Frappez, je vous le dis ! Je l'aime!" avec violence, et j'avais envie de les dire avec douceur, parfaitement résigné à une mort presque certaine. J'en ai longuement discuté avec mon professeur, et finalement j'ai semblé lui céder pendant le cours. Mais le jour du concours, je tombai à genoux devant Néréstan avec un sanglot si réel, les bras tendus, offrant mon cœur si plein d'amour au coup mortel que j'attendais, et je murmurai avec tant de tendresse : « Frappe , Je vous le dis! Je l'aime!" que toute la salle a applaudi et a répété deux fois cet éclat.

Le deuxième prix de tragédie m'a été décerné, au grand mécontentement du public, car on pensait que j'aurais dû avoir le premier prix. Et pourtant, il était juste que j'obtienne la seconde, en raison de mon âge et du peu de temps que j'avais étudié. J'ai eu un premier accès à la comédie dans *La fausse Agnès* .

Je pensais donc que j'avais le droit de refuser. Mon avenir était ouvert devant moi, et par conséquent ma mère ne serait pas dans le besoin si elle perdait ses revenus actuels. Quelques jours plus tard, M. Régnier, professeur au Conservatoire et secrétaire de la Comédie Française, vint demander à ma mère si elle me permettrait de jouer une de ses pièces au Vaudeville. C'était *Germaine* , et les régisseurs me donnaient vingt-cinq francs pour chaque représentation. J'ai été étonné de la somme. Sept cent cinquante francs par mois pour ma première comparution ! J'étais fou de joie. J'ai supplié ma mère d'accepter l'offre du Vaudeville, et elle m'a dit d'en faire ce que je voulais.

Je priai M. Camille Doucet, directeur du département des Beaux-Arts, de bien vouloir me recevoir, et, comme ma mère refusait toujours de m'accompagner, Madame Guérard m'accompagna. Ma petite sœur Régina m'a supplié de la prendre, et bien imprudemment j'ai consenti. Nous n'étions pas dans le bureau du directeur depuis cinq minutes lorsque ma sœur, qui n'avait que six ans, commença à grimper sur les meubles. Elle sauta sur un tabouret, et finit par s'asseoir par terre, tirant vers elle la corbeille à papier qui se trouvait sous le bureau et se mit à étaler partout tous les papiers déchirés qu'elle contenait. En voyant cela, Camille Doucet observa avec douceur qu'elle n'était pas une très bonne petite fille. Ma sœur, la tête dans le panier, répondit de sa voix rauque : « Si vous me dérangez, monsieur, je dirai à tout le monde que vous êtes là pour donner de l'eau bénite qui est du poison. C'est ma tante qui le dit. Mon visage est devenu violet de honte et j'ai balbutié : «

S'il vous plaît, ne croyez pas cela, monsieur Doucet. Ma petite sœur dit un mensonge.

Régina se leva d'un bond et, serrant ses petits poings, se précipita sur moi comme une petite fureur. "Tante Rosine n'a jamais dit ça?" s'exclama-t-elle. « Vous dites un mensonge. Eh bien, elle l'a dit à monsieur de Morny, et il a répondu...

J'avais oublié cela, et j'ai oublié ce que répondit le duc de Morny, mais, fou de colère, je posai la main sur la bouche de ma sœur et l'emmenai vivement. Elle hurlait comme un putois et nous nous précipitâmes comme un ouragan dans la salle d'attente pleine de monde.

Je cédai alors à une de ces violentes colères dont j'avais été sujet dans mon enfance. Je sautai dans le premier fiacre qui passa devant la porte, et, une fois dans le fiacre, je frappai ma sœur avec une telle fureur que madame Guérard en fut alarmée, et la protégea de son propre corps, recevant tous les coups que je lui donnai de la tête, des bras. , et les pieds, car dans ma colère, mon chagrin et ma honte, je me jetais à droite et à gauche. Mon chagrin était d'autant plus profond que j'aimais beaucoup Camille Doucet. Il était doux et charmant, affable et bienveillant. Il avait refusé à ma tante quelque chose qu'elle avait demandé et, peu habituée à ce qu'on lui refuse quoi que ce soit, elle lui en voulait. Mais cela n'avait rien à voir avec moi et je me demandais ce qu'en penserait Camille Doucet. Et puis, je ne lui avais pas posé de questions sur le Vaudeville.

Tous mes beaux rêves n'avaient abouti à rien. Et c'était ce petit monstre, aussi blond et blanc qu'un séraphin, qui venait de briser mes premiers espoirs. Recroquevillée dans le taxi, une expression de peur sur son visage volontaire et ses lèvres fines comprimées, elle me regardait sous ses longs cils, les yeux mi-clos.

En rentrant chez moi, je racontai à ma mère tout ce qui s'était passé, et elle déclara que ma petite sœur ne devrait pas avoir de dessert pendant deux jours. Régina était gourmande, mais sa fierté était plus grande que sa gourmandise. Elle se retourna sur ses petits talons et, dansant sa gigue, se mit à chanter : « Mon petit ventre n'est pas content du tout », jusqu'à ce que j'aie envie de me précipiter sur elle et de la secouer.

Quelques jours plus tard, pendant mes cours, on m'apprend que le Ministère refuse de me permettre de jouer au Vaudeville.

M. Régnier me fit part de ses regrets, mais il ajouta d'un ton aimable :

« Oh mais, ma chère enfant, le Conservatoire pense beaucoup à toi. Ne vous inquiétez donc pas trop.

«Je suis sûr que Camille Doucet est au fond de tout cela», dis-je.

"Non, il ne l'est certainement pas", répondit M. Régnier. « Camille Doucet a été votre plus ardente défenseure ; mais le ministre n'entendra sous aucun prétexte rien qui puisse nuire à vos *débuts* l'année prochaine.

J'ai tout de suite été très reconnaissant envers Camille Doucet pour sa gentillesse de ne supporter aucune rancune après le comportement stupide de ma petite sœur. J'ai recommencé à travailler avec le plus grand zèle et je n'ai manqué aucune leçon. Chaque matin, j'allais au Conservatoire avec ma gouvernante. Nous partîmes de bonne heure, car je préférais marcher plutôt que prendre l'omnibus, et je gardai le franc que ma mère me donnait chaque matin, dont soixante centimes pour l'omnibus et quarante pour les gâteaux. Nous devions toujours rentrer chez nous à pied, mais un jour sur deux, nous prenions un taxi avec les deux francs que j'avais économisés à cet effet. Ma mère n'eut jamais connaissance de ce petit stratagème, mais ce ne fut pas sans remords que mon aimable Brabender consentit à être mon complice.

Comme je l'ai déjà dit, je n'ai manqué aucune leçon, et j'ai même assisté au cours de tenue, que présidait le pauvre vieux M. Elie, dûment frisé, poudré et paré de volants de dentelle. C'était la leçon la plus amusante qu'on puisse imaginer. Très peu d'entre nous assistèrent à ce cours, et M. Elie se vengea sur nous de l'abstention des autres. A chaque leçon, chacun de nous était appelé à se manifester. Il nous appelait par le terme familier de *tu* et nous considérait comme sa propriété. Nous n'étions que cinq ou six, mais nous devions tous monter sur scène. Il se levait toujours avec son petit bâton noir à la main. Personne ne savait pourquoi il avait ce bâton.

« Maintenant, mesdames, disait-il, le corps renversé, la tête haute, sur la pointe des pieds. C'est ça. Parfait! Un, deux, trois, marchez !

Et nous marchions sur la pointe des pieds, la tête haute, les paupières baissées, en essayant de baisser les yeux pour voir où nous marchions. Nous avons marché ainsi avec toute la majesté et la solennité des chameaux ! Il nous apprit alors à sortir avec indifférence, dignité ou fureur, et c'était amusant de nous voir nous diriger vers les portes soit d'un pas retardé, soit d'une manière animée ou précipitée, selon l'humeur dans laquelle nous étions supposés. être. Puis nous avons entendu « Assez ! Aller! Pas un mot!" Car M. Elie ne nous permettait pas de murmurer un seul mot. « Tout, disait-il, est dans le regard, le geste, l'attitude ! » Puis il y avait ce qu'il appelait « *l'assiette* », qui signifiait la manière de s'asseoir dignement, de se laisser tomber sur un siège avec lassitude, ou « l' *assiette* », qui signifiait : « J'écoute, monsieur ; dis ce que tu veux. Ah, c'était terriblement compliqué, cette façon de s'asseoir. Il a fallu tout y mettre : l'envie de savoir ce qu'on allait nous dire, la peur de l'entendre, la détermination de partir, la volonté de rester. Oh, les larmes que m'a coûté cette *assiette* . Pauvre vieux M. Elie ! Je ne lui en veux pas, mais je me suis efforcé plus tard d'oublier tout ce qu'il m'avait appris, car rien n'aurait pu être plus inutile que ces leçons de maintien. Chaque être humain se déplace selon ses proportions. Les femmes trop grandes marchent à grands pas, celles qui sont courbées marchent comme les femmes orientales ; les grosses femmes marchent comme des canards, les courtes jambes trottent ; les très petites femmes sautillent, et les plus dégingandées marchent comme des grues. Rien ne peut être changé et la classe de comportement a été très judicieusement abolie. Le geste doit représenter la pensée, et il est harmonieux ou stupide selon que l'artiste est intelligent ou ennuyeux. Sur scène, il faut des bras longs ; il vaut mieux les avoir trop longs que trop courts. Un artiste aux bras courts ne peut jamais, jamais, faire un beau geste. C'est en vain que le pauvre Elie nous a dit ceci ou cela. Nous étions toujours stupides et maladroits, tandis que lui était toujours comique, oh ! si comique, pauvre vieux !

J'ai aussi pris des cours d'escrime. Tante Rosine a mis cette idée dans la tête de ma mère. J'avais un cours une fois par semaine chez le célèbre Pons. Oh, quel homme terrible il était ! Brutal, grossier et toujours taquin ; c'était un maître d'armes incomparable, mais il n'aimait pas donner des leçons à des « gamins » comme nous, comme il nous appelait. Il n'était cependant pas riche, et je crois, mais je n'en suis pas sûr, que ce cours avait été organisé pour lui par un de ses distingués patrons. Il gardait toujours son chapeau, ce qui horrifiait Mlle. de Brabender. Il fumait aussi tout le temps son cigare, ce qui faisait tousser ses élèves, déjà essoufflés par l'exercice d'escrime. Quelle torture ces leçons ! Il emmenait parfois avec lui des amis qui se réjouissaient de notre maladresse. Cela provoqua un scandale, car un jour un de ces spectateurs gais fit une remarque des plus violentes à l'égard d'un des élèves mâles nommé Châtelain, et celui-ci se retourna vivement et lui donna un coup au visage. Une escarmouche éclata aussitôt, et Pons, en voulant intervenir, reçut lui-même un ou deux coups. Cela fit grand bruit et, à partir de ce jour, les visiteurs ne furent plus autorisés à assister à la leçon. J'ai obtenu l'autorisation de ma mère pour ne plus assister aux cours, et ce fut pour moi un grand soulagement.

Je préférais de beaucoup les leçons de Régnier aux autres. Il était doux, avait de belles manières et nous enseignait à être naturels dans ce que nous récitions, mais je dois certainement tout ce que je sais à la variété de l'enseignement que j'ai reçu et que j'ai suivi de la manière la plus dévouée.

Provost enseignait un style large, avec une diction quelque peu pompeuse mais soutenue. Il a particulièrement mis l'accent sur la liberté de geste et d'inflexion. Beauvallet, à mon avis, n'a rien enseigné de bon. Il avait une voix grave et efficace, mais qu'il ne pouvait donner à personne. C'était un instrument admirable, mais qui ne lui donnait aucun talent. Il était gauche dans ses gestes ; ses bras étaient trop courts et son visage commun. Je le détestais en tant que professeur.

Samson était tout le contraire. Sa voix n'était pas forte, mais perçante. Il avait une certaine distinction acquise, mais il était très correct. Sa méthode était la simplicité. Provost a mis l'accent sur l'ampleur, l'exactitude de Samson, et il a été très pointilleux sur les finales. Il ne nous permettait pas de baisser la voix à la fin de la phrase. Coquelin, qui est, je crois, un des élèves de Régnier, a beaucoup de style de Samson, bien qu'il ait conservé l'essentiel de l'enseignement de son premier maître. Quant à moi, je me souviens de mes trois professeurs, Régnier, Provost et Samson, comme si je les avais entendus hier.

L'année s'est écoulée sans grand changement dans ma vie, mais deux mois avant mon deuxième examen j'ai eu le malheur de devoir changer de professeur. Provost tomba malade et j'entrai dans la classe de Samson. Il comptait beaucoup sur moi, mais il faisait autorité et persistait. Il m'a donné deux très mauvais rôles dans deux très mauvaises pièces : Hortense dans *L'Ecole des Viellards*, de Casimir Delavigne, pour la comédie, et *La Fille du Cid* pour la tragédie. Cette pièce est également de Casimir Delavigne. Je ne me sentais pas du tout dans mon élément dans ces deux *rôles*, tous deux écrits dans un langage dur et emphatique. Le jour de l'examen est arrivé et je n'avais pas l'air bien du tout. Ma mère avait insisté pour que je me fasse coiffer chez son coiffeur, et j'avais pleuré et sangloté en voyant ce « Figaro » me faire des raies sur toute la tête pour séparer ma crinière rebelle. Idiot qu'il était, il avait suggéré ce style à ma mère, et ma tête était restée entre ses mains stupides pendant plus d'une heure et demie, car il n'avait jamais eu affaire à une crinière comme la mienne. Il n'arrêtait pas de s'éponger le front toutes les cinq minutes et de marmonner : « Quels cheveux ! Mon Dieu, c'est horrible ; tout comme le remorquage ! Ce sont peut-être les cheveux d'une négresse blanche ! Se tournant vers ma mère, il suggéra que ma tête soit entièrement rasée et que mes cheveux soient ensuite coiffés au fur et à mesure qu'ils repoussent. «Je vais y réfléchir», répondit distraitement ma mère. J'ai tourné la tête si brusquement pour la regarder quand elle a dit cela que les fers à friser m'ont brûlé le front. L'homme utilisait les fers pour *défaire* mes cheveux. Il considérait qu'elle s'enroulait naturellement dans un style si désordonné qu'il devait en retirer la boucle naturelle puis l'agiter, car cela serait plus seyant pour le visage.

« Les cheveux de Mademoiselle sont stoppés dans leur croissance par cette extrême frisure. Toutes les filles et négresses de Tanger ont des cheveux ainsi. Puisque Mademoiselle monte sur scène, elle serait plus belle si elle avait des cheveux comme Madame, dit-il en s'inclinant avec une admiration respectueuse devant ma mère, qui avait certainement les plus beaux cheveux qu'on puisse imaginer. C'était juste, et si long qu'en se levant, elle pouvait marcher dessus et pencher la tête en avant. Il est juste de dire, cependant, que ma mère était très petite.

Finalement, j'étais hors des mains de ce misérable homme, et j'étais presque mort de fatigue après une heure et demie de brossage, de peignage, de curling, d'épinglage, la tête tournée de gauche à droite et de droite à gauche, etc. etc. À la fin, j'étais complètement défiguré et je ne me reconnaissais pas. Mes cheveux étaient bien tirés en arrière de mes tempes, mes oreilles étaient très visibles et saillantes, paraissant positivement audacieuses dans leur nudité, tandis que sur le dessus de ma tête se trouvait un paquet de petites saucisses disposées les unes à côté des autres pour imiter l'ancien diadème.

J'avais l'air parfaitement hideux. Mon front, que je voyais toujours plus ou moins couvert d'une chevelure dorée, me paraissait immense, implacable.

Je ne reconnaissais pas mes yeux, habitués que j'étais à les voir ombragés par mes cheveux. Ma tête pesait deux ou trois livres. J'avais l'habitude d'attacher mes cheveux, comme je le fais encore, avec deux épingles à cheveux, et cet homme y avait mis cinq ou six paquets, et tout cela était lourd pour ma pauvre tête.

J'étais en retard et j'ai donc dû m'habiller très vite. J'ai pleuré de colère et mes yeux semblaient plus petits, mon nez plus gros et mes veines enflées. Le point culminant, c'était quand j'ai dû mettre mon chapeau. Cela ne voulait pas figurer sur le paquet de saucisses, et ma mère m'a enveloppé la tête dans un foulard en dentelle et m'a précipité vers la porte.

En arrivant au Conservatoire, je me précipitai avec *ma petite Dame* dans la salle d'attente, tandis que ma mère allait directement au théâtre. J'arrachai la dentelle qui couvrait mes cheveux, et, assis sur un banc, après avoir raconté l'Odyssée de ma coiffure, je livrai ma tête à mes compagnes. Tous adoraient et enviaient mes cheveux, parce qu'ils étaient si doux, légers et dorés. Ils me plaignaient tous de ma misère et étaient touchés de ma laideur. Leurs mères, cependant, débordaient de joie dans leur propre graisse.

Les filles commencèrent à retirer mes épingles à cheveux, et l'une d'elles, Marie Lloyd, que je préférais, prit ma tête dans ses mains et l'embrassa affectueusement.

"Oh, tes beaux cheveux, qu'est-ce qu'ils leur ont fait ?" s'exclama-t-elle en retirant les dernières épingles à cheveux. Cette sympathie me fit encore une fois fondre en larmes.

Finalement je me levai, triomphant, sans épingles à cheveux et sans saucisses. Mais mes pauvres cheveux étaient très lourds de la pommade que le misérable avait mise dessus, et ils étaient pleins des raies qu'il avait faites pour la confection des saucissons. Elle tombait maintenant en flocons lugubres et graisseux autour de mon visage.

J'ai secoué la tête pendant cinq minutes avec une rage folle. J'ai ensuite réussi à rendre les cheveux plus lâches et je les ai relevés du mieux que j'ai pu avec quelques épingles à cheveux.

Le concours avait commencé et j'étais le dixième sur la liste. Je ne me souvenais pas de ce que j'avais à dire. Madame Guérard m'humidifia les tempes avec de l'eau froide, et Mlle. de Brabender, qui venait d'arriver, ne me reconnut pas et me chercha partout. Elle s'était cassé la jambe près de trois mois auparavant et avait dû se déplacer avec une béquille, mais elle avait résolu de venir.

Madame Guérard commençait à peine à lui raconter le drame des cheveux lorsque mon nom résonna dans la pièce : « Mademoiselle Chara Bernhardt ! C'était Léautaud, qui fut plus tard souffleur à la Comédie-Française, et qui avait un fort accent particulier aux Auvergnats. « Mademoiselle Chara Bernhardt ! » J'ai entendu à nouveau, puis je me suis levé sans aucune idée en tête et sans prononcer un mot. J'ai cherché autour de moi mon partenaire qui devait me donner mes signaux et ensemble nous avons fait notre entrée.

SARAH BERNHARDT DANS LES MAINS DE
SON COIFFEUR, AVANT DE SE PASSER À L'EXAMEN DU
CONSERVATOIRE. SA MÈRE EST À GAUCHE

J'ai été surpris par le son de ma voix, que je n'ai pas reconnu. J'avais tellement pleuré que ma voix en était affectée et je parlais par le nez.

J'ai entendu une voix de femme dire : « Pauvre enfant ; elle n'aurait pas dû être autorisée à concourir. Elle a un rhume atroce, son nez coule et son visage est enflé.

J'ai terminé ma scène, j'ai salué et je suis parti au milieu d'applaudissements très faibles et sans entrain. Je marchais comme un somnambule, et en arrivant chez madame Guérard et Mlle. de Brabender s'évanouit dans leurs bras. Quelqu'un est allé dans le hall à la recherche d'un médecin, et le bruit que « le petit Bernhardt s'était évanoui » est parvenu à ma mère. Elle était assise au fond d'une boîte, s'ennuyant à mourir. Quand je revins à moi, j'ouvris les yeux et vis le joli visage de ma mère, avec des larmes accrochées à ses longs cils. J'ai posé ma tête contre la sienne et j'ai pleuré doucement, mais cette fois, les larmes étaient rafraîchissantes, pas celles salées qui me brûlaient les paupières.

Je me levai, secouai ma robe et me regardai dans le miroir verdâtre. J'étais certainement moins laide maintenant, car mon visage était reposé, mes cheveux étaient redevenus doux et pelucheux, et dans l'ensemble il y avait une amélioration générale de mon apparence.

Le concours de tragédie était terminé et les prix avaient été décernés. Je n'avais rien du tout, mais on mentionna mon deuxième prix de l'année dernière. Je me sentais confus, mais cela ne m'a causé aucune déception, car je m'attendais vraiment à ce que les choses se passent ainsi. Plusieurs personnes avaient protesté en ma faveur. Camille Doucet, qui était membre du jury, avait longuement plaidé. Il voulait que j'aie un premier prix malgré ma mauvaise récitation. Il a dit que mes résultats à l'examen devaient être pris en compte, et ils étaient excellents ; et puis aussi, j'avais les meilleurs bulletins de classe. Rien cependant ne pouvait vaincre le mauvais effet produit ce jour-là par ma voix nasillarde, mon visage tuméfié et mes lourdes écailles de cheveux. Après une demi-heure d'intervalle, pendant laquelle je bus un verre de porto et mangeai des gâteaux, le signal fut donné pour le concours de comédie. J'étais quatorzième sur la liste pour cela, ce qui me laissait suffisamment de temps pour récupérer. Mon instinct de combattant commençait maintenant à prendre possession de moi et un sentiment d'injustice me rendait rebelle. Je n'avais pas mérité mon prix ce jour-là, mais il me semblait que j'aurais quand même dû le recevoir.

J'ai décidé que j'aurais le premier prix de comédie, et avec l'exagération que j'ai toujours mise dans tout, j'ai commencé à m'exciter, et je me suis dit que si je n'avais pas le premier prix, je devrais abandonner. l'idée de la scène comme carrière. Mon amour mystique et ma faiblesse pour le couvent me revenaient plus fortement que jamais. J'ai décidé que j'entrerais au couvent si je n'obtenais pas le premier prix. Et le conflit illogique le plus insensé imaginable s'est déroulé dans le cerveau de ma faible fille. J'ai ressenti une véritable vocation pour le couvent lorsque j'étais affligé de perdre le prix, et une véritable vocation pour le théâtre lorsque j'avais l'espoir de remporter le prix.

Avec une partialité très naturelle, je découvris en moi le don d'abnégation absolue, de renoncement et de dévouement de toute sorte, qualités qui me valent facilement le poste de Mère Supérieure au couvent des Grands-Champs. Puis, avec la générosité la plus indulgente, je m'attribuai tous les dons nécessaires à la réalisation de mon autre rêve, savoir devenir la première, la plus célèbre et la plus enviée des actrices. J'étalais sur mes doigts toutes mes qualités : grâce, charme, distinction, beauté, mystère, piquant.

Oh oui, j'ai découvert que j'avais tout cela, et lorsque ma raison et mon honnêteté soulevaient le moindre doute ou suggéraient un « mais » à ce fabuleux inventaire de mes qualités, mon ego combatif et paradoxal trouvait aussitôt une réponse claire et décisive qui admettait pas d'autre argument.

C'est dans ces conditions particulières et dans cet état d'esprit que je suis monté sur scène lorsque mon tour est venu. Le choix de mon *rôle* pour ce concours a été très stupide. Je devais représenter une femme mariée, « raisonnable » et très encline à discuter, et j'étais une simple enfant et j'avais l'air beaucoup plus jeune que mon âge. Malgré cela, j'étais très brillant ; Je discutais bien, j'étais très gai et j'ai eu un immense succès. J'étais transfiguré de joie et follement excité, tellement sûr de me sentir premier prix.

Je n'ai jamais douté un seul instant qu'elle me serait attribuée à l'unanimité. Une fois le concours terminé, le comité s'est réuni pour discuter des récompenses et, entre-temps, j'ai demandé à manger. On apporta une côtelette chez le pâtissier patronné par le Conservatoire, et je la dévorai, à la grande joie de Madame Guérard et de Mlle. de Brabender, car je détestais la viande et refusais toujours d'en manger.

Les membres du comité allèrent enfin prendre place dans la grande loge, et le silence se fit dans la salle. Les jeunes gens furent appelés les premiers sur scène. Aucun premier prix ne leur a été attribué. Le nom de Parfouru a été retenu pour le deuxième prix de comédie. Parfouru est connu aujourd'hui sous le nom de M. Paul Porel, directeur du Théâtre du Vaudeville et époux de Réjane. Puis vint le tour des filles.

J'étais sur le pas de la porte, prêt à monter sur scène. Les mots « Premier prix de comédie » furent prononcés et je fis un pas en avant, écartant une fille qui mesurait une tête de plus que moi. "Premier prix de comédie décerné à l'unanimité à Mademoiselle Marie Lloyd." La grande fille que j'avais écartée s'avançait maintenant, svelte et radieuse, vers la scène.

Il y eut quelques protestations, mais sa beauté, sa distinction et son charme modeste l'emportèrent auprès de tous, et Marie Lloyd fut acclamée. Elle m'a dépassé à son retour et m'a embrassé affectueusement. Nous étions de grands amis et je l'aimais beaucoup, mais je la considérais comme une élève nulle. Je ne me souviens pas si elle avait reçu un prix l'année précédente, mais personne ne s'attendait certainement à ce qu'elle en obtienne un maintenant. J'étais simplement pétrifié d'étonnement.

"Deuxième prix de comédie : Mademoiselle Bernhardt." Je n'avais pas entendu, et j'ai été poussé en avant par mes compagnons. En arrivant sur scène, je m'inclinai et je vis tout le temps des centaines de Marie Lloyd danser devant moi. Certains me faisaient des grimaces, d'autres me jetaient des baisers ; certains s'éventaient et d'autres s'inclinaient. Ils étaient très grands, tous ces Marie Lloyd, trop grands pour le plafond, et ils marchaient au-dessus de la tête de tout le monde et venaient vers moi, m'étouffant, m'écrasant, à tel point que je ne pouvais plus respirer. Mon visage, semble-t-il, était plus blanc que ma robe.

En quittant la scène, j'allai m'asseoir sur le banc sans dire un mot, et je regardai Marie Lloyd, dont on faisait grand cas et qui était grandement complimentée de tout le monde. Elle portait une robe en tarlatane bleu pâle, avec un bouquet de myosotis dans le corsage et un autre dans ses cheveux noirs. Elle était très grande et ses délicates épaules blanches sortaient pudiquement de sa robe très décolletée... mais dans son cas, cela était sans danger. Son visage raffiné, à l'expression un peu fière, était charmant et très beau. Bien que très jeune, elle éprouvait une fascination plus féminine que n'importe lequel d'entre nous. Ses grands yeux bruns brillaient de pupilles dilatées ; sa petite bouche ronde faisait un petit sourire narquois aux coins, et son nez merveilleusement dessiné avait des narines frémissantes. L'ovale de son beau visage était intercepté par deux petites oreilles nacrées et transparentes de la forme la plus exquise. Elle avait un long cou blanc et flexible et la pose de sa tête était charmante. C'était un prix de beauté que le jury avait consciencieusement décerné à Marie Lloyd.

Elle était arrivée sur scène gaie et fascinante dans son *rôle* de Célimène, et malgré la monotonie de son discours, l'insouciance de son élocution, l'impersonnalité de son jeu, elle avait emporté tous les suffrages parce qu'elle était la personnification de Célimène, cette coquette de vingt ans si inconsciemment cruelle.

Elle avait réalisé pour chacun l'idéal rêvé par Molière. Toutes ces pensées se sont formées plus tard dans mon cerveau, et cette première leçon, si douloureuse à l'époque, m'a été d'une grande utilité dans ma carrière. Je n'ai jamais oublié le prix de Marie Lloyd, et chaque fois que j'ai eu un *rôle* à créer, le personnage apparaît toujours devant moi habillé de la tête aux pieds, marchant, s'inclinant, s'asseyant, se levant.

Mais ce n'est que la vision d'une seconde ; mon esprit a pensé à l'âme qui doit gouverner ce personnage. En écoutant un auteur lire son œuvre, j'essaie de définir l'intention de son idée, dans mon désir de m'identifier à cette intention. Je n'ai jamais trompé un auteur quant à son idée. Et j'ai toujours essayé de représenter le personnage selon l'histoire, chaque fois qu'il s'agit d'un personnage historique, et comme le décrit le romancier s'il s'agit d'un personnage inventé.

J'ai parfois essayé de contraindre le public à revenir à la vérité et à détruire le côté légendaire de certains personnages que l'histoire, avec tous ses documents, nous représente aujourd'hui tels qu'ils étaient dans la réalité, mais le public ne m'a jamais suivi. J'ai vite compris que la légende restait victorieuse malgré l'histoire. Et c'est peut-être un avantage pour l'esprit du peuple. Jésus, Jeanne d'Arc, Shakespeare, la Vierge Marie, Mahomet et Napoléon Ier sont tous entrés dans la légende.

Il est désormais impossible pour notre cerveau d'imaginer Jésus et la Vierge Marie accomplissant des fonctions humaines humiliantes. Ils ont vécu la vie que nous vivons. La mort a glacé leurs membres sacrés, et ce n'est pas sans rébellion et sans chagrin que nous acceptons ce fait. Nous partons à leur poursuite dans un ciel éthéré, dans l'infini de nos rêves. Nous rejetons tous les défauts de l'humanité pour la laisser, vêtue d'idéal, assise sur un trône d'amour. On n'aime pas que Jeanne d'Arc soit la paysanne rustique et audacieuse, repoussant violemment le soldat hardi qui veut plaisanter avec elle, la jeune fille assise à califourchon sur son gros cheval percheron comme un homme, riant volontiers des grossières plaisanteries des soldats, se soumettant aux promiscuités lubriques de l'époque barbare où elle vivait, et ayant d'autant plus de mérite à rester la vierge héroïque.

Nous ne nous soucions pas de ces vérités inutiles. Dans la légende, c'est une femme fragile guidée par une âme divine. Son bras de jeune fille qui tient la lourde bannière est soutenu par un ange invisible. Dans ses yeux d'enfant il y a quelque chose d'un autre monde, et c'est de là que tous les guerriers puisaient force et courage. C'est ainsi que nous souhaitons qu'il en soit ainsi, et ainsi la légende reste triomphante.

X
MON PREMIER FIANÇAILLES À LA COMÉDIE FRANÇAISE

Mais revenons au Conservatoire. Presque tous les élèves étaient partis, et je restais tranquille et embarrassé sur mon banc. Marie Lloyd est venue s'asseoir à côté de moi.

"Es-tu malheureux?" elle a demandé.

"Oui," répondis-je. « Je voulais le premier prix, et vous l'avez. Ce n'est pas juste."

«Je ne sais pas si c'est juste ou non», répondit Marie Lloyd, «mais je vous assure que ce n'est pas ma faute.»

Je n'ai pas pu m'empêcher d'en rire.

« Dois-je venir à la maison avec toi pour déjeuner ? » » demanda-t-elle, et ses beaux yeux devinrent humides et suppliants. Elle était orpheline et malheureuse et, en ce jour de triomphe, elle ressentait le besoin d'une famille. Mon cœur a commencé à fondre de pitié et d'affection. Je lui jetai les bras autour du cou, et nous partîmes toutes les quatre ensemble, Marie Lloyd, Madame Guérard, Mlle. de Brabender et moi. Ma mère m'avait fait dire qu'elle était rentrée chez elle.

Dans le taxi, mon personnage « s'en fiche » a encore une fois gagné la mise, et nous avons discuté de tout le monde. "Oh, comme c'était ridicule telle ou telle personne!" "Avez-vous vu le bonnet de sa mère?" « Et le vieux Estebenet ; tu as vu ses gants blancs ? Il a dû les voler à un policier ! Et là-dessus nous avons ri comme des idiots, puis nous avons recommencé. – Et ce pauvre Châtelain s'était fait friser les cheveux ! dit Marie Lloyd. "Avez-vous vu sa tête?"

Mais je ne riais plus, car cela me rappelait comment mes propres cheveux avaient été défrisés, et c'est grâce à cela que je n'avais pas remporté le premier prix de la tragédie.

En rentrant chez nous, nous trouvâmes ma mère, ma tante, mon parrain, notre vieil ami Meydieu, le mari de Madame Guérard, et ma sœur Jeanne aux cheveux bouclés. Cela m'a fait un pincement au cœur, car elle avait les cheveux raides et ils avaient été bouclés pour la rendre plus jolie, même si elle était charmante sans cela, et la boucle avait été enlevée de mes cheveux, de sorte que j'avais l'air plus laid.

Ma mère parlait à Marie Lloyd avec cette indifférence charmante et distinguée qui lui est particulière. Mon parrain en faisait toute une histoire, car la réussite était tout pour ce *bourgeois* . Il avait vu ma jeune amie cent fois auparavant, et n'avait pas été frappé de sa beauté ni encore touché par sa pauvreté, mais ce jour-là il nous assurait qu'il avait prédit depuis longtemps le triomphe de Marie Lloyd. Il est alors venu vers moi, a posé ses deux mains sur mes épaules et m'a tenu face à lui. "Eh bien, vous avez été un échec", dit-il. « Pourquoi persister maintenant à monter sur scène ? Tu es mince et petite, ton visage est assez joli de près, mais laid de loin, et ta voix ne porte pas !

– Oui, ma chère fille, dit M. Meydieu, votre parrain a raison. Tu ferais mieux d'épouser le meunier qui t'a proposé, ou cet imbécile de tanneur espagnol qui a perdu sa tête sans cervelle à cause de tes jolis yeux. Vous ne ferez jamais rien sur scène ! Tu ferais mieux de te marier.

M. Guérard est venu me serrer la main. C'était un homme de près de soixante ans, et Mme Guérard en avait moins de trente. Il était mélancolique, doux et timide : il avait reçu le ruban rouge de la Légion d'honneur, il portait une longue redingote miteuse, avait des gestes aristocratiques et était secrétaire particulier de M. de la Tour Desmoulins, un éminent député à l'époque. M. Guérard était un puits de science, et je dois beaucoup à sa bonté. Ma sœur Jeanne m'a murmuré : « Le parrain de ma sœur a dit en entrant que tu étais la plus moche possible. Jeanne parlait toujours ainsi de mon parrain. Je l'ai repoussée et nous nous sommes mis à table. Tout au long du repas, mon seul souhait fut de retourner au couvent. Je n'ai pas beaucoup mangé et, immédiatement après le déjeuner, j'étais si fatigué que j'ai dû me coucher.

Une fois que j'étais seul dans ma chambre entre les draps, les membres fatigués, la tête lourde et le cœur serré à force de retenir mes soupirs, j'essayais de considérer ma misérable situation ; mais le sommeil, le grand restaurateur, vint à mon secours, et je m'endormis très vite paisiblement. Quand je me suis réveillé, je n'ai pas pu rassembler mes pensées au début. Je me demandai quelle heure il était et regardai ma montre. Il était juste dix heures et je dormais depuis trois heures de l'après-midi. J'ai écouté quelques minutes, mais tout était silencieux dans la maison. Sur une table près de mon lit se trouvait un petit plateau sur lequel se trouvaient une tasse de chocolat et un gâteau. Une feuille de papier à lettres était placée debout contre la tasse. Je tremblai en le prenant, car je n'ai jamais reçu de lettres. Avec beaucoup de difficulté, à la lueur de ma veilleuse, je parvins à lire les mots suivants, écrits par Madame Guérard : « Quand vous vous êtes endormi, le duc de Morny a fait dire à votre mère que Camille Doucet venait de lui assurer que vous deviez être engagé à la Comédie Française. Ne vous inquiétez donc plus, ma chère enfant, mais ayez confiance en l'avenir. — Votre *petite Dame* .

Je me suis pincé pour m'assurer que j'étais bien réveillé. Je me levai et me précipitai vers la fenêtre. J'ai regardé dehors et le ciel était noir. Oui, c'était noir pour tout le monde, mais étoilé pour moi. Les étoiles brillaient et j'ai cherché la mienne spéciale et j'ai choisi la plus grande et la plus brillante.

Je retournai vers mon lit et m'amusai à sauter dessus en tenant mes pieds joints. Chaque fois que je manquais, je riais comme un fou. J'ai ensuite bu mon chocolat et j'ai failli m'étouffer en dévorant mon gâteau.

Debout sur mon traversin, j'ai ensuite fait un long discours à la Vierge Marie au chevet de mon lit. J'ai adoré la Vierge Marie et je lui ai expliqué les raisons pour lesquelles je ne pouvais pas prendre le voile, malgré ma vocation. J'ai essayé de la charmer et de la persuader, et je l'ai embrassée très doucement sur son pied qui écrasait le serpent. Puis, dans l'obscurité, j'ai essayé de retrouver le portrait de ma mère. Je pouvais à peine le voir, mais je lui jetai des baisers. Je repris alors la lettre de *mon petite Dame* et m'endormis la tenant à la main. Je ne me souviens pas de quels étaient mes rêves.

Le lendemain, tout le monde a été très gentil avec moi. Mon parrain, arrivé en avance, hocha la tête d'un air satisfait.

« Elle doit avoir un peu d'air frais », dit-il. "Je t'offrirai un landau."

SARAH BERNHARDT À LA QUITTE
DU CONSERVATOIRE

Le trajet me parut délicieux, car je pouvais rêver à ma guise, car ma mère n'aimait pas parler en voiture.

Deux jours plus tard, notre vieille servante Marguerite, essoufflée d'excitation, m'apporta une lettre. Au coin de l'enveloppe se trouvait un grand timbre autour duquel se trouvaient les mots magiques « Comédie Française ». J'ai jeté un coup d'œil à ma mère, et elle a hoché la tête pour me faire signe que je pouvais ouvrir la lettre, après avoir reproché à Marguerite de me l'avoir remise avant d'en avoir obtenu la permission.

"C'est pour demain, pour demain !" M'écriai-je. « Je dois y aller demain ! Regardez, lisez-le !

Mes sœurs se précipitèrent vers moi et me saisirent les mains. J'ai dansé avec eux en chantant : « C'est pour demain ! C'est pour demain!" Ma sœur cadette avait huit ans, mais je n'en avais que six ce jour-là. Je suis monté dans l'appartement du dessus pour prévenir Mme Guérard. Elle savonnait simplement les robes blanches et les tabliers de ses enfants. Elle prit mon visage dans ses mains et m'embrassa affectueusement. Ses deux mains étaient recouvertes d'une mousse savonneuse et laissaient une tache neigeuse de chaque côté de ma tête. Je redescendai ainsi l'escalier et entra bruyamment dans le salon. Mon parrain, M. Meydieu, ma tante et ma mère commençaient une partie de whist. Je les embrassai chacun, laissant sur leur visage une tache de savon, ce qui me fit rire de bon cœur. Mais j'avais le droit de faire n'importe quoi ce jour-là, car j'étais devenu un personnage.

Le lendemain, mardi, je devais me rendre à une heure au Théâtre Français chez M. Thierry, qui en était alors directeur.

Que devais-je porter ? C'était la grande question. Ma mère avait fait venir la modiste, qui arriva avec divers chapeaux. J'en ai choisi un blanc bordé de bleu pâle, un *bavolet blanc* et des ficelles bleues. Tante Rosine m'avait envoyé une de ses robes, car ma mère trouvait toutes mes robes trop enfantines. Oh, cette robe ! Je le verrai toute ma vie. Il était hideux, vert chou, recouvert de velours noir à motifs grecs. Je ressemblais à un singe dans cette robe. Mais j'étais obligé de le porter. Heureusement, il était recouvert d'un manteau de *gros-grain noir* cousu tout autour de blanc. On pensait qu'il valait mieux que je sois habillée comme une grande personne, et tous mes vêtements ne convenaient qu'à une écolière. Mlle. Mme de Brabender m'a donné un mouchoir qu'elle avait brodé, et Mme Guérard une ombrelle. Ma mère m'a offert une très jolie bague turquoise.

Ainsi habillé, joli dans mon chapeau blanc, mal à l'aise dans ma robe verte, mais réconforté par mon manteau, j'allai, le lendemain, avec madame Guérard chez M. Thierry. Ma tante m'a prêté sa voiture pour l'occasion, car elle pensait qu'il serait préférable d'arriver dans une voiture privée. Plus tard, j'appris que cette arrivée dans ma propre voiture, avec un valet de pied, avait fait une très mauvaise impression. Ce que croyaient tous les gens du théâtre, je n'ai jamais voulu le considérer, et il me semble que mon extrême jeunesse a dû en réalité me protéger de tout soupçon.

M. Thierry m'a reçu très gentiment et m'a fait un petit discours insensé. Il déplia alors un papier qu'il remit à Madame Guérard en lui demandant de le lire puis de le signer. Ce papier était mon contrat, et *ma petite Dame* m'a expliqué qu'elle n'était pas ma mère.

- Ah, dit M. Thierry en se levant, alors voulez-vous le prendre avec vous et le faire signer par la mère de Mademoiselle ?

Il m'a alors pris la main. J'éprouvais une horreur instinctive envers le sien, car il était flasque et ne contenait ni vie ni sincérité. J'ai rapidement enlevé le mien et je l'ai regardé. Il était simple, avec un visage rouge et des yeux qui évitaient le regard. En m'éloignant, je rencontrai Coquelin qui, sachant que j'étais là, m'attendait. Il avait fait ses *débuts* un an auparavant avec beaucoup de succès.

"Eh bien, c'est réglé alors!" dit-il gaiement.

Je lui ai montré le contrat et lui ai serré la main. Je descendis rapidement les escaliers et, au moment de sortir du théâtre, je me trouvai au milieu d'un groupe devant la porte.

"Es-tu satisfait?" demanda une voix douce que je reconnus pour être celle de M. Doucet.

« Ah oui, monsieur ; merci beaucoup," répondis-je.

"Mais mon cher enfant, je n'ai rien à voir avec ça", dit-il.

« Votre concurrence n'a pas été bonne du tout, mais néanmoins nous sommes sûrs de vous », dit M. Régnier, puis se tournant vers Camille Doucet, il demanda : « Qu'en dites-vous, Excellence ?

"Je pense que cet enfant sera un très grand artiste", a-t-il répondu.

Il y eut un silence pendant un moment.

"Eh bien, vous avez une belle voiture!" s'écria brusquement Beauvallet. Il fut le premier tragédien de la Comédie et l'homme le plus grossier de France et d'ailleurs.

«Cette voiture appartient à la tante de Mademoiselle», remarqua Camille Doucet en me serrant doucement la main.

"Oh… eh bien, je suis heureux d'entendre cela", répondit le tragédien.

Je montai alors dans la voiture qui avait fait tant de bruit au théâtre et je partis. En rentrant chez moi, j'ai apporté le contrat à ma mère. Elle l'a signé sans le lire.

J'ai résolument décidé d'être quelqu'un *quand-même* .

Quelques jours après mes fiançailles à la Comédie-Française, ma tante donna un dîner. Parmi ses invités se trouvaient le duc de Morny, Camille Doucet et le ministre des Beaux-Arts, M. de Walewski, Rossini, ma mère, Mlle. de Brabender et moi. Dans la soirée, beaucoup d'autres personnes sont venues. Ma mère m'avait habillée avec beaucoup d'élégance et c'était la première fois que je portais une robe vraiment décolletée. Oh, comme j'étais mal à l'aise ! Tout le monde m'a prêté une grande attention. Rossini m'a demandé de réciter de la poésie, et j'y ai consenti volontiers, heureux et fier de n'avoir que peu d'importance. J'ai choisi le poème de Casimir Delavigne, « *L'Ame du Purgatoire* ». «Cela devrait être dit avec de la musique pour accompagnement», s'est exclamé Rossini à la fin. Tout le monde approuvait cette idée, et Walewski disait : "Mademoiselle recommencera, et vous pourrez improviser, *cher maître* ."

Il y eut une grande émotion et je recommençai aussitôt. Rossini a improvisé la plus délicieuse harmonie qui m'a rempli d'émotion. Mes larmes coulaient à flots sans que j'en aie conscience, et à la fin ma mère m'embrassa en me disant : « C'est la première fois que tu m'émeus vraiment.

En fait, elle adorait la musique et c'était l'improvisation de Rossini qui l'avait émue.

Le comte de Kératry, un jeune hussard élégant, était également présent. Il me fit de grands compliments et m'invita à aller réciter quelques poésies chez sa mère.

Ma tante chanta alors une chanson très en vogue et qui eut un grand succès. Elle était coquette et charmante, un peu jalouse de cette insignifiante nièce qui accaparait depuis quelques minutes l'attention de ses adorateurs.

Quand je suis rentré chez moi, j'étais un tout autre être. Je m'assis, habillé comme je l'étais, sur mon lit, et restai longtemps plongé dans mes pensées. Jusqu'à présent, tout ce que j'avais connu de la vie était ma famille et mon travail. Je venais d'en avoir un aperçu à travers la société, et j'étais frappé par l'hypocrisie des uns et l'orgueil des autres. J'ai commencé à me demander avec inquiétude ce que je devais faire, aussi timide et franc que j'étais. J'ai pensé à ma mère. Elle ne faisait rien, même si tout lui était indifférent. Je pensais à ma tante Rosine qui, au contraire, aimait se mêler de tout.

Je restais là, les yeux baissés, la tête tournoyante, très anxieux, et je ne me couchais que lorsque j'étais complètement refroidi.

Les jours suivants se passèrent sans événements particuliers. Je travaillais beaucoup chez Iphigénie, puisque M. Thierry m'avait dit que je devais faire mes *débuts* dans ce *rôle* .

Fin août, je reçus une convocation me demandant d'assister à la répétition d'
Iphigénie . Oh, cette première remarque, comme cela a fait battre mon cœur.
Je ne pouvais pas dormir la nuit et le jour n'arrivait pas assez vite pour moi.
Je n'arrêtais pas de me lever pour regarder l'heure. Il me semblait que
l'horloge s'était arrêtée. J'avais somnolé et il me semblait que c'était la même
heure qu'avant. Finalement, un trait de lumière traversant mes vitres était,
pensais-je, le soleil triomphant illuminant ma chambre. Je me levai aussitôt,
tirai les rideaux et marmonnai mon *rôle* en m'habillant.

Je pensais à ma répétition avec Madame Devoyod, la première *tragédienne* de
la Comédie-Française, avec Maubant, avec... Je tremblais en pensant à tout
cela, car on disait que Madame Devoyod était tout sauf indulgente. Je suis
arrivé à la répétition une heure avant l'heure prévue. Le régisseur, Davenne,
sourit et me demanda si je connaissais mon *rôle* . "Oh oui," m'exclamai-je
avec conviction. «Viens le répéter. Souhaitez-vous?" et il m'a emmené sur
scène.

Je l'accompagnai dans le long couloir de bustes qui mène de la loge à la scène.
Il m'a donné les noms des célébrités représentées par ces bustes. Je restai
immobile un instant devant celui d'Adrienne Lecouvreur.

«J'adore cet artiste», dis-je.

"Connaissez-vous son histoire?" Il a demandé.

"Oui; J'ai lu tout ce qui a été écrit sur elle.

"C'est vrai, mon enfant", dit le digne homme. « Vous devriez lire tout ce qui
concerne votre art. Je vais vous prêter des livres intéressants.

Il m'a emmené vers la scène. L'obscurité mystérieuse, le paysage dressé
comme des fortifications, la nudité du sol, la multitude infinie de poids, de
cordes, d'arbres, de bordures, de lattes au-dessus, la maison béante
complètement sombre, le silence brisé par le craquement du sol, et le froid
semblable à celui d'une voûte que l'on ressentait – tout cela ensemble
m'impressionnait. Il ne me semblait pas que j'entrais dans le rang brillant des
artistes vivants qui, chaque soir, gagnaient les applaudissements de la salle par
leur gaieté ou leurs sanglots. Non, j'avais l'impression d'être dans le tombeau
des gloires mortes, et la scène me semblait se remplir des ombres illustres de
ceux dont le régisseur venait de parler. Les nerfs à vif, mon imagination, qui
évoquait toujours quelque chose, les voyait maintenant s'avancer vers moi en
tendant les mains. Ces spectres voulaient m'emmener avec eux. J'ai mis mes
mains sur mes yeux et je suis resté immobile.

"Tu ne vas pas bien ?" demanda M. Davenne.

« Oh oui, merci ; c'était juste un petit vertige.

Sa voix avait chassé les spectres, et j'ouvris les yeux et prêtai attention aux conseils du digne homme. Livre en main, il m'expliqua où je devais me tenir, et mes changements de place, etc. Il était plutôt satisfait de ma façon de réciter et il m'a appris quelques traditions. A la ligne,

Eurybate à l'autel, conduisez la victime ,

il dit : « Mademoiselle Favart y a été très efficace. »

Les artistes commencèrent à arriver peu à peu, plus ou moins en bougonnant. Ils m'ont jeté un coup d'œil, puis ont répété leurs scènes sans me faire du tout attention.

J'avais envie de pleurer, mais j'étais plus vexé qu'autre chose. J'ai entendu trois mots grossiers prononcés par l'un ou l'autre des artistes. Je n'étais pas habitué à ce langage un peu brutal. A la maison, tout le monde était plutôt craintif. Chez ma tante, les gens étaient un peu émus, tandis qu'au couvent, il va sans dire, je n'avais jamais entendu un mot qui fût déplacé. Il est vrai que j'avais fait le Conservatoire, mais je n'avais formé aucune des élèves à l'exception de Marie Lloyd et de Rose Baretta, la sœur aînée de Blanche Baretta, aujourd'hui sociétaire de la Comédie Française.

La répétition terminée, il fut décidé qu'il y en aurait une autre le lendemain à la même heure dans le *foyer public* .

La costumière est venue me chercher, car elle voulait essayer mon costume. Mlle. de Brabender, arrivé pendant la répétition, m'accompagna au vestiaire. Elle voulait que mes bras soient couverts, mais le costumier lui a dit gentiment que c'était impossible dans une tragédie.

On m'a essayé une robe en laine blanche. C'était très laid, et le voile était si rigide que je l'ai refusé. On essaya une couronne de roses, mais elle aussi était si disgracieuse que je refusai de la porter.

– Eh bien, Mademoiselle, dit sèchement le costumier, il faudra vous procurer ces choses et les payer vous-même, puisque c'est le costume fourni par la Comédie.

« Très bien, répondis-je en rougissant ; "Je vais les chercher moi-même."

En rentrant chez moi, je racontai mes ennuis à ma mère et, comme elle était toujours très généreuse, elle m'acheta aussitôt un voile de barège blanc qui tombait en beaux plis larges et doux, et une couronne de rosiers de haie qui, la nuit, paraissaient très doux. et blanc. Elle m'a aussi commandé des cothurnes chez le cordonnier employé par la Comédie.

La prochaine chose à laquelle il fallait penser était la boîte à maquillage. Pour cela, ma mère a eu recours à la mère de Dica Petit, ma camarade de classe au

Conservatoire. J'ai accompagné Madame Dica Petit chez M. Massin, fabricant de ces coffrets de maquillage. Il était le père de Léontine Massin, autre élève du Conservatoire.

Nous montâmes au sixième étage d'un immeuble de la rue Réaumur et lisâmes sur une porte d'apparence simple les mots *Massin, fabricant de coffrets de maquillage* . J'ai frappé et une petite fille bossue m'a ouvert la porte. J'ai reconnu la sœur de Léontine, car elle était venue plusieurs fois au Conservatoire.

« Oh, s'exclama-t-elle, quelle surprise pour nous ! Titine, cria-t-elle alors, voici mademoiselle Sarah !

Léontine Massin sortit en courant de la pièce voisine. C'était une jolie fille, très douce et calme. Elle m'entoura de ses bras en s'écriant : « Comme je suis heureuse de vous voir ! Vous allez donc faire vos débuts à la Comédie. Je l'ai vu dans les journaux.

Je rougis jusqu'aux oreilles à l'idée d'être mentionné dans les journaux.

«Je suis fiancée aux Variétés», dit-elle, puis elle parla si vite que j'en fus ahuri. Madame Petit n'entrait pas dans tout cela et essayait en vain de nous séparer. Elle avait répondu par un signe de tête et un « merci » indifférent aux questions de Léontine sur la santé de sa fille. Enfin, quand la jeune fille eut fini de dire tout ce qu'elle avait à dire, Madame Petit dit :

« Vous devez commander votre boîte. Nous sommes venus ici pour ça, vous savez.

« Oh tu retrouveras mon père dans son atelier au bout du passage, et si tu n'es pas très long je serai toujours là. Je vais répéter aux Variétés plus tard.

Madame Petit était furieuse, car elle n'aimait pas Léontine Massin.

« N'attendez pas, Mademoiselle, dit-elle ; « Il nous sera impossible de rester ensuite. »

Léontine était agacée et, haussant les épaules, tourna le dos à mon compagnon. Elle mit alors son chapeau, m'embrassa et, s'inclinant gravement devant madame Petit, elle dit : « J'espère, madame Gros-tas, que je ne vous reverrai plus jamais. Elle s'enfuit alors en riant joyeusement. J'entendis Mme Petit murmurer quelques mots désagréables en néerlandais, mais le sens ne m'en fut expliqué que plus tard. Nous allâmes alors à l'atelier, et trouvâmes le vieux Massin à son banc, en train de raboter quelques petites planches de bois blanc. Sa fille bossue entra et sortait en fredonnant gaiement. Le père était maussade et dur, et avait un air anxieux. Dès que nous avons commandé la boîte, nous avons pris congé. Madame Petit sortit la première ; La sœur de Léontine m'a retenu par la main et m'a dit doucement : « Père n'est pas très poli, mais c'est parce qu'il est jaloux. Il voulait que ma sœur soit au Théâtre Français.

J'étais un peu troublé par cette confiance, et j'avais une vague idée du drame douloureux qui se jouait si différemment entre les différents membres de cette humble maison.

XI

MON DÉBUT À LA MAISON DE MOLIÈRE, ET MON PREMIER DÉPART DE CELLE-CI

Le 1er septembre 1862, jour de mes débuts , j'étais rue Duphot en train de regarder les affiches du théâtre. On les installait alors au coin de la rue Duphot et de la rue Saint-Honoré. Sur l'affiche de la Comédie Française j'ai lu les mots « *Début de Mlle. Sarah Bernhardt* . Je ne sais pas combien de temps je suis resté là, fasciné par les lettres de mon nom, mais je me souviens qu'il me semblait que chaque personne qui s'arrêtait pour lire l'affiche me regardait ensuite, et j'ai rougi jusqu'aux racines de mon cheveux.

A cinq heures, je suis allé au théâtre. J'avais au dernier étage un dressing que je partageais avec Mlle. Coblentz. Cette chambre se trouvait de l'autre côté de la rue de Richelieu, dans une maison louée par la Comédie Française. Un petit pont couvert enjambant la rue nous servait de passage et de moyen de communication pour rejoindre la Comédie.

J'ai mis énormément de temps à m'habiller et je ne savais pas si j'étais jolie ou non. *Mon petite Dame* me trouvait trop pâle, et Mlle. de Brabender trouvait que j'avais trop de couleur. Ma mère devait se rendre directement à sa place au théâtre, et tante Rosine était à la campagne.

Lorsque le call-boy annonça que la pièce allait commencer, je me mis à transpirer froidement de la tête aux pieds et me sentis sur le point de m'évanouir. Je descendis en tremblant, en chancelant et en claquant des dents. Quand je suis arrivé sur scène, le rideau se levait. Ce rideau qui se levait si lentement et si solennellement était pour moi comme le voile qui se déchirait pour me laisser entrevoir mon avenir. Une voix grave et douce me fit me retourner. C'était Provost, mon premier professeur, qui était venu m'encourager. Je l'ai salué chaleureusement, tellement j'étais heureux de le revoir. Samson était là aussi ; Je crois qu'il jouait ce soir-là dans une comédie de Molière. Les deux hommes étaient très différents. Provost était grand, ses cheveux argentés étaient ébouriffés et il avait un visage drôle. Samson était petit, précis, délicat ; ses cheveux blancs et brillants s'enroulaient fermement et étroitement autour de sa tête. Les deux hommes avaient été animés du même sentiment de protection envers la jeune fille pauvre, fragile, nerveuse et pourtant si pleine d'espoir. Tous deux connaissaient mon zèle pour le travail, ma volonté obstinée, qui luttait toujours pour vaincre ma faiblesse physique. Ils savaient que ma devise « *Quand-même* » n'avait pas été adoptée par moi par hasard, mais qu'elle était le résultat d'un exercice délibéré de volonté de ma part. Ma mère leur avait raconté comment j'avais choisi cette devise à l'âge de neuf ans, après un formidable saut par-dessus un fossé que personne ne pouvait franchir et que ma jeune cousine m'avait mis au défi de tenter. Je m'étais blessé au visage, je m'étais cassé le poignet et j'avais mal partout. Pendant qu'on me ramenait chez moi, je m'écriais furieusement : « Oui, je le referais, *quand-même* , si quelqu'un me défiait encore. Et je ferai toujours ce que je veux faire toute ma vie. Le soir de ce jour-là, ma tante, qui était peinée de me voir souffrir autant, me demanda ce qui me ferait plaisir. Mon pauvre petit corps était tout bandé, mais je sursautai de joie et, tout à fait consolé, je murmurai d'un ton câlin : « J'aimerais avoir du papier à lettres avec ma propre devise.

Ma mère m'a demandé assez sournoisement quelle était ma devise. Je n'ai pas répondu pendant une minute, puis, comme ils attendaient tous tranquillement, j'ai poussé un « *Quand-même* » si furieux que ma tante Faure a reculé en s'écriant : « Quel horrible enfant !

Samson et Provost m'ont rappelé cette histoire pour me donner du courage, mais mes oreilles bourdonnaient à tel point que je ne pouvais pas les écouter. Provost a entendu mon « signal » sur scène et m'a poussé doucement en avant. Je fis mon entrée et me précipitai vers Agamemnon, mon père. Je ne voulais plus le quitter, car je sentais que je devais avoir quelqu'un à qui m'accrocher. Je me suis alors précipité vers ma mère, Clytemnestre... J'ai balbutié... et en quittant la scène, je me suis précipité dans ma chambre et j'ai commencé à me déshabiller.

Madame Guérard fut effrayée et me demanda si j'étais fou. Je n'avais joué qu'un seul acte, et il y en avait quatre autres. J'ai alors réalisé qu'il serait vraiment dangereux de céder à mes nerfs. J'eus recours à ma propre devise, et, debout devant la glace, me regardant dans les yeux, je m'ordonnai d'être calme et de me vaincre, et mes nerfs, dans un état de confusion, cédèrent à mon cerveau. J'ai réussi la pièce, mais j'ai été très insignifiant dans mon rôle.

Le lendemain matin, ma mère m'a fait venir tôt. Elle avait consulté l'article de Sarcey dans *L'Opinion Nationale* , et elle me lisait maintenant les lignes suivantes : « Mlle. Bernhardt, qui a fait ses *débuts* hier dans le *rôle* d'Iphigénie, est une grande et jolie fille, à la taille élancée et à l'expression très agréable ; la partie supérieure de son visage est remarquablement belle. Son port est excellent et son énonciation est parfaitement claire. C'est tout ce qu'on peut dire d'elle pour le moment.

«Cet homme est un idiot», dit ma mère en m'attirant vers elle. "Tu étais charmant."

Elle m'a ensuite préparé une petite tasse de café et l'a fait avec de la crème. J'étais heureux, mais pas complètement.

Quand mon parrain est arrivé dans l'après-midi, il s'est exclamé : « Bon Dieu ! Mon pauvre enfant, que tu as des bras maigres !

En effet, les gens avaient ri, et je les avais entendus, en tendant les bras vers Eurybate. J'avais dit le fameux vers dans lequel Favart avait fait son « effet » qui était désormais une tradition. Je n'avais certainement fait aucun « effet », à moins que les sourires provoqués par mes bras longs et maigres puissent être considérés comme tels.

Ma deuxième apparition, c'était dans *Valérie* , où j'ai eu un léger succès.

Ma troisième apparition à la Comédie aboutit à la *boutade suivante* , sous la plume du même Sarcey :

L'Opinion Nationale du 12 septembre : « Le soir même fut donné *Les Femmes Savantes* . C'était Mlle. Troisième *début* de Bernhardt , et elle assume le *rôle* d'Henriette. Elle était là aussi jolie et insignifiante que dans celui de Junie [il s'était trompé, car c'était Iphigénie que j'avais joué] et de Valérie, dont les deux *rôles* lui avaient été confiés auparavant. Cette représentation fut une très mauvaise affaire et donne lieu à des réflexions nullement gaies. Cette Mlle. Bernhardt devrait être insignifiant, cela n'a pas beaucoup d'importance. C'est une *débutante* , et parmi le nombre qui nous est présenté, il est naturel que certains soient des échecs. Le plus pitoyable, c'est que les comédiens qui jouaient avec elle n'étaient guère meilleurs qu'elle, et ce sont des Sociétaires du Théâtre Français. Tout ce qu'ils avaient de plus que leur jeune camarade, c'était une plus grande familiarité avec les planches. Ils sont tout comme Mlle. Bernhardt le sera peut-être dans vingt ans, si elle reste à la Comédie Française.»

SARAH BERNHARDT DANS
LES FEMMES SAVANTES

SARAH BERNHARDT COMME LE
DUC DE RICHELIEU

Mais je n'en suis pas resté là, car un de ces riens qui changent toute une vie a changé la mienne. J'étais entré à la Comédie en espérant y rester toujours. J'avais entendu mon parrain expliquer à ma mère les différentes étapes de mon parcours.

« L'enfant aura tant pendant les cinq premières années, dit-il, et tant ensuite, et puis au bout de trente ans elle aura la pension donnée aux sociétaires, c'est-à-dire si jamais elle devient sociétaire. » Il semblait avoir des doutes à ce sujet.

Ma sœur Régina fut la cause (quoique bien involontairement cette fois) du drame qui me fit quitter la Comédie. C'était l'anniversaire de Molière, et tous les artistes français saluent le buste du grand écrivain, selon la tradition du théâtre. C'était ma première apparition à une « cérémonie », et ma petite sœur, en m'entendant raconter cela à la maison, me pria de l'y emmener.

Ma mère m'en avait donné la permission, et notre vieille Marguerite devait nous accompagner. Tous les membres de la Comédie étaient rassemblés dans le *foyer*. Les hommes et les femmes, vêtus de costumes différents, portaient tous la célèbre cape du médecin. Le signal fut donné que la cérémonie allait commencer, et chacun se précipita dans le couloir des bustes. Je tenais la main de ma petite sœur, et juste en face de nous se trouvait la très grosse et très solennelle Madame Nathalie. C'était une sociétaire de la Comédie, vieille, méchante et bourrue.

Régina, en voulant éviter la traîne du manteau de Marie Roger, se dirigea vers celle de Nathalie, et celle-ci se retourna et poussa l'enfant si violemment qu'elle fut heurtée contre une colonne sur laquelle se trouvait un buste. Régina a crié et alors qu'elle se tournait vers moi, j'ai vu que son joli visage saignait.

« Espèce de misérable créature ! J'ai appelé la grosse femme et, tandis qu'elle se retournait pour répondre, je l'ai giflée. Elle s'est évanouie; il y eut un grand tumulte, et un tumulte d'indignation, d'approbation, de rires étouffés, de vengeance satisfaite, de pitié pour le pauvre enfant de la part de ces artistes qui étaient mères, etc. etc. Deux groupes se formèrent, l'un autour de la malheureuse Nathalie, encore évanouie, et l'autre autour de la petite Régina. Et l'aspect différent de ces deux groupes était plutôt étrange. Autour de Nathalie se trouvaient des hommes et des femmes froids et solennels, attisant la grosse masse impuissante avec leurs mouchoirs ou leurs éventails. Un sociétaire jeune mais sévère l'aspergeait de gouttes d'eau. Nathalie, en sentant cela, se réveilla brusquement, se mit les mains sur le visage et murmura d'une voix lointaine : « Quelle bêtise ! Vous allez gâcher mon maquillage ! »

Les plus jeunes se penchaient sur Régina, lavaient son joli visage, et l'enfant disait de sa voix cassée : « Je ne l'ai pas fait exprès, ma sœur, je suis certaine que non. C'est une vieille vache, et elle a donné des coups de pied pour rien ! Régina était une séraphine blonde, qui aurait pu rendre les anges envieux, car elle avait la beauté la plus idéale et la plus poétique – mais son langage n'était en aucun cas un choix, et rien au monde ne pouvait le changer. Son discours grossier fit éclater de rire le groupe ami, tandis que tous les membres du camp ennemi haussèrent les épaules. Bressant, qui était le plus charmant des comédiens et le favori de tous, s'approcha de moi et me dit :

« Il faut arranger cette petite affaire, chère Mademoiselle, car les bras courts de Nathalie sont vraiment très longs. Entre nous, tu as été un peu pressé, mais j'aime ça, et puis cette enfant est si drôle et si jolie, ajouta-t-il en désignant ma petite sœur.

La salle trépignait d'impatience, car cette petite scène avait causé vingt minutes de retard, et nous étions obligés de monter sur scène sur-le-champ. Marie Roger m'a embrassé en me disant : « Tu es un petit camarade courageux ! Rose Baretta m'a attiré vers elle en murmurant : « Comment as-tu osé le faire ! Elle est sociétaire !

Quant à moi, je n'étais pas très conscient de ce que j'avais fait, mais mon instinct me prévenait que je devrais le payer cher.

Le lendemain, je reçus une lettre du directeur me demandant de passer à une heure à la Comédie, pour une affaire me concernant en particulier. J'avais pleuré toute la nuit, plus par excitation nerveuse que par remords, et j'étais particulièrement contrarié à l'idée des attaques que j'aurais à subir de la part de ma propre famille. Je n'ai pas laissé voir la lettre à ma mère, car depuis le jour où j'étais entré à la Comédie, j'étais émancipé. Je recevais désormais mes lettres directement, sans sa surveillance, et j'allais seul.

A une heure précise, on me fit entrer dans le bureau du directeur. M. Thierry, le nez plus encombré que jamais et les yeux plus rusés, me prêcha un sermon mortel, blâma mon manque de discipline, mon manque de respect et ma conduite scandaleuse, et termina sa pitoyable harangue en me conseillant de demander pardon à Madame Nathalie. .

« Je lui ai demandé de venir, ajouta-t-il, et vous devez lui présenter vos excuses devant trois sociétaires, membres du comité. Si elle consent à vous pardonner, le comité examinera alors s'il convient de vous infliger une amende ou d'annuler vos fiançailles.

Je n'ai pas répondu pendant quelques minutes. Je pensais à ma mère en détresse, à mon parrain riant à sa manière *bourgeoise* et à ma tante Faure triomphante, avec sa phrase habituelle : « Cet enfant est terrible ! Je pensais aussi à ma Brabender bien-aimée, avec ses mains jointes, sa moustache tristement tombante, ses petits yeux pleins de larmes, si touchants dans leur supplication muette. J'entendais ma douce et timide madame Guérard discuter avec tout le monde, tant elle était courageuse dans sa confiance en mon avenir.

"Eh bien, Mademoiselle?" dit sèchement M. Thierry.

Je l'ai regardé sans parler et il a commencé à s'impatienter.

« J'irai demander à madame Nathalie de venir ici, dit-il, et je vous prie de faire votre part le plus vite possible, car j'ai autre chose à faire que de réparer vos erreurs.

« Oh non, n'allez pas chercher Madame Nathalie », dis-je enfin. «Je ne lui présenterai pas d'excuses. Je vais partir; J'annulerai mes fiançailles immédiatement.

Il était stupéfait et son arrogance se fondait dans la pitié pour cette enfant ingouvernable et volontaire, qui était sur le point de ruiner tout son avenir pour une question d'estime de soi. Il était à la fois plus doux et plus poli. Il me demanda de m'asseoir, ce qu'il n'avait pas fait jusqu'alors, et il s'assit en face de moi, et me parla doucement des avantages de la Comédie et du danger qu'il y aurait pour moi de quitter cet illustre théâtre. , ce qui m'avait fait l'honneur de m'admettre. Il m'a donné cent autres raisons très bonnes et sages qui m'ont attendri. Lorsqu'il vit l'effet qu'il avait fait, il voulut faire venir madame Nathalie, mais je me dressai alors comme une petite bête sauvage.

« Oh, ne la laisse pas venir ici ; Je devrais encore lui botter les oreilles ! M'écriai-je.

"Eh bien, je dois demander à ta mère de venir", dit-il.

«Ma mère ne viendrait jamais», dis-je.

« Alors j'irai la voir », remarqua-t-il.

« Cela ne servira à rien », persistai-je. « Ma mère m'a émancipé et je suis tout à fait libre de mener ma propre vie. Je suis seul responsable de tout ce que je fais.

— Eh bien, Mademoiselle, je vais y réfléchir, dit-il en se levant pour me montrer que l'entretien était terminé. Je suis rentré chez moi, déterminé à ne rien dire à ma mère ; mais ma petite sœur, interrogée sur sa blessure, avait tout raconté à sa manière, exagérant, si possible, la brutalité de Madame Nathalie et l'audace de ce que j'avais fait. Rose Baretta était aussi venue me voir et avait fondu en larmes, assurant à ma mère que mes fiançailles seraient annulées. Toute la famille était très excitée et bouleversée quand je suis arrivé, et quand ils ont commencé à se disputer avec moi, cela m'a rendu encore plus nerveux. Je ne prenais pas avec calme les reproches que l'un et l'autre m'adressaient, et je n'étais pas du tout disposé à suivre leurs conseils. Je suis allé dans ma chambre et je me suis enfermé.

Le lendemain, personne ne me parla et je m'approchai de Mme Guérard pour être réconfortée et consolé.

Plusieurs jours passèrent et je n'avais rien à faire au théâtre. Enfin, un matin, je reçus une convocation me demandant d'assister à la lecture d'une pièce de théâtre : *Dolorès* , de M. Bouilhet. C'était la première fois qu'on me demandait d'assister à la lecture d'une nouvelle pièce. J'avais évidemment un *rôle* à « créer ». Tous mes chagrins furent aussitôt dispersés comme une nuée de papillons. J'ai fait part de ma joie à ma mère, et elle a naturellement conclu que, comme on m'appelait à une lecture, mes fiançailles ne devaient pas être annulées et qu'il ne fallait pas me demander de nouveau de m'excuser auprès de Madame Nathalie.

J'allai au théâtre, et, à ma grande surprise, je reçus de M. Davennes le *rôle* de Dolorès, le rôle principal de la pièce de Bouilhet. Je savais que Favart, qui aurait dû avoir ce *rôle* , n'allait pas bien ; mais il y avait d'autres artistes, et je ne pouvais me remettre de ma joie et de ma surprise. Néanmoins, je me sentais quelque peu mal à l'aise. Un pressentiment terrible m'a toujours prévenu des ennuis qui allaient m'arriver.

Cela faisait cinq jours que je répétais, lorsqu'un matin, en montant les escaliers, je me suis retrouvé nez à nez avec Nathalie, assise sous le portrait de Rachel, faite par Gérôme, surnommée « le piment rouge ». Je ne savais pas si je devais redescendre ou passer par là. Mon hésitation a été remarquée par la femme méchante.

"Oh, vous pouvez passer, Mademoiselle", dit-elle. « Je t'ai pardonné, comme je me suis vengé. Le *rôle* que vous aimez tant ne sera finalement pas pour vous.

Je suis passé sans prononcer un mot. J'ai été stupéfait par son discours, qui, je l'imaginais, s'avérerait vrai.

Je n'ai parlé de cet incident à personne, mais j'ai continué à répéter. C'était mardi que Nathalie m'avait parlé, et vendredi j'ai été déçu d'apprendre que Davennes n'était pas là et qu'il n'y aurait pas de répétition. Au moment où je montais dans mon fiacre, le portier accourut pour me remettre une lettre de Davennes. Le pauvre homme n'avait pas osé venir lui-même m'annoncer cette nouvelle, dont il était sûr qu'elle me serait si pénible.

Il m'expliqua dans sa lettre qu'à cause de mon extrême jeunesse, de l'importance du *rôle* , d'une telle responsabilité pour mes jeunes épaules, et enfin que comme Mme Favart était guérie de sa maladie, il était plus prudent que, etc. etc. J'ai fini de lire la lettre à travers des larmes aveuglantes, mais très vite la colère a remplacé le chagrin. Je me suis précipité de nouveau et j'ai envoyé mon nom au bureau du directeur. Il ne pouvait pas me voir à ce moment-là, mais j'ai dit que j'attendrais. Au bout d'une heure, complètement impatient, sans faire attention au garçon de bureau et à la secrétaire qui voulaient m'empêcher d'entrer, j'ouvris la porte du bureau de M. Thierry et j'entrai. Tout ce désespoir, cette colère contre l'injustice et cette fureur contre l'injustice. la fausseté pouvait m'inspirer, je le laissais faire, dans un flot d'éloquence seulement interrompu par mes sanglots. Le directeur m'a regardé avec perplexité. Il ne pouvait concevoir une telle audace et une telle violence chez une fille si jeune.

Quand enfin, complètement épuisé, je me laissai tomber dans un fauteuil, il essaya de me calmer, mais en vain.

«Je vais partir immédiatement», dis-je. "Rendez-moi mon contrat et je vous renverrai le mien."

Finalement, fatigué d'argumenter et de persuader, il appela son secrétaire et lui donna les ordres nécessaires, et celui-ci me rapporta bientôt mon contrat.

« Voici la signature de votre mère, Mademoiselle. Je vous laisse libre de me le rapporter dans les quarante-huit heures. Passé ce délai, si je ne le reçois pas, je considérerai que vous n'êtes plus membre du théâtre. Mais croyez-moi, vous agissez de manière imprudente. Réfléchissez-y pendant les prochaines quarante-huit heures.

Je n'ai pas répondu, mais je suis sorti de son bureau. Le soir même, j'ai renvoyé à M. Thierry le contrat portant sa signature, et j'ai déchiré celui avec celle de ma mère.

J'avais quitté le Théâtre de Molière et je n'y retournerai que douze ans plus tard.

Cette démarche fut certainement violemment décisive et elle bouleversa complètement ma vie familiale. Je n'étais plus heureux à partir de ce moment-là parmi les miens, car on me reprochait continuellement ma violence. Des remarques irritantes à double sens étaient constamment faites par ma tante et ma petite sœur. Mon parrain, à qui j'avais demandé une fois pour toutes de s'occuper de ses affaires, n'osait plus m'attaquer ouvertement ; mais il a influencé ma mère contre moi. Il n'y avait plus de paix pour moi que chez Mme Guérard, et j'étais donc constamment avec elle. J'aimais l'aider dans ses affaires domestiques. Elle m'a appris à faire des gâteaux, du chocolat et des œufs brouillés. Tout cela me donna autre chose à penser, et je retrouvai bientôt ma gaieté.

Un matin, il y avait quelque chose de très mystérieux chez ma mère. Elle regardait l'heure et semblait inquiète parce que mon parrain, qui déjeunait et dînait avec nous tous les jours, n'était pas arrivé.

« C'est très étrange, dit ma mère, car hier soir, après le whist, il a dit qu'il devrait être avec nous ce matin avant le déjeuner. C'est vraiment très étrange ! »

Elle était d'habitude calme, mais elle entrait et sortait sans cesse de la pièce, et quand Marguerite passa la tête par la porte pour demander si elle devait servir le déjeuner, ma mère lui dit d'attendre.

Finalement la cloche sonna, faisant sursauter ma mère et Jeanne. Ma petite sœur était évidemment dans le secret.

"Eh bien, c'est réglé!" s'écria mon parrain en secouant la neige de son chapeau. "Tiens, lis ça, fille volontaire."

Il me remit une lettre estampillée « Théâtre du Gymnase ». C'était de Montigny, le directeur du théâtre, à M. de Gerbois, un ami de mon parrain que je connaissais très bien. La lettre était très amicale pour M. de Gerbois, mais elle se terminait par les mots suivants : « J'engagerai votre *protégée* pour vous être agréable... mais elle me paraît d'un mauvais caractère. .»

Je rougis en lisant ces lignes, et je pensais que mon parrain manquait de tact, car il aurait pu me faire un vrai plaisir et éviter ainsi de me blesser, mais c'était l'homme le plus maladroit qui ait jamais vécu. Ma mère semblait très contente, alors j'ai embrassé son joli visage et j'ai remercié mon parrain. Oh, comme j'aimais embrasser ce visage nacré, toujours aussi frais et toujours légèrement rosé. Quand j'étais petite, je lui demandais de jouer au papillon sur mes joues avec ses longs cils, et elle rapprochait son visage du mien, ouvrait et fermait les yeux, me chatouillant les joues tandis que je m'allongeais essoufflé de plaisir.

Le lendemain, je suis allé au Gymnase. On m'a fait attendre un petit moment, avec une cinquantaine d'autres filles. M. Monval, un vieillard cynique qui était régisseur et presque directeur général, nous a alors interviewé. Je l'ai aimé d'abord parce qu'il ressemblait à M. Guérard, mais très vite je ne l'ai pas aimé. Sa façon de me regarder, de me parler et de me prendre en compte suscitait généralement immédiatement ma colère. Je répondis sèchement à ses questions, et notre conversation, qui semblait devoir prendre une tournure agressive, fut interrompue par l'arrivée de M. Montigny, le directeur.

« Laquelle d'entre vous est Mademoiselle Sarah Bernhardt ? Il a demandé.

Je me levai aussitôt et il reprit : « Voulez-vous venir dans mon bureau, Mademoiselle ?

Montigny avait été acteur, il était potelé et de bonne humeur. Il semblait quelque peu épris de sa propre personnalité, de son ego, mais cela ne m'importait pas.

Après quelque conversation amicale, il me prêcha un peu sur mon emportement à la Comédie, et me fit bien des promesses sur les *rôles* que j'aurais à jouer. Il a préparé mon contrat et me l'a donné pour que je le rapporte à la maison pour la signature de ma mère et celle de mon conseil de famille.

« Je suis émancipé, lui dis-je, de sorte que ma propre signature suffit. »

« Oh, très bien », dit-il ; mais quelle absurdité d'avoir émancipé une fille volontaire. Vos parents ne vous ont pas rendu service en cela.

J'étais sur le point de répondre que ce que mes parents avaient choisi de faire ne le regardait pas, mais je me suis tu, j'ai signé le contrat et je suis rentré chez moi très joyeux.

Montigny tint parole dans un premier temps. Il m'a laissé faire la doublure de Victoria Lafontaine, une jeune artiste très en vogue à l'époque et qui avait un talent des plus délicieux. J'ai joué dans *La maison sans enfants* , et j'ai pris son *rôle* au pied levé dans *Le démon du jeu* , pièce qui a eu un grand succès. J'étais assez bon dans les deux pièces, mais Montigny, malgré mes instances, ne venait jamais m'y voir, et le méchant régisseur me jouait de nombreux tours. Je sentais une colère maussade monter en moi et je luttais contre moi-même autant que possible pour garder mes nerfs calmes.

Un soir, en sortant du théâtre, on me remit une affiche m'invitant d'assister à la lecture d'une pièce le lendemain. Montigny m'avait promis une bonne part, et je m'endormis cette nuit-là, bercé par les fées qui m'emportèrent au pays de la gloire et du succès. En arrivant au théâtre, j'y trouvai déjà Blanche Pierson et Céline Montalant, deux des plus jolies créatures qu'il ait plu à Dieu de créer, l'une belle comme le soleil levant, et l'autre noire comme une nuit étoilée, car elle était brillante malgré ses cheveux noirs. Il y avait là aussi d'autres femmes, très, très jolies.

La pièce à lire s'intitulait *Un mari qui lance sa femme* et était de Raymond Deslandes. Je l'ai écouté sans grand plaisir et j'ai trouvé ça stupide. J'attendais avec impatience de voir quel *rôle* m'allait être confié, et je ne l'ai découvert que trop tôt. C'était une certaine princesse Dimchinka, une personne frivole, sotte et rieuse, qui mangeait ou dansait toujours. Je n'ai pas du tout aimé le rôle. J'étais très inexpérimenté sur scène et ma timidité me rendait plutôt maladroit. D'ailleurs, je n'avais pas travaillé depuis trois ans avec autant d'acharnement et de conviction pour créer le *rôle* d'une femme idiote dans une pièce imbécile. J'étais désespéré et les idées les plus folles me venaient à l'esprit. Je voulais abandonner la scène et me lancer dans les affaires. J'en ai parlé à notre vieil ami de la famille, Meydieu, qui était si insupportable. Il approuva mon idée et voulut que je prenne une boutique, une confiserie, boulevard des Italiens. C'est devenu une idée fixe chez le digne homme. Lui-même adorait les sucreries et il connaissait de nombreuses recettes de différentes sortes de sucreries qui n'étaient généralement pas connues et qu'il souhaitait présenter. Je me souviens d'un genre qu'il voulait appeler « *bonbon nègre* ». C'était un mélange de chocolat et d'essence de café roulé dans de la racine de réglisse grillée. C'était comme *du praliné noir* et c'était extrêmement bon. J'étais très persistant dans cette idée au début, et j'allais avec Meydieu voir un magasin, mais quand il m'a montré le petit appartement au-dessus où je devrais vivre, cela m'a tellement bouleversé que j'ai abandonné pour toujours l'idée. du travail.

J'allais tous les jours à la répétition de cette pièce stupide et j'étais tout le temps de mauvaise humeur. Finalement la première représentation eut lieu, et mon rôle ne fut ni un succès ni un échec. On ne me remarquait tout simplement pas et, la nuit, ma mère me disait : « Mon pauvre enfant, tu étais ridicule dans ton *rôle de princesse russe* , et j'étais très affligée !

Je n'ai pas répondu du tout, mais j'aurais honnêtement aimé me suicider. J'ai très mal dormi cette nuit-là, et vers six heures du matin je me suis précipité chez Madame Guérard. Je lui ai demandé de me donner du laudanum, mais elle a refusé. Quand elle a vu que je le voulais vraiment, la pauvre chère femme a compris mon dessein. "Eh bien, dis-je, jure par vos enfants que vous ne direz à personne ce que je vais faire et que je ne me suiciderai pas." Une idée soudaine venait de me venir à l'esprit et, sans aller plus loin, j'avais envie de la réaliser tout de suite. Elle m'a promis, et je lui ai alors dit que j'allais immédiatement en Espagne, car j'avais depuis longtemps envie de voir ce pays.

"Aller en Espagne!" s'exclama-t-elle. « Avec qui et quand ?

«Avec l'argent que j'ai économisé», répondis-je. « Et ce matin même. Tout le monde dort à la maison. Je vais faire ma malle et partir tout de suite avec vous !

"Non, non, je ne peux pas y aller", s'écria Mme Guérard presque hors d'elle-même. "Il faut penser à mon mari et à mes enfants."

Sa petite fille avait alors à peine deux ans.

"Eh bien, *mon petite Dame* , trouve-moi quelqu'un pour m'accompagner."

«Je ne connais personne», répondit-elle en pleurant d'excitation. "Ma chère petite Sarah, abandonne une telle idée, je t'en supplie."

Mais à ce moment-là, c'était une idée bien arrêtée pour moi et j'étais très déterminé à ce sujet. Je descendis, fis ma malle, puis revins chez Madame Guérard. J'avais enveloppé une fourchette en étain dans du papier et je la jetai contre l'une des vitres d'une lucarne en face. La fenêtre s'ouvrit brusquement et le visage endormi et colérique d'une jeune femme apparut. J'ai fait une trompette de mes deux mains et j'ai crié :

"Caroline, veux-tu commencer avec moi tout de suite pour l'Espagne ?" L'expression ahurie du visage de la femme montrait qu'elle n'avait pas compris, mais elle répondit aussitôt : « J'arrive, Mademoiselle. Elle ferma alors sa fenêtre, et dix minutes plus tard Caroline frappait à la porte. Madame Guérard s'était effondrée dans un fauteuil.

M. Guérard avait demandé à plusieurs reprises depuis sa chambre ce qui se passait.

« Sarah est là », avait répondu sa femme. "Je vous le dirai plus tard."

Caroline faisait de la couture à la journée chez Mme Guérard, et elle m'avait proposé ses services comme femme de chambre. Elle était agréable et plutôt audacieuse, et elle accepta immédiatement mon offre. Mais comme il ne fallait pas éveiller les soupçons de la concierge, il fut décidé que je prendrais ses robes dans ma malle, et qu'elle mettrait son linge dans un sac que me prêterait *ma petite Dame* .

La pauvre chère Madame Guérard avait cédé. Elle fut tout à fait conquise et commença bientôt à m'aider dans mes préparatifs, qui ne me durent certainement pas longtemps.

Mais je ne savais pas comment me rendre en Espagne.

– Vous passez par Bordeaux, dit madame Guérard.

"Oh non," s'exclama Caroline; mon beau-frère est capitaine et il va souvent en Espagne par Marseille.

J'avais économisé neuf cents francs, et Mme Guérard m'en prêta six cents. C'était parfaitement fou, mais je me sentais prêt à conquérir l'univers, et rien ne m'aurait fait abandonner mon projet. Et puis, il me semblait que j'avais depuis longtemps envie de voir l'Espagne. Je m'étais mis en tête que mon destin le voulait, qu'il me fallait obéir à mon étoile, et cent autres idées, toutes plus folles les unes que les autres, me confortaient dans mon dessein. J'étais destiné à agir de cette façon, pensais-je.

Je suis redescendu. La porte était encore entrouverte. Avec l'aide de Caroline, j'ai porté la malle vide jusqu'à chez Madame Guérard, et Caroline a vidé mon armoire et mes tiroirs, puis a emballé la malle. Je n'oublierai jamais ce délicieux moment. Il me semblait que le monde était sur le point de m'appartenir. J'allais commencer avec une femme pour m'attendre. J'étais sur le point de voyager seul, sans personne pour critiquer ce que j'avais décidé de faire. Je verrais un pays inconnu dont j'avais rêvé et je traverserais la mer. Oh, comme j'étais heureux ! J'ai dû monter et descendre vingt fois l'escalier qui séparait nos deux appartements. Tout le monde dormait dans l'appartement de ma mère, et les chambres étaient si bien disposées qu'aucun bruit de nos entrées et sorties ne pouvait l'atteindre.

Ma malle était enfin fermée, la valise de Caroline bouclée et mon petit sac plein à craquer. J'étais tout à fait prêt à partir, mais les doigts de l'horloge avaient déjà avancé et, à ma grande horreur, je découvris qu'il était huit heures. Marguerite descendait de sa chambre au sommet de la maison pour préparer le café de ma mère, mon chocolat, du pain et du lait pour mes sœurs. Dans un accès de désespoir et de détermination sauvage, j'embrassai Mme Guérard avec une telle violence qu'elle faillit l'étouffer, et je me précipitai de nouveau dans ma chambre pour chercher ma petite Vierge Marie, qui m'accompagnait partout. J'ai jeté cent baisers dans la chambre de ma mère, puis, les yeux humides et le cœur joyeux, je suis descendu. *Mon petite Dame* avait demandé à l'homme qui citait les parquets de descendre la malle et la valise, et Caroline était allée chercher un taxi. Je passai comme un tourbillon devant la porte du concierge. Elle me tournait le dos et balayait le sol. Je sautai dans le fiacre et le cocher fouetta son cheval. J'étais en route pour l'Espagne. J'avais écrit une lettre affectueuse à ma mère pour la supplier de me pardonner et de ne pas être affligée. J'avais écrit une stupide lettre d'explication à Montigny, le directeur du Théâtre du Gymnase. La lettre n'expliquait cependant rien. Il a été écrit par un enfant dont le cerveau était certainement un peu atteint, et j'ai terminé par ces mots : « Aie pitié d'une pauvre fille folle !

Sardou m'a raconté plus tard qu'il se trouvait par hasard dans le bureau de Montigny lorsqu'il a reçu ma lettre.

« La conversation fut très animée, et lorsque la porte s'ouvrit, Montigny s'écria avec fureur : « J'avais donné ordre de ne pas être dérangé ! Il fut cependant un peu apaisé en voyant l'air troublé du vieux Monval, et il comprit qu'il y avait quelque chose d'urgent. « Oh, que s'est-il passé maintenant ? » demanda-t-il en prenant la lettre que lui tendait le vieux régisseur. En reconnaissant mon papier avec sa bordure grise, il dit : « Oh ! ça vient de cet enfant fou ! Est-elle malade ?

« Non, dit Monval ; 'elle est partie en Espagne.'

« 'Elle peut aller au diable !' s'écria Montigny. — Faites venir madame Dieudonnée pour prendre son parti. Elle a une bonne mémoire, et la moitié du *rôle* doit être supprimée. Cela réglera le problème.

« « Des ennuis pour ce soir ? » J'ai demandé à Montigny.

« 'Oh, rien', répondit-il ; c'est cette petite Sarah Bernhardt qui s'est enfuie pour l'Espagne !

« 'Cette fille des Français qui a frappé les oreilles de Nathalie ?'

"'Oui.'

« 'Elle est plutôt amusante.'

« Oui, mais pas pour ses directeurs », remarqua Montigny, reprenant aussitôt après la conversation interrompue. »

C'est exactement ainsi que Victorien Sardou a raconté l'incident.

En arrivant à Marseille, Caroline alla se renseigner sur le voyage. Le résultat fut que nous embarquâmes sur un abominable bateau de commerce, un caboteur sale, sentant l'huile et le poisson rassis, une horreur parfaite.

Je n'avais jamais été en mer, alors je pensais que tous les bateaux étaient comme celui-ci et qu'il ne fallait pas se plaindre. Après six jours de mer agitée, nous débarquons à Alicante. Oh, cet atterrissage, comme je m'en souviens bien ! Il m'a fallu sauter de bateau en bateau, de planche en planche, au risque de tomber cent fois à l'eau, car je suis naturellement sujet au vertige, et les petites passerelles, sans rails, sans corde ni rien, jetées d'un bateau à l'autre et plier sous mon poids léger me semblait de simples cordes tendues dans l'espace.

Épuisé de fatigue et de faim, je me rendis au premier hôtel qui nous fut recommandé. Oh, quel hôtel c'était ! La maison elle-même était construite en pierre, avec des arcades basses. Des chambres au premier étage m'ont été attribuées. Certes, les propriétaires de ces hôteliers n'avaient jamais eu auparavant deux dames chez eux. La chambre était grande mais avec un plafond bas. En guise de décoration, d'énormes arêtes de poisson étaient disposées en guirlandes retenues par les têtes de poissons. En fermant à moitié les yeux, on pourrait prendre cette décoration pour une délicate sculpture des temps anciens. Mais en réalité, il s'agissait simplement d'arêtes de poisson.

J'ai fait installer un lit pour Caroline dans cette chambre à l'aspect sinistre. Nous avons rapproché les meubles des portes, et je ne me suis pas déshabillé, car je ne pouvais pas m'aventurer sur ces draps. J'étais habitué aux beaux draps parfumés à l'iris, car ma jolie petite mère, comme toutes les Hollandaises, avait la manie du linge et de la propreté, et elle m'avait inculqué cette manie inoffensive.

Il était environ cinq heures du matin lorsque j'ouvris les yeux, sans doute instinctivement, car aucun bruit n'était venu me réveiller. Une porte, menant je ne sais où, s'ouvrit, et un homme entra. Je poussai un cri aigu, saisis ma petite Vierge Marie et la secouai, folle de terreur.

Caroline se réveilla en sursaut et se précipita courageusement vers la fenêtre. Elle l'a vomi en criant : « Au feu ! Voleurs! Aide!"

L'homme a disparu et la maison a été rapidement envahie par la police. Je laisse imaginer à quoi ressemblait la police d'Alicante il y a quarante ans. J'ai répondu à toutes les questions que me posait un vice-consul, qui était hongrois et parlait français. J'avais vu l'homme et il avait un mouchoir de soie sur la tête. Il avait une barbe et un *poncho sur l'épaule* , mais c'était tout ce que je savais. Le vice-consul hongrois, qui, je crois, représentait la France, l'Autriche et la Hongrie, me demanda la couleur de la barbe, du mouchoir de soie et du *poncho du brigand* . Il faisait trop sombre pour que je puisse distinguer exactement les couleurs. Le digne homme fut très ennuyé de ma réponse. Après avoir pris quelques notes, il resta un instant pensif puis donna l'ordre qu'un message soit porté chez lui. C'était pour demander à sa femme de lui envoyer une voiture et de préparer une chambre pour recevoir un jeune étranger en détresse. Je me préparai à l'accompagner, et après avoir payé ma note à l'hôtel, nous partîmes dans la voiture du digne Hongrois, et je fus accueilli par sa femme avec la cordialité la plus touchante. J'ai bu le café avec de la crème épaisse qu'elle m'a servi et, pendant le petit-déjeuner, je lui ai dit qui j'étais et où j'allais. Elle me dit alors en retour que son père était un important fabricant de draps, qu'il était originaire de Bohême et qu'il était un grand ami de mon père. Elle m'emmena dans la chambre qui m'avait été préparée, me fit me coucher et me dit que, pendant que je dormirais, elle m'écrirait des lettres d'introduction pour Madrid.

J'ai dormi dix heures sans me réveiller et, lorsque je me suis réveillé, j'étais complètement reposé d'esprit et de corps. Je voulais envoyer un télégramme à ma mère, mais c'était impossible, car il n'y avait pas de télégraphe à Alicante. J'écrivis donc une lettre à ma pauvre chère mère, lui disant que j'étais chez des amis de mon père, etc. etc.

Le lendemain, je partis pour Madrid avec une lettre pour le propriétaire de l'Hôtel de la Puerta del Sol. De belles chambres nous furent données et j'envoyai des messagers avec les lettres de Mme Rudcowitz. J'ai passé quinze jours à Madrid, et j'ai été très apprécié et généralement fêté. J'allais à toutes les corridas et j'en étais épris. J'ai eu l'honneur d'être invité à une grande *corrida* donnée en l'honneur de Victor Emmanuel, qui était alors l'hôte de la reine d'Espagne. J'ai oublié Paris, mes chagrins, mes déceptions, mes ambitions et tout le reste, et je voulais vivre en Espagne. Un télégramme envoyé par Madame Guérard me fit changer tous mes projets. Ma mère était très malade, m'informait le télégramme. J'ai fait ma malle et je voulais partir tout de suite, mais lorsque ma note d'hôtel fut payée, je n'avais plus un *sou* pour payer le voyage en train. L'hôtelier m'a pris deux billets, m'a préparé un panier de provisions et m'a donné deux cents francs à la gare en me disant qu'il avait reçu l'ordre de Mme Rudcowitz de ne me laisser manquer de rien. Elle et son mari étaient certainement des gens des plus charmants.

Mon cœur battait à tout rompre lorsque j'arrivais chez ma mère à Paris. *Mon petite Dame* m'attendait en bas, dans la chambre du concierge. Elle était très excitée de me voir si bien et m'a embrassé avec ses yeux pleins de larmes de joie. Le concierge et la famille ont adressé leurs compliments. Madame Guérard monta avant moi pour prévenir ma mère de mon arrivée, et j'attendis un moment dans la cuisine et fus embrassé par notre vieille servante Marguerite.

Mes sœurs accoururent toutes les deux. Jeanne m'embrassa, puis me retourna et m'examina. Régina, les mains derrière le dos, appuyée contre le poêle, me regardait furieusement.

"Eh bien, tu ne veux pas m'embrasser, Régina?" Ai-je demandé en me penchant vers elle.

"Non, je ne t'aime pas," répondit-elle. « Vous êtes parti sans moi. Je ne t'aime pas maintenant. Elle se détourna brusquement pour éviter mon baiser et se cogna la tête contre le poêle.

Enfin Mme Guérard reparut, et je l'accompagnai. Oh, comme j'étais repentant et profondément affecté. Je frappai doucement à la porte de la chambre, tendue de reps bleu pâle. Ma mère avait l'air très blanche, allongée dans son lit. Son visage était plus mince, mais merveilleusement beau. Elle étendit ses bras comme deux ailes et je me précipitai vers ce nid blanc et aimant. Ma mère pleurait en silence, comme elle le faisait toujours. Puis ses mains jouèrent avec mes cheveux, qu'elle détacha et coiffa avec ses longs doigts effilés. Ensuite, nous nous sommes posés une centaine de questions. Je voulais tout savoir, et elle aussi, pour que nous ayons le duo de mots, de phrases et de baisers le plus amusant. J'ai découvert que ma mère avait eu une pleurésie assez grave, qu'elle allait maintenant mieux, mais qu'elle n'était pas encore bien. Je repris donc ma demeure chez elle et retournai pour le moment dans mon ancienne chambre. Madame Guérard m'avait dit dans une lettre que ma grand-mère paternelle avait enfin accepté la proposition de ma mère. Mon père m'avait laissé une certaine somme d'argent que je devais avoir le jour de mon mariage. Ma mère, à ma demande, avait demandé à ma grand-mère de me céder la moitié de cette somme, et elle avait fini par y consentir, disant qu'elle utiliserait les intérêts de l'autre moitié, mais que cette dernière moitié serait toujours à ma disposition si J'ai changé d'avis et j'ai consenti à me marier.

J'étais donc déterminé à vivre ma vie comme je le souhaitais, à m'éloigner de chez moi et à être assez indépendant. J'adorais ma mère, mais nos idées étaient tout à fait différentes. D'ailleurs, mon parrain m'était parfaitement odieux, et depuis des années et des années il avait l'habitude de déjeuner et de dîner avec nous tous les jours, et de jouer au whist tous les soirs. Il me blessait toujours d'une manière ou d'une autre. C'était un vieux célibataire très riche, sans aucun parent proche. Il adorait ma mère, mais elle avait toujours refusé de l'épouser. Au début, elle l'avait supporté parce que c'était un ami de mon père. Après la mort de mon père, elle avait continué à le supporter, parce qu'elle était alors habituée à lui, jusqu'à ce qu'il lui manque finalement quand il était malade ou en voyage. Mais, si placide qu'elle fût, ma mère était autoritaire et ne supportait aucune contrainte. Elle se rebelle donc contre l'idée d'un autre maître. Elle était très douce mais déterminée, et cette détermination se terminait parfois par les colères les plus violentes. Elle devenait alors très pâle, et des cernes violets lui entouraient les yeux, ses lèvres tremblaient, ses dents claquaient, ses beaux yeux fixaient un regard fixe, les mots sortaient par intervalles de sa gorge, tous hachés, sifflants et rauque. Après cela, elle s'évanouissait ; et les veines de sa gorge enflaient, et ses mains et ses pieds devenaient glacials. Parfois, elle restait inconsciente pendant des heures, et les médecins nous disaient qu'elle risquait de mourir dans l'une de ces crises, de sorte que nous faisions tout ce qui était en notre pouvoir pour éviter ces terribles accidents. Ma mère le savait, elle en profitait plutôt et, comme j'avais hérité d'elle cette tendance aux accès de colère, je ne pouvais ni ne voulais vivre avec elle. Quant à moi, je ne suis pas placide. Je suis actif et toujours prêt au combat, et ce que je veux, je le veux toujours immédiatement. Je n'ai pas la douce obstination particulière à ma mère. Le sang commence à bouillir sous mes tempes avant que j'aie le temps de le contrôler. Le temps m'a rendu plus sage à cet égard, mais pas suffisamment. J'en suis conscient et cela me fait souffrir.

Je n'ai rien dit de mes projets à notre cher invalide, mais j'ai demandé à notre vieil ami Meydieu de me trouver un appartement. Le vieillard, qui m'avait tant tourmenté pendant mon enfance, avait été pour moi des plus gentils depuis mes *débuts* au Théâtre Français, et, malgré ma dispute avec Nathalie et mon escapade au Gymnase, il était maintenant prêt à voir le meilleur de moi. Lorsqu'il vint nous voir le lendemain de mon retour, je restai quelque temps à causer avec lui au salon et lui confiai mes intentions. Il approuva tout à fait, et dit que mes relations avec ma mère seraient d'autant plus agréables que cette séparation.

DE LA PORTE ST. THÉÂTRE MARTIN À L'ODÉON

Je pris un appartement rue Duphot, tout près de ma mère, et madame Guérard se chargea de me le faire meubler. Dès que ma mère fut rétablie, je lui en parlai, et je ne tardai pas à lui faire convenir qu'il valait vraiment mieux que je vive seul et à ma manière. Une fois qu'elle eut accepté la situation, tout se passa de façon satisfaisante. Mes sœurs étaient présentes lorsque nous en parlions. Jeanne était proche de ma mère et Régina, qui refusait de me parler et de me regarder depuis mon retour il y a trois semaines, sauta brusquement sur mes genoux.

« Emmène-moi avec toi cette fois ! » s'exclama-t-elle soudain. "Je t'embrasserai, si tu veux."

J'ai jeté un coup d'œil à ma mère, plutôt embarrassé.

"Oh, prends-la", dit-elle, "car elle est insupportable."

Régina sauta à nouveau et se mit à danser une gigue, marmonnant à la fois les choses les plus grossières et les plus stupides. Elle faillit alors m'étouffer de baisers, sauta sur le fauteuil de ma mère et lui baisa les cheveux, les yeux, les joues, en disant :

« Tu es content que j'y aille, n'est-ce pas ? Tu peux tout donner à ta Jenny !

Ma mère rougit légèrement, mais lorsque ses yeux tombèrent sur Jeanne, son expression changea et une expression d'affection indicible apparut sur son visage. Elle écarta doucement Régina et l'enfant continua sa gigue.

«Nous resterons ensemble», dit ma mère en appuyant sa tête sur l'épaule de Jeanne, et elle disait cela tout à fait inconsciemment, de la même manière qu'elle avait regardé ma sœur. J'étais parfaitement stupéfait et je fermais les yeux pour ne pas voir. J'entendais seulement ma petite sœur danser sa gigue et souligner chaque timbre sur le sol avec les mots : « Et nous deux aussi ; nous deux, nous deux !

C'était un petit drame bien douloureux qui nous remuait les quatre cœurs dans cette petite maison *bourgeoise* , et le résultat fut que je m'installai enfin avec ma petite sœur dans l'appartement de la rue Duphot. J'ai gardé Caroline avec moi et j'ai engagé une cuisinière. *Mon petite Dame* était avec moi presque toute la journée, et je dînais tous les soirs avec ma mère.

J'étais encore en bons termes avec un comédien du Théâtre de la Porte Saint Martin, qui y avait été nommé régisseur, Marc Fournier étant alors directeur du théâtre. On jouait alors une pièce intitulée *La biche au bois* . C'était une pièce spectaculaire et qui rencontrait un grand succès. Une charmante comédienne du Théâtre de l'Odéon, Mlle. Debay, avait été engagé pour le *rôle principal* . Elle jouait les princesses de la tragédie avec le plus de charme. J'avais souvent des billets pour la Porte Saint-Martin et j'ai beaucoup apprécié *La biche au bois* . Madame Ulgade chantait admirablement dans son *rôle* de jeune prince et m'émerveillait. Mariquita m'a charmé avec sa danse. Elle était charmante et si animée dans ses danses, si caractéristiques et toujours si pleines de distinction. Grâce au père Josse, je connaissais tout le monde.

Mais à ma grande surprise et terreur, un soir vers cinq heures, en arrivant au théâtre pour prendre les billets pour nos places, il s'écria en me voyant :

« Pourquoi voici notre Princesse, notre petite *biche au bois* . Elle est là! C'est la Providence qui veille sur les théâtres qui l'a envoyée.

Je me suis débattu comme une anguille prise dans un filet, mais en vain. M. Marc Fournier, qui pouvait être très charmant, m'a fait comprendre que je lui rendrais un grand service et que je « sauverais » les recettes. Josse, qui devina mes scrupules, s'écria :

" Mais, ma chère enfant, ce sera toujours votre grand art, car Mademoiselle Debay du Théâtre de l'Odéon joue ce *rôle* de Princesse, et Mademoiselle Debay est la première artiste à l'Odéon et l'Odéon est un théâtre impérial, de sorte qu'il ne peut pas il n'y aura aucune honte après tes études.

Mariquita, qui venait d'arriver, me persuada aussi, et on fit venir Madame Ulgade pour répéter les duos, car je devais chanter. Oui, et je devais chanter avec un véritable artiste, celui qui était considéré comme le premier artiste de l'Opéra Comique.

Il ne restait que peu de temps à perdre. Josse m'a fait répéter mon *rôle* , que je connaissais presque, car j'avais souvent vu la pièce et j'avais un souvenir extraordinaire. Les minutes volèrent, bientôt elles se transformèrent en quarts d'heure, et ces quarts d'heure firent des demi-heures, puis des heures entières. Je regardais toujours l'horloge, la grande horloge de la chambre du directeur, où Mme Ulgade me faisait répéter. Elle trouvait ma voix jolie, mais je chantais toujours faux, et elle m'aidait et m'encourageait tout le temps.

J'étais habillé en Mlle. Les vêtements de Debay, et le rideau se leva. Pauvre de moi! J'étais plus mort que vivant, mais mon courage revint après un triple applaudissement pour le couplet que je chantai au réveil, à peu près comme j'aurais murmuré une série de vers de Racine.

La représentation terminée, Marc Fournier m'a proposé, par l'intermédiaire de Josse, un engagement de trois ans, mais j'ai demandé à y réfléchir. Josse m'avait présenté un auteur dramatique, Lambert Thiboust, un homme charmant et certes non dénué de talent. Il pensait que j'étais justement l'actrice idéale pour son héroïne de *La bergère d'Ivry* , mais M. Faille, un ancien comédien, qui venait de devenir directeur du Théâtre Ambigu, n'était pas le seul à consulter, pour un certain M. de Chilly s'intéressait au théâtre. De Chilly s'était fait un nom dans le *rôle* de Rodin dans *Le Juif errant* et, après avoir épousé une femme assez riche, avait quitté la scène et s'intéressait désormais au côté commercial du théâtre. Il venait, je crois, de céder l'Ambigu à Faille.

De Chilly aidait alors une charmante jeune fille nommée Laurence Gérard. Elle était douce et très *bourgeoise* , plutôt jolie, mais sans réelle beauté ni grâce.

Faille dit à Lambert Thiboust qu'il négociait avec Laurence Gérard, mais qu'il était prêt à faire ce que l'auteur souhaitait en la matière. La seule chose qu'il stipulait, c'était qu'il devait m'entendre avant de se décider. J'étais prêt à faire plaisir à ce pauvre garçon, qui devait être un aussi mauvais manager qu'il avait été un artiste. J'ai donné pour lui une courte représentation au Théâtre Ambigu. La scène n'était éclairée que par la misérable *servante* , une petite lampe transportable. À environ un mètre devant moi, je voyais M. Faille se tenir en équilibre sur sa chaise, une main sur son gilet et les doigts de l'autre main dans ses énormes narines. Cela m'a horriblement dégoûté. Lambert Thiboust était assis près de lui, son beau visage souriant et me regardait d'un air encourageant.

J'avais sélectionné *On ne badine pas avec l'amour* ; Je ne voulais pas réciter de vers, car je devais jouer dans une pièce de théâtre en prose. Je crois que j'étais parfaitement charmant, et Lambert Thiboust le pensait aussi, mais quand j'eus fini, le pauvre Faille se leva d'une manière maladroite et prétentieuse, dit quelque chose à voix basse à l'auteur et m'emmena dans son bureau.

"Mon enfant," remarqua le digne mais stupide directeur, "tu n'es pas bon sur scène !"

Cela m'a dérangé, mais il a continué :

- Oh non, pas bon, et comme la porte s'ouvrait alors il ajouta en désignant le nouveau venu, voici M. de Chilly, qui vous écoutait aussi, et il dira exactement la même chose que moi. »

M. de Chilly hocha la tête et haussa les épaules.

"Lambert Thiboust est fou", a-t-il remarqué. "Personne n'a jamais vu une bergère aussi maigre !"

Il sonna alors et dit au garçon de se présenter chez Mlle. Laurence Gérard. J'ai compris; et, sans prendre congé des deux rustres, je quittai la chambre.

Mais mon cœur était lourd alors que je retournais au *hall* , où j'avais laissé mon chapeau. Là, j'ai retrouvé Laurence Gérard, mais elle a été récupérée l'instant d'après. Je me tenais près d'elle et, en regardant dans la glace, j'ai été frappé par le contraste entre nous. Elle était ronde, avec un visage large et de magnifiques yeux noirs ; son nez était un peu *canaille* , sa bouche lourde, et en général elle avait un air très ordinaire. J'étais blonde, légère et frêle comme un roseau, avec un visage long et pâle, des yeux bleus, une bouche un peu triste et un air généralement distingué. Cette vision précipitée me consolait de mon échec, et puis aussi je sentais que ce Faille n'était rien et que de Chilly était commun.

J'étais destiné à les revoir tous les deux plus tard dans ma vie : Chilly peu après, comme directeur de l'Odéon, et Faille vingt ans plus tard, dans un état si misérable que les larmes me vinrent aux yeux lorsqu'il se présenta devant moi et me supplia jouer à son profit.

"Oh, je vous en supplie", dit le pauvre homme. "Vous serez la seule attraction de cette représentation, et je ne peux compter que sur vous pour les recettes."

Je lui ai serré la main. Je ne sais pas s'il se souvenait de notre premier entretien et de mon « *audition* », mais moi qui m'en souvenais bien, j'espérais seulement qu'il ne s'en souvenait pas.

Cinq jours plus tard, Mile. Debay se rétablit et prit son *rôle* comme d'habitude.

Avant d'accepter un engagement à la Porte Saint-Martin, j'ai écrit à Camille Doucet. Le lendemain, j'ai reçu une lettre me demandant d'appeler au ministère. Ce n'est pas sans une certaine émotion que je suis retourné voir ce gentil homme. Il m'attendait debout lorsque j'ai été introduit dans la pièce. Il me tendit les mains et m'attira doucement vers lui.

"Oh, quel horrible enfant!" dit-il en me donnant une chaise. « Viens maintenant, tu dois être plus calme. Il ne faudra jamais gaspiller tous ces dons admirables en voyages, en escapades et en boxant les oreilles des gens.

J'ai été profondément ému par sa gentillesse et mes yeux étaient pleins de regret lorsque je le regardais.

« Maintenant, ne pleure pas, ma chère enfant ; ne pleure pas. Essayons de trouver comment rattraper toute cette folie.

Il resta silencieux un instant, puis, ouvrant un tiroir, il en sortit une lettre. "Voici quelque chose qui nous sauvera peut-être", dit-il.

Il s'agissait d'une lettre de Duquesnel, qui venait d'être nommé directeur du Théâtre de l'Odéon en collaboration avec Chilly.

« On me demande des jeunes artistes pour composer la compagnie de l'Odéon. Eh bien, nous devons nous en occuper. Il se leva et m'accompagna jusqu'à la porte et me dit, tandis que je m'éloignais : « Nous réussirons. »

Je rentrai chez moi et commençai aussitôt à répéter tous mes *rôles* dans les pièces de Racine. J'ai attendu plusieurs jours avec une grande anxiété, consolé par Madame Guérard, qui a réussi à me redonner confiance. Finalement, je reçus une lettre et me rendis immédiatement au ministère. Camille Doucet m'a reçu avec une expression radieuse sur le visage.

«C'est réglé», dit-il. "Oh, mais cela n'a pas été facile", a-t-il ajouté. « Vous êtes très jeune, mais déjà très célèbre pour votre caractère entêté. Mais j'ai promis que tu seras doux comme un agneau.

"Oui, je serai doux, je le promets," répondis-je, "ne serait-ce que par gratitude. Mais que dois-je faire ?

«Voici une lettre pour Félix Duquesnel», répondit-il; "il vous attend."

J'ai remercié chaleureusement Camille Doucet, puis il m'a dit : « Je te reverrai, moins officiellement, chez ta tante jeudi. J'ai reçu ce matin une invitation à y dîner, vous pourrez donc me dire ce que dit Duquesnel.

Il était alors dix heures et demie du matin. Je suis rentré chez moi pour mettre de jolis vêtements. J'ai choisi une robe dont le jupon était jaune canari, la robe étant en soie noire avec la jupe festonnée en rond, et un chapeau de paille conique garni de maïs et un ruban de velours noir sous le menton. Cela devait être délicieusement fou. Habillé dans ce style, très joyeux et plein de confiance, je suis allé faire appel à Félix Duquesnel. J'ai attendu quelques instants dans une petite pièce très artistiquement meublée. Un jeune homme apparut, très élégant. Il était souriant et tout à fait charmant. Je ne pouvais pas comprendre que ce jeune homme blond et gay serait mon manager.

Après une courte conversation, nous nous sommes mis d'accord sur tous les points abordés.

— Venez à deux heures à l'Odéon, dit Duquesnel en guise d'adieux, et je vous présenterai mon associé. Je devrais le dire à l'envers, selon l'étiquette du monde, ajouta-t-il en riant, mais nous parlons *de théâtre* (magasin).

Il descendit avec moi quelques marches de l'escalier et resta là, penché sur la balustrade, pour me dire au revoir.

A deux heures précises, j'étais à l'Odéon et j'ai dû attendre une heure. Je commençai à grincer des dents, et seul le souvenir de ma promesse à Camille Doucet m'empêcha de m'en aller.

Enfin Duquesnel parut et me conduisit au bureau du directeur.

« Vous allez maintenant voir l'autre ogre », dit-il, et je me figurais l'autre ogre aussi charmant que sa partenaire. J'ai donc été très déçu en voyant un petit homme très laid, que j'ai reconnu comme étant Chilly.

Il m'a regardé de haut en bas d'une manière très impolie et a fait semblant de ne pas me reconnaître. Il m'a fait signe de m'asseoir et, sans un mot, il m'a tendu un stylo et m'a montré où signer mon nom sur le papier devant moi. Madame Guérard s'interposa en posant sa main sur la mienne.

« Ne signez pas sans le lire », a-t-elle déclaré.

« Êtes-vous la mère de Mademoiselle ? » demanda-t-il en levant les yeux.

"Non", dit-elle, "mais c'est comme si je l'étais."

«Eh bien, oui, tu as raison. Lisez-le rapidement », a-t-il poursuivi, « puis signez-le ou laissez-le tranquille, mais soyez rapide. »

Je sentais les couleurs me monter au visage, car cet homme était odieux. Duquesnel me dit tout bas : « Il n'y a pas de cérémonie chez lui, mais c'est un bon garçon ; ne vous offusquez pas.

J'ai signé mon contrat et l'ai remis à son vilain partenaire.

« Vous savez, remarqua-t-il, il est responsable de vous. Je n'aurais en aucun cas dû vous engager.

"Et si vous aviez été seul, Monsieur," répondis-je, "je n'aurais pas signé, nous sommes donc quittes."

Je m'en allai aussitôt et me précipitai chez ma mère pour le lui dire, car je savais que ce serait pour elle une grande joie. Puis, le jour même, je partais avec *ma petite Dame* acheter tout le nécessaire pour meubler mon dressing.

Le lendemain, je me rendis au couvent de la rue Notre-Dame des Champs pour voir ma chère gouvernante, Mlle. de Brabender. Elle souffrait depuis treize mois de rhumatismes aigus dans tous les membres. Elle avait tellement souffert qu'elle ressemblait à une autre personne. Elle était couchée dans son petit lit blanc, un petit bonnet blanc couvrant ses cheveux ; son gros nez était tiré par la douleur, ses yeux délavés semblaient sans couleur. Sa formidable moustache, à elle seule, se hérissait de constants spasmes de douleur. En plus de tout cela, elle était si étrangement altérée que je me demandais ce qui avait causé ce changement. Je m'approchai et, me penchant, je l'embrassai doucement. Je l'ai alors regardée avec une telle curiosité qu'elle a compris instinctivement. Avec ses yeux, elle m'a fait signe de regarder sur la table près d'elle, et là, dans un verre, j'ai vu toutes les dents de mon cher vieil ami. J'ai mis dans le verre les trois roses que je lui avais apportées et, l'embrassant encore, je lui ai demandé pardon pour mon impertinente curiosité. Je quittai le couvent le cœur très lourd, car la Mère Supérieure me dit dans le jardin que ma bien-aimée Mlle. de Brabender ne pouvait plus vivre longtemps. J'allais donc chaque jour un temps voir ma douce vieille gouvernante, mais dès que les répétitions commençaient à l'Odéon, mes visites devaient être moins fréquentes.

Un matin, vers sept heures, un message vint du couvent pour me chercher en toute hâte, et j'assistai à l'agonie de la chère femme. Son visage s'éclaira au moment suprême d'un regard si sacré que j'eus soudain envie de mourir. J'ai embrassé ses mains qui tenaient le crucifix, et elles étaient déjà devenues froides. J'ai demandé à pouvoir être là lorsqu'elle sera placée dans son cercueil. En arrivant au couvent le lendemain, à l'heure fixée, je trouvai les sœurs dans un tel état de consternation que j'en fus alarmé. Qu'est-ce qui aurait pu arriver, me demandais-je ? Ils désignèrent la porte de la cellule, sans prononcer un mot. Les religieuses se tenaient autour du lit, sur lequel se trouvait l'être le plus extraordinaire qu'on puisse imaginer. Ma pauvre gouvernante, raidie sur son lit de mort, avait un visage d'homme. Sa moustache s'était allongée et elle avait une barbe longue de près d'un demi-pouce. Sa moustache et sa barbe étaient couleur sable, tandis que les longs cheveux encadrant son visage étaient blancs. Sa bouche, sans l'appui des dents, s'était enfoncée de sorte que son nez tombait sur la moustache sablonneuse. C'était comme un masque terrible et ridicule, à la place du doux visage de mon ami. C'était un masque d'homme, tandis que les petites mains délicates étaient celles d'une femme.

Il y avait une expression de crainte dans les yeux des religieuses, malgré l'assurance de la nourrice qui avait pansé le pauvre cadavre et leur avait déclaré que c'était celui d'une femme. Mais les pauvres petites sœurs tremblaient et se signaient tout le temps.

Le lendemain de cette lugubre cérémonie, je faisais mes *débuts* à l'Odéon dans *Le jeu de l'amour et du hasard* . Je n'étais pas fait pour les pièces de Marivaux, car elles exigent une certaine coquetterie et une affectation qui ne faisaient pas alors et ne font pas encore partie de mes qualités. Et puis, j'étais un peu trop léger, de sorte que je n'ai pas réussi du tout. Chilly passait par hasard dans le couloir, au moment où Duquesnel me parlait et m'encourageait. Chilly m'a montré du doigt et a remarqué :

« *Une flûte pour les gens du monde, il n'y a même pas de mie.* »

J'étais furieux de l'insolence de cet homme et le sang me montait au visage, mais je voyais à travers mes yeux mi-clos le visage de Camille Doucet, ce visage toujours si rasé et si jeune sous sa couronne de cheveux blancs. Je pensais que c'était une vision de mon esprit, toujours en alerte, à cause de la promesse que j'avais faite. Mais non, c'est lui-même, et il est venu vers moi.

"Quelle jolie voix tu as!" il a dit. « Votre deuxième apparition nous fera tellement plaisir !

Cet homme a toujours été courtois, mais honnête. Mes *débuts* ne lui avaient fait aucun plaisir, mais il comptait sur ma prochaine apparition, et il avait dit la vérité. J'avais une jolie voix, et c'est tout ce qu'on pouvait dire de mon premier essai.

Je suis resté à l'Odéon et j'ai travaillé très dur. J'étais prêt à prendre la place de n'importe qui à tout moment, car je connaissais tous les *rôles* . J'ai eu quelques succès, et les étudiants avaient une prédilection pour moi. Quand je montais sur scène, j'étais toujours accueilli par les applaudissements de ces jeunes hommes. Quelques vieux tatillons se tournaient vers la fosse et essayaient d'imposer le silence, mais personne ne s'en souciait.

Finalement, mon jour de triomphe s'est levé. Duquesnel a eu l'heureuse idée de remettre *Athalie* , avec les chœurs de Mendelssohn.

Beauvallet, odieux comme professeur, était charmant comme camarade. Avec une autorisation spéciale du ministère, il devait jouer Joad. Le *rôle* de Zacharie m'a été assigné. Certains élèves du Conservatoire devaient assumer les chœurs parlés, et les élèves féminines qui étudiaient le chant se chargeaient de la partie musicale. Les répétitions furent si mauvaises que Duquesnel et Chilly furent au désespoir.

Beauvallet, qui était plus aimable maintenant, mais qui n'avait pas le choix dans son langage, marmonna des paroles terribles. Nous avons recommencé encore et encore, mais cela n'a servi à rien. Les refrains parlés étaient tout simplement abominables. Quand soudain Chilly s'écria :

« Eh bien, que le jeune dise tous les refrains parlés. Ils auront raison avec sa jolie voix !

Duquesnel ne dit pas un mot, mais il tira sa moustache pour cacher un sourire. Après tout, Chilly revenait vers sa *protégée* . Il hocha la tête d'un air indifférent, en réponse au regard interrogateur de son partenaire, et nous recommençâmes, je lisant tous les refrains parlés. Tout le monde applaudissait, et le chef d'orchestre était ravi, car le pauvre homme avait assez souffert. La première représentation a été pour moi un véritable petit triomphe ! Oh, c'est un peu petit, mais c'est quand même plein de promesses pour mon avenir. Le public, charmé par la douceur de ma voix et sa pureté cristalline, a entonné la partie des refrains parlés, et j'ai été récompensé par trois salve d'applaudissements.

À la fin de l'acte, Chilly est venu vers moi et m'a dit : « *Tu* es adorable ! Son *tu* m'a plutôt ennuyé, mais j'ai répondu malicieusement, en utilisant la même forme de discours :

« *Tu* me trouves plus gros ?

Il éclata de rire et, à partir de ce jour, nous utilisâmes tous les deux le *tu familier* et devinrent les meilleurs amis imaginables.

Oh, ce Théâtre de l'Odéon ! C'est le théâtre que j'ai le plus aimé. J'étais bien désolé de le quitter, car tout le monde s'y aimait bien et tout le monde était gay. Le théâtre, c'est un peu la continuation de l'école. Les jeunes artistes y venaient, et Duquesnel était un directeur intelligent, très poli et jeune lui-même. Pendant les répétitions, nous allions souvent, plusieurs d'entre nous ensemble, jouer au ballon au Luxembourg, pendant les actes dans lesquels nous n'étions pas "sur". Je pensais à mes quelques mois à la Comédie Française. Le petit monde que j'y avais connu était raide, scandaleux et jaloux. Je me souviens de mes quelques mois au Gymnase. On y discutait toujours de chapeaux et de robes, et chacun discutait de cent choses qui n'avaient rien à voir avec l'art.

A l'Odéon j'étais heureux. Nous ne pensions qu'à monter des pièces de théâtre et nous répétions matin, après-midi et à toute heure, et cela me plaisait beaucoup.

Pour l'été, j'avais loué une petite maison dans la villa Montmorency, à Auteuil. J'allais au théâtre dans un *petit duc* que je conduisais moi-même. J'avais deux merveilleux poneys que tante Rosine m'avait donnés parce qu'ils avaient failli lui briser le cou en prenant peur à Saint-Cloud devant un tourbillon de chevaux de bois. Je roulais à toute vitesse sur les quais, et malgré l'atmosphère brillante du soleil de juillet et la gaieté du dehors, je gravissais toujours avec une véritable joie les marches froides et craquelées du théâtre, et me précipitais vers mon dressing, souhaitant le bonjour à tous ceux que je croisais en chemin. Après avoir ôté mon manteau et mes gants, je montai sur scène, ravi de me retrouver dans cette obscurité infinie avec seulement une faible lumière (une *servante* accrochée çà et là à un arbre, une tourelle, un mur, ou posée sur un banc) projeté sur le visage des artistes pendant quelques secondes.

Il n'y avait rien de plus vivifiant pour moi que cette atmosphère pleine de microbes, rien de plus gai que cette obscurité, rien de plus brillant que cette obscurité.

Un jour, ma mère a eu la curiosité de venir dans les coulisses. Je pensais qu'elle serait morte d'horreur et de dégoût. « Oh, pauvre enfant, murmura-t-elle, comment peux-tu vivre là-dedans ! Une fois dehors, elle commença à respirer librement, prenant de longues inspirations à plusieurs reprises. Oh oui, je pourrais y vivre, et je n'y vivais vraiment que bien. Depuis, j'ai un peu changé, mais j'ai toujours un grand goût pour ce sombre atelier où nous, joyeux lapidaires de l'art, taillons les pierres précieuses que nous fournissent les poètes.

Les jours passaient, emportant avec eux tous nos petits espoirs déçus, et de nouveaux jours se levaient apportant de nouveaux rêves, si bien que la vie me semblait un bonheur éternel. J'ai joué tour à tour dans *Le Marquis de*

Villemer et *François le Champi* . Dans le premier, je prenais le rôle de la folle baronne, une femme experte de trente-cinq ans. J'avais moi-même à peine vingt et un ans et j'en paraissais dix-sept. Dans le deuxième morceau, j'ai joué Mariette et j'ai eu un grand succès.

Ces répétitions du *marquis de Villemer* et de *François le Champi* sont restées dans ma mémoire comme autant d'heures exquises. Madame George Sand était une créature douce et charmante, extrêmement timide. Elle ne parlait pas beaucoup, mais fumait tout le temps. Ses grands yeux étaient toujours rêveurs et sa bouche, un peu lourde et commune, avait l'expression la plus aimable. Elle avait peut-être une silhouette de taille moyenne, mais elle n'était plus droite. Je la regardais avec l'affection la plus romantique, car n'avait-elle pas été l'héroïne d'un beau roman d'amour !

SARAH BERNHARDT DANS
FRANÇOIS LE CHAMPI

Je m'asseyais à côté d'elle, et quand je lui prenais la main dans la mienne, je la tenais le plus longtemps possible. Sa voix aussi était douce et fascinante.

Le prince Napoléon, communément appelé « Plon-Plon », venait souvent aux répétitions de George Sand. Il l'aimait énormément. La première fois que j'ai vu cet homme, je suis devenue pâle et j'ai eu l'impression que mon cœur s'était arrêté de battre. Il ressemblait tellement à Napoléon Ier que je ne l'aimais pas pour cela. En lui ressemblant, il me semblait qu'il le faisait paraître moins loin et le rapprochait de tout le monde.

Madame Sand me l'a présenté, malgré mes vœux. Il me regardait d'un air impertinent : il me déplaisait. Je répondis à peine à ses compliments et me rapprochai de George Sand.

"Eh bien, elle est amoureuse de toi!" s'exclama-t-il en riant.

George Sand me caressa doucement la joue.

«C'est ma petite Madone», répondit-elle; "Ne la tourmente pas."

Je restais près d'elle, jetant sur le prince des regards mécontents et furtifs. Peu à peu, cependant, j'ai commencé à prendre plaisir à l'écouter, car sa conversation était brillante, sérieuse et en même temps pleine d'esprit. Il parsemait ses discours et ses réponses de paroles un peu grossières, mais tout ce qu'il disait était intéressant et instructif. Il n'était pourtant pas très indulgent, et je l'ai entendu dire sur le petit Thiers des choses basses et horribles qui, je crois, n'avaient que peu de vérité. Il fit un jour un portrait si amusant de cet aimable Louis Bouilhet, que George Sand, qui l'aimait, ne put s'empêcher de rire, quoiqu'elle traitât le prince de méchant homme. Il était également très sans cérémonie, mais en même temps il n'aimait pas qu'on manque de respect à son égard. Un jour, un artiste, nommé Paul Deshayes, qui jouait dans *François le Champi* , entra dans le salon. Le prince Napoléon, Mme George Sand, la conservatrice de la bibliothèque, dont j'ai oublié le nom, et moi-même étions là. Cet artiste était commun et quelque peu anarchiste. Il salua madame Sand, et s'adressant au prince :

"Vous êtes assis sur mes gants, monsieur."

Le prince ne bougea guère, retira les gants et, les jetant par terre, dit : « Je pensais que ce siège était propre. »

L'acteur rougit, ramassa les gants et s'en alla en murmurant quelque menace révolutionnaire.

J'ai joué le rôle d'Hortense dans *Le testament de César* de Girodot et d'Anna Danby dans *Kean d'Alexandre Dumas* .

Le soir de la première représentation de cette dernière pièce [1], le public fut des plus agaçants. Dumas *père* était en disgrâce pour une affaire privée qui n'avait rien à voir avec l'art. Depuis quelque temps, la politique passionnait tout le monde, et le retour d'exil de Victor Hugo était très désiré. Lorsque Dumas entra dans sa loge, il fut accueilli par des cris. Les étudiants étaient là en grand nombre et ils ont commencé à crier pour *Ruy Blas* . Dumas se leva et demanda la parole. « Mes jeunes amis », commença-t-il dès que le silence se fit. "Nous sommes tout à fait disposés à vous écouter", cria quelqu'un, "mais vous devez être seul dans votre loge."

1 . 18 février 1868.

Dumas protesta avec véhémence. Plusieurs personnes de l'orchestre prirent son parti, car il avait invité une dame dans sa loge, et quelle que soit cette dame, personne n'avait le droit de l'insulter d'une manière aussi outrageuse. Je n'avais encore jamais assisté à une scène de ce genre. J'ai regardé à travers le trou du rideau et j'ai été très intéressé et excité. J'ai vu notre grand Dumas, pâle de colère, serrer les poings, crier, jurer et tempêter. Puis, tout à coup, il y a eu une salve d'applaudissements. La femme avait disparu de la boîte. Elle avait profité du moment où Dumas, bien penché sur le devant de la loge, répondait : « Non, non, cette dame ne sortira pas de la loge !

A ce moment elle s'éclipsait, et toute la maison, ravie, criait : « Bravo ! Dumas fut alors autorisé à continuer, mais seulement pour quelques secondes. Des cris de « *Ruy Blas ! Ruy Blas!* Victor Hugo! Hugo ! » » pouvait alors être à nouveau entendu au milieu d'un tumulte infernal. Cela faisait une heure que nous étions prêts à commencer la pièce et j'étais très excité. Chilly et Duquesnel sont ensuite venus nous rejoindre sur scène.

« *Courage, mes enfants* , car la maison est devenue folle », dirent-ils. "Nous commencerons de toute façon, peu importe ce qui arrivera."

« J'ai peur de m'évanouir, dis-je à Duquesnel. Mes mains étaient froides comme de la glace et mon cœur battait à tout rompre. « Que dois-je faire, lui ai-je demandé, si j'ai trop peur ?

"Il n'y a rien à faire", a-t-il répondu. "Ayez peur, mais continuez à jouer et ne vous évanouissez sous aucun prétexte!"

Le rideau s'est levé au milieu d'une véritable tempête, de cris d'oiseaux, de cris de chats et d'un lourd refrain rythmé de « *Ruy Blas ! Ruy Blas!* Victor Hugo! Victor Hugo!"

Mon tour est venu. Berton *père* , qui jouait Kean, avait été mal accueilli. Je portais le costume excentrique d'une Anglaise de l'année 1820. Dès mon apparition, j'entendis un éclat de rire et je restai immobile, cloué sur place dans l'embrasure de la porte. Au même instant, les acclamations de mes chers amis étudiants ont noyé les rires des aggravateurs. Cela m'a donné du courage et j'ai même ressenti une envie de me battre. Mais ce n'était pas nécessaire, car après la deuxième harangue interminable, dans laquelle je donne une idée de mon amour pour Kean, la maison était ravie et m'a fait une ovation.

« Ignotus » écrit dans le *Figaro le paragraphe suivant* :

«Mlle. Sarah Bernhardt apparaissait dans un costume excentrique qui augmentait le tumulte, mais sa voix riche, cette voix étonnante qui était la sienne, séduisait le public et elle le charmait comme un petit Orphée.

Après *Kean,* j'ai joué dans *La loterie du mariage* . Alors que nous répétions la pièce, Agar est venu vers moi un jour, dans le coin où je m'asseyais habituellement. J'y avais un petit fauteuil de mon dressing et je posais mes pieds sur une chaise en paille. J'aimais cet endroit, car il y avait là un petit brûleur à gaz et je pouvais travailler en attendant mon tour pour monter sur scène. J'adorais le travail de broderie et de tapisserie. J'avais commencé une quantité de différents genres de travaux de fantaisie et je pouvais m'adonner à l'un ou à l'autre selon mon envie.

Madame Agar était une créature admirable. Elle avait visiblement été créée pour le plaisir des yeux. C'était une brune, grande, pâle, avec de grands yeux sombres et doux, une toute petite bouche aux lèvres pleines et arrondies, qui se remontaient aux commissures avec un imperceptible sourire. Elle avait des dents exquises et sa tête était couverte de cheveux épais et brillants. Elle était l'incarnation vivante d'un des plus beaux types de la Grèce antique. Ses jolies mains étaient longues et plutôt douces, tandis que sa démarche lente et un peu lourde complétait l'illusion. Elle fut la grande *tragédienne* du Théâtre de l'Odéon. Elle s'approcha de moi, de son pas mesuré, suivie d'un jeune homme de vingt-quatre à vingt-six ans.

"Eh bien, ma chérie," dit-elle en m'embrassant, "il y a une chance pour toi de rendre un poète heureux !" Elle présente ensuite François Coppée. J'ai invité le jeune homme à s'asseoir, puis je l'ai regardé plus attentivement. Son beau visage, émacié et pâle, était celui de l'immortel Bonaparte. Un frémissement d'émotion m'a parcouru, car j'adore Napoléon Ier.

« Êtes-vous poète, Monsieur ? J'ai demandé.

"Oui, Mademoiselle."

Sa voix aussi tremblait, car il était encore plus timide que moi.

« J'ai écrit un petit morceau, continua-t-il, et Mlle. Agar est sûre que tu joueras avec elle.

"Oui, ma chère," dit Agar, "tu vas la jouer pour lui. C'est un petit chef-d'œuvre, et je suis sûr que vous obtiendrez un gigantesque succès.

« Oh, et toi aussi. Tu seras si belle dedans ! dit le poète en regardant Agar avec ravissement.

On m'appela justement sur scène, et en revenant quelques minutes plus tard, je trouvai le jeune poète parlant à voix basse à la belle *tragédienne* . Je toussai et Agar, qui avait pris mon fauteuil, voulut me le rendre. Sur mon refus, elle m'a tiré sur ses genoux. Le jeune homme approcha sa chaise et nous discutâmes ensemble, nos trois têtes se touchant presque. Il fut décidé qu'après avoir lu la pièce je la montrerais à Duquesnel, qui seul était capable de juger la poésie, et que nous obtiendrions alors la permission des deux directeurs pour la jouer lors d'une soirée qui aurait lieu après notre prochaine représentation.

Le jeune homme était ravi et son visage pâle s'éclaira d'un sourire reconnaissant alors qu'il lui serrait la main avec enthousiasme. Agar l'accompagna jusqu'au petit palier qui dépassait la scène. Je les regardais cheminer, la magnifique statue de femme et la silhouette élancée du jeune écrivain. Agar avait peut-être trente-cinq ans à cette époque. Elle était certes très belle, mais pour moi elle n'avait aucun charme, et je ne comprenais pas pourquoi ce poétique Bonaparte était amoureux de cette matrone. Il était clair comme le jour qu'il l'était, et elle aussi semblait amoureuse. Cela m'intéressait infiniment. Je les vis se serrer la main, puis, d'un mouvement brusque et presque maladroit, le jeune poète se pencha sur la belle main qu'il tenait et la baisa avec ferveur.

Agar est revenue vers moi avec une légère couleur sur les joues. C'était rare chez elle, car elle avait un teint de marbre. "Voici le manuscrit !" dit-elle en me donnant un petit rouleau de papier.

La répétition était terminée, j'ai souhaité au revoir à Agar et, sur le chemin du retour, j'ai lu la pièce. J'en ai été si ravi que je suis retourné directement au théâtre pour le donner immédiatement à Duquesnel. Je l'ai rencontré en descendant.

"Revenez, s'il vous plaît!" M'écriai-je.

– Mon Dieu, ma chère fille, qu'y a-t-il ? Il a demandé. "On dirait que vous avez gagné un gros prix à la loterie."

"Eh bien, c'est quelque chose comme ça", dis-je, et en entrant dans son bureau, j'ai sorti le manuscrit,

"Lis ceci, s'il te plaît," continuai-je.

«Je vais le prendre avec moi», dit-il.

"Oh non, lis-le ici tout de suite !" J'ai insisté. "Dois-je vous le lire?"

«Non, non», répondit-il; « Ta voix est perfide. Cela fait une charmante poésie des pires lignes possibles. Eh bien, laissez-moi le prendre, continua-t-il en s'asseyant dans son fauteuil. Il a commencé à lire pendant que je regardais les journaux.

"C'est délicieux!" s'exclama-t-il bientôt. "C'est un chef-d'œuvre parfait."

Je me levai de joie.

"Et tu feras en sorte que Chilly l'accepte ?"

« Oh oui, vous pouvez vous rassurer. Mais quand veux-tu y jouer ?

"Eh bien, l'auteur semble très pressé", dis-je, "et Agar aussi."

"Et vous aussi", ajouta-t-il en riant, "car c'est un *rôle* qui vous convient parfaitement."

"Oui, mon cher ' *Duq* '", ai-je reconnu. « Moi aussi, je veux qu'on le mette tout de suite. Veux-tu être très gentil ? J'ai ajouté. — S'il en est ainsi, faisons-le pour Madame... dans quinze jours. Cela ne changerait rien aux autres arrangements, et notre poète en serait si heureux.

"Bien!" dit Duquesnel, je réglerai cela ainsi. Mais qu'en est-il du paysage ? » marmonna-t-il méditativement, en se rongeant les ongles, qui étaient alors son repas préféré lorsqu'il était dérangé dans son esprit.

J'y avais déjà réfléchi, alors je lui ai proposé de le reconduire chez lui et, en chemin, je lui ai présenté mon plan.

On aurait peut-être le décor de *Jeanne de Ligneris* , pièce qui avait été mise et ôtée aussitôt, après avoir été raillée par le public. Le décor consistait en un superbe parc italien, avec des fleurs, des statues et même un escalier. Quant aux costumes, si nous en parlions à Chilly, si peu coûteux qu'ils puissent coûter, il hurlerait, comme il l'avait fait dans son *rôle* de Rodin. Agar et moi fournirions nos propres costumes.

Quand je suis arrivé chez Duquesnel, il m'a demandé d'entrer et de discuter des costumes avec sa femme. J'ai accepté son invitation et, après avoir embrassé le plus joli visage dont on puisse rêver, j'ai parlé de notre terrain à son propriétaire. Elle approuvait tout et promettait de commencer tout de suite à chercher de jolis dessins pour nos costumes. Pendant qu'elle parlait, je la comparais à Agar. Oh ! que je préférais cette charmante tête avec ses cheveux blonds, ces grands yeux limpides, et ce visage avec ses deux petites fossettes roses. Ses cheveux étaient doux et clairs et formaient un halo autour de son front. J'admirais aussi ses poignets délicats, se terminant par les plus belles mains imaginables, des mains qui furent plus tard assez célèbres.

En quittant mes deux amies, je me rendis directement chez Agar pour lui raconter ce qui s'était passé. Elle m'embrassa encore et encore, et un de ses cousins, prêtre, qui se trouvait là par hasard, parut très ravi de mon histoire. Il semblait tout savoir. Bientôt, on sonna timidement, et François Coppée fut annoncé.

«Je pars juste», lui dis-je en le rencontrant sur le seuil et en lui serrant la main. "Agar vous dira tout."

<h1 style="text-align:center">XIV</h1>

LE PASSANT—AUX TUILERIES—INCENDIE DANS MON APPARTEMENT

Les répétitions du *Passant* commencèrent très peu de temps après, et furent délicieuses, car le jeune poète timide était un causeur très intéressant et intelligent.

La première représentation eut lieu comme prévu et *Le Passant* fut un véritable triomphe. Toute la maison a applaudi encore et encore, et Agar et moi-même avons eu huit rappels. Nous avons essayé en vain de faire mettre en avant l'auteur, tant le public souhaitait le voir. François Coppée était introuvable. Le jeune poète, jusqu'alors inconnu, était devenu célèbre en quelques heures. Son nom était sur toutes les lèvres. Quant à Agar et moi-même, nous étions tout simplement submergés d'éloges et Chilly voulait payer nos costumes. Nous avons joué cette pièce en un acte plus d'une centaine de fois consécutivement, devant des salles combles.

On nous a demandé de le donner aux Tuileries et chez la princesse Mathilde.

Oh, cette première représentation aux Tuileries ! C'est gravé à jamais dans mon cerveau et, les yeux fermés, je peux à nouveau voir chaque détail. Il avait été convenu entre Duquesnel et le fonctionnaire envoyé de la Cour qu'Agar et moi nous rendrions aux Tuileries voir la salle où nous devions jouer, afin de la faire arranger selon les besoins de la pièce. Le comte de Laferrière devait me présenter à l'Empereur, qui me présenterait ensuite à l'Impératrice Eugénie. Agar devait être présentée par la princesse Mathilde, auprès de laquelle elle était alors assise en tant que Minerve.

M. de Laferrière est venu me chercher à neuf heures dans une voiture d'État, et Mme Guérard m'a accompagné.

M. de Laferrière était un homme très agréable, aux manières un peu raides. Comme nous tournions autour de la rue Royale, la voiture dut s'arrêter un instant, et le général Fleury s'approcha de nous. Je le connaissais, car Morny me l'avait présenté. Il nous a parlé et le comte de Laferrière nous a expliqué où nous allions. En nous quittant, il m'a dit : « Bonne chance ! Juste à ce moment-là, un homme qui passait par là reprit les paroles et cria : « Bonne chance, peut-être, mais pas pour longtemps, bande de vauriens !

En arrivant au Palais, nous descendîmes tous les trois de la voiture et fûmes conduits dans un petit salon jaune au rez-de-chaussée.

« J'irai informer Sa Majesté que vous êtes ici, dit M. de Laferrière en nous quittant.

Seul avec madame Guérard, je pensais répéter mes trois révérences.

« *Mon petite Dame* , dis-je, dites-moi s'ils ont raison.

Je fis la révérence en murmurant : « Sire... Sire... » Je recommençai plusieurs fois, baissant les yeux sur ma robe en disant « Sire... » quand tout à coup j'entendis un rire étouffé.

Je me levai vivement, furieux contre Mme Guérard, mais je vis qu'elle aussi était penchée en demi-cercle. Je me retournai rapidement, et derrière moi se trouvait l'Empereur. Il frappait silencieusement dans ses mains et riait doucement, mais il *riait toujours* . Mon visage rougit et j'étais gêné, car je me demandais depuis combien de temps il était là. J'avais fait la révérence je ne sais combien de fois, essayant de donner raison à ma révérence, et disant : « Là... c'est trop bas... Là ; est-ce vrai, Guérard ?

"Bonté divine!" Je me suis dit maintenant. « A-t-il tout entendu ?

Malgré ma confusion, je fis à nouveau ma révérence, mais l'Empereur dit en souriant :

"Oh! Non; ça ne pouvait pas être mieux que maintenant. Gardez-les pour l'Impératrice, qui vous attend.

Oh, ce « tout à l'heure ». Je me demandais quand c'était arrivé ?

Je ne pouvais interroger Mme Guérard, car elle suivait à quelque distance avec M. de Laferrière. L'Empereur était à mes côtés, me parlant de cent choses, mais je ne pouvais que répondre distraitement, à cause de ce « tout à l'heure ».

SARAH BERNHARDT DANS UN COSTUME FANTAISIE

PAR WALTER SPINDLER

Je l'aimais bien mieux ainsi, tout près, que dans ses portraits. Il avait de si beaux yeux qu'il fermait à moitié en regardant à travers ses longs cils. Son sourire était triste et plutôt moqueur. Son visage était pâle et sa voix faible mais séduisante.

Nous trouvâmes l'Impératrice assise dans un grand fauteuil. Son corps était gainé d'une robe grise et semblait avoir été moulé dans le tissu. Je la trouvais très belle. Elle aussi était plus belle que ses portraits. J'ai fait mes trois révérences sous les yeux rieurs de l'Empereur. L'Impératrice parla, et le charme fut alors rompu. Cette voix rauque et dure venant de cette femme brillante m'a fait un choc.

A partir de ce moment, je me sentis mal à l'aise avec elle, malgré sa gentillesse et sa gentillesse. Dès qu'Agar arriva et fut présenté, l'Impératrice nous fit conduire au grand salon où devait avoir lieu la représentation. Les mesures ont été prises pour la plate-forme, et il devait y avoir l'escalier où Agar devait se faire passer pour la courtisane malheureuse maudissant l'amour mercenaire et aspirant à l'amour idéal.

Cet escalier était tout un problème. Ils étaient censés représenter les trois premières marches d'un immense escalier menant à un palais florentin et devaient être à moitié cachés d'une manière ou d'une autre. J'ai demandé quelques arbustes, fleurs et plantes que j'ai disposés le long des trois marches.

Le prince impérial, qui était entré, avait alors environ treize ans. Il m'a aidé à disposer les plantes et a éclaté de rire quand Agar a monté les marches pour essayer l'effet. Il était délicieux, avec ses yeux magnifiques aux paupières lourdes comme celles de sa mère, et avec les longs cils de son père. Il était spirituel comme l'Empereur, qu'on surnommait « Louis l'Imbécile », et qui avait certainement l'esprit le plus raffiné, le plus subtil et en même temps le plus généreux.

Nous avons tout arrangé du mieux que nous pouvions, et il fut décidé que nous reviendrions deux jours plus tard pour une répétition devant Leurs Majestés.

Avec quelle grâce le prince impérial a demandé la permission d'assister à la répétition ! Sa demande fut accordée, et l'Impératrice nous prit alors congé de la manière la plus charmante, mais sa voix était très laide. Elle dit aux deux dames qui l'accompagnaient de nous donner du vin et des biscuits, et de nous faire visiter le palais si nous voulions le voir. Cela ne m'importait pas beaucoup, mais *mon petite Dame* et Agar semblaient si ravis de l'offre que je leur cédai.

Depuis, je l'ai regretté, car rien n'était plus laid que les appartements particuliers, à l'exception du cabinet de l'empereur et des escaliers. Cette inspection du Palais m'ennuyait terriblement. Quelques tableaux me consolèrent, et je restai quelque temps à contempler le portrait de Winterhalter représentant l'impératrice Eugénie. Elle était belle, et je remerciai le ciel que le portrait ne pût parler, car il servait à expliquer et à justifier la merveilleuse chance de Sa Majesté.

La répétition s'est déroulée sans incident particulier. Le jeune prince s'efforça de nous témoigner sa gratitude et sa joie, car nous avions fait pour lui une répétition générale, puisqu'il ne devait pas être présent à la *soirée* . Il dessina mon costume et comptait le faire copier pour un *bal déguisé* qui devait être offert à l'enfant impérial. Notre représentation était en l'honneur de la Reine de Hollande, accompagnée du Prince d'Orange, communément appelé à Paris « Prince Citron ».

Un incident plutôt amusant s'est produit dans la soirée. L'impératrice avait des pieds remarquablement petits et, pour les faire paraître encore plus petits, elle les enfermait dans des chaussures trop étroites. Elle était merveilleusement belle ce soir-là, avec ses jolies épaules tombantes émergeant d'une robe de satin bleu pâle brodée d'argent. Sur ses beaux cheveux, elle portait un petit diadème de turquoises et de diamants, et ses petits pieds reposaient sur un coussin de brocart d'argent. Tout au long de l'œuvre de Coppée, mes yeux se promenaient fréquemment vers ce coussin, et je voyais les deux petits pieds s'agiter avec inquiétude. Finalement j'ai vu une des chaussures pousser son petit frère très, très doucement, puis j'ai vu le talon de l'Impératrice sortir de sa prison. Le pied n'était alors couvert qu'à la pointe, et j'avais bien hâte de savoir comment il reviendrait, car dans de telles circonstances, le pied enfle et ne peut entrer dans une chaussure trop étroite. La pièce finie, nous fûmes rappelés deux fois, et comme c'était l'Impératrice qui déclenchait les applaudissements, je crus qu'elle retardait le moment de se lever, et je vis son joli petit pied endoloris essayant en vain de se remettre dans sa chaussure. . Les rideaux étaient tirés et, pendant que j'avais raconté à Agar le drame des coussins, nous avons observé à travers eux ses différentes phases.

L'Empereur se leva, et chacun suivit son exemple. Il tendit le bras à la reine de Hollande, mais elle regarda l'impératrice qui n'était pas encore levée. Le visage de l'Empereur s'éclaira de ce sourire que j'avais déjà vu. Il dit un mot au général Fleury, et aussitôt les généraux et autres officiers de service, assis derrière les souverains, formèrent un rempart entre la foule et l'impératrice. L'empereur et la reine de Hollande s'éloignèrent alors, sans paraître avoir remarqué le désarroi de Sa Majesté, et le prince d'Orange, un genou à terre, aida la belle souveraine à enfiler sa pantoufle de Cendrillon. Je vis que l'Impératrice s'appuyait plus fortement sur le bras du prince qu'elle ne l'aurait souhaité, car son joli pied était évidemment assez douloureux.

On nous fit alors chercher des compliments, et nous fûmes tellement entourés et fêtés que nous fûmes enchantés de notre soirée.

Après *Le Passant* et le succès prodigieux de cette adorable pièce, succès auquel Agar et moi avions notre part, Chilly pensa davantage à moi et commença à m'aimer. Il a insisté pour payer nos costumes, ce qui était pour lui une grande extravagance. J'étais devenue la reine adorée des étudiants et je recevais des petits bouquets de violettes, des sonnets et de très longs poèmes, trop longs à lire. Parfois, en arrivant au théâtre, en descendant de voiture, je recevais une pluie de fleurs qui me couvrait simplement, et j'étais ravi et je remerciais mes fidèles. La seule chose était que leur admiration les aveuglait, de sorte que lorsque dans certains morceaux je n'étais pas très bon et que la salle était plutôt avare d'applaudissements, ma petite armée d'étudiants s'indignait et applaudissait sauvagement, sans rime ni raison. Je comprends bien que cela exaspérait les abonnés réguliers de l'Odéon, qui étaient pourtant très bienveillants à mon égard, car eux aussi me gâtaient, mais ils auraient aimé que je sois plus humble et doux, et moins entêté. . Combien de fois l'un ou l'autre de ces anciens abonnés est venu me donner un conseil. « Mademoiselle, vous étiez charmante en *Junie* », observa l'un d'eux ; "Mais vous vous mordez les lèvres, et les femmes romaines n'ont jamais fait ça !"

«Ma chère fille, dit un autre, tu étais délicieuse à *François le Champi*, mais il n'y a pas une seule Bretonne dans toute la Bretagne qui ait les cheveux bouclés.»

Un professeur de la Sorbonne me disait un jour assez sèchement : « C'est un manque de respect, Mademoiselle, que de tourner le dos au public ! »

« Mais, Monsieur, répondis-je, j'accompagnais une vieille dame jusqu'à une porte du fond de la scène. Je ne pouvais pas marcher avec elle à reculons.

"Les artistes que nous avions avant vous, Mademoiselle, qui étaient tout aussi talentueux, sinon plus, que vous, avaient une manière de traverser la scène sans tourner le dos au public."

Et il tourna vivement les talons et s'éloignait, quand je l'arrêtai.

« Monsieur, voulez-vous aller à cette porte par laquelle vous comptiez passer, sans me tourner le dos ?

Il fit une tentative, puis, furieux, me tourna le dos et disparut en claquant la porte derrière lui.

J'ai vécu quelque temps au 16 rue Auber, dans un appartement au premier étage, qui était plutôt agréable. Je l'avais meublé avec de vieux meubles hollandais que ma grand-mère m'avait envoyés. Mon parrain m'a conseillé de m'assurer contre l'incendie, car ces meubles, me disait-il, constituaient une petite fortune. Je décidai de suivre ses conseils et demandai à *mon petite Dame* de faire les démarches nécessaires pour moi. Quelques jours plus tard, elle m'a dit que quelqu'un appellerait le 12.

Le jour en question, vers deux heures, un monsieur m'a appelé, mais j'étais extrêmement nerveux et je lui ai dit : « Non, il faut me laisser seul aujourd'hui. Je ne souhaite voir personne.

J'avais refusé d'être dérangé et m'étais enfermé dans ma chambre dans un état de dépression affreuse.

Le soir même, je reçois une lettre de la compagnie d'assurance incendie La Foncière me demandant quel jour son agent pourrait appeler pour faire signer la convention. J'ai répondu qu'il pourrait venir samedi.

Vendredi, j'étais si malheureux que j'ai envoyé demander à ma mère de venir déjeuner avec moi. Je ne jouais pas ce jour-là, car je ne jouais jamais les mardis et vendredis, jours où seules des pièces de répertoire étaient données. Comme je jouais tous les deux jours des morceaux nouveaux, on craignait que je ne sois trop fatigué.

Ma mère, en arrivant, me trouva très pâle.

"Oui," répondis-je. "Je ne sais pas ce que j'ai, mais je suis dans un état très nerveux et très déprimé."

La gouvernante est venue chercher mon petit garçon, pour le promener, mais je ne l'ai pas laissé partir.

"Oh non!" M'écriai-je. « L'enfant ne doit pas me quitter aujourd'hui. J'ai peur que quelque chose arrive.

Ce qui s'est passé était heureusement d'une nature moins grave que je ne le redoutais, compte tenu de mon amour pour ma famille.

À cette époque, ma grand-mère vivait avec moi et elle était aveugle. C'était la grand-mère qui m'avait offert la plupart de mes meubles. C'était une femme à l'apparence spectrale et sa beauté était froide et dure. Elle était certes très grande, six pieds, mais elle ressemblait à une géante. Elle était maigre et très droite, et ses longs bras étaient toujours tendus devant elle, tâtant tous les objets qui se trouvaient sur son passage, pour ne pas se cogner, bien qu'elle fût toujours accompagnée de la nourrice que j'avais engagée pour elle. . Au-dessus de ce long corps se trouvait son petit visage, avec deux immenses yeux bleu pâle, toujours ouverts, même pendant le sommeil la nuit. Elle était généralement vêtue de gris de la tête aux pieds, et cette couleur neutre donnait quelque chose d'irréel à son aspect général.

Ma mère, après avoir essayé de me réconforter, s'en alla vers deux heures. Ma grand-mère, assise en face de moi dans son grand fauteuil Voltaire, m'interrogeait :

"De quoi as-tu peur?" elle a demandé. « Pourquoi es-tu si triste ? Je ne t'ai pas entendu rire de toute la journée.

Je n'ai pas répondu, mais j'ai regardé ma grand-mère. Il me semblait que les ennuis que je redoutais allaient venir d'elle.

"Tu n'es pas là ?" elle a insisté.

«Oui, je suis ici», répondis-je; "mais s'il te plaît, ne me parle pas."

Elle n'a pas prononcé un autre mot, mais, les deux mains sur ses genoux, elle est restée là pendant des heures. J'ai dessiné son visage étrange et fatidique.

Le crépuscule commençait à tomber, et je pensais aller m'habiller, après avoir assisté au repas pris par ma grand-mère et l'enfant. Mon amie Rose Baretta dînait avec moi ce soir-là et j'avais également invité un homme des plus charmants et des plus spirituels, Charles Haas. Arthur Meyer est venu aussi. C'était un jeune journaliste déjà très en vogue. Je leur ai fait part de mes pressentiments concernant ce jour-là et les ai priés de ne pas me quitter avant minuit.

«Après cela, dis-je, ce ne sera plus aujourd'hui, et les mauvais esprits qui me surveillent auront raté leur chance.»

Ils convinrent de satisfaire mon imagination, et Arthur Meyer, qui devait aller à une première soirée dans un des théâtres, resta avec nous. Le dîner fut plus animé que le déjeuner, et il était neuf heures lorsque nous quittâmes la table. Rose Baretta nous a chanté de délicieuses vieilles chansons. Je suis parti un moment pour voir si tout allait bien dans la chambre de ma grand-mère. J'ai trouvé ma femme de chambre avec la tête enveloppée dans des linges imbibés d'eau sédative. J'ai demandé quel était le problème et elle m'a dit qu'elle avait un terrible mal de tête. Je lui ai dit de me préparer mon bain et tout pour la nuit, puis d'aller me coucher. Elle m'a remercié et a obéi.

Je retournai au salon et, m'asseyant au piano, je jouai « Il Bacio », « Bells » de Mendelssohn et « Last Thought » de Weber. Je n'étais pas arrivé au terme de cette dernière mélodie lorsque je m'arrêtai, entendant soudain dans la rue des cris de « Au feu ! Feu!"

"Ils crient 'Au feu !'", s'est exclamé Arthur Meyer.

« Cela ne m'importe pas », dis-je en haussant les épaules. "Il n'est pas encore minuit et j'attends mon propre malheur."

Charles Haas avait ouvert la fenêtre du salon pour voir d'où venaient les cris. Il sortit sur le balcon, puis revint rapidement.

« Le feu est là ! » il s'est excalmé. "Regarder!"

Je me suis précipité vers la fenêtre et j'ai vu les flammes sortir des deux fenêtres de ma chambre. J'ai traversé le salon en courant jusqu'au couloir, puis jusqu'à la chambre où dormait mon enfant avec sa gouvernante et sa nourrice. Ils dormaient tous profondément. Arthur Meyer ouvrit la porte du hall dont la cloche sonnait violemment. J'ai réveillé les deux femmes rapidement, j'ai enveloppé l'enfant endormi dans ses couvertures et je me suis précipité vers la porte avec mon précieux fardeau. J'ai ensuite couru en bas et, traversant la rue, je l'ai emmené jusqu'à la chocolaterie Guadacelli, en face, juste au coin de la rue Caumartin.

L'homme aimable a accueilli mon petit dormeur et l'a laissé s'allonger sur un canapé, où l'enfant a continué son sommeil sans interruption. Je le laissai s'occuper de sa gouvernante et de sa nourrice, et retournai en toute hâte à la maison en flammes. Les pompiers qu'on avait appelés n'étaient pas encore arrivés et j'étais décidé à tout prix à sauver ma pauvre grand-mère. Il était impossible de remonter l'escalier principal, car il était rempli de fumée.

Charles Haas, tête nue et en robe de soirée, une fleur à la boutonnière, commença avec moi à monter l'étroit escalier de service. Nous arrivâmes bientôt au premier étage, mais une fois là-bas, mes genoux tremblèrent ; il me semblait que mon cœur s'était arrêté, et j'étais saisi de désespoir. La porte de la cuisine, en haut du premier escalier, était verrouillée d'un triple tour de clé. Mon aimable compagnon était grand, léger et élégant, mais pas fort. Je l'ai prié de descendre chercher un marteau, une hachette ou quelque chose comme ça, mais juste à ce moment-là, un nouveau venu a arraché la porte d'un violent coup d'épaule. Ce nouvel arrivant n'était autre que M. Sohège, un de mes amis. C'était un homme très charmant et excellent, un Alsacien aux larges épaules, bien connu à Paris, très vif et bon, et toujours prêt à rendre service à qui que ce soit. J'ai emmené mes amis dans la chambre de ma grand-mère. Elle était assise sur son lit, essoufflée d'avoir appelé Catherine, la servante qui la servait. Cette bonne avait environ vingt-cinq ans, une grande et forte fille bourguignonne, et elle dormait maintenant paisiblement, malgré le tumulte de la rue, le bruit des camions de pompiers enfin arrivés, et les cris sauvages des occupants de la maison. Sohège secoua la bonne, tandis que j'expliquais à ma grand-mère la raison du tumulte et pourquoi nous étions dans sa chambre.

« Très bien, dit-elle ; puis elle ajouta calmement : « Veux-tu me donner, Sarah, la boîte que tu trouveras au fond de l'armoire ? La clé est ici.

« Mais, grand-mère, m'écriai-je, la fumée commence à entrer ici. Nous n'avons pas de temps à perdre.

«Eh bien, fais ce que tu veux. Je ne partirai pas sans ma boîte !

Avec l'aide de Charles Haas et d'Arthur Meyer nous avons mis malgré elle ma grand-mère sur le dos de Sohège. Il était de taille moyenne et elle était extrêmement grande, de sorte que ses longues jambes touchaient le sol, et j'avais peur qu'elle ne les blesse. Sohège la prit donc dans ses bras, et Charles Haas lui porta les jambes. Nous partîmes alors, mais la fumée nous étouffa, et après avoir descendu une dizaine de marches, je tombai évanoui.

Quand je suis revenu à moi, j'étais dans le lit de ma mère. Mon petit garçon dormait dans la chambre de ma sœur, et ma grand-mère était installée dans un grand fauteuil. Elle se redressa, fronçant les sourcils et avec une expression de colère sur les lèvres. Elle ne s'occupait que de sa boîte, jusqu'à ce que ma mère se fâche et lui reproche en néerlandais de ne s'occuper que d'elle-même. Elle répondit avec enthousiasme, et son cou se tendit en avant comme pour aider sa tête à regarder à travers l'obscurité perpétuelle qui l'entourait. Son corps maigre, enveloppé dans un châle indien multicolore, le sifflement de ses paroles stridentes qui coulaient librement, tout contribuait à la faire ressembler à un serpent dans quelque terrible cauchemar. Ma mère n'aimait pas cette femme qui avait épousé mon grand-père alors qu'il avait six grands enfants, dont l'aîné avait seize ans et le plus jeune, mon oncle, cinq ans. Cette seconde épouse n'avait jamais eu d'enfants et s'était montrée indifférente, voire dure, envers ceux de son mari ; et par conséquent elle n'était pas aimée dans la famille. Je l'avais prise en charge parce que la variole s'était déclarée dans la famille chez laquelle elle était hébergée. Elle avait alors voulu rester avec moi, et je n'avais pas eu le courage de lui résister.

Cependant, à l'occasion de l'incendie, je trouvai qu'elle se comportait si mal qu'une forte antipathie m'envahit, et je résolus de ne pas la garder avec moi. La nouvelle de l'incendie nous a été apportée. Il a continué à faire rage et a tout brûlé dans mon appartement, absolument tout, jusqu'au tout dernier livre de ma bibliothèque. Mon plus grand chagrin était d'avoir perdu un magnifique portrait de ma mère par Bassompierre Séverin, pastelliste très *à la mode* sous l'Empire ; un portrait à l'huile de mon père, et un très joli pastel de ma sœur Jeanne. Je n'avais pas beaucoup de bijoux, et du bracelet que m'avait offert l'Empereur, on n'a trouvé qu'une énorme masse informe que je possède encore. J'ai eu un très joli diadème, serti de diamants et de perles, qui m'a été offert par Kalil Bey après une représentation chez lui. Il a fallu tamiser les cendres pour retrouver les pierres. Les diamants étaient là, mais les perles avaient fondu.

J'étais absolument ruiné, car l'argent que m'avaient laissé mon père et sa mère, je l'avais dépensé en meubles, en curiosités et en cent autres choses inutiles, qui faisaient les délices de ma vie. J'avais aussi, et j'avoue que c'était absurde, une tortue nommée Chrysagère. Son dos était recouvert d'une coquille d'or sertie de très petites topazes bleues, roses et jaunes. Oh, comme c'était beau et comme c'était drôle ! Elle se promenait autour de mon appartement, accompagnée d'une petite tortue nommée Zerbinette, qui était sa servante, et je m'amusais pendant des heures à regarder Chrysagère, scintillant de cent lumières sous les rayons du soleil ou de la lune. Mes deux tortues sont mortes dans cet incendie.

Duquesnel, qui était alors très gentil avec moi, est venu me voir quelques semaines plus tard, car il venait de recevoir une convocation de La Foncière, la compagnie d'assurance incendie, dont j'avais refusé de signer les papiers la veille de la catastrophe. L'entreprise m'a réclamé une lourde somme d'argent pour les dommages causés à la maison elle-même. Le deuxième étage a été presque entièrement détruit et pendant plusieurs mois, tout le bâtiment a dû être étayé. Je ne possédais pas les 40 000 francs réclamés. Duquesnel m'offrit de donner pour moi une représentation-bénéfice qui, disait-il, me délivrerait de toutes difficultés. De Chilly était tout à fait disposé à accepter tout ce qui me serait utile. La prestation-bénéfice a été une belle réussite, grâce à la présence de l'adorable Adelina Patti. La jeune chanteuse, qui était alors marquise de Caux, n'avait jamais chanté lors d'une représentation-bénéfice, et c'est Arthur Meyer qui m'a annoncé que « La Patti » allait chanter pour moi. Son mari est venu dans l'après-midi me dire combien elle était heureuse de cette occasion de me témoigner sa sympathie. Dès l'annonce de « l'oiseau féerique », chaque place de la maison fut immédiatement occupée à des prix plus élevés que ceux initialement fixés. Elle n'avait aucune raison de regretter son geste amical, car jamais triomphe ne fut plus complet. Les étudiants l'ont saluée par trois acclamations alors qu'elle montait sur scène. Elle fut un peu surprise de ce bruit de bravos en rythme. Je la vois maintenant s'avancer, ses deux petits pieds enveloppés de satin rose. Elle était comme un oiseau hésitant entre voler ou rester au sol. Elle était si jolie, si souriante, et quand elle produisait les notes précieuses de sa merveilleuse voix, toute la maison était en délire d'excitation.

Tout le monde se leva, et les étudiants se levèrent, agitèrent leurs chapeaux et leurs mouchoirs, hochèrent la tête de leurs jeunes gens dans leur enthousiasme fiévreux pour l'art, et « encadrés » avec des intonations de supplication les plus touchantes.

La divine chanteuse recommença alors, et dut chanter trois fois la Cavatine de *la Barbière de Séville* , « *Una voce poco fa* ».

Je l'ai ensuite remerciée affectueusement et elle a quitté le théâtre escortée par les étudiants qui ont suivi sa voiture pendant un long chemin en criant encore et encore : « Vive Adelina Patti ! Grâce à la représentation de cette soirée, j'ai pu payer la compagnie d'assurance. J'étais quand même ruiné, ou presque.

Je suis resté quelques jours chez ma mère, mais nous y étions tellement à l'étroit que j'ai pris un appartement meublé rue de l'Arcade. C'était une maison lugubre et l'appartement était sombre. Je me demandais comment me sortir de mes embarras, lorsqu'un matin on m'annonça M. C..., notaire de mon père. C'était l'homme que je détestais tant, mais j'ai donné l'ordre de le faire entrer. J'ai été surpris de ne pas l'avoir vu depuis si longtemps. Il me dit qu'il revenait de Hambourg, qu'il avait vu dans le journal un récit de mon malheur et qu'il venait maintenant se mettre à mon service. Malgré ma méfiance, j'en fus touché, et je lui racontai tout le drame de mon incendie. Je ne savais pas comment cela avait commencé, mais je soupçonnais vaguement ma bonne Joséphine d'avoir posé ma bougie allumée sur la petite table à gauche de la tête de mon lit. Je l'avais souvent prévenue de ne pas le faire, mais c'était sur ce petit meuble qu'elle plaçait toujours ma bouteille d'eau, mon verre et un plat à dessert avec quelques pommes crues, car j'adore manger des pommes au réveil. la nuit. En ouvrant la porte, il y avait toujours un courant d'air terrible, car les fenêtres restaient ouvertes jusqu'à ce que j'aille me coucher. En fermant la porte derrière elle, les rideaux de dentelle du lit avaient probablement pris feu. Je ne pouvais pas expliquer la catastrophe autrement. J'avais vu plusieurs fois la jeune servante faire cette bêtise, et je supposais que, ce soir-là, elle avait été pressée de se coucher à cause de son violent mal de tête. En règle générale, quand j'allais me déshabiller, elle préparait tout, puis elle venait me le dire, mais cette fois elle ne l'avait pas fait. D'habitude aussi, j'entrais moi-même dans la pièce pour voir si tout allait bien, et j'avais été obligé à plusieurs reprises de déplacer la bougie. Ce jour-là, cependant, était destiné à m'apporter un malheur quelconque, même s'il ne fut pas très grand.

— Mais, dit le notaire, vous n'étiez donc pas assuré ?

"Non; Je devais signer ma police le lendemain de l'événement.

"Ah!" s'écria l'homme de loi, et dire qu'on m'a dit que vous aviez vous-même mis le feu à l'appartement pour recevoir une grosse somme d'argent !

Je haussai les épaules, car j'avais vu des insinuations en ce sens dans un journal. J'étais très jeune à cette époque, mais j'avais déjà un certain dédain pour les bavardages.

"Eh bien, je dois arranger les choses pour vous si les choses sont ainsi", dit maître C.... "Tu es vraiment mieux loti que tu ne l'imagines en ce qui concerne l'argent du côté de ton père", a-t-il poursuivi. "Comme votre grand-mère vous laisse une rente, vous pouvez en tirer une bonne somme en acceptant d'assurer votre vie pour 250 000 francs pendant quarante ans, au profit de l'acquéreur."

J'acceptai tout et n'étais que trop ravi d'une telle aubaine. Cet homme m'a promis de m'envoyer deux jours après son retour 120 000 francs, et il a tenu parole. Si je donne les détails de ce petit épisode, qui après tout appartient à ma vie, c'est pour montrer à quel point les choses se déroulent différemment de ce qui semble probable selon la logique ou selon nos propres attentes. Il est bien certain que l'accident qui venait de m'arriver a dispersé aux vents les espérances et les projets de ma vie. Je m'étais arrangé une maison luxueuse avec l'argent que mon père et ma mère m'avaient laissé. J'avais gardé sur moi et investi une somme d'argent suffisante pour être sûr de compléter mon salaire mensuel pour les deux prochaines années : j'estimais qu'au bout de ces deux années je serais en mesure d'exiger un salaire très élevé. . Et tous ces arrangements avaient été bouleversés par l'incurie d'un domestique. J'avais des parents riches et des amis très riches, mais aucun d'entre eux ne m'a tendu la main pour me sortir du fossé dans lequel j'étais tombé. Mes riches parents ne m'avaient pas pardonné de monter sur scène. Et pourtant Dieu sait quelles larmes il m'a coûté d'entreprendre cette carrière qu'on m'avait imposée. Mon oncle Faure est venu me voir chez ma mère, mais ma tante n'a pas voulu écouter un mot de moi. Je voyais secrètement mon cousin, et parfois sa jolie sœur. Mes riches amis considéraient que j'étais extrêmement extravagant et ne comprenaient pas pourquoi je ne plaçais pas l'argent dont j'avais hérité dans de bons et sains placements.

J'ai reçu beaucoup de vers au sujet de mon feu. La plupart étaient anonymes. J'ai cependant tout gardé et je cite le poème suivant, qui est plutôt sympathique :

Passant, te voilà sans abri :

La flamme a ravagé ton gîte.

Hier plus léger qu'un colibri;

Ton esprit aujourd'hui s'agite,

S'exhalant en gémissements

Sur tout ce que le feu dévore.

Tu pleures tes beaux diamants?...

Non, tes grands yeux les ont encore !

Ne regrette pas ces colliers

Qu'ont à leur cou les riches dames !

Tu trouveras dans les halliers,

Des tissus verts, aux fines trames !

Ta perle?... Mais, c'est le jais noir

Qui sur l'envers du fossé pousse!

Et le cadre de ton miroir

C'est une bordure de mousse !

Tes bracelets?... Mais, tes bras nus,

Tu paraîtras cent fois plus belle !

Sur les bras jolis de Vénus,

Aucun cercle d'or n'étincelle!

Garde ton charme si puissant !

Ton parfum de plante sauvage !

Laisse les bijoux, Ô Passant,

A celles que le temps ravage !

Avec ta guitare à ton cou,

Va, par la France et par l'Espagne !

Suis ton chemin; je ne sais pas où....

Par la plaine et par la montagne !

Passe, comme la plume au vent !

Comme le fils de ta mandore !

Comme un flot qui baise en rêvant,

Les flancs d'une barque sonore !

Le propriétaire d'un des hôtels les plus en vogue m'a envoyé la lettre suivante, que je cite mot pour mot :

« MADAME , Si vous consentiez à dîner tous les soirs pendant un mois dans notre grande salle à manger, je mettrais à votre service une suite de pièces au premier étage, composée de deux chambres à coucher, d'un grand salon, d'un petit salon. boudoir et une salle de bain. Il est bien entendu que cette suite de chambres vous appartiendrait gratuitement si vous consentiez à faire ce que je vous demande. — La vôtre, etc.

"(PS) Vous n'auriez qu'à payer pour les nouvelles fournitures de plantes pour votre salon."

C'était là toute la grossièreté de cet homme. J'ai demandé à un de mes amis d'aller donner sa réponse au petit bonhomme.

Mais j'étais désespéré, car je sentais que je ne pourrais pas vivre sans confort et sans luxe.

Je pris bientôt une décision sur ce que je devais faire, non sans regret. On m'avait proposé un magnifique engagement en Russie, et il me faudrait l'accepter. Madame Guérard était ma seule confidente, et je ne parlais de mon projet à personne. L'idée de la Russie la terrifiait, car à cette époque ma poitrine était très délicate et le froid était mon plus cruel ennemi. C'est au moment où j'en avais pris ma décision que l'avocat est arrivé. Son esprit avare et rusé avait imaginé la combinaison astucieuse et, pour lui, profitable qui allait changer une fois de plus toute ma vie.

J'ai pris un joli appartement au premier étage d'un immeuble de la rue de Rome. Il faisait très beau et cela m'a enchanté plus qu'autre chose. Il y avait deux salons et une grande salle à manger. J'ai fait en sorte que ma grand-mère vive dans une maison tenue par des sœurs laïques et des religieuses. Elle était juive et appliquait très strictement toutes les lois édictées par sa religion. La maison était très confortable et ma grand-mère emmenait avec elle sa propre servante, la jeune Bourguignonne à laquelle elle était habituée.

Quand je suis allé la voir, elle m'a dit qu'elle était bien mieux là-bas qu'avec moi. «Quand j'étais avec toi, dit-elle, je trouvais ton garçon trop bruyant.» J'y allais très rarement lui rendre visite, car après avoir vu ma mère pâlir à ses paroles méchantes, je ne me souciai plus d'elle. Elle était heureuse, et c'était l'essentiel.

Je jouai maintenant avec succès dans *Le Bâtard* , dans lequel j'eus un grand succès, dans *L'Affranchi* , dans *L'Autre* de George Sand, et dans *Jean-Marie* , petit chef-d'œuvre d'André Theuriet, qui eut le plus brillant succès. Porel jouait le rôle de Jean-Marie. Il était alors mince et plein d'espoir. Depuis, sa minceur s'est transformée en rondeur et son espoir en certitude.

XV
LA GUERRE FRANCO-PRUSSE

Des jours mauvais sont alors arrivés sur nous. Paris commençait à devenir fébrile et excité. Les rues étaient noires de groupes de personnes discutant et gesticulant. Et tout ce bruit n'était que l'écho de groupes lointains rassemblés dans les rues allemandes. Ces autres groupes criaient, gesticulaient et discutaient, mais… ils savaient, alors que nous ne le savions pas !

Je ne parvenais pas à rester calme, mais j'étais extrêmement excité, jusqu'à ce que finalement je tombe malade. La guerre a été déclarée, et je déteste la guerre ! Cela m'exaspère et me fait frissonner de la tête aux pieds. Parfois, je sursautais terrifié, bouleversé par les cris lointains de voix humaines.

Ah la guerre ! Quelle infamie, quelle honte et quel chagrin ! Guerre! Quel vol et quel crime encouragés, pardonnés et glorifiés !

Récemment, j'ai visité une immense aciérie. Je ne dirai pas dans quel pays, car tous les pays m'ont été hospitaliers, et je ne suis ni une espionne ni une traîtresse. Je n'expose les choses que telles que je les vois. Eh bien, j'ai visité une de ces effroyables manufactures, où l'on fabrique les armes les plus meurtrières. Le propriétaire de tout cela, un multimillionnaire, m'a été présenté. Il était agréable, mais peu doué pour la conversation, et il avait un air rêveur et insatisfait. Mon cicérone m'informait que cet homme venait de perdre une somme énorme, près de soixante millions de francs.

"Bonté divine!" m'écriai-je; "Comment l'a-t-il perdu?"

"Eh bien, il n'a pas exactement perdu l'argent, mais il a juste manqué de gagner la somme, donc cela revient au même."

J'avais l'air perplexe et il a ajouté : « Oui ; vous vous souvenez qu'on parlait beaucoup de guerre entre la France et l'Allemagne à propos de l'affaire du Maroc ?

"Oui."

« Eh bien, ce prince du commerce de l'acier espérait vendre des canons pour cela, et pendant un mois, ses hommes furent très occupés dans l'usine, travaillant jour et nuit. Il versa d'énormes pots-de-vin à des membres influents du gouvernement et paya certains journaux en France et en Allemagne pour susciter l'agitation populaire. Tout a échoué grâce à l'intervention d'hommes sages et humanitaires. La conséquence est que ce millionnaire est au désespoir. Il a perdu soixante ou peut-être cent millions de francs.

Je regardais ce misérable avec mépris, et je souhaitais de tout cœur qu'il pût être étouffé avec ses millions, car le remords lui était sans doute tout à fait inconnu.

Et combien d'autres méritent notre mépris tout comme cet homme ! Presque tous ceux qui sont connus comme « fournisseurs de l'armée », dans tous les pays du monde, sont les propagateurs de guerre les plus désespérés.

Que chacun soit un soldat en temps de péril. Oui, mille fois, oui ! Que chacun soit armé pour défendre son pays et qu'il tue pour défendre sa famille et lui-même. C'est tout à fait raisonnable. Mais qu'il y ait, à notre époque, des jeunes gens dont le seul rêve est de tuer pour se faire une place, c'est inconcevable !

Il est incontestable que nous devons garder nos frontières et nos colonies, mais puisque tous les hommes sont des soldats, pourquoi ne pas prendre ces gardes et ces défenseurs parmi « tous les hommes » ? Il n'y aurait alors que des écoles d'officiers, et il n'y aurait plus de ces horribles casernes qui offensent les yeux. Et lorsque les souverains se visitent et sont invités à une revue, ne seraient-ils pas beaucoup plus édifiés quant à la valeur d'une nation si elle pouvait montrer un millième de ses forces effectives choisies au hasard parmi ses soldats, plutôt que les évolutions élégantes de ses soldats. une armée prête à défiler ? Quelles magnifiques critiques j'ai vues dans tous les différents pays que j'ai visités ! Mais je sais par l'histoire que telle ou telle armée qui caracolait là si joliment devant nous avait pris la fuite, sans grande raison, devant l'ennemi.

Le 19 juillet, la guerre est sérieusement déclarée, et Paris devient alors le théâtre des scènes les plus touchantes et les plus burlesques. Tout excité et délicat que j'étais, je ne supportais pas de voir tous ces jeunes gens déchaînés, qui criaient la « Marseillaise » et couraient dans les rues en file serrée, criant encore et encore : « A Berlin ! À Berlin ! »

Mon cœur battait à tout rompre, car je pensais moi aussi qu'ils allaient à Berlin. J'ai compris leur fureur, car ces gens nous avaient provoqués sans raisons plausibles, mais en même temps il me semblait qu'ils se préparaient à ce grand acte sans suffisamment de respect et de dignité. Ma propre impuissance me rendait rebelle, et quand je voyais toutes les mères, le visage pâle et les yeux gonflés de pleurs, tenant leurs garçons dans leurs bras et les embrassant avec désespoir, la plus effroyable angoisse semblait m'étouffer. Moi aussi, je pleurais presque sans cesse, et je m'exténuais d'anxiété, mais je ne prévoyais pas l'horrible catastrophe qui allait avoir lieu.

Les médecins ont décidé que je devais aller aux Eaux-Bonnes. Je ne voulais pas quitter Paris, car j'avais attrapé la fièvre générale de l'excitation. Mais ma faiblesse s'accrut de jour en jour et, le 27 juillet, je fus emmené malgré moi.

Madame Guérard, mon domestique et ma servante m'accompagnaient, et j'emmenais aussi mon enfant avec moi.

Dans toutes les gares, il y avait partout des affiches annonçant que l'empereur Napoléon était allé à Metz pour prendre le commandement de l'armée.

Aux Eaux-Bonnes, je fus obligé de rester au lit. Mon état a été jugé très grave par le Dr Leudet, qui m'a dit par la suite qu'il pensait certainement que j'allais mourir. Je vomissais du sang et je devais tout le temps avoir un morceau de glace dans la bouche. Au bout d'environ douze jours, cependant, je commençai à me lever, et après cela je recouvrai bientôt mes forces et mon calme, et je fis de longues promenades à cheval.

Les nouvelles de la guerre nous faisaient espérer la victoire. Il y eut une grande joie et une certaine émotion chez chacun en apprenant que le jeune prince impérial avait reçu son baptême du feu à Sarrebruck, dans l'engagement commandé par le général Frossard.

La vie me paraissait à nouveau belle, car j'avais une grande confiance dans l'issue de la guerre. Je plaignais les Allemands de s'être lancés dans une telle aventure. Mais hélas! les beaux et glorieux progrès que mon cerveau s'était si actif à imaginer furent interrompus par les atroces nouvelles de Saint-Privat. L'actualité politique était affichée chaque jour dans le petit jardin du Casino des Eaux-Bonnes. Le public s'y rendait pour s'informer. Détestant la tranquillité, j'envoyais mon domestique copier les télégrammes. Oh ! qu'il était pénible ce terrible télégramme de Saint-Privat, qui nous informait laconiquement de l'effroyable boucherie ; de la défense héroïque du maréchal Canrobert ; et de la première trahison de Bazaine, en ne allant pas au secours de son camarade.

Je connaissais Canrobert et je l'aimais beaucoup. Plus tard, il est devenu l'un de mes amis fidèles, et je me souviendrai toujours des heures exquises passées à écouter ses récits sur le courage des autres, jamais du sien. Et quelle abondance d'anecdotes, quel esprit, quel charme !

Cette nouvelle de la bataille de Saint-Privat fit revenir ma fébrilité. Mon sommeil était plein de cauchemars et j'ai fait une rechute. Les nouvelles étaient chaque jour pires. Après Saint-Privat, c'est Gravelotte, où 36 000 hommes, français et allemands, sont abattus en quelques heures. Puis vinrent les efforts sublimes mais impuissants de Mac-Mahon, qui fut repoussé jusqu'à Sedan ; et enfin Berline.

Sedan! Ah, l'horrible réveil ! Le mois d'août s'était terminé la nuit précédente, au milieu d'un tumulte d'armes et de gémissements mourants. Mais les gémissements des mourants se mêlaient encore à des cris d'espoir. Mais le mois de septembre fut maudit dès sa naissance. Son premier cri de guerre fut étouffé par la main brutale et lâche du Destin.

Cent mille hommes ! Cent mille Français contraints de capituler, et l'empereur de France contraint de remettre son épée au roi de Prusse !

Ah ! ce cri de douleur, ce cri de rage, poussé par toute la nation. Cela ne peut jamais être oublié !

Le 1er septembre, vers dix heures, Claude, mon domestique, frappa à ma porte. Je ne dormais pas et il m'a donné une copie des premiers télégrammes :

« La bataille de Sedan a commencé. MacMahon blessé », etc. etc.

« Ah ! retournez, lui dis-je, et dès qu'un nouveau télégramme arrivera, apportez-moi la nouvelle. Je sens que quelque chose d'inouï, quelque chose de grand et de tout à fait différent, va se produire. Nous avons tellement souffert ce mois dernier qu'il ne peut y avoir que quelque chose de bon maintenant, quelque chose de bien, car la balance de Dieu distribue également la joie et la souffrance. Va tout de suite, Claude, ajoutai-je, puis, plein de confiance, je me rendormis bientôt, et j'étais si fatigué que je dormis jusqu'à une heure. Quand je me réveillai, ma servante Félicie, la plus charmante fille qu'on puisse imaginer, était assise près de mon lit. Son joli visage et ses grands yeux sombres étaient si tristes que mon cœur s'arrêta de battre. Je la regardai avec inquiétude, et elle me remit entre les mains la copie du dernier télégramme :

« L'Empereur Napoléon vient de remettre son épée... »

Le sang me montait à la tête et mes poumons étaient trop faibles pour contrôler son flux. Je m'allongeais sur mon oreiller, et le sang s'échappait par mes lèvres avec les gémissements de tout mon être.

Pendant trois jours, j'étais entre la vie et la mort. Le docteur Leudet fit venir un des amis de mon père, armateur, nommé M. Maunoir. Il arriva aussitôt, emmenant avec lui sa jeune épouse. Elle aussi était très malade, pire en réalité que moi, malgré son aspect neuf, car elle mourut six mois plus tard. Grâce à leurs soins et au traitement énergétique du Dr Leudet, je suis sorti vivant de cette attaque.

Je décidai de rentrer aussitôt à Paris, car le siège allait être proclamé, et je ne voulais pas que ma mère et mes sœurs restent dans la capitale. Indépendamment de cela, tout le monde aux Eaux-Bonnes était pris d'une envie de s'évader, invalides comme touristes. On trouva une chaise de poste dont le propriétaire accepta, moyennant un prix exorbitant, de me conduire sans délai à la gare la plus proche. Une fois à bord, nous étions plus ou moins confortablement installés jusqu'à Bordeaux, mais à partir de là, il était impossible de trouver cinq places dans l'express. Mon domestique était autorisé à voyager avec le mécanicien. Je ne sais où madame Guérard et ma femme de chambre trouvèrent place, mais dans le compartiment où j'entrai avec mon petit garçon, il y avait déjà neuf personnes. Un vieillard laid essayait de faire sortir mon enfant alors que je l'avais mis dedans, mais je le repoussais énergiquement à mon tour.

« Aucune force humaine ne nous fera descendre de cette voiture », dis-je. « Tu entends ça, vilain vieillard ? Nous sommes ici et nous resterons.

Une grosse dame, qui prenait elle-même plus de place que trois personnes ordinaires, s'écria :

"Bien! c'est vivant, car nous sommes déjà étouffés. C'est honteux de laisser monter onze personnes dans un compartiment où il n'y a que huit places !

« Veux-tu sortir, alors ? » Rétorquai-je en me tournant rapidement vers elle, "car sans toi, nous ne serions que sept."

Les rires étouffés des autres voyageurs me montrèrent que j'avais conquis mon public. Trois jeunes hommes m'ont proposé leur place, mais j'ai refusé en déclarant que j'allais me lever. Les trois jeunes hommes s'étaient levés et ils déclarèrent qu'ils se lèveraient également. La grosse dame a appelé un agent des chemins de fer. "Viens ici s'il te plait!" elle a commencé.

Le fonctionnaire s'arrêta un instant à la porte.

«C'est parfaitement honteux», a-t-elle poursuivi. "Il y en a onze dans ce compartiment, et il est impossible de bouger."

« Ne le croyez pas », s'est exclamé l'un des jeunes hommes. « Cherchez simplement par vous-même. Nous sommes debout et il reste trois sièges vides. Envoyez d'autres personnes ici.

Le fonctionnaire s'en alla en riant et en marmonnant quelque chose à propos de la femme qui s'était plainte. Elle s'est tournée vers le jeune homme et a commencé à lui parler de manière injurieuse. Il s'inclina très respectueusement en réponse et dit :

« Madame, si vous vous calmez, vous serez satisfaite. Nous serons sept de l'autre côté, y compris l'enfant, et vous ne serez alors plus que quatre de votre côté.

Le vieil homme laid était petit et mince. Il regarda de côté la grosse dame et murmura : « Quatre ! Quatre ! » Son regard et son ton montraient qu'il considérait que la grosse dame occupait plus d'un siège. Ce regard et ce ton n'échappèrent pas au jeune homme, et avant que le vilain vieillard ait compris, il lui dit : « Veux-tu venir ici et prendre ce coin ? Tous les gens maigres seront alors ensemble », ajouta-t-il en invitant un jeune Anglais de dix-huit à vingt ans, à l'air calme et placide, à prendre la place du vieil homme. L'Anglais avait un torse de boxeur, avec un visage semblable à celui d'un bébé blond. Une très jeune femme, en face de la grosse, riait jusqu'aux larmes. Nous trouvâmes alors tous les six de la place du côté des personnes maigres de la voiture. Nous étions un peu écrasés, mais nous avions été considérablement égayés par ce petit divertissement, et nous avions certainement besoin de quelque chose pour nous animer. Le jeune homme qui avait pris l'affaire en main avec tant d'esprit était grand et joli. Il avait les yeux bleus et ses cheveux presque blancs, ce qui donnait à son visage une fraîcheur et une jeunesse des plus attrayantes. Mon garçon était à genoux pendant la nuit. A l'exception de l'enfant, de la grosse dame et du jeune Anglais, personne ne s'endormit. La chaleur était accablante et on discutait bien sûr de la guerre. Après quelques hésitations, un des jeunes hommes m'a dit que je ressemblais à Mlle. Sarah Bernhardt. J'ai répondu qu'il y avait toutes les raisons pour que je lui ressemble. Les jeunes hommes se sont ensuite présentés. Celui qui m'avait reconnu était Albert Delpit, le second était un Hollandais, le baron van Zelern ou von Zerlen, je ne me souviens plus exactement lequel, et le jeune homme aux cheveux blancs était Félix Faure. Il m'a dit qu'il était du Hâvre et qu'il connaissait très bien ma grand-mère. J'ai gardé par la suite une certaine amitié avec ces trois hommes, mais plus tard Albert Delpit est devenu mon ennemi. Tous trois sont aujourd'hui morts : Albert Delpit est mort déçu, car il avait tout essayé et n'avait rien réussi, le baron hollandais a été tué dans un accident de chemin de fer et Félix Faure était président de la République française.

La jeune femme, en entendant mon nom, se présenta à son tour.

"Je pense que nous sommes légèrement liés", a-t-elle déclaré. "Je suis Madame Laroque."

« De Bordeaux ? J'ai demandé.

"Oui."

Le frère de ma mère avait épousé une Mlle. Laroque de Bordeaux, pour que nous puissions parler de notre famille. Au total, le voyage ne nous parut pas très long, malgré la chaleur, la promiscuité et la soif.

L'arrivée à Paris fut plus sombre. Nous nous sommes chaleureusement serré la main. Le mari de la grosse dame l'attendait ; il lui remit, en silence, un télégramme. La malheureuse le lut, puis, poussant un cri, éclata en sanglots et tomba dans ses bras. Je la regardais, me demandant quel chagrin l'avait envahie. Pauvre femme, je ne voyais plus rien de ridicule chez elle ! J'éprouvais un pincement de remords à l'idée que nous avions tant ri d'elle, alors que le malheur l'avait déjà désignée.

En rentrant à la maison, j'ai fait dire à ma mère que je devrais être avec elle quelque temps dans la journée. Elle est venue aussitôt, car elle voulait savoir comment était ma santé. Nous avons alors organisé le départ de toute la famille, à l'exception de moi, car je voulais rester à Paris pendant le siège. Ma mère, mon petit garçon et sa nourrice, mes sœurs, ma tante Annette, qui me tenait la maison, et la bonne de ma mère étaient toutes prêtes à partir deux jours plus tard. J'avais pris une chambre chez Frascati, au Hâvre, pour toute la tribu. Mais l'envie de quitter Paris était une chose, la possibilité de le faire en était une autre. Les gares furent envahies par des familles comme la mienne, qui jugeaient plus prudent d'émigrer. J'envoyai mon domestique engager un compartiment, et il revint trois heures plus tard, les vêtements déchirés, après avoir reçu des coups de pied et des coups sans fin.

« Madame ne peut pas entrer dans cette foule, m'assura-t-il ; «C'est tout à fait impossible. Je ne devrais pas pouvoir la protéger. D'ailleurs, Madame ne sera pas seule ; il y a la mère de Madame, les autres dames et les enfants. C'est vraiment tout à fait impossible.

J'envoyai immédiatement chercher trois de mes amis, leur expliquai ma difficulté et leur demandai de m'accompagner. J'ai dit à mon intendant d'être prêt, ainsi qu'à mon autre domestique et au valet de pied de ma mère. Il invita à son tour son jeune frère, qui était prêtre et qui était très disposé à nous accompagner. Nous partons tous dans un omnibus ferroviaire. Nous étions dix-sept en tout, mais neuf seulement qui voyageaient réellement. Nos huit protecteurs n'étaient pas de trop, car ceux qui prenaient les billets n'étaient pas des êtres humains, mais des bêtes sauvages hantées par la peur et animées par un désir de fuite. Ces brutes ne voyaient que le petit guichet, la porte menant au train, puis le train qui assurerait leur évasion. La présence du jeune prêtre nous a été d'une grande aide, car son caractère religieux faisait qu'on s'abstenait parfois des coups.

Une fois tous mes gens installés dans le compartiment qui leur était réservé, ils se saluèrent de la main, se jetèrent des baisers, et le train démarra. Un frisson de terreur me parcourut, car je me sentais soudain absolument seul. C'était la première fois que j'étais séparé du petit enfant qui m'était plus cher que le monde entier.

Deux bras furent alors jetés affectueusement autour de moi, et une voix murmura : « Ma chère Sarah, pourquoi n'y es-tu pas allée aussi ? Tu es si délicat. Serez-vous capable de supporter la solitude sans le cher enfant ?

C'était Mme Guérard, arrivée trop tard pour embrasser le garçon, mais qui était là maintenant pour réconforter la mère. J'ai cédé à mon désespoir, regrettant de l'avoir laissé partir. Et pourtant, je me disais, il y aurait peut-être des combats à Paris ! L'idée ne m'est jamais venue un instant que j'aurais pu partir avec lui. Je pensais que je pourrais être utile à Paris. D'une certaine utilité, mais de quelle manière ? Cela, je ne le savais pas. L'idée semblait stupide, mais c'était néanmoins mon idée. Il me semblait que toute personne apte devait rester à Paris. Malgré ma faiblesse, je me sentais en forme, et avec raison, comme je l'ai prouvé plus tard. Je suis donc resté, ne sachant pas du tout ce que j'allais faire.

Pendant quelques jours, j'étais complètement étourdi, la vie autour de moi me manquait et l'affection me manquait.

XVI
L'AMBULANCE DE SARAH BERNHARDT AU THÉÂTRE ODÉON

Mais la défense s'organisait et je décidai d'utiliser ma force et mon intelligence pour soigner les blessés. La question était : où pourrions-nous installer une ambulance ?

Le Théâtre de l'Odéon avait fermé ses portes, mais j'ai remué ciel et terre pour obtenir l'autorisation d'organiser une ambulance dans ce théâtre, et, grâce à Emile de Girardin et à Duquesnel, mon souhait a été exaucé. Je suis allé au War Office et j'ai fait ma déclaration et ma demande, et mes offres ont été acceptées pour une ambulance militaire. La difficulté suivante était que je voulais manger. J'ai écrit une ligne au préfet de police. Un courrier militaire arrive très bientôt, avec un billet du Préfet contenant les lignes suivantes :

« MADAME, si vous pouviez venir tout de suite, je vous attendrais jusqu'à six heures. Sinon, je vous recevrai demain matin à huit heures. Excusez l'heure matinale, mais je dois être à la Chambre à neuf heures du matin, et, comme votre note semble urgente, je tiens à faire tout mon possible pour vous rendre service.

« COMTE DE KÉRATRY. »

Je me souvenais d'un comte de Kératry qu'on m'avait présenté chez ma tante, le soir où j'avais récité de la poésie accompagnée de Rossini, mais c'était un jeune lieutenant, beau, spirituel et vif. Il m'avait présenté à sa mère. J'avais récité de la poésie lors de ses *soirées* . Le jeune lieutenant était parti pour Mexico, et depuis quelque temps nous avions entretenu une correspondance, mais celle-ci avait peu à peu cessé et nous ne nous étions plus revus. Je demandai à Mme Guérard si elle pensait que le préfet était un proche parent de mon jeune ami. « C'est possible », répondit-elle, et nous en discutâmes dans la voiture qui nous conduisit aussitôt au palais des Tuileries, où le préfet avait ses bureaux. Mon cœur était très lourd lorsque nous arrivâmes aux marches de pierre. Quelques mois auparavant, un matin d'avril, j'y étais avec Madame Guérard. Alors comme maintenant, un valet de pied s'était avancé pour ouvrir la portière de ma voiture, mais le soleil d'avril avait alors éclairé les marches, accroché les lampes brillantes des voitures d'État et envoyé ses rayons dans toutes les directions. Il y avait alors eu un va-et-vient occupé et joyeux des officiers, et des saluts élégants avaient été échangés. A cette occasion, le soleil brumeux et rusé de novembre tombait lourdement sur tout ce qu'il touchait. Des fiacres noirs et sales arrivaient les uns après les autres, heurtant la grille de fer, effleurant les marches, avançant ou reculant, au gré des cris grossiers de leurs chauffeurs. Au lieu des salutations élégantes, j'entendais maintenant des phrases telles que : « Eh bien, comment vas-tu, mon vieux ? "Oh, *la gueule de bois* !" "Eh bien, des nouvelles ?" "Oui, c'est vraiment diable chez nous!" etc. etc.

Le Palais n'était plus le même.

L'atmosphère même avait changé. Le léger parfum que les femmes élégantes laissent dans l'air en passant n'était plus là. Une vague odeur de tabac, de vêtements gras, de cheveux sales, rendait l'atmosphère lourde. Ah, la belle impératrice française ! Je la revoyais dans sa robe bleue brodée d'argent, appelant à son aide la bonne fée de Cendrillon pour l'aider à remettre sa petite pantoufle. Le charmant jeune prince impérial aussi ! Je le voyais m'aider à ranger les pots de verveine et de marguerites, et tenant dans ses bras, qui n'étaient pas assez solides pour cela, un énorme pot de rhododendrons, derrière lequel son beau visage disparaissait complètement. Et puis j'ai pu voir l'empereur Napoléon III. les yeux mi-clos, frappant dans ses mains à la répétition des révérences qui lui étaient destinées.

Et la belle Impératrice, vêtue d'habits étranges, s'était enfuie dans la voiture de son dentiste américain, car ce n'était même pas un Français, mais un étranger, qui avait eu le courage de protéger la malheureuse. Et le doux empereur utopiste avait tenté en vain de se faire tuer sur le champ de bataille. Deux chevaux avaient été tués sous lui, et il n'avait pas reçu la moindre égratignure. Et après cela, il avait rendu son épée. Et nous, à la maison, avions tous pleuré de colère, de honte et de chagrin en raison de cet abandon de l'épée. Et pourtant, quel courage il a fallu à un homme aussi courageux pour accomplir un tel acte. Il avait voulu sauver cent mille hommes, épargner cent mille vies et rassurer cent mille mères. Notre pauvre et bien-aimé Empereur ! L'histoire lui rendra un jour justice, car il était bon, humain et confiant. Hélas, hélas ! il était trop confiant !

Je m'arrêtai une minute avant d'entrer dans l'appartement du Préfet. J'ai été obligé de m'essuyer les yeux, et pour changer le cours de mes pensées, j'ai dit à *mon petite Dame* ...

« Dis-moi, devrais-tu me trouver jolie si tu me voyais maintenant pour la première fois ? »

"Oh oui!" » répondit-elle chaleureusement.

« Tant mieux, dis-je, car je veux que ce vieux préfet me trouve jolie. Il y a tellement de choses que je dois lui demander !

En entrant dans sa chambre, ma surprise fut grande lorsque je reconnus en lui le lieutenant que je connaissais. Il était devenu capitaine, puis préfet de police. Lorsque mon nom fut annoncé par l'huissier, il se leva de sa chaise et s'avança le visage rayonnant et les deux mains tendues.

"Ah, tu m'avais oublié!" » dit-il, puis il se tourna pour saluer amicalement Mme Guérard.

"Mais je n'ai jamais pensé que je viendrais te voir !" J'ai répondu; " et j'en suis ravi, " continuai-je, " car vous m'accorderez tout ce que je demande. "

"Seulement ça!" remarqua-t-il avec un éclat de rire. "Eh bien, voulez-vous donner vos ordres, Madame ?" il a continué.

"Oui. Je veux du pain, du lait, de la viande, des légumes, du sucre, du vin, du cognac, des pommes de terre, des œufs, du café », dis-je aussitôt.

"Oh, laisse-moi reprendre mon souffle!" s'écria le comte-préfet. "Vous parlez si vite que j'en ai le souffle coupé."

Je suis resté silencieux un moment, puis j'ai continué :

« J'ai démarré une ambulance à l'Odéon, mais comme c'est une ambulance militaire, les autorités municipales me refusent de la nourriture. J'ai déjà cinq blessés et je peux me débrouiller avec eux, mais d'autres blessés m'ont été envoyés et je devrai leur donner à manger.

« Vous serez approvisionnés au-delà de tous vos désirs », dit le préfet. « Il y a de la nourriture dans le Palais qui était entreposée par la malheureuse Impératrice. Elle s'était suffisamment préparée pendant des mois et des mois. Je vous ferai envoyer tout ce que vous voudrez, sauf la viande, le pain et le lait, et à ce sujet je donnerai ordre que votre ambulance soit comprise dans le service municipal, quoique militaire. Ensuite, je vous ferai commander du sel et d'autres choses que vous pourrez vous procurer à l'Opéra.

« De l'Opéra ? Répétai-je en le regardant avec incrédulité. "Mais il n'est qu'en construction et il n'y a encore là que des échafaudages."

"Oui; mais il faut passer par la petite porte sous l'échafaudage, en face de la rue Scribe ; vous montez ensuite le petit escalier à vis qui mène au bureau des provisions, et là on vous fournira ce que vous désirez.

"Il y a encore autre chose que je veux demander", dis-je.

"Continue; Je suis tout à fait résigné et prêt à recevoir vos ordres, répondit-il.

«Eh bien, je suis bien inquiet, dis-je, car on a mis un stock de poudre dans les caves sous l'Odéon. Si Paris était bombardé et qu'un obus tombait sur le bâtiment, nous exploserions tous, et ce n'est pas le but et l'objet d'une ambulance.

« Vous avez tout à fait raison, dit le gentil homme, et rien n'est plus stupide que d'y stocker de la poudre. Mais j'aurai plus de difficultés à ce sujet, poursuivit-il, car j'aurai affaire à une foule de *bourgeois têtus* qui veulent organiser la défense à leur manière. Vous devez essayer d'obtenir une pétition pour moi, signée par les propriétaires et les commerçants les plus influents du quartier. Maintenant, êtes-vous satisfait ? » Il a demandé.

"Oui," répondis-je en lui serrant cordialement les deux mains. « Vous avez été très gentil et charmant. Merci beaucoup."

Je me dirigeai alors vers la porte, mais je m'immobilisai de nouveau, comme hypnotisé par un pardessus suspendu au-dessus d'une chaise. Madame Guérard vit ce qui avait attiré mon attention et elle me tira doucement par la manche.

"Ma chère Sarah," murmura-t-elle, "ne fais pas ça."

Je regardai le jeune préfet d'un air suppliant, mais il ne comprit pas.

"Que puis-je faire maintenant pour vous obliger, belle Madone ?" Il a demandé.

J'ai montré le manteau et j'ai essayé d'avoir l'air aussi charmant que possible.

"Je suis vraiment désolé", dit-il, abasourdi, "mais je ne comprends pas du tout".

Je montrais toujours le manteau.

« Donnez-le-moi, voulez-vous ? » J'ai dit.

"Mon pardessus?"

"Oui."

"Vous le voulez pour quoi?"

"Pour mes blessés lorsqu'ils sont en convalescence."

Il se laissa tomber sur une chaise dans un éclat de rire. J'étais plutôt vexé par cet accès de colère incontrôlable et j'ai continué mon explication.

"Il n'y a rien de si drôle là-dedans", dis-je. « J'ai par exemple un pauvre garçon à qui deux doigts ont été arrachés. Il n'a naturellement pas besoin de rester au lit pour cela, et sa cape de soldat n'est pas assez chaude. Il est très difficile de chauffer suffisamment le grand *foyer* de l'Odéon, et il faut que ceux qui vont assez bien soient là. L'homme dont je vous parle a assez chaud à présent, car j'ai pris le pardessus d'Henri Fould lorsqu'il est venu me voir l'autre jour. Mon pauvre soldat est immense, et comme Henri Fould est un géant, je n'aurais peut-être plus jamais eu une telle opportunité. Mais j'aurai besoin de beaucoup de pardessus, et celui-ci m'a l'air très chaud.

Je caressai la doublure poilue du vêtement tant convoité, et le jeune préfet, toujours étouffé de rire, commença à vider les poches de son pardessus. Il sortit de la plus grande poche un magnifique cache-nez en soie blanche.

« Me permettez-vous de garder mon silencieux ? Il a demandé.

J'ai pris une expression résignée et j'ai acquiescé.

Notre hôte sonna alors, et quand l'huissier parut, il lui remit le pardessus et dit d'une voix solennelle, malgré le rire dans ses yeux :

"Voulez-vous porter ceci dans la voiture de ces dames ?"

Je l'ai encore remercié et je suis reparti très heureux.

Douze jours plus tard, je reviens, emportant avec moi une lettre couverte des signatures des propriétaires et des commerçants résidant près de l'Odéon.

En entrant dans la chambre du préfet, je fus pétrifié de le voir, au lieu de s'avancer à ma rencontre, se précipiter vers une armoire, ouvrir la porte et y jeter précipitamment quelque chose. Après cela, il s'appuya contre la porte comme pour m'empêcher de l'ouvrir.

«Excusez-moi», dit-il d'un ton spirituel et moqueur, «mais j'ai attrapé un violent rhume après votre première visite. Je viens de mettre mon pardessus – oh ! seulement un vieux pardessus laid, pas chaud, ajouta-t-il vivement, mais quand même un pardessus – là-dedans, et il est là maintenant, et je vais retirer la clé de la serrure. .»

Il mit soigneusement la clé dans sa poche, puis s'avança et me proposa une chaise. Mais notre conversation prit bientôt une tournure plus sérieuse, car les nouvelles étaient très mauvaises. Depuis douze jours, les ambulances étaient remplies de blessés. Tout allait mal, la politique intérieure comme la politique étrangère. Les Allemands avançaient sur Paris. L'armée de la Loire se formait. Gambetta, Chanzy, Bourbaki et Trochu organisaient une défense désespérée. Nous causâmes quelque temps de toutes ces tristes choses, et je lui parlai de l'impression douloureuse que j'avais eue lors de ma dernière visite aux Tuileries, du souvenir que j'avais de chacun d'eux, si brillant, si prévenant et si heureux autrefois, et si profondément à plaindre à l'heure actuelle. Nous restâmes silencieux un moment, puis je lui serrai la main, lui dis que j'avais reçu tout ce qu'il m'avait envoyé et retournai à mon ambulance.

Le préfet m'avait envoyé dix tonneaux de vin et deux d'eau-de-vie ; 30 000 œufs, le tout emballé dans des boîtes contenant du citron vert et du son ; cent sacs de café et boîtes de thé, quarante boîtes de biscuits Albert, mille boîtes de conserves et quantité d'autres choses.

M. Menier, le grand chocolatier, m'avait envoyé cinq cents livres de chocolat. Un de mes amis, marchand de farine, m'avait fait cadeau de vingt sacs de farine, dont dix de farine de maïs. Ce marchand de farine était celui qui m'avait demandé d'être sa femme lorsque j'étais au Conservatoire. Félix Potin, mon voisin lorsque j'habitais 11 boulevard Malesherbes, avait répondu à mon appel en envoyant deux tonneaux de raisins secs, cent caisses de sardines, trois sacs de riz, deux sacs de lentilles et vingt pains de sucre. J'avais reçu de M. de Rothschild deux tonneaux d'eau-de-vie et cent bouteilles de son vin pour les convalescents. J'ai également reçu un cadeau très inattendu. Léonie Dubourg, une de mes anciennes camarades de classe au couvent des Grands-Champs, m'a envoyé cinquante boîtes en fer blanc contenant chacune quatre livres de beurre salé. Elle avait épousé un gentleman farmer très riche, qui exploitait ses propres fermes, qui paraissaient très nombreuses. J'étais très touché qu'elle se souvienne de moi, car je ne l'avais jamais vue depuis l'époque du couvent. J'avais également demandé tous les pardessus et pantoufles de mes différents amis, et j'avais acheté un lot de deux cents gilets de flanelle. Ma tante Betsy, la sœur de ma grand-mère aveugle, qui vit toujours en Hollande et qui a maintenant quatre-vingt-treize ans, a réussi à me procurer, par l'intermédiaire du charmant ambassadeur des Pays-Bas, trois cents chemises de nuit en magnifique lin hollandais, et cent paires de draps. Je recevais des charpies et des pansements de tous les coins de Paris, mais c'était plus particulièrement au Palais de l'Industrie que je m'approvisionnais en charpie et en linge pour panser les plaies. Il y avait là une femme adorable, nommée Mlle. Hocquigny, qui était à la tête de toutes les ambulances. Tout ce qu'elle faisait était avec une grâce joyeuse, et tout ce qu'elle était obligée de refuser, elle le refusait avec tristesse, mais toujours avec grâce. Elle avait alors plus de trente ans et, bien que célibataire, elle ressemblait plutôt à une très jeune femme mariée. Elle avait de grands yeux bleus rêveurs, et une bouche rieuse, un visage délicieusement ovale, de petites fossettes, et, pour couronner toute cette grâce, cette expression rêveuse, et cette bouche coquette et invitante, un front large comme celui des Vierges peintes par les premiers peintres, plutôt proéminents, cernés de cheveux portés en bandeaux lisses, larges et plats, séparés par une raie sans défaut. Le front semblait comme le rempart protecteur de ce délicieux visage. Mlle. Hocquigny était adorée et louée de tous, mais elle restait invulnérable à tous les hommages. Elle était heureuse d'être aimée, mais elle ne permettait à personne de lui exprimer de l'affection.

Au Palais de l'Industrie, il y avait un nombre remarquable de médecins et de chirurgiens célèbres, et eux, ainsi que les convalescents, étaient tous plus ou moins amoureux de Mlle. Hocquigny. Comme elle et moi étions de grands amis, elle me confia ses observations et son dédain douloureux. Grâce à elle, je n'ai jamais manqué de linge ni de peluche. J'avais organisé mon ambulance avec un personnel très réduit. Mon cuisinier était installé dans le *hall public*. Je lui avais acheté une immense cuisinière, afin qu'elle puisse préparer des soupes et des tisanes pour cinquante hommes. Son mari était chef de service.

Je lui avais donné deux aides, et Madame Guérard, Madame Lambquin et moi étions les infirmières. Deux d'entre nous veillaient la nuit, de sorte que nous nous couchions chacun une nuit sur trois. Je préférais cela plutôt que d'affronter une femme que je ne connaissais pas. Madame Lambquin appartenait à l'Odéon, où elle jouait le rôle des duègnes. Elle était simple et avait un visage commun, mais elle était très talentueuse. Elle parlait fort et s'exprimait très clairement. Elle appelait un chat un chat et aimait la franchise et le sens des choses. Elle était parfois un peu gênante par la grossièreté de ses paroles et de ses propos, mais elle était bonne, active, alerte et dévouée. Mes différents amis qui étaient en service aux fortifications venaient me voir pendant leur temps libre pour effectuer mon travail de secrétariat. Je devais tenir un livre, qui était montré chaque jour à un sergent qui venait de l'hôpital militaire du Val-de-Grâce, donnant tous les détails sur le nombre d'hommes entrés dans notre ambulance, combien sont morts et combien se sont rétablis et sont repartis. . Paris était en état de siège ; personne ne pouvait aller loin hors des murs et aucune nouvelle ne pouvait être reçue de l'extérieur. Les Allemands n'étaient cependant pas aux portes de la ville. Le baron Larrey venait me voir de temps en temps, et j'avais pour chirurgien en chef le docteur Duchesne, qui se consacra tout son temps, nuit et jour, aux soins de mes pauvres gens pendant les cinq mois que dura ce cauchemar vraiment affreux.

Je ne peux pas me souvenir de ces jours terribles sans la plus profonde émotion. Ce n'était plus le pays en danger qui me tenait les nerfs à vif, mais la souffrance de tous ses enfants. Il y avait tous ceux qui combattaient dehors, ceux qui nous étaient amenés blessés ou mourants ; les nobles femmes du peuple, qui faisaient la *queue pendant des heures et des heures* pour obtenir l'allocation nécessaire de pain, de viande et de lait pour leurs pauvres petits à la maison. Ah, ces pauvres femmes ! Je les voyais depuis les fenêtres du théâtre, serrés les uns contre les autres, bleuis de froid, et tapant du pied sur le sol pour ne pas geler, car cet hiver était le plus cruel que nous ayons connu depuis vingt ans. Souvent, on m'amenait une de ces pauvres héroïnes silencieuses, soit évanouie de fatigue, soit frappée subitement de congestion causée par le froid. Le 20 décembre, trois de ces malheureuses femmes furent amenées dans l'ambulance. L'une d'elles avait les pieds gelés et elle a perdu le gros orteil de son pied droit. La seconde était une femme extrêmement grosse, qui allaitait son enfant, et ses pauvres seins étaient plus durs que du bois. Elle hurlait simplement de douleur. La plus jeune des trois était une fille âgée de seize à dix-huit ans. Elle est morte de froid, sur le tréteau sur lequel je l'avais fait placer pour la renvoyer chez elle. Le 24 décembre, il faisait quinze degrés de froid. J'envoyais souvent Guillaume, notre domestique, avec un peu d'eau-de-vie pour réchauffer les pauvres femmes. Oh! la souffrance qu'elles ont dû endurer, ces mères au cœur brisé, ces sœurs et *ces fiancées*, dans leur effroi terrible. Comme leur rébellion pendant la Commune paraît excusable, et même leur folie sanguinaire !

Mon ambulance était pleine. J'avais soixante lits et j'étais obligé d'en improviser dix autres. Les soldats étaient installés dans la salle verte et dans le *foyer général* , et les officiers dans une salle qui servait autrefois de buvette du théâtre.

Un jour, une jeune Bretonne, nommée Marie Le Gallec, fut amenée. Il avait été touché d'une balle à la poitrine et d'une autre au poignet. Le Dr Duchesne lui a fermement bandé la poitrine et s'est occupé de son poignet. Il m'a alors dit très simplement :

"Laissez-lui tout ce qu'il veut, il est en train de mourir."

Je me penchai sur son lit et lui dis :

"Dis-moi ce qui te ferait plaisir, Marie Le Gallec."

« De la soupe », répondit-il promptement, de la manière la plus comique.

Madame Guérard courut à la cuisine et revint bientôt avec un bol de bouillon et des morceaux de pain grillé. J'ai placé le bol sur la petite étagère en bois à quatre pieds, si pratique pour les repas de nos pauvres malades. Le blessé m'a regardé et a dit : « Barra ». Je n'ai pas compris et il a répété : « Barra ». Sa pauvre poitrine lui faisait siffler le mot, et il faisait tous ses efforts pour répéter sa demande emphatique.

J'envoyai immédiatement au Bureau de la Marine, pensant qu'il y aurait sûrement là des marins bretons, et j'expliquai ma difficulté et mon ignorance du dialecte breton.

On m'a informé que le mot « barra » signifiait pain. Je me précipitai aussitôt au Gallec avec un gros morceau de pain. Son visage s'éclaira, et me le prenant de sa main saine, il le brisa avec ses dents et laissa tomber les morceaux dans le bol. Il plongea ensuite sa cuillère au milieu du bouillon et la remplit de pain jusqu'à ce que la cuillère puisse y tenir debout. Lorsqu'il se releva sans trembler, le jeune soldat sourit. Il s'apprêtait à manger cette horrible concoction quand arriva le jeune curé de Saint-Sulpice qui avait en charge mon ambulance. Je l'avais fait venir après avoir entendu le triste verdict du médecin. Il posa doucement sa main sur l'épaule du jeune homme, arrêtant ainsi le mouvement de son bras. Le pauvre garçon leva les yeux vers le prêtre, qui lui montra la coupe sacrée.

"Oh," dit-il simplement, puis, plaçant son mouchoir grossier sur la soupe fumante, il joignit les mains.

Nous avions disposé autour de son lit les deux paravents qui nous servaient à isoler le mort ou le mourant. Il restait seul avec le curé pendant que je faisais ma tournée pour calmer ceux qui s'irritaient ou aider les croyants à se relever pour la prière. Le jeune curé écarta bientôt la cloison, et je vis alors Marie Le Gallec, le visage radieux, manger son abominable soupe de pain. Il s'endormit bientôt mais se réveilla peu de temps après et demanda à boire, puis mourut dans une légère crise d'étouffement. Heureusement, je n'ai pas perdu beaucoup d'hommes sur les trois cents qui sont venus dans mon ambulance, car la mort des malheureux m'a complètement bouleversé.

J'étais alors très jeune, âgé de vingt-quatre ans seulement, mais je pouvais néanmoins constater la lâcheté de certains hommes et l'héroïsme de beaucoup d'autres. Un jeune Savoyard de dix-huit ans s'était fait tirer l'index par balle. Le baron Larrey était tout à fait sûr de l'avoir fait lui-même avec son propre fusil, mais je ne pouvais pas le croire. J'ai cependant remarqué que, malgré nos soins et nos soins, la blessure ne cicatrisait pas. Je l'ai bandé d'une manière différente, et le lendemain j'ai vu que le bandage avait été altéré. J'en ai parlé à Mme Lambquin, qui veillait ce soir-là avec Mme Guérard.

"Bien; Je garderai un œil sur lui. Dors, mon enfant, et compte sur moi.

Le lendemain, à mon arrivée, elle m'a dit qu'elle avait surpris le jeune homme en train de gratter la blessure de son doigt avec son couteau. Je l'ai appelé et lui ai dit que je devais le signaler à l'hôpital du Val-de-Grâce.

Il s'est mis à pleurer et m'a juré qu'il ne recommencerait plus, et cinq jours plus tard, il allait bien. J'ai signé le papier l'autorisant à quitter l'ambulance et il a été envoyé dans l'armée de défense. Je me suis souvent demandé ce qu'il était devenu. Un autre de nos patients nous a également déconcerté. Chaque fois que sa blessure semblait sur le point de guérir, il avait une violente attaque de dysenterie qui l'empêchait de guérir. Cela a semblé suspect au Dr Duchesne et il m'a demandé de surveiller l'homme. Au bout d'un temps considérable, nous étions convaincus que notre blessé avait imaginé le plan le plus comique.

Il dormait près du mur et n'avait donc aucun voisin d'un côté. Pendant la nuit, il réussit à limer les cuivres de son lit. Il mit la limaille dans un petit pot qui avait été utilisé pour une sorte de pommade. Quelques gouttes d'eau et du sel mélangés à cette poudre de laiton formaient un poison qui aurait pu coûter la vie à son inventeur. J'étais furieux de ce stratagème. J'ai écrit au Val-de-Grâce, et une ambulance a été envoyée pour emmener ce Français antipatriotique.

Mais à côté de ces hommes méprisables, quel héroïsme nous avons vu ! Un jeune capitaine fut amené un jour. C'était un grand garçon, un véritable Hercule, avec une tête superbe et une expression franche. Sur mon livre, il était inscrit comme étant Capitaine Menesson. Il avait été touché par une balle au haut du bras, juste au niveau de l'épaule. Avec l'aide d'une infirmière, j'essayais d'enlever le plus doucement possible son manteau, lorsque trois balles tombèrent du capuchon qu'il avait passé sur sa tête, et je comptais seize impacts de balles dans le manteau. Le jeune officier était resté debout pendant trois heures, servant lui-même de cible, tout en couvrant la retraite de ses hommes qui tiraient sans cesse sur l'ennemi. Cela s'était passé dans les vignes de Champigny. Il avait été transporté inconscient dans une ambulance. Il avait perdu beaucoup de sang et était à moitié mort de fatigue et de faiblesse. Il était très doux et charmant, et se sentit suffisamment bien deux jours après pour reprendre le combat. Mais le médecin ne voulut pas le permettre et sa sœur, qui était religieuse, le supplia d'attendre jusqu'à ce qu'il se rétablisse à peu près.

"Oh, pas tout à fait bien", dit-elle en souriant, "mais juste assez bien pour avoir la force de se battre."

Peu après son arrivée dans l'ambulance, on lui apporta la croix de la Légion d'honneur, et ce fut pour chacun un moment d'intense émotion. Les malheureux blessés qui ne pouvaient bouger tournaient vers lui leurs visages souffrants et, les yeux brillants à travers un brouillard de larmes, lui lançaient un regard fraternel. Les plus forts d'entre eux tendirent la main au jeune géant.

C'était la veille de Noël et j'avais décoré l'ambulance de festons de feuilles vertes. J'avais fait de jolies petites chapelles devant la Vierge Marie, et le jeune prêtre de Saint-Sulpice est venu participer à notre office de Noël pauvre mais poétique. Il répéta de belles prières, et les blessés, dont beaucoup étaient bretons, chantèrent de tristes chants solennels et pleins de charme.

Porel, l'actuel directeur du Théâtre du Vaudeville, avait été blessé sur le plateau d'Avron. Il était alors en convalescence et était l'un de mes patients, avec deux agents maintenant prêts à quitter l'ambulance. Ce souper de Noël est un de mes souvenirs les plus charmants et en même temps les plus mélancoliques. Il était servi dans la petite pièce que nous avions transformée en chambre. Nos trois lits étaient recouverts de draperies et de peaux que j'avais apportées de chez moi, et nous les utilisions comme sièges. Mlle. Hocquigny m'avait envoyé cinq mètres de *boudin blanc*, le fameux plat de Noël, et tous mes pauvres soldats qui allaient bien étaient ravis de cette friandise. Un de mes amis m'avait fait confectionner vingt gros gâteaux *briochés* et j'avais commandé de grands bols de punch dont les flammes colorées amusaient énormément les grands enfants malades. Le jeune curé de Saint-Sulpice accepta un morceau de *brioche* et, après avoir bu un peu de vin blanc, nous quitta. Ah ! qu'il était charmant et bon, ce pauvre jeune prêtre ! Et comme il a réussi à faire taire Fortin, l'insupportable blessé. Peu à peu, ce dernier commença à s'humaniser, jusqu'à ce qu'il finisse par penser que le prêtre était un bon garçon. Pauvre jeune prêtre ! Il a été abattu par les communistes. J'ai pleuré pendant des jours et des jours à cause du meurtre de ce jeune curé de Saint-Sulpice.

XVII

PARIS BOMBARDÉ

Le mois de janvier arriva. L'armée ennemie tenait Paris de jour en jour avec une emprise encore plus étroite. La nourriture devenait rare. Un froid glacial enveloppait la ville, et les pauvres soldats tombés, parfois légèrement blessés, s'éteignaient doucement dans un sommeil éternel, le cerveau engourdi et le corps à moitié gelé.

On ne pouvait plus recevoir de nouvelles du dehors, mais grâce au ministre des États-Unis, résolu à rester à Paris, une lettre arrivait de temps en temps. C'est ainsi que je reçus un mince bout de papier, doux comme un pétale de primevère, m'apportant le message suivant : « Tout le monde va bien. Courage. Mille baisers. — Ta mère. Cette impalpable missive datait de dix-sept jours auparavant.

Ainsi ma mère, mes sœurs et mon petit garçon étaient tout ce temps à La Haye, et mon esprit, qui voyageait continuellement dans leur direction, errait sur une mauvaise route, vers le Hâvre, où je les croyais installés. tranquillement chez un cousin de la mère de mon père.

Où étaient-ils et avec qui ?

J'avais deux tantes à La Haye, mais la question était : étaient-elles là ? Je ne savais plus quoi penser, et à partir de ce moment, je n'ai cessé de souffrir de la détresse mentale la plus anxieuse et la plus torturante.

Je faisais alors tout ce qui était en mon pouvoir pour me procurer du bois pour le feu. Le comte de Kératry m'avait envoyé une grosse provision avant son départ en province en ballon le 9 octobre. Mon stock devenait très court, et je ne voulais pas qu'on touche à ce que nous avions dans les caves, afin qu'en cas de problème urgence, nous ne devrions pas en être absolument dépourvus. J'avais tous les petits repose-pieds du théâtre qui servaient de bois de chauffage, toutes les caisses en bois dans lesquelles étaient conservés les biens, bon nombre de vieux bancs romains, fauteuils et chaises curules, qui étaient rangés sous le théâtre, et en effet tout ce qui lui tombait sous la main. Enfin, prenant pitié de mon désespoir, jolie Mlle. Hocquigny m'a envoyé dix mille kilos de bois, puis j'ai repris courage.

On m'avait parlé d'un nouveau système de conservation de la viande, selon lequel la viande ne perdait ni son jus ni sa qualité nutritive. J'envoyai madame Guérard à la *mairie* du quartier de l'Odéon, où l'on distribuait de telles provisions, mais une brute lui répondit que lorsque j'aurais enlevé toutes les images religieuses de mon ambulance, je recevrais la nourriture nécessaire. M. Hérisson, le maire, accompagné de quelque fonctionnaire occupant un poste influent, était venu inspecter mon ambulance. Le personnage important m'avait prié de faire enlever les belles Vierges blanches qui se trouvaient sur les cheminées et les tables, ainsi que la Divine Crucifiée, accrochée au mur de chaque pièce où se trouvaient des blessés. Je refusai d'une manière un peu insolente et très décidée d'agir conformément au souhait de mon visiteur, sur quoi le célèbre républicain me tourna le dos et ordonna qu'on me refuse tout à la *Mairie* . J'étais pourtant très déterminé et j'ai remué ciel et terre jusqu'à réussir à me faire inscrire sur les listes de distribution de vivres, malgré les ordres du chef. Il est juste de dire que le maire était un homme charmant. Madame Guérard revint, après sa troisième visite, avec un enfant poussant une brouette contenant dix énormes bouteilles de viande miraculeuse. Je reçus le précieux envoi avec une joie infinie, car mes hommes étaient presque sans viande depuis trois jours, et le *pot-au-feu bien-aimé* était une ressource presque nécessaire pour les pauvres blessés. Sur toutes les bouteilles étaient inscrites des instructions pour les ouvrir : « Laissez tremper la viande pendant tant d'heures », etc. etc.

Madame Lambquin, madame Guérard et moi, ainsi que tout le personnel de l'infirmerie, nous fûmes bientôt groupés avec inquiétude et curiosité autour de ces récipients de verre.

Je dis au chef de service d'ouvrir la plus grande des bouteilles, dans laquelle, à travers le verre épais, on voyait un énorme morceau de bœuf entouré d'une eau épaisse et confuse. La ficelle qui entourait le papier brouillon qui cachait le bouchon fut coupée, puis, au moment où l'homme s'apprêtait à enfoncer le tire-bouchon, une explosion assourdissante se fit entendre et une odeur nauséabonde emplit la pièce. Tout le monde s'enfuit terrifié. Je les ai tous rappelés, effrayés et dégoûtés, et leur ai montré les mots suivants sur les instructions : « Ne vous inquiétez pas de la mauvaise odeur à l'ouverture de la bouteille. » Courageusement et avec résignation, nous avons repris notre travail, même si nous nous sentions toujours malades à cause de l'abominable expiration. J'ai sorti le bœuf et je l'ai placé sur un plat apporté à cet effet. Cinq minutes plus tard, cette viande est devenue bleue puis noire, et sa puanteur était si insupportable que j'ai décidé de la jeter. Mais Mme Lambquin était plus sage et plus raisonnable.

« Non, oh non, ma chère fille, » dit-elle ; « À notre époque, il ne faut pas jeter la viande, même si elle est pourrie. Remettons-le dans la bouteille en verre et renvoyons-le à la *Mairie* .

J'ai suivi ses sages conseils, et ce fut une très bonne chose, car une autre ambulance, installée boulevard Médicis, en ouvrant ces bouteilles de viande, avait été aussi horrifiée que nous et avait jeté le contenu dans la rue. Quelques minutes après, la foule s'était rassemblée en foule et, refusant d'écouter quoi que ce soit, avait crié des injures adressées aux « aristocrates », aux « clercs » et aux « traîtres », qui jetaient de la bonne viande, destinées à pour les malades, dans la rue, pour que les chiens s'en réjouissent, tandis que les gens mouraient de faim, etc. etc.

C'est avec beaucoup de difficulté qu'on avait empêché ces misérables fous d'envahir l'ambulance, et lorsqu'une des malheureuses infirmières était sortie, plus tard, elle avait été assaillie et battue jusqu'à ce qu'elle soit laissée à moitié morte de peur et de coups. . Elle ne voulait pas qu'on la ramène dans sa propre ambulance et le pharmacien m'a prié de la prendre en charge. Je l'ai gardée quelques jours, dans une des loges supérieures du théâtre, et quand elle allait mieux, elle m'a demandé si elle pourrait rester avec moi comme infirmière. J'ai exaucé son souhait et je l'ai ensuite gardée avec moi comme servante.

C'était une jeune fille blonde, douce et timide, prédestinée au malheur. Elle a été retrouvée morte au cimetière du Père Lachaise après l'accrochage entre les communistes et les troupes de Versailles. Une balle perdue l'a touchée à la nuque alors qu'elle priait sur la tombe de sa petite sœur, décédée deux jours auparavant de la variole. Je l'avais emmenée avec moi à Saint-Germain, où j'étais allé séjourner pendant les horreurs de la Commune. Pauvre fille! Je l'avais laissée aller à Paris bien contre mon gré.

Comme nous ne pouvions pas compter sur cette viande en conserve pour notre alimentation, je passai un contrat avec un équarrisseur, qui accepta de me fournir, à un prix assez élevé, de la chair de cheval, et jusqu'au bout ce fut la seule viande que nous devions manger. . Bien préparé et bien assaisonné, c'était très bon.

L'espoir s'était désormais enfui de tous les cœurs, et nous vivions dans l'attente d'on ne savait quoi. Une atmosphère de malheur semblait planer sur nous comme du plomb, et ce fut une sorte de soulagement lorsque le bombardement commença le 27 décembre. Nous sentîmes enfin que quelque chose de nouveau se produisait ! C'était une époque de nouvelles souffrances. Il y a eu du bruit, en tout cas. Depuis quinze jours, le fait de ne rien savoir nous tuait.

Le 1er janvier 1871, nous levions nos verres à la santé des absents, au repos des morts, et le toast nous étouffait avec une telle boule dans la gorge.

Chaque nuit, nous entendions le cri lugubre de « Ambulance ! Ambulance!" sous les fenêtres de l'Odéon. Nous descendions à la rencontre du pitoyable cortège, et il y avait là un, deux, parfois trois wagons, remplis de nos pauvres soldats blessés. Il y en avait dix ou douze rangées, couchées ou assises sur la paille. Je disais que j'avais de la place pour un ou deux, et, soulevant la lanterne, je regardais dans le véhicule, et les visages se tournaient alors lentement vers la lampe. Certains hommes fermaient les yeux, car ils étaient trop faibles pour supporter même cette faible lumière. Avec l'aide du sergent qui accompagnait le véhicule et de notre préposé, un des malheureux serait difficilement hissé sur l'étroite civière sur laquelle il devait être transporté jusqu'à l'ambulance.

Oh, quelle douloureuse angoisse ce fut pour moi quand, en soulevant la tête du malade, je découvris qu'elle devenait lourde, oh ! si lourde ! Et en me penchant sur ce visage inerte, je sentais qu'il n'y avait plus de souffle ! Le sergent donnait alors l'ordre de le reprendre, et le pauvre mort était remis à sa place et un autre blessé était retiré.

Les autres mourants reculaient alors un peu, pour ne pas profaner les morts.

Ah, quel chagrin ce fut lorsque le sergent dit : « Essayez d'en prendre un ou deux de plus ! C'est dommage de traîner ces pauvres gens d'une ambulance à l'autre. Le Val-de-Grâce est plein.»

« Très bien, je vais en prendre deux de plus », disais-je, puis je me demandais où on devait les mettre. Nous avons dû abandonner nos propres lits, et c'est ainsi que les pauvres gens ont été sauvés. Depuis le 1er janvier, nous dormions tous les trois toutes les nuits à l'ambulance. Nous avions des robes de chambre amples, en épaisse flanelle grise, assez semblables aux manteaux des soldats. Le premier d'entre nous qui entendit un cri ou un gémissement sauta du lit et, s'il le fallait, appela les deux autres.

Le 10 janvier, Madame Guérard et moi étions assis la nuit, sur un des salons du salon vert, attendant le cri lugubre de « Ambulance ! Il y avait eu une violente bagarre à Clamart, et nous savions qu'il y aurait de nombreux blessés. Je lui faisais part de ma crainte que les bombes qui avaient déjà atteint le Musée, la Sorbonne, la Salpétrière, le Val-de-Grâce, etc., ne tombent sur l'Odéon.

« Oh, mais, ma chère Sarah, » dit la douce femme, « le drapeau de l'ambulance flotte si haut au-dessus qu'il ne peut y avoir aucune erreur. Si on le frappait, ce serait volontairement, et ce serait abominable.

« Mais, Guérard, répondis-je, pourquoi espérez-vous que nos exécrables ennemis soient meilleurs que nous-mêmes ? Ne nous sommes-nous pas comportés comme des sauvages à Berlin en 1806 ?

« Mais il y a à Paris des monuments publics si admirables », insistait-elle.

« Eh bien, Moscou n'était-elle pas pleine de chefs-d'œuvre ? Le Kremlin est l'un des plus beaux bâtiments du monde. Cela ne nous a pas empêché de livrer au pillage cette admirable ville. Oh non, ma pauvre *petite Dame*, ne vous y trompez pas. Les armées peuvent être russes, allemandes, françaises ou espagnoles, mais ce *sont* des armées, c'est-à-dire des êtres qui forment un « tout » impersonnel, un « tout » féroce et irresponsable. Les Allemands

bombarderont tout Paris si la possibilité leur en est offerte. Il faut que vous
vous y décidiez, mon cher Guérard...

SARAH BERNHARDT
D'après le portrait au Théâtre Français

Je n'avais pas fini ma phrase lorsqu'une terrible détonation sortit de son
sommeil tout le quartier. Madame Guérard et moi étions assises l'une en face
de l'autre. Nous nous retrouvâmes rapprochés au milieu de la pièce, terrifiés.
Ma pauvre cuisinière, le visage tout blanc, est venue vers moi pour se mettre
à l'abri. Les détonations se sont poursuivies assez fréquemment. Les
bombardements avaient commencé de notre côté cette nuit-là. J'ai fait le tour
des blessés, mais ils ne semblaient pas très dérangés. Un seul, un garçon de
quinze ans, que nous avions surnommé « bébé rose », était assis dans son lit.
Quand je suis allé vers lui pour le calmer, il m'a montré sa petite médaille de
la Sainte Vierge.

"C'est grâce à elle que je n'ai pas été tué", a-t-il déclaré. "S'ils mettaient la
Sainte Vierge sur les remparts de Paris, les bombes ne viendraient pas."

Il se recoucha alors, tenant sa petite médaille à la main, et le bombardement se poursuivit jusqu'à six heures du matin. "Ambulance! Ambulance!" nous l'entendîmes alors, et Madame Guérard et moi descendîmes. « Tiens, dit le sergent, emmène cet homme. Il perd tout son sang, et si je l'emmène plus loin, il n'arrivera pas vivant. Le blessé a été mis sur la civière, mais comme il était allemand, j'ai demandé au sous-officier de prendre tous ses papiers et de les remettre au ministère. Nous donnâmes à cet homme la place d'un des convalescents, que j'installai ailleurs. Je lui ai demandé son nom et il m'a répondu que c'était Frantz Mayer et qu'il était soldat de la Landwehr silésienne. Il s'est ensuite évanoui à cause d'une faiblesse causée par une perte de sang. Mais il revint bientôt à lui grâce à nos soins, et je lui demandai alors s'il voulait quelque chose, mais il ne répondit pas un mot. J'ai supposé qu'il ne parlait pas français et, comme il n'y avait personne dans l'ambulance qui parlait allemand, j'ai attendu le lendemain pour faire venir quelqu'un qui connaissait sa langue. Il faut avouer que le pauvre homme n'a pas été bien accueilli par ses camarades de dortoir. Un soldat nommé Fortin, âgé de vingt-trois ans et véritable enfant de Paris, drôle, espiègle, drôle et bon enfant, ne cessait de pester contre le jeune Allemand, qui, de son côté, ne bronchait pas. Je suis allé plusieurs fois chez Fortin et je l'ai supplié de se taire, mais ce fut en vain. Chaque nouvel éclat de sa part était accueilli par des rires sauvages, et son succès le mettait dans la plus gaie humeur, de sorte qu'il continuait, de plus en plus excité. Les autres étaient empêchés de dormir et il bougeait sauvagement dans son lit, éclatant en langage injurieux lorsqu'un mouvement trop brusque intensifiait sa souffrance. Le malheureux avait eu le nerf sciatique déchiré par une balle et il dut endurer les douleurs les plus atroces.

Après mon troisième appel infructueux au silence, j'ordonnai aux deux hommes de le porter dans une pièce où il serait seul. Il m'a fait venir et, quand je suis allé le voir, il m'a promis de bien me comporter toute la nuit. J'ai donc annulé l'ordre que j'avais donné, et il a tenu parole. Le lendemain, je fis transporter Frantz Mayer dans une chambre où se trouvait un jeune Breton qui avait eu le crâne fracturé par l'éclatement d'un obus et qui avait donc besoin de la plus grande tranquillité.

Un de mes amis, qui parlait très bien allemand, est venu voir si le Silésien voulait quelque chose. Le visage du blessé s'éclaira en entendant son propre langage, puis, se tournant vers moi, il dit :

"Je comprends bien le français, Madame, et si j'ai écouté calmement les horreurs déversées par votre soldat français, c'est parce que je sais que vous ne pouvez pas tenir deux jours de plus, et je comprends son exaspération."

« Et pourquoi pensez-vous que nous ne pouvons pas tenir le coup ?

"Parce que je sais que tu en es réduit à manger des rats."

Le docteur Duchesne venait d'arriver, et il pansait l'horrible blessure que le malade avait à la cuisse.

«Eh bien, dit-il, mon ami, dès que ta fièvre aura diminué, tu mangeras une excellente aile de poulet.» L'Allemand haussa les épaules et le médecin continua : « En attendant, bois ceci et dis-moi ce que tu en penses. »

Le docteur Duchesne lui donna un verre d'eau avec un peu de l'excellent cognac que le préfet m'avait envoyé. C'était la seule *tisane* que mes soldats prenaient. Le Silésien n'en dit pas davantage, mais il prit l'air réservé et circonspect des gens qui savent et ne veulent pas parler.

Le bombardement continuait, et le drapeau de l'ambulance servait certainement de cible à nos ennemis, car ils tiraient avec une précision surprenante, et modifiaient leur tir dès qu'une bombe tombait à quelque distance du voisinage du Luxembourg. Grâce à cela, nous avons eu plus de douze bombes en une nuit. Ces obus lugubres, lorsqu'ils éclataient en l'air, étaient comme les feux d'artifice d'une *fête* . Les éclats brillants tombèrent alors, noirs et mortels. Georges Boyer, qui était alors un jeune journaliste, est venu me chercher à l'ambulance et je lui ai raconté les splendeurs terrifiantes de la nuit.

« Oh ! comme j'aimerais voir tout cela ! il a dit.

«Viens ce soir, vers neuf ou dix heures, et tu verras», répondis-je.

Nous passâmes plusieurs heures devant la petite fenêtre ronde de ma loge, qui donnait sur Châtillon. C'est de là que les Allemands tirèrent le plus.

Nous écoutions, dans le silence de la nuit, les bruits sourds qui venaient de là-bas ; il y avait une lumière, un bruit formidable au loin, et la bombe arrivait, tombant devant nous ou derrière nous, éclatant soit en l'air, soit en arrivant au but. Une fois, nous n'eûmes que le temps de reculer rapidement, et même alors, le trouble de l'atmosphère nous affecta si violemment que pendant une seconde nous eûmes l'impression d'avoir été frappés.

L'obus était tombé juste sous ma loge, effleurant la corniche, qu'il entraînait dans sa chute jusqu'au sol, où il éclatait faiblement. Mais quelle ne fut pas notre surprise de voir une petite foule d'enfants fondre sur les morceaux en feu, tout comme une foule de moineaux sur du fumier frais au passage de la voiture ! Les petits vagabonds se disputaient les *débris* de ces engins de guerre. Je me demandais ce qu'ils pourraient bien en faire.

« Oh, il n'y a pas beaucoup de mystère là-dedans », dit Boyer ; "Ces petits gamins affamés les vendront."

Cela s'est avéré vrai. Un des hommes que j'envoyai chercher, ramena avec lui un enfant d'une dizaine d'années.

« Qu'est-ce que tu vas faire de ça, mon petit homme ? lui ai-je demandé en ramassant le morceau d'obus, chaud et encore dangereux, au bord où il avait éclaté.

"Je vais le vendre", a-t-il répondu.

"Pourquoi?"

"Pour acheter mon tour dans la *file d'attente* lors de la distribution de la viande."

« Mais tu risques ta vie, mon pauvre enfant. Parfois, les obus arrivent rapidement, les uns après les autres. Où étais-tu quand celui-ci est tombé ?

"Allongé sur la pierre du mur qui soutient la grille en fer." Il montra le jardin du Luxembourg, en face de l'entrée de la scène de l'Odéon.

Nous achetâmes tous les *débris* que possédait l'enfant, sans chercher à lui donner des conseils qui auraient pu paraître judicieux. A quoi bon prêcher la sagesse à cette pauvre petite créature, qui n'entendait parler que de massacres, d'incendies, de vengeance, de représailles et tout le reste, pour l'honneur, pour la religion, pour le droit. ? D'ailleurs, comment pouvait-on rester à l'écart ? Tous les habitants du faubourg Saint-Germain risquaient d'être réduits en pièces, car l'ennemi, fort heureusement, ne pouvait bombarder Paris que de ce côté, et non sur tous les points. Non; nous étions certainement dans le quartier le plus dangereux.

Un jour, le baron Larrey vint voir Frantz Mayer, très malade. Il rédigea une ordonnance qu'un jeune garçon de courses devait attendre et rapporter très, très rapidement. Comme le garçon était plutôt enclin à flâner, je me dirigeai vers la fenêtre. Il s'appelait Victor, mais nous l'appelions « Toto ». Le pharmacien habitait au coin de la place Médicis. Il était alors six heures du soir. Toto a levé les yeux et, en me voyant, il s'est mis à rire et à sursauter en se précipitant vers le pharmacien. Il ne lui restait plus que cinq ou six mètres à parcourir, et alors qu'il se retournait pour regarder par ma fenêtre, j'ai tapé dans mes mains et j'ai crié : « Bien ! Revenez vite ! Hélas! Avant que le pauvre garçon ait pu ouvrir la bouche pour répondre, il fut coupé en deux par un obus qui venait de tomber. Il n'a pas éclaté, mais a rebondi à un mètre de hauteur, puis a frappé le pauvre Toto en plein milieu de la poitrine. J'ai poussé un tel cri que tout le monde s'est précipité vers moi. Je ne pouvais pas parler, mais j'ai poussé tout le monde à l'écart et je me suis précipité en bas, faisant signe à quelqu'un de m'accompagner. « Une portée » – « le garçon » – « le pharmacien » – parvins-je à articuler. Ah, quelle horreur, quelle horreur ! Quand nous arrivâmes devant le pauvre enfant, ses intestins étaient partout par terre, sa poitrine et sa pauvre petite face rouge et potelée étaient entièrement arrachées. Il n'avait ni yeux, ni nez, ni bouche ; rien, rien que quelques cheveux au bout d'une masse informe et saignante, à un mètre de sa tête. C'était comme si un tigre avait déchiré le corps avec ses griffes et l'avait vidé avec fureur et un raffinement de cruauté, ne laissant que le pauvre petit squelette.

Le baron Larrey, qui était le meilleur des hommes, pâlit légèrement à cette vue. Il en a vu beaucoup, certes, mais ce pauvre petit bonhomme était un holocauste bien inutile. Ah, l'injustice, l'infamie de la guerre ! Le temps tant rêvé ne viendra-t-il jamais où les guerres ne seront plus possibles ? quand le monarque qui veut la guerre sera détrôné et emprisonné comme malfaiteur ? Le temps ne viendra-t-il jamais où il y aura un conseil cosmopolite, où un sage de chaque pays représentera sa nation, et où les droits de l'humanité seront discutés et respectés ? Tant d'hommes pensent comme moi, tant de femmes parlent comme moi, et pourtant rien n'est fait. La pusillanimité d'un Oriental, la mauvaise humeur d'un souverain peuvent encore mettre face à face des milliers d'hommes. Et il y aura encore des hommes si savants, des chimistes qui passent leur temps à rêver et à inventer une poudre pour tout faire sauter, des bombes qui blesseront vingt ou trente hommes, des fusils répétant leur besogne meurtrière jusqu'à ce que les balles tombent, s'épuisent. , après avoir arraché dix ou douze seins humains.

Un homme que j'aimais beaucoup était en train d'expérimenter comment diriger des ballons. Réaliser cela signifie réaliser mon rêve, à savoir voler dans les airs, s'approcher du ciel et avoir sous les pieds les nuages humides et duveteux. Ah, comme j'étais intéressé par les recherches de mon ami ! Mais un jour, il est venu me voir très excité par une nouvelle découverte.

« J'ai découvert quelque chose dont je suis fou de joie ! » il a dit. Il commença alors à m'expliquer que son ballon serait capable d'emporter des matières inflammables sans le moindre danger, grâce à ceci et grâce à cela.

"Mais pour quoi?" Ai-je demandé, déconcerté par ses explications et à moitié fou par tant de mots techniques.

"Pourquoi?" Il a répété; "Pourquoi, pour la guerre !" il a répondu. « Nous pourrons tirer et lancer de terribles bombes à une distance de mille, douze cents et même quinze cents mètres, et il nous serait impossible d'être blessé à une telle distance. Mes ballons, grâce à une substance qui est mon invention, dont l'enveloppe serait enduite, n'auraient rien à craindre du feu ni encore du gaz.

«Je ne veux rien savoir de plus sur vous ou votre invention», dis-je en l'interrompant brusquement. «Je pensais que tu étais un savant humain et que tu es une bête sauvage. Vos recherches étaient en rapport avec la plus belle manifestation du génie humain, avec ces évolutions du ciel que j'aimais tant. Vous voulez maintenant les transformer en lâches attaques dirigées contre la terre. Vous me faites horreur ! Allez-y ! »

Sur ce, j'ai laissé mon ami à lui-même et à sa cruelle invention, honteux un instant. Ses efforts n'ont cependant pas abouti comme il le souhaitait.

Les restes du pauvre garçon furent mis dans un petit cercueil, et Madame Guérard et moi suivimes le corbillard du pauvre jusqu'à la tombe. La matinée était si froide que le chauffeur a dû s'arrêter et prendre un verre de vin chaud, sinon il aurait pu mourir de congestion. Nous étions seuls dans la voiture, car le garçon avait été élevé par sa grand-mère, qui ne savait pas marcher du tout et qui tricotait des gilets et des bas. C'est en allant commander des gilets et des chaussettes pour mes hommes que j'avais fait la connaissance de la Mère Tricottin, comme on l'appelait. A sa demande, j'avais engagé son petit-fils, Victor Durieux, comme garçon de courses, et la pauvre vieille m'avait été si reconnaissante que je n'osais plus aller lui annoncer sa mort.

Madame Guérard est allée me chercher rue de Vaugirard, où habitait la vieille femme. Dès son arrivée, la pauvre grand-mère pouvait voir à son visage triste que quelque chose s'était passé.

" *Bon Dieu* , ma chère Madame, la pauvre petite dame maigre est-elle morte ? " Cela me faisait référence. Madame Guérard lui annonça alors, le plus doucement possible, la triste nouvelle. La vieille femme ôta ses lunettes, regarda son visiteur, les essuya et les remit sur son nez. Elle commença alors à se plaindre violemment à propos de son fils, le père du garçon mort. Il s'était lié avec une jeune fille de qui il avait eu cet enfant, et elle avait toujours prévu que le malheur leur arriverait.

Elle continua ainsi, sans se plaindre du pauvre garçon, mais en maltraitant son fils, qui était soldat dans l'armée de la Loire.

Même si la grand-mère semblait ressentir si peu de chagrin, je suis allée la voir après les funérailles.

« Tout est fini, madame Durieux, dis-je. "Mais j'ai assuré la tombe du pauvre garçon pour une durée de cinq ans."

Elle se tourna vers moi, assez comique dans son dépit.

« Quelle folie ! » s'exclama-t-elle. « Maintenant qu'il est avec le *bon Dieu*, il ne manquera de rien. Il aurait mieux valu prendre un bout de terre qui rapporterait quelque chose. Les morts ne font pas pousser les légumes.»

Cet éclat était si terriblement logique que, malgré son odieuse brutalité, je cédai au désir de la mère Tricottin et lui offris le même cadeau que j'avais fait au garçon. Ils devraient chacun avoir leur bout de terre. L'enfant, qui avait droit à une vie plus longue, dormirait dans le sien son sommeil éternel, tandis que la vieille pourrait lui arracher le reste de sa vie, que la mort guettait.

Je suis retourné à l'ambulance, triste et énervé. Une joyeuse surprise m'attendait. Un de mes amis était là, tenant à la main un tout petit morceau de papier de soie sur lequel étaient inscrites les deux lignes suivantes, écrites de la main de ma mère : « Nous allons tous très bien et à Hombourg. » J'étais furieux en lisant ceci. À Hombourg ? Toute ma famille à Homburg, s'installant tranquillement en pays ennemi. Je me suis creusé la tête en pensant par quelle extraordinaire combinaison ma mère était partie à Hombourg. Je savais que ma jolie tante Rosine avait là une amie avec laquelle elle séjournait chaque année, car elle passait toujours deux mois à Hombourg, deux à Baden-Baden et un mois à Spa, car elle était la plus grande joueuse que le *bon Dieu* a toujours créé. Quoi qu'il en soit, ceux qui m'étaient si chers allaient tous bien, et c'était là le point important. Mais j'étais néanmoins en colère contre ma mère parce qu'elle était allée à Homburg.

J'ai remercié chaleureusement l'ami qui m'avait apporté le petit bout de papier. Il m'a été envoyé par le ministre américain, qui s'était donné beaucoup de mal pour apporter secours et consolation aux Parisiens. Je lui ai alors donné quelques lignes pour ma mère, au cas où il pourrait les lui envoyer.

Le bombardement de Paris se poursuit. Une nuit, les frères de l'Ecole Chrétienne sont venus nous demander des moyens de transport et de l'aide, afin de récupérer les morts sur le plateau de Châtillon. Je leur ai laissé mes deux voitures, et je les ai accompagnés sur le champ de bataille. Ah, quel terrible souvenir ! C'était comme une scène de Dante ! C'était une nuit glaciale et nous pouvions à peine avancer. Enfin, à la lueur des torches et des lanternes, nous vîmes que nous étions arrivés. Je suis descendu du véhicule avec le préposé à l'infirmerie et son assistant. Nous devions avancer lentement, car à chaque pas nous marchions sur des mourants ou des morts. Nous sommes passés en murmurant : « Ambulance ! Ambulance!" Lorsque nous entendîmes un gémissement, nous tournâmes nos pas dans la direction d'où il venait. Ah, le premier homme que j'ai trouvé de cette façon ! Il était à moitié allongé, son corps soutenu par un tas de morts. J'ai levé ma lanterne pour regarder son visage et j'ai constaté que son oreille et une partie de sa mâchoire avaient été arrachées. De gros caillots de sang, coagulés par le froid, pendaient de sa mâchoire inférieure. Il y avait un regard sauvage dans ses yeux. Je pris un brin de paille, le trempai dans mon flacon, pris quelques gouttes d'eau-de-vie et les soufflai entre ses dents dans la bouche du pauvre garçon. J'ai répété cela trois ou quatre fois. Un peu de vie lui est alors revenue et nous l'avons emmené dans un des véhicules. La même chose a été faite pour les autres. Certains d'entre eux pouvaient boire dans la gourde, ce qui raccourcissait notre travail. Un de ces malheureux était effrayant à voir. Un obus avait emporté tous les vêtements de la partie supérieure de son corps, à l'exception de deux manches en lambeaux qui pendaient des bras jusqu'aux épaules. Il n'y avait aucune trace de blessure, mais son pauvre corps était partout marqué de grandes taches noires, et le sang suintait lentement des coins de sa bouche. Je m'approchai de lui, car il me semblait qu'il respirait. Je lui ai fait donner quelques gouttes du cordial vivifiant, puis il a entrouvert les yeux et a dit : « Merci. Il fut transporté dans le véhicule, mais le pauvre garçon mourut d'une crise d'hémorragie, couvrant tous les autres blessés d'un flot de sang noir.

La lumière du jour commença progressivement à apparaître, une aube brumeuse et terne. Les lanternes étaient éteintes, mais nous pouvions désormais nous distinguer. Il y avait là une centaine de personnes : des sœurs de charité, des infirmiers militaires et civils, des frères de l'Ecole Chrétienne, d'autres prêtres et quelques dames qui, comme moi, s'étaient données corps et âme au service de la blessés.

Le spectacle était encore plus lugubre à la lumière du jour, car tout ce que la nuit avait caché dans les ombres apparaissait alors dans la lumière blafarde et tardive de ce matin de janvier.

Il y avait tellement de blessés qu'il était impossible de tous les transporter et je sanglotais à la pensée de mon impuissance. D'autres véhicules arrivaient toujours, mais il y avait tellement de blessés, tellement de blessés. Plusieurs de ceux qui n'avaient que des blessures légères étaient morts de froid.

En revenant à l'ambulance, j'ai rencontré un de mes amis à la porte. C'était un officier de marine et il m'avait amené un marin blessé au fort d'Ivry. Il avait reçu une balle sous l'œil droit. Il était inscrit sous le nom de Désiré Bloas, maître d'équipage, âgé de 27 ans. C'était un garçon magnifique, d'apparence très franche et un homme de peu de mots. Dès qu'il fut au lit, le docteur Duchesne fit venir un barbier pour le raser, ses moustaches touffues ayant été ravagées par une balle qui s'était logée dans la glande salivaire, entraînant avec elle des poils et de la chair dans la plaie. Le chirurgien prit ses pinces pour extraire les morceaux de chair qui bouchaient l'ouverture de la plaie. Il dut alors prendre des pinces très fines pour extraire les poils enfoncés. Lorsque le barbier posa très doucement son rasoir près de la plaie, le malheureux devint livide et un juron s'échappa de ses lèvres. Il m'a immédiatement jeté un coup d'œil et a murmuré : « Pardon, Mademoiselle. J'étais très jeune, mais je paraissais beaucoup plus jeune que mon âge ; En fait, je ressemblais à une très jeune fille. Je tenais la main du pauvre garçon dans la mienne et j'essayais de le réconforter avec les centaines de paroles de consolation qui jaillissent du cœur d'une femme jusqu'à ses lèvres lorsqu'elle a besoin d'apaiser une souffrance morale ou physique.

« Ah ! mademoiselle, dit le pauvre Bloas, quand la plaie fut enfin pansée, vous m'avez donné du courage.

Lorsqu'il fut plus à l'aise, je lui demandai s'il voulait manger quelque chose.

"Oui," répondit-il.

"Eh bien, mon garçon, tu veux du fromage, de la soupe ou des bonbons ?" demanda madame Lambquin.

"Des bonbons", répondit l'homme à l'air puissant en souriant.

Désiré Bloas me parlait souvent de sa mère, qui habitait près de Brest. Il avait une véritable adoration pour cette mère, mais il semblait avoir une rancune terrible contre son père, car un jour, alors que je lui demandais si son père vivait encore, il leva ses yeux intrépides et parut les fixer sur une image. n'étant visible que par lui-même, comme pour le défier, avec une expression du mépris le plus pitoyable. Hélas! ce brave garçon était destiné à une fin cruelle, mais j'y reviendrai plus tard.

Les souffrances endurées pendant le siège commencent à se faire sentir sur le *moral* des Parisiens. Le pain venait d'être rationné : il devait y en avoir 300 grammes pour les adultes et 150 grammes pour les enfants. Une fureur silencieuse s'empara du peuple à cette nouvelle. Les femmes étaient les plus courageuses, les hommes étaient excités. Les querelles devinrent amères, car les uns voulaient la guerre jusqu'à la mort, et les autres voulaient la paix.

Un jour que j'entrais dans la chambre de Frantz Mayer pour lui apporter son repas, il entra dans une colère des plus ridicules. Il jeta son morceau de poulet par terre et déclara qu'il ne mangerait rien, rien de plus, car on l'avait trompé en lui disant que les Parisiens n'avaient pas assez de nourriture pour tenir deux jours avant de se rendre, et il avait J'étais dans l'ambulance depuis dix-sept jours maintenant et je mangeais du poulet. Ce que le pauvre garçon ne savait pas, c'est que j'avais acheté une quarantaine de poules et six oies au début du siège, et que je les nourrissais dans ma loge de la rue de Rome. Oh, ma loge était alors bien jolie ; mais je laissai croire à Frantz que tout Paris était plein de poules, de canards, d'oies et autres bipèdes domestiques.

Le bombardement continua et une nuit je dus faire transporter tous mes patients aux caves de l'Odéon, car alors que Mme Guérard aidait un des malades à se recoucher, un obus tomba sur le lit lui-même, entre elle et l'officier. . Cela me fait encore frémir de penser que trois minutes plus tôt, le malheureux aurait été tué alors qu'il était couché, même si l'obus n'a pas éclaté.

Nous ne pouvions pas rester longtemps dans les caves. L'eau devenait plus profonde et les rats nous tourmentaient. J'ai donc décidé qu'il fallait déplacer l'ambulance et j'ai fait transporter les plus mauvais patients à l'hôpital du Val-de-Grâce. J'ai gardé une vingtaine d'hommes en voie de convalescence. Je leur ai loué un immense appartement vide, au 58, rue Taitbout, et c'est là que nous attendions l'armistice.

J'étais à moitié mort d'anxiété, car je n'avais plus de nouvelles de ma propre famille depuis longtemps. Je ne pouvais pas dormir et j'étais devenu l'ombre même de moi-même.

Jules Favre fut chargé des négociations avec Bismarck. Oh, ces deux jours de préliminaires ! Ce furent les jours les plus troublants pour les assiégés. De fausses informations ont été diffusées. On nous fit part des exigences les plus folles et les plus exorbitantes de la part des Allemands, qui n'étaient certainement pas tendres envers les vaincus.

Il y a eu un moment de stupeur lorsque nous avons appris qu'il fallait payer immédiatement deux cents millions de francs cash, car nos finances étaient dans un état si pitoyable que nous frémissions à l'idée que nous ne parvenions peut-être pas à combler la somme de deux cent millions.

Le baron Alphonse de Rothschild, enfermé à Paris avec sa femme et ses frères, appuya sa signature pour les deux cents millions. Cette belle action fut vite oubliée, et il y a même des gens qui la contestent.

Ah, l'ingratitude des masses est une honte pour l'humanité civilisée ! « L'ingratitude est le mal propre aux races blanches », disait un Peau-Rouge, et il avait raison.

Lorsque nous apprîmes à Paris que l'armistice était signé pour vingt jours, une tristesse effroyable s'empara de nous tous, même de ceux qui désiraient le plus ardemment la paix.

Chaque Parisien sentait sur sa joue la main du conquérant. C'était la marque de la honte, le coup porté par l'abominable traité de paix.

Oh, ce 31 janvier 1871 ! Je me souviens si bien que j'étais anémique de privation, miné par le chagrin, torturé par l'inquiétude pour ma famille, et je sortis avec Madame Guérard et deux amis vers le parc Monceau. Tout à coup un de mes amis, M. de Plancy, devint pâle comme un mort. J'ai regardé pour voir ce qui se passait et j'ai remarqué qu'un soldat passait par là. Il n'avait pas d'armes. Deux autres personnes sont passées, et elles n'avaient pas non plus d'armes. Et ils étaient si pâles aussi, ces pauvres soldats désarmés, ces humbles héros ; il y avait un chagrin et un désespoir si évidents dans leur démarche même ; et leurs yeux, en nous regardant, les femmes, semblaient dire : « Ce n'est pas notre faute ! Tout cela était si pitoyable, si touchant. J'éclatai en sanglots et rentrai aussitôt chez moi, car je ne voulais plus rencontrer de soldats français désarmés.

J'ai décidé de partir maintenant au plus vite à la recherche de ma famille. Je demandai à Paul de Rémusat de me procurer une audience avec M. Thiers, afin d'obtenir de lui un passeport pour sortir de Paris. Mais je ne pouvais pas y aller seul. Je sentais que le voyage que j'allais entreprendre était très dangereux. M. Thiers et Paul de Rémusat m'en avaient prévenu. Je voyais donc que je devrais être constamment en compagnie de mon compagnon de voyage, et c'est pour cette raison que je résolus de prendre non pas un domestique avec moi, mais un ami. Tout naturellement, je me rendis aussitôt chez Mme Guérard. Son mari, si doux qu'il fût, refusa absolument de la laisser partir avec moi, jugeant cette expédition folle et dangereuse. C'était certainement fou, et dangereux aussi.

Je n'ai pas insisté, mais j'ai fait venir la gouvernante de mon fils, Mlle. Soubise. Je lui demandai si elle voulait m'accompagner, et je n'essayai de lui cacher aucun des dangers du voyage. Elle sursauta de joie et dit qu'elle serait prête dans douze heures. Cette jeune fille est actuellement l'épouse du commandant Monfils Chesneau. Et comme la vie est étrange, car elle enseigne désormais aux deux filles de mon fils, son ancien élève.

Mlle. Soubise était alors très jeune et d'apparence créole. Elle avait de très beaux yeux sombres, avec une expression douce et timide, et une voix d'enfant. Cependant, sa tête était pleine d'aventures, de romance et de rêveries. En apparence, nous aurions pu passer toutes les deux pour de très jeunes filles, car, bien que j'étais plus âgé qu'elle, ma minceur et mon visage me faisaient paraître plus jeune. Il aurait été absurde d'essayer de prendre une malle avec nous, alors j'ai pris un sac pour nous deux. Nous n'avions que du linge de rechange et quelques bas. J'avais mon revolver et j'en offris un à Mlle. Soubise, mais elle refusa avec horreur et me montra une énorme paire de ciseaux dans un énorme étui.

"Mais qu'est-ce que tu vas en faire ?" J'ai demandé.

"Je me suiciderai si nous sommes attaqués", a-t-elle répondu.

J'ai été surpris par la différence entre nos personnages. Je prenais un revolver, déterminé à me protéger en tuant les autres ; elle était déterminée à se protéger en se suicidant.

XVIII
UN VOYAGE AUDACIEUX À TRAVERS LES LIGNES ALLEMANDES

Le 4 février, nous avons commencé ce voyage qui devait durer trois jours et en a duré onze. A la première porte où je me présentai pour quitter Paris, je fus renvoyé de la façon la plus brutale. Les autorisations de sortie de la ville devaient être soumises à la signature des avant-postes allemands. Je me dirigeai vers une autre porte, mais ce n'est qu'à la poterne des Poissonniers que je pus faire signer mon passeport.

Nous avons été conduits dans une petite remise transformée en bureau. Un général prussien y était assis. Il m'a regardé de haut en bas, puis a dit :

« Êtes-vous Sarah Bernhardt ? »

"Oui," répondis-je.

« Et cette jeune femme est avec vous ?

"Oui."

« Et tu penses que tu vas traverser facilement ?

"Je l'espère."

– Eh bien, vous vous trompez, et vous feriez mieux de rester à Paris.

"Non; Je veux partir. Je verrai moi-même ce qui va se passer, mais je veux partir.

Il a haussé les épaules, appelé un officier, dit quelque chose que je n'ai pas compris en allemand, puis il est sorti, nous laissant seuls sans passeport.

Nous étions là depuis environ un quart d'heure lorsque j'entendis soudain une voix que je connaissais. C'était celle d'un de mes amis, René Griffon, qui avait appris mon départ, et s'était lancé à ma poursuite pour tenter de m'en dissuader. Les efforts qu'il s'était donnés avaient été vains, car j'étais déterminé à partir. Le général revint peu après, et Griffon s'inquiétait de savoir ce qui pourrait nous arriver.

"Tout!" répondit l'officier. "Et pire que tout!"

Griffon parlait allemand et eut un bref colloque avec l'officier à notre sujet. Cela m'ennuyait un peu, car, comme je ne comprenais pas, je croyais qu'il exhortait le général à nous empêcher de partir. J'ai néanmoins résisté à toutes les persuasions, supplications et même menaces. Quelques minutes plus tard, un véhicule bien aménagé s'arrêtait devant la porte du hangar.

"Te voilà!" » dit brutalement l'officier allemand. « Je vous envoie à Gonesse, où vous trouverez le train de ravitaillement qui part dans une heure. Je vous recommande aux soins du chef de gare, le commandant X. Après cela, que Dieu prenne soin de vous !

Je montai dans la voiture du général et dis adieu à mon ami qui était désespéré. Nous arrivâmes à Gonesse et descendîmes à la gare, où nous vîmes un petit groupe de personnes qui parlaient à voix basse. Le cocher me fit un salut militaire, refusa ce que je voulais lui donner et partit à toute vitesse. Je m'avançais vers le groupe, me demandant à qui je devais parler, lorsqu'une voix amicale s'écria : « Quoi, vous êtes là ! D'où venez-vous? Où vas-tu?" C'était Villaret, le ténor en vogue à l'Opéra. Il se rendait chez sa jeune épouse, je crois, dont il n'avait plus de nouvelles depuis cinq mois. Il nous présenta un de ses amis, qui voyageait avec lui, et dont je ne me souviens plus du nom ; Fils du général Pélissier, et très vieillard, si pâle, si triste et si malheureux, que j'en eus bien pitié. C'était un M. Gerson, et il allait en Belgique conduire son petit-fils chez sa marraine. Ses deux fils avaient été tués au cours de cette pitoyable guerre. L'un des fils était marié et sa femme était morte de chagrin et de désespoir. Il emmenait l'orphelin chez sa marraine et il espérait mourir lui-même le plus tôt possible après.

Ah ! le pauvre garçon, il n'avait alors que cinquante-neuf ans, et il était si cruellement ravagé par sa douleur que je l'ai pris pour soixante-dix.

A côté de ces cinq personnes, il y avait un insupportable bavard nommé Théodore Joussian, marchand de vins. Oh, il n'avait pas besoin d'être présenté.

"Comment allez-vous, Madame?" il a commencé. « Quelle chance que vous puissiez voyager avec nous. Ah, le voyage sera difficile. Où vas-tu? Deux femmes seules ! Ce n'est pas du tout prudent, d'autant que toutes les routes sont encombrées de tireurs d'élite, de maraudeurs et de voleurs allemands et français. Oh, n'ai-je pas démoli certains de ces tireurs d'élite allemands ! Chut… Il faut cependant parler doucement ; ces rusés entendent très vite ! Il montra ensuite les officiers allemands qui se promenaient de long en large. « Ah, les coquins ! il continua. « Si j'avais mon uniforme et mon fusil, ils ne marcheraient pas avec autant d'audace devant Théodore Joussian. Je n'ai pas moins de six casques à la maison… »

L'homme m'a énervé, je lui ai tourné le dos et j'ai regardé lequel des hommes devant moi pourrait être le chef de gare.

Un grand jeune Allemand, le bras en écharpe, s'est approché de moi avec une lettre ouverte. C'était celui que lui avait remis le cocher du général en me recommandant à ses soins. Il m'a tendu son bras sain, mais je l'ai refusé. Il s'inclina et montra le chemin, et je le suivis, accompagné de Mlle. Soubise.

En arrivant dans son bureau, il nous fit asseoir à une petite table sur laquelle étaient placés des couteaux et des fourchettes pour deux personnes. Il était alors trois heures de l'après-midi et nous n'avions rien bu, pas même une goutte d'eau, depuis la veille. J'ai été très touché de cette prévenance, et nous avons fait honneur au repas très simple mais rafraîchissant que nous a offert le jeune officier.

Pendant que nous déjeunions, je le regardais alors qu'il ne me remarquait pas. Il était très jeune et son visage portait les traces de souffrances récentes. J'éprouvais une tendresse compatissante pour ce malheureux, infirme à vie, et ma haine de la guerre augmentait encore.

Il me dit soudain, dans un français assez mauvais : « Je crois pouvoir te donner des nouvelles d'un de tes amis.

"Quel est son nom?" J'ai demandé.

"Emmanuel Bocher."

« Oh oui, c'est certainement un de mes grands amis. Comment est-il?"

"Il est toujours prisonnier, mais il va très bien."

«Mais je pensais qu'il avait été libéré», ai-je dit.

"Certains de ceux qui étaient emmenés avec lui ont été relâchés, après avoir donné leur parole de ne plus jamais prendre les armes contre nous, mais il a refusé de donner sa parole."

"Oh, le brave soldat!" M'écriai-je malgré moi.

Le jeune Allemand me regardait de ses yeux clairs et tristes.

« Oui, dit-il simplement, le brave soldat !

Lorsque nous eûmes terminé notre déjeuner, je me levai pour rejoindre les autres voyageurs.

« Le compartiment qui vous est réservé ne sera pas là avant deux heures », dit le jeune officier. "Si vous souhaitez vous reposer, mesdames, je viendrai vous chercher au bon moment." Il est parti et peu de temps après, je me suis endormi profondément. J'étais presque mort de fatigue.

Mlle. Soubise me toucha l'épaule pour me réveiller. Le train était prêt à démarrer et le jeune officier m'y accompagna. Je fus un peu étonné en voyant la voiture dans laquelle je devais voyager. Elle n'avait pas de toit et était remplie de charbon. L'officier fit mettre plusieurs sacs vides, les uns sur les autres, pour rendre nos sièges moins durs. Il fit chercher son manteau d'officier, me priant de le prendre avec nous et de le lui renvoyer, mais je refusai avec la plus grande énergie cet odieux déguisement. C'était une journée extrêmement froide, mais je préférais mourir de froid plutôt que de m'emmitoufler dans un manteau appartenant à l'ennemi.

Le coup de sifflet retentit, l'officier blessé salua et le train démarra. Il y avait des soldats prussiens dans les voitures. Les subordonnés, les employés et les soldats étaient aussi brutaux et grossiers que les officiers allemands étaient polis et courtois.

Le train s'est arrêté sans aucune raison plausible, il a recommencé à s'arrêter, puis il est resté immobile pendant une heure dans cette nuit glaciale. En arrivant à Creil, le chauffeur, le mécanicien, les soldats et tout le monde descendirent. J'ai regardé tous ces hommes siffler, brailler, cracher et éclater de rire en nous désignant. N'étaient-ils pas les conquérants et nous les vaincus ?

A Creil nous restâmes plus de deux heures. On entendait au loin le son de la musique étrangère et les hourras des Allemands qui s'amusaient. Tout ce brouhaha venait d'une maison blanche à cinq cents mètres environ. On distinguait les contours d'êtres humains enfermés dans les bras les uns des autres, valsant et tournant en rond dans un festin vertigineux.

Cela commençait à m'énerver, car cela semblait devoir durer jusqu'au jour.

Je suis sorti avec Villaret, avec l'intention en tout cas de me dégourdir les jambes. Nous nous sommes dirigés vers la maison blanche, puis, comme je ne voulais pas lui faire part de mon projet, je lui ai demandé de m'y attendre.

Mais fort heureusement pour moi, je n'eus pas le temps de franchir le seuil de ce ignoble hôtel, car un officier, fumant une cigarette, venait de sortir par une petite porte. Il m'a parlé en allemand.

«Je suis français», répondis-je, puis il s'approcha de moi en parlant ma langue, car ils parlaient tous français.

Il m'a demandé ce que je faisais là. Mes nerfs étaient à rude épreuve. Je lui racontai fébrilement notre lamentable Odyssée depuis notre départ de Gonesse, et enfin notre attente de deux heures dans une voiture glaciale pendant que les chauffeurs, les mécaniciens et les conducteurs dansaient dans cette maison.

« Mais je ne savais pas qu'il y avait des passagers dans ces voitures, et c'est moi qui ai donné la permission à ces hommes de danser et de boire. Le gardien du train m'a dit qu'il transportait du bétail et des marchandises, et qu'il n'avait pas besoin d'arriver avant huit heures du matin, et je l'ai cru… »

«Eh bien, Monsieur, dis-je, le seul bétail dans le train, ce sont les huit passagers français, et je vous serais très reconnaissant si vous vouliez donner l'ordre que le voyage continue.»

«Rassurez-vous, Madame», répondit-il. « Veux-tu entrer et te reposer ? Je suis ici tout à l'heure pour une tournée d'inspection et je reste quelques jours dans cette auberge. Vous prendrez une tasse de thé et cela vous rafraîchira.

Je lui ai dit que j'avais un ami qui m'attendait sur la route et une dame dans le wagon.

"Mais cela ne fait aucune différence", a-t-il déclaré. "Allons les chercher."

Quelques minutes plus tard, nous trouvâmes le pauvre Villaret assis sur une borne. Sa tête était sur ses genoux et il dormait. Je lui ai demandé d'aller chercher Mlle. Soubise.

"Et si vos autres compagnons de voyage viennent prendre une tasse de thé, ils seront les bienvenus", a déclaré l'officier. Je suis rentré avec lui, et nous sommes entrés par la petite porte par laquelle je l'avais vu sortir. C'était une pièce assez grande dans laquelle nous entrâmes, au ras du pré ; il y avait des nattes par terre, un lit très bas et une table énorme sur laquelle étaient deux grandes cartes de France. L'un d'eux était parsemé d'épingles et de petits drapeaux. Il y avait aussi un portrait de l'empereur Guillaume, monté et attaché par quatre épingles. Tout cela appartenait à l'officier.

Sur la cheminée, sous un énorme abat-jour en verre, se trouvaient une couronne de mariée, une médaille militaire et une tresse de cheveux blancs. De chaque côté de l'abat-jour en verre se trouvait un vase en porcelaine contenant une branche de buis. Tout cela, avec la table et le lit, appartenait à l'hôtesse, qui avait cédé sa chambre à l'officier.

Il y avait cinq chaises de rotin autour de la table, un fauteuil de velours et un banc de bois couvert de livres contre le mur. Une épée et une ceinture étaient posées sur la table, ainsi que deux pistolets à cheval.

Je philosophais en moi-même sur tous ces objets hétérogènes, quand les autres arrivèrent : Mlle. Soubise, Villaret, le jeune Gerson et cet insupportable Théodore Joussian. (J'espère qu'il me pardonnera s'il est en vie maintenant, le pauvre, mais penser à lui m'irrite toujours.)

L'officier nous fit préparer du thé bouillant, et ce fut un véritable régal, car nous étions épuisés de faim et de froid.

Lorsque la porte fut ouverte pour qu'on apporte le thé, Théodore Joussian aperçut la foule de jeunes filles, de soldats et d'autres personnes.

« Ah ! mes amis, s'écria-t-il avec un éclat de rire, nous sommes chez Sa Majesté William ; il y a une réception et c'est *chic*, je peux vous le dire ! Avec cela, il se fit claquer la langue deux fois. Villaret lui rappela que nous étions les hôtes d'un Allemand et qu'il était préférable de se taire.

"Ça suffit, ça suffit!" répondit-il en allumant une cigarette.

Un fracas effroyable de jurons et de cris remplaça alors le bruit assourdissant de l'orchestre, et l'incorrigible Sudiste entrouvrit la porte.

Je voyais l'officier donner des ordres à deux sous-officiers, qui à leur tour séparaient les groupes, saisissant le chauffeur, le mécanicien et les autres hommes du train, si brutalement que j'en ai eu pitié. Ils reçurent des coups de pied dans le dos, des coups du plat de l'épée sur l'épaule ; un coup de crosse de fusil renversa le garde du train. Mais c'était la brute la plus laide que j'aie jamais vue. Tous ces gens furent dégrisés en quelques secondes, et revinrent vers notre voiture avec un air de chien pendu et une mine menaçante.

Nous les avons suivis, mais je n'étais pas très satisfait de ce qui pourrait nous arriver en chemin avec cette bande bizarre. L'officier avait évidemment une idée semblable, car il ordonna à l'un des sous-officiers de nous accompagner jusqu'à Amiens. Ce sous-officier monta dans notre voiture, et nous repartîmes. Nous arrivâmes à Amiens à six heures du matin. La lumière du jour n'avait pas encore réussi à percer les nuages de la nuit. Une pluie légère tombait, durcie par le froid. Il n'y avait pas de voiture, pas même de porteur. Je voulais aller à l'Hôtel du Cheval-Blanc, mais un homme qui s'y trouvait m'a dit : « Cela ne sert à rien, ma petite dame ; il n'y a pas de place là-bas, même pour une latte comme toi. Allez dans la maison là-bas avec un balcon ; ils peuvent héberger certaines personnes.

Avec ces mots, il m'a tourné le dos. Villaret était parti sans dire un mot. M. Gerson et son petit-fils avaient disparu silencieusement dans une charrette de campagne couverte et hermétiquement fermée. Une matrone grosse, rousse et trapue les attendait, mais le cocher avait l'air d'être au service de gens aisés. Le fils du général Pélissier, qui n'avait pas prononcé un mot depuis que nous avions quitté Gonesse, avait disparu comme un boulet des mains d'un prestidigitateur.

Théodore Joussian m'a poliment proposé de nous accompagner, et j'étais si las que j'ai accepté son offre. Il a ramassé notre sac et s'est mis à marcher à toute vitesse, de sorte que nous avons eu du mal à le suivre. Il était tellement essoufflé par la marche qu'il ne pouvait pas parler, ce qui était pour moi un grand soulagement.

Finalement nous arrivâmes à la maison et entrâmes, mais mon horreur fut grande en voyant que le hall de l'hôtel avait été transformé en dortoir. Nous pouvions à peine marcher entre les matelas posés à terre, et les grognements du peuple n'étaient guère prometteurs.

Une fois que nous étions au bureau, une jeune fille en deuil nous a dit qu'il n'y avait pas de chambre libre. Je me laissai tomber sur une chaise, et Mlle. Soubise s'appuya contre le mur, les bras pendants, l'air très abattu.

L'odieux Joussian a alors crié qu'on ne pouvait pas laisser deux femmes aussi jeunes que nous rester dehors toute la nuit dans la rue. Il est allé voir la propriétaire de l'hôtel et lui a parlé doucement de moi. Je ne sais pas ce que c'était, mais j'ai entendu distinctement mon nom. La jeune femme en deuil releva alors les yeux humides.

« Mon frère était poète », dit-elle. « Il a écrit sur vous un très joli sonnet après vous avoir vu jouer plus de dix fois dans *Le Passant* . Il m'a emmené aussi te voir, et je me suis tellement amusé cette nuit-là. Mais tout est fini. Elle leva les mains vers sa tête et sanglota, essayant de réprimer ses cris. "C'est fini!" répéta-t-elle. "Il est mort! Ils l'ont tué ! Tout est fini! Partout!"

Je me levai, ému au plus profond de mon être par cette terrible douleur. Je l'entourai de mes bras et l'embrassai, pleurant moi-même et lui murmurant des mots de réconfort et d'espoir.

Apaisée par mes paroles et touchée par ma fraternité, elle s'essuya les yeux et, me prenant la main, m'entraîna doucement. Soubise le suivit. Je fis signe à Joussian d'une manière autoritaire de rester là où il était, et nous montâmes en silence les deux étages de l'hôtel. Au bout d'un couloir étroit, elle ouvrit une porte. Nous nous sommes retrouvés dans une pièce assez grande, qui sentait le tabac. Une petite veilleuse, placée sur une petite table près du lit, était la seule lumière dans cette grande pièce. La respiration sifflante d'un sein humain troublait le silence. Je regardai vers le lit, et à la faible lumière de la petite lampe, j'aperçus un homme à moitié assis, soutenu par un tas d'oreillers. L'homme avait l'air plus âgé que vraiment vieux. Sa barbe et ses cheveux étaient blancs et son visage portait des traces de souffrance. Deux grands sillons se formaient depuis les yeux jusqu'aux commissures de la bouche. Quelles larmes ont dû couler sur ce pauvre visage émacié !

La jeune fille s'est dirigée tranquillement vers le lit, nous a fait signe d'entrer dans la chambre, puis a fermé la porte. Nous avons marché sur la pointe des pieds jusqu'au fond de la pièce, les bras tendus pour maintenir notre équilibre. Je m'assis avec précaution sur un grand canapé Empire, et Soubise prit place à côté de moi. L'homme au lit entrouvrit les yeux.

« Qu'y a-t-il, mon enfant ? Il a demandé.

« Rien, mon père ; rien de grave", a-t-elle répondu. « Je voulais te le dire, pour que tu ne sois pas surpris à ton réveil. Je viens de donner l'hospitalité dans notre chambre à deux dames qui sont ici.

Il tourna la tête d'un air agacé et essaya de nous regarder au fond de la pièce.

"La dame aux cheveux blonds, continua la jeune fille, c'est Sarah Bernhardt, que Lucien aimait tant, tu te souviens ?"

L'homme s'est assis et, se protégeant les yeux avec sa main, nous a regardé. Je me suis approché de lui. Il m'a regardé en silence, puis a fait un geste de la main. Sa fille comprit le geste et lui apporta une enveloppe provenant d'un petit bureau. Les mains du malheureux père tremblèrent lorsqu'il le prit. Il en sortit lentement trois feuilles de papier et une photographie. Il a fixé son regard sur moi puis sur le portrait.

"Oui oui; c'est certainement vous, c'est certainement vous, murmura-t-il.

J'ai reconnu ma photo, prise au *Passant*, qui sentait la rose.

« Tu vois, dit le pauvre homme, les yeux voilés de larmes, tu étais l'idole de cet enfant. Ce sont les lignes qu'il a écrites à votre sujet.

Il me lut alors, de sa voix chevrotante, avec un léger accent picard, un très joli sonnet, qu'il refusa de me donner. Il déplia ensuite un deuxième papier sur lequel étaient griffonnés quelques vers à Sarah Bernhardt. Le troisième journal était une sorte de chant triomphal célébrant toutes nos victoires sur l'ennemi.

« Le pauvre garçon espérait encore, jusqu'à ce qu'il soit tué », dit le père. « Il n'est mort que depuis cinq semaines. Il a reçu trois balles dans la tête. Le premier lui brisa la mâchoire, mais il ne tomba pas. Il continuait de tirer sur les canailles comme un possédé. Le deuxième lui a arraché l'oreille et le troisième l'a frappé à l'œil droit. Il tomba alors pour ne plus jamais se relever. Son camarade nous a raconté tout cela. Il avait vingt-deux ans. Et maintenant, c'est fini !

La tête du malheureux retomba sur le tas d'oreillers. Ses deux mains inertes avaient laissé tomber les papiers, et de grosses larmes roulaient sur ses joues pâles, dans les sillons formés par la douleur. Un gémissement étouffé sortit de ses lèvres. La jeune fille était tombée à genoux et enfouissait sa tête dans les couvertures pour étouffer le bruit de ses sanglots. Soubise et moi étions complètement bouleversés. Ah ! ces sanglots étouffés, ces gémissements sourds semblaient bourdonner à mes oreilles, et je sentais tout céder sous moi. J'ai étendu mes mains dans l'espace et j'ai fermé les yeux.

Bientôt, il y eut un grondement lointain, qui s'intensifia et se rapprocha ; puis des cris de douleur, des os qui se heurtent les uns contre les autres, le bruit sourd des pas des chevaux qui écrasent les cervelles humaines ; des hommes armés passaient comme un tourbillon destructeur en criant : « *Vive la guerre !* » Et des femmes à genoux, les bras tendus, criant : « La guerre est infâme ! Au nom de nos entrailles qui vous ont porté, de nos seins qui vous ont allaité, au nom de nos douleurs d'accouchement, au nom de nos angoisses pour vos berceaux, que cela cesse !

Mais le tourbillon sauvage passa, s'abattant sur les femmes. J'étendis les bras dans un effort suprême qui me réveilla brusquement. J'étais allongé dans le lit de la fille. Mlle. Soubise, qui était près de moi, me tenait la main. Un homme que je ne connaissais pas, mais qu'on appelait docteur, me recouche doucement sur le lit. J'ai eu quelques difficultés à rassembler mes pensées.

« Depuis combien de temps suis-je ici ? J'ai demandé.

"Depuis hier soir", répondit la douce voix de Soubise. « Vous vous êtes évanoui et le médecin nous a dit que vous aviez une crise de fièvre. Oh, j'ai eu très peur !

J'ai tourné mon visage vers le médecin.

"Oui, chère dame," dit-il. « Vous devez maintenant être très prudent pendant les prochaines quarante-huit heures, et ensuite vous pourrez repartir. Mais vous avez eu bien des secousses pour une santé si délicate. Vous devez faire attention.

J'ai pris le pot qu'il me tendait, je me suis excusé auprès du propriétaire de la maison qui venait d'entrer, puis je me suis retourné, la face contre le mur. J'avais tellement, vraiment besoin de repos.

Deux jours plus tard, je quittais nos hôtes tristes mais gentils. Mes compagnons de voyage avaient tous disparu. En descendant, je rencontrais sans cesse des Prussiens, car le malheureux propriétaire avait été envahi de force par l'armée allemande. Il regardait chaque soldat et chaque officier, essayant de savoir s'il n'était pas en présence de celui qui avait tué son pauvre garçon. Il ne me l'a pas dit, mais c'était mon idée. Il me semblait que telle était sa pensée et tel était le sens de son regard.

Dans le véhicule dans lequel je me suis rendu à la gare, le gentil homme avait mis un panier de nourriture. Il m'a également donné une copie du sonnet et un calque de la photographie de son fils.

Je quittai ce couple désolé avec la plus profonde émotion, et j'embrassai la jeune fille en partant. Soubise et moi n'avons pas échangé un mot pendant notre trajet vers la gare, mais nous étions tous deux préoccupés par les mêmes pensées angoissantes.

A la gare, nous avons constaté que là aussi les Allemands étaient maîtres. J'ai demandé un compartiment de première classe pour nous seuls, ou un *coupé*, au choix, à condition que nous soyons seuls.

Je n'arrivais pas à me faire comprendre.

J'ai vu un homme huiler les roues des voitures, qui m'a semblé être un Français. Je ne m'étais pas trompé. C'était un vieil homme qui avait été gardé, en partie par charité, en partie parce qu'il connaissait tous les coins et recoins et qu'étant Alsacien, il parlait allemand. Ce brave homme m'a conduit au bureau de réservation et m'a expliqué mon souhait d'avoir un compartiment de première classe. L'homme qui s'occupait de la billetterie éclata de rire. Il n'y avait ni première ni deuxième classe, dit-il. C'était un train allemand et je devrais voyager comme tout le monde. Le graisseur de roue devint violet de rage, qu'il réprima rapidement. (Il devait garder sa place. Sa femme phtisique allaitait leur fils, qui venait d'être renvoyé de l'hôpital avec la jambe coupée et la blessure pas encore cicatrisée. Il y en avait tellement à l'hôpital.) Tout cela, il me dit-il en m'emmenant chez le chef de gare. Ce dernier parlait très bien français, mais il ne ressemblait pas du tout aux autres officiers allemands que j'avais rencontrés.

Il me salua à peine, et lorsque j'exprimai mon désir, il répondit sèchement :

"C'est impossible. Deux places vous seront réservées dans le wagon des officiers.

"Mais c'est ce que je veux éviter", m'exclamai-je. "Je ne veux pas voyager avec des officiers allemands."

"Eh bien, vous serez mis avec des soldats allemands", grogna-t-il avec colère et, mettant son chapeau, il sortit en claquant la porte. Je restais là, étonné et confus devant l'insolence de cette ignoble brute. Je devins si pâle, paraît-il, et le bleu de mes yeux devint si clair, que Soubise, qui connaissait mes accès de colère, fut très alarmé.

« Soyez calme, Madame, je vous en supplie ! » dit-elle. « Nous sommes deux femmes seules au milieu de gens hostiles. S'ils voulaient nous faire du mal, ils le pourraient, et nous devons atteindre le but et l'objet de notre voyage ; il faut revoir le petit Maurice.

Elle était bien intelligente, cette charmante Mlle. Soubise, et son petit discours eut l'effet escompté. Revoir l'enfant était mon but et mon objectif. Je me suis calmé, j'ai juré de ne pas me laisser emporter par ce voyage qui s'annonçait fertile en incidents, et j'ai presque tenu parole. Je quittai le bureau du chef de gare et trouvai le pauvre Alsacien qui attendait à la porte. Je lui ai donné quelques louis, qu'il a cachés rapidement, puis il m'a serré la main comme pour s'en débarrasser. « Vous ne devriez pas avoir cela si visible, Madame, dit-il en désignant le petit sac que j'avais accroché à mon côté, c'est très dangereux.

Je l'ai remercié, mais je n'ai pas prêté attention à ses conseils. Comme le train allait démarrer, nous entrâmes dans le seul compartiment de première classe qui existait ; il y avait deux jeunes officiers allemands. Ils ont salué et j'ai pris cela comme un bon présage. Le train a sifflé et j'ai pensé que nous avions de la chance, car personne d'autre ne monterait ! Eh bien, les roues n'avaient pas fait dix tours lorsque la porte s'ouvrit violemment et que cinq officiers allemands sautèrent dans notre voiture.

Nous étions alors neuf, et quelle torture ! Le chef de gare fit ses adieux à l'un des officiers, et tous deux éclatèrent de rire en nous regardant. J'ai jeté un coup d'œil à l'ami du chef de gare. Il était chirurgien-major et portait l'insigne d'ambulance sur sa manche. Son large visage était congestionné et un anneau de barbe touffue et sable en entourait la partie inférieure. Deux petits yeux clairs et brillants en perpétuel mouvement éclairaient ce visage vermeil et lui lançaient un regard narquois. Il était large d'épaules et trapu, et donnait l'impression d'avoir de la force sans nerfs. L'horrible homme riait encore alors que la station et son maître étaient loin de nous, mais ce que l'autre avait dit était évidemment très drôle.

J'étais assis dans un coin, avec Soubise en face de moi. Un jeune officier allemand était assis à côté de moi et l'autre jeune officier était à côté de mon ami. Ils étaient tous deux très doux et polis, et l'un d'eux était tout à fait charmant par son charme juvénile.

Le chirurgien-major ôta son casque. Il était très chauve et avait un front très petit et têtu. Il a commencé à parler à voix haute aux autres agents.

Nos deux jeunes gardes du corps prenaient très peu part à la conversation. Parmi les autres se trouvait un jeune homme grand et affecté, qu'on appelait baron. Il était mince, très élégant et très fort. Lorsqu'il a vu que nous ne comprenions pas l'allemand, il nous a parlé en anglais. Mais Soubise était trop timide pour répondre, et je parle très mal anglais. Il se résigna donc à regret à parler français.

Il était agréable, trop agréable ; il n'avait certes pas de mauvaises manières, mais il manquait de tact. Je lui ai fait comprendre cela en tournant mon visage vers le paysage que nous traversions.

Nous étions très absorbés dans nos pensées, et nous voyagions depuis longtemps, lorsque je me sentis soudain étouffé par la fumée qui remplissait la voiture. Je regardai autour de moi et vis que le chirurgien-major avait allumé sa pipe et, les yeux mi-clos, envoyait des bouffées de fumée vers le plafond.

Mes yeux me brûlaient et j'étouffais d'indignation, à tel point que je fus pris d'une quinte de toux, que j'exagérai pour attirer l'attention de l'homme impoli. Le baron cependant lui donna une tape sur le genou et tâcha de lui faire comprendre que la fumée me gênait. Il répondit par une insulte que je ne comprenais pas, haussa les épaules et continua de fumer. Exaspéré par cela, j'ai baissé la vitre de mon côté. Le froid intense se faisait sentir dans la voiture, mais je préférais cela à la fumée nauséabonde de la pipe. Tout à coup, le chirurgien-major se leva et porta la main à son oreille, que je vis alors remplie de coton. Il jurait comme un bouvier, et, bousculant tout le monde et marchant sur mes pieds et sur ceux de Soubise, il ferma violemment la fenêtre, jurant et jurant tout le temps tout à fait inutilement, car je ne le comprenais pas. Il retourna à sa place, continua sa pipe et lança d'énormes nuages de fumée de la manière la plus insolente. Le baron et les deux jeunes Allemands qui étaient les premiers dans la voiture parurent lui demander quelque chose, puis lui faire des remontrances, mais il leur dit évidemment de s'occuper de leurs affaires et commença à les insulter. Beaucoup plus calme en voyant la colère croissante de l'homme désagréable, et très amusé par son mal d'oreille, j'ouvris de nouveau la fenêtre. Il se releva furieux, me montra son oreille et sa joue tuméfiée, et j'entendis le mot « périostite » dans l'explication qu'il me donna en refermant la fenêtre et en me menaçant. Je lui ai alors fait comprendre que j'avais la poitrine faible et que la fumée me faisait tousser.

Le baron me servit d'interprète et lui expliqua cela ; mais il était facile de voir que cela ne l'intéressait pas du tout, et il reprit son attitude favorite et sa pipe. Je l'ai laissé tranquille pendant cinq minutes, pendant lesquelles il a pu s'imaginer triomphant, puis, d'un brusque coup de coude, j'ai brisé la vitre. La stupéfaction se peignit sur le visage du major, qui devint livide. Il se releva, mais les deux jeunes gens se levèrent en même temps, tandis que le baron éclatait de rire de la façon la plus brutale.

Le chirurgien fit un pas dans notre direction, mais il trouva un rempart devant lui ; un autre officier avait rejoint les deux jeunes hommes, et c'était un garçon fort et robuste, tout fait pour affronter un obstacle. Je ne sais pas ce qu'il a dit au chirurgien-major, mais c'était quelque chose de clair et de décisif. Ce dernier, ne sachant comment dépenser sa colère, s'en est pris au baron, qui riait toujours, et l'a injurié si violemment que celui-ci s'est calmé tout d'un coup et a répondu de telle manière que j'ai bien compris que les deux hommes s'interpellaient. . Cela ne m'a d'ailleurs que peu affecté. Ils pouvaient très bien s'entre-tuer, ces deux hommes, car ils étaient également mal élevés.

La voiture était maintenant silencieuse et glaciale, car le vent soufflait sauvagement à travers les vitres brisées. Le soleil s'était couché. Le ciel devenait nuageux. Il était environ cinq heures et demie et nous approchions de Tergnier. Le major avait changé de place avec son ami, afin de protéger au maximum son oreille. Il n'arrêtait pas de gémir comme une vache à moitié morte.

Soudain, le sifflement répété d'une locomotive lointaine nous fit écouter attentivement. Nous avons alors entendu deux, trois et quatre craquements éclater sous nos roues. Nous sentions parfaitement les efforts que faisait le mécanicien pour ralentir la vitesse, mais avant qu'il y parvienne, nous fûmes projetés l'un contre l'autre par un choc effroyable. Il y eut des craquements et des craquements, des hoquets de la locomotive qui crachait sa fumée par à-coups irréguliers, des cris désespérés, des hurlements, des jurons, des chutes brusques, une accalmie, puis une fumée épaisse, interrompue par les flammes d'un incendie. Notre voiture était debout, comme un cheval levant ses pattes arrière. Il était impossible de retrouver notre équilibre.

Qui a été blessé et qui n'a pas été blessé ? Nous étions neuf dans le compartiment. Pour ma part, je croyais que tous mes os étaient brisés. J'ai bougé une jambe puis j'ai essayé l'autre. Alors, ravi de les retrouver intacts, j'essayai mes bras de la même manière. Je n'avais rien de cassé, et Soubise non plus. Elle s'était mordu la langue et elle saignait, ce qui m'avait fait peur. Elle ne semblait rien comprendre. Les terribles secousses lui avaient donné le vertige et elle avait perdu la mémoire pendant quelques jours. J'avais une égratignure assez profonde entre les yeux. Je n'avais pas eu le temps d'étendre les bras, et mon front avait heurté la poignée de l'épée que tenait debout l'officier assis à côté de Soubise.

Les secours arrivaient de toutes parts.

Pendant un certain temps, la porte de notre compartiment ne pouvait pas être ouverte.

La nuit était venue quand elle finit par céder, et une lanterne éclairait faiblement notre pauvre voiture en panne.

J'ai cherché notre unique sac, mais après l'avoir trouvé, je l'ai lâché immédiatement, car ma main était rouge de sang. À qui appartenait le sang ?

Trois hommes ne bougeaient pas, et l'un d'eux était le major. Son visage me parut livide. Je fermai les yeux, pour ne pas savoir, et je laissai l'homme qui était venu à notre aide me tirer hors du compartiment. Un des jeunes officiers est sorti après moi. Il prit Soubise, qui était presque évanoui, à son ami. Le baron imbécile descendit alors ; son épaule était désolidarisée. Un médecin s'est avancé parmi les sauveteurs. Le baron lui tendit le bras, en lui disant en même temps de le tirer, ce qu'il fit aussitôt. Le médecin français ôta le manteau de l'officier, dit à deux cheminots de le tenir, puis, le poussant lui-même, tira sur le pauvre bras. Le baron était très pâle et poussa un petit sifflement. Lorsque le bras fut remis en place, le docteur serra l'autre main du baron. « Cristi ! » il a dit : « J'ai dû vous faire très mal. Vous êtes très courageux. L'Allemand a salué et je l'ai aidé à remettre son manteau.

On alla alors chercher le médecin et je vis qu'il était ramené dans notre compartiment. Je frémis malgré moi. Nous avons désormais pu découvrir quelle avait été la cause de notre accident. Une locomotive attachée à deux fourgons de charbon était en train de manœuvrer sur une voie latérale pour nous laisser passer, lorsqu'un des fourgons a déraillé, et la locomotive a fatigué ses poumons en sifflant l'alarme, tandis que des hommes couraient à notre rencontre. , dispersant des craquelins. Tout avait été inutile et nous nous sommes heurtés au fourgon renversé.

Que devions-nous faire ? Les routes, adoucies par le temps pluvieux récent, ont toutes été défoncées par les canons. Nous étions à environ quatre milles de Tergnier, et une pluie fine et pénétrante faisait coller nos vêtements à notre corps.

Il y avait quatre voitures, mais elles étaient destinées aux blessés. D'autres voitures viendraient, mais il y avait des morts à emporter. Une civière improvisée venait d'être portée par deux ouvriers. Le major était allongé dessus, si livide que je serrais les mains jusqu'à ce que mes ongles pénètrent dans la chair. L'un des policiers a voulu interroger le médecin qui le suivait.

"Oh non!" M'écriai-je. « S'il vous plaît, ne le faites pas. Je ne veux pas savoir. Le pauvre garçon !

Je me bouchais les oreilles, comme si quelqu'un allait me crier quelque chose d'horrible, et je n'ai jamais connu son sort.

Nous fûmes obligés de nous résigner à partir à pied. Nous avons parcouru environ deux kilomètres le plus courageusement possible, puis je me suis arrêté, assez épuisé. La boue qui collait à nos chaussures les rendait très lourdes. L'effort que nous devions faire à chaque pas pour sortir les pieds du bourbier nous fatiguait. Je m'assis sur une borne et déclarai que je n'irais pas plus loin.

Mon doux compagnon pleurait : les deux jeunes officiers allemands qui avaient fait office de gardes du corps m'ont fait asseoir en croisant les mains, et nous avons donc parcouru encore près d'un kilomètre. Mon compagnon ne pouvait plus marcher. Je lui ai proposé ma place, mais elle l'a refusé.

"Eh bien, attendons ici!" Dis-je, et, tout à fait à bout de forces, nous nous appuyâmes contre un petit arbre cassé.

Il faisait maintenant nuit, et une nuit si froide !

Soubise et moi nous sommes blottis l'un contre l'autre, essayant de nous garder au chaud. Je commençai à m'endormir en voyant sous mes yeux les blessés de Châtillon, morts assis contre les petits arbustes. Je ne voulais plus bouger et la torpeur me paraissait tout à fait délicieuse.

Une charrette passa pourtant en route vers Tergnier. L'un des jeunes hommes l'a hélé et, lorsqu'un prix a été convenu, je me suis senti soulevé du sol, soulevé dans le véhicule et entraîné par le mouvement saccadé et roulant de deux roues mobiles, qui gravissaient les collines, s'enfonçaient dans le véhicule. la fange, et sautait par-dessus les tas de pierres, tandis que le cocher fouettait ses bêtes et les poussait de sa voix. Il avait une façon de conduire « s'en fout, laisse ce qui arrivera », caractéristique de cette époque.

J'étais conscient de tout cela dans mon demi-sommeil, car je ne dormais pas vraiment, mais je ne voulais répondre à aucune question. Je m'abandonnais à cette prosternation de tout mon être avec une certaine jouissance.

Un coup sec nous indiqua cependant que nous étions arrivés à Tergnier. La charrette s'était arrêtée à l'hôtel et il fallait sortir. J'ai fait semblant de dormir encore lourdement. Mais cela ne servait à rien, il fallait que je me réveille. Les deux jeunes hommes m'ont aidé à monter dans ma chambre.

Je priai Soubise de régler le paiement de la charrette avant le départ de nos excellents jeunes compagnons, qui regrettaient de nous quitter. J'ai signé pour chacun d'eux un bon, sur une feuille de papier de l'hôtel, pour une photographie. Un seul d'entre eux l'a revendiqué. C'était six ans plus tard et je le lui ai envoyé.

L'hôtel Tergnier ne pouvait nous donner qu'une seule chambre. J'ai laissé Soubise se coucher, et j'ai dormi dans un fauteuil, habillé comme j'étais.

Le lendemain matin, j'ai demandé un train pour Cateau, mais on m'a répondu qu'il n'y avait pas de train.

Il nous fallut faire des merveilles pour nous procurer un véhicule, mais finalement le docteur Meunier, ou Mesnier, accepta de nous prêter un véhicule à deux roues. C'était quelque chose, mais il n'y avait pas de cheval. Le cheval du pauvre docteur avait été réquisitionné par l'ennemi. Un charron m'a donné, pour un prix exorbitant, un poulain qui n'avait jamais été dans les puits, et qui s'affolait dès qu'on lui mettait le harnais. La pauvre petite bête s'est calmée après avoir été bien fouettée, mais sa sauvagerie s'est alors transformée en entêtement. Il restait immobile sur ses quatre jambes qui tremblaient furieusement et refusait de bouger. Le cou tendu vers le sol, l'œil fixe et les narines dilatées, il ne bougeait pas plus qu'un pieu enfoncé en terre. Deux hommes retinrent alors la voiture légère ; le licol fut ôté du cou du poulain ; il secoua un instant la tête, et, se croyant libre et sans obstacle, se mit à avancer. Les hommes tenaient à peine le véhicule. Il donna deux petits coups de pied, puis se mit au trot. Oh, ce n'était qu'un très court trot. Un garçon l'a alors arrêté, on lui a donné des carottes, on lui a caressé la crinière et on lui a remis le licou. Il s'arrêta brusquement, mais le garçon, sautant dans le cabriolet et tenant légèrement les rênes, lui parla et l'encouragea à avancer. Le poulain, ne sentant aucune résistance, se mit à trotter pendant environ un quart d'heure, puis revint vers nous à la porte de l'hôtel.

Je dus laisser une caution de quatre cents francs chez le notaire du lieu, au cas où le poulain viendrait à mourir.

Ah, quel voyage ce fut avec le garçon Soubise et moi, assis l'un à côté de l'autre dans ce petit cabriolet dont les roues craquaient à chaque secousse ! Le malheureux poulain fumait comme un *pot-au-feu* quand on souleva le couvercle. Nous partîmes à onze heures du matin, et quand il fallut nous arrêter, parce que la pauvre bête ne pouvait aller plus loin, il était cinq heures de l'après-midi, et nous n'avions pas parcouru cinq milles. Oh, ce pauvre poulain, il était certainement à plaindre ! Nous n'étions pas bien lourds, tous les trois ensemble, mais nous étions trop pour lui. Nous étions à quelques mètres d'une maison à l'aspect sordide. J'ai frappé et une vieille femme, de taille énorme, m'a ouvert la porte.

"Que veux-tu?" elle a demandé.

« Accueil d'une heure et abri pour notre cheval. »

Elle a regardé vers la route et a vu notre participation.

"Hé, père!" Elle a crié d'une voix rauque : "viens voir ici !"

Un gros homme, tout aussi gros qu'elle, mais plus âgé, arrivait en boitillant lourdement. Elle lui montra le cabriolet, si bizarrement équipé, et il éclata de rire et me dit d'une manière insolente :

"Eh bien, qu'est-ce que tu veux?"

Je répétai ma phrase : « Hospitalité pendant une heure », etc. etc.

"Peut-être que nous pouvons le faire, mais il faudra payer."

Je lui ai montré vingt francs. La vieille femme lui donna un coup de coude.

"Oh, mais dans ces temps-là, tu sais, ça vaut bien quarante francs."

«Très bien», dis-je, «d'accord; quarante francs.

Il m'a ensuite laissé entrer dans la maison avec Mlle. Soubise, et envoya son fils vers le garçon qui arrivait en tenant le poulain par la crinière. Il avait enlevé le licol avec beaucoup de considération et jeté mon tapis sur ses côtés fumants. En arrivant à la maison, la pauvre bête fut rapidement dételée et conduite dans un petit enclos, au fond duquel quelques planches mal jointes servaient d'écurie à une vieille mule, qui fut excitée par la grosse femme à coups de pied et se retrouva dehors. dans l'enceinte. Le poulain prit sa place, et quand je lui demandai de l'avoine, elle répondit :

"Peut-être pourrions-nous en obtenir, mais cela n'est pas compris dans les quarante francs."

« Très bien », dis-je, et je donnai cinq francs à notre garçon pour qu'il aille chercher l'avoine, mais la vieille mégère lui prit l'argent et le remit à son garçon en disant :

"Tu vas; vous savez où les trouver et revenez vite.

Notre garçon resta avec le poulain, le séchant et le frottant du mieux qu'il pouvait. Je retournai à la maison, où je trouvai ma charmante Soubise, les manches retroussées et les mains délicates, nous lavant deux verres et deux assiettes. J'ai demandé s'il serait possible d'avoir des œufs.

"Oui mais--"

J'ai interrompu notre monstrueuse hôtesse.

« Ne vous fatiguez pas, Madame, je vous en prie, » dis-je. "Il est entendu que les quarante francs sont votre pourboire et que je paierai tout le reste."

Elle a été confuse pendant un moment, secouant la tête et essayant de trouver ses mots, mais je lui ai demandé de me donner les œufs. Elle m'a apporté cinq œufs et j'ai commencé à faire une omelette, car ma gloire culinaire est une omelette.

L'eau était nauséabonde, alors nous avons bu du cidre. J'ai fait venir le garçon et je lui ai fait servir à manger en notre présence, car j'avais peur que l'ogresse ne lui donne un repas trop économique.

Quand j'ai payé la fabuleuse facture de soixante-quinze francs, y compris bien sûr les quarante francs, la matrone a mis ses lunettes, et prenant une des pièces d'or, la regarda d'un côté, puis de l'autre, la fit sonner. sur une assiette puis au sol. Elle a fait cela avec chacune des trois pièces d'or. Je n'ai pas pu m'empêcher de rire.

"Oh, il n'y a pas de quoi rire", grogna-t-elle. "Depuis six mois, nous n'avons eu que des voleurs ici."

"Et tu t'y connais en vol !" J'ai dit.

Elle m'a regardé, essayant de comprendre ce que je voulais dire, mais l'expression rieuse dans mes yeux a fait disparaître ses soupçons. C'était très heureux, car c'étaient des gens capables de nous faire du mal. J'avais pris la précaution, en me mettant à table, de mettre mon revolver près de moi.

"Tu sais comment tirer ça?" demanda le boiteux.

"Oh oui, je tire très bien", répondis-je, même si ce n'était pas vrai.

Notre cheval fut ensuite remonté en quelques secondes, et nous continuâmes notre route. Le poulain semblait plutôt joyeux. Il frappa du pied, donna quelques coups de pied et commença à avancer à un rythme assez régulier.

Nos hôtes désagréables nous avaient indiqué le chemin de Saint-Quentin, et nous partîmes, après que notre pauvre poulain eut fait plusieurs tentatives pour s'arrêter. J'étais mort de fatigue et je me suis endormi, mais au bout d'une heure environ, le véhicule s'est arrêté brusquement et la misérable bête a commencé à renifler et à relever le dos, en s'appuyant sur ses quatre jambes raides et tremblantes.

La journée avait été sombre et un ciel bas et plein de larmes semblait tomber lentement sur la terre. Nous nous étions arrêtés au milieu d'un champ entièrement labouré par les lourdes roues des canons. Le reste du sol avait été foulé par les pieds des chevaux et le froid avait durci les petites crêtes de terre, laissant ici et là des glaçons qui brillaient lugubrement dans l'atmosphère épaisse.

Nous sommes descendus du véhicule, pour tenter de découvrir ce qui faisait ainsi trembler notre petit animal. J'ai poussé un cri d'horreur car, à cinq mètres seulement, des chiens tiraient sauvagement sur un cadavre dont la moitié était encore sous terre. C'était un soldat, et heureusement un ennemi. J'ai pris le fouet de notre jeune chauffeur et j'ai fouetté les horribles animaux aussi fort que possible. Ils s'éloignèrent un instant en montrant les dents, puis revinrent à leur travail vorace et abominable en grognant d'un air maussade contre nous.

Notre garçon descendit et mena le poney reniflant par la bride. Nous avançons avec quelque difficulté, essayant de trouver notre route dans ces plaines dévastées.

L'obscurité nous a envahis et il faisait un froid glacial.

La lune écartait faiblement ses voiles et éclairait le paysage d'une lumière blafarde et triste. J'étais à moitié mort de peur. Il me semblait que le silence était rompu par des cris venus du sous-sol, et chaque petit monticule de terre m'apparaissait comme une tête.

Mlle. Soubise pleurait, le visage caché dans ses mains. Après avoir marché une demi-heure, nous apercevons au loin un petit groupe de personnes qui arrivaient avec des lanternes. Je me suis dirigé vers eux, car je voulais savoir quel chemin prendre. J'étais gêné de m'approcher d'eux, car j'entendais des sanglots. J'ai vu une pauvre femme très corpulente se faire aider par un jeune prêtre. Tout son corps était secoué par ses accès de chagrin. Elle était suivie de deux sous-officiers et de trois autres personnes. Je l'ai laissée passer, puis j'ai interrogé ceux qui la suivaient. On m'a dit qu'elle cherchait les corps de son mari et de son fils, tués tous deux quelques jours auparavant dans la plaine de Saint-Quentin. Elle venait chaque jour au crépuscule, pour éviter la curiosité générale, mais elle n'avait encore rencontré aucun succès. On espérait qu'elle les retrouverait cette fois, car un de ces sous-officiers, qui venait de sortir de l'hôpital, la conduisait à l'endroit où il avait vu tomber, mortellement blessé, le mari de la pauvre femme. Il y était lui-même tombé et avait été récupéré par les ambulanciers.

J'ai remercié ces personnes qui m'ont montré le triste chemin qu'il fallait suivre, le meilleur qui soit, à travers le cimetière encore chaud sous la glace.

On distinguait désormais des groupes de gens qui fouillaient partout, et c'était si horrible que j'avais envie de crier.

Soudain, le garçon qui nous conduisait a tiré sur la manche de mon manteau.

"Oh, Madame," dit-il, "regardez ce canaille qui vole."

J'ai regardé et j'ai vu un homme allongé de tout son long, avec un grand sac près de lui. Il avait une lanterne sombre qu'il tenait vers le sol. Il se releva alors, regarda autour de lui, car on voyait distinctement sa silhouette à l'horizon, et recommença son ouvrage.

Lorsqu'il nous aperçut, il éteignit sa lampe et s'accroupit par terre. Nous marchâmes en silence droit vers lui. J'ai pris le poulain par la bride, de l'autre côté, et le garçon a sans doute compris ce que je voulais faire, car il m'a laissé ouvrir la voie. J'ai marché droit vers l'homme, faisant semblant de ne pas savoir qu'il était là. Le poulain a reculé, mais nous avons tiré fort et l'avons fait avancer. Nous étions si près de l'homme que je frémis à l'idée que le misérable se laisserait peut-être piétiner par l'animal et le véhicule léger plutôt que de révéler sa présence. Heureusement, je me suis trompé. Une voix étouffée murmura : « Faites attention là ! Je suis blessé. Vous allez m'écraser. J'ai démonté la lanterne du concert. Nous l'avions recouvert d'une veste, comme la lune nous éclairait mieux, et je la tournai maintenant vers le visage de ce misérable. J'étais stupéfait de voir un homme âgé de soixante-cinq à soixante-dix ans, au visage creux, encadré de longues moustaches blanches et sales. Il avait un cache-nez autour du cou et portait un manteau de paysan de couleur sombre. Autour de lui, représentés par la lune, se trouvaient des ceintures d'épée, des boutons de cuivre, des poignées d'épée et d'autres objets que l'infâme vieil homme avait arrachés aux pauvres morts.

« Vous n'êtes pas blessé. Vous êtes un voleur et un violateur de tombes ! J'appellerai et vous serez tué. Entends-tu cela, misérable ? M'écriai-je, et je m'approchai si près de lui que je sentis son souffle souiller le mien. Il s'accroupit et, joignant ses mains criminelles, me supplia d'une voix tremblante et en larmes.

« Alors, laisse ton sac là-bas, » dis-je, « et toutes ces choses. Videz vos poches ; laisse tout et pars. Courez, car dès que vous serez hors de vue, j'appellerai un de ces soldats qui font des recherches et je lui remettrai votre butin. Mais je sais que j'ai tort de vous laisser partir librement.

Il vida ses poches en gémissant tout le temps et était sur le point de s'éloigner lorsque le garçon murmura : « Il cache des bottes sous son manteau. J'étais furieux contre ce vil voleur, et j'ai ôté son grand manteau.

« Laisse tout, misérable, m'écriai-je, ou j'appelle les soldats. »

Six paires de bottes, prises sur les cadavres, tombèrent bruyamment sur le sol dur. L'homme s'est penché pour récupérer son revolver, qu'il avait sorti de sa poche en même temps que les objets volés.

"Voulez-vous laisser cela et partir rapidement ?" J'ai dit. "Ma patience est à bout."

« Mais si je suis pris, je ne pourrai pas me défendre », s'écria-t-il dans un accès de rage désespérée.

«Ce sera parce que Dieu l'a voulu», répondis-je. "Vas-y immédiatement, ou je t'appelle." L'homme s'est alors enfui, m'insultant au passage.

Notre petit chauffeur alla alors chercher un soldat, à qui je racontai l'aventure en lui montrant les objets.

« Par où est passé ce coquin ? » demanda un sergent qui accompagnait le soldat.

"Je ne peux pas le dire," répondis-je.

« Eh bien, je m'en fiche de lui courir après », dit-il ; "Il y a assez de morts ici."

Nous avons continué notre chemin jusqu'à arriver à un endroit où se croisent plusieurs routes, et il nous a alors été possible d'emprunter un itinéraire un peu plus adapté aux véhicules.

Après avoir traversé Busigny et un bois où il y avait des tourbières dans lesquelles nous avons failli nous engloutir, notre pénible voyage prit fin, et nous arrivâmes au Cateau dans la nuit, à moitié morts de fatigue, d'effroi et de désespoir.

Je fus obligé d'y prendre un jour de repos, car j'étais prosterné de fièvre. Nous avions deux petites chambres, grossièrement blanchies à la chaux, mais assez propres. Le sol était en briques rouges brillantes, et il y avait un lit en bois ciré et des rideaux blancs.

J'ai fait venir un médecin pour ma charmante petite Soubise, qui, me semblait-il, était pire que moi. Il pensait cependant que nous étions tous les deux dans un très mauvais état. Une fébrilité nerveuse avait enlevé toute utilité à mes membres et me brûlait la tête. Elle ne pouvait pas rester en place, mais elle voyait des spectres et des feux, entendait des cris et se retournait rapidement, imaginant que quelqu'un lui avait touché l'épaule. Le brave homme nous fit boire une boisson apaisante pour vaincre notre fatigue, et le lendemain un bain très chaud rendit à nos membres la souplesse. Cela faisait alors six jours que nous avions quitté Paris, et il nous faudrait encore une vingtaine d'heures pour arriver à Hombourg, car à cette époque les trains allaient beaucoup moins vite qu'aujourd'hui. Je pris le train pour Bruxelles, où je comptais acheter une malle et quelques affaires nécessaires.

Du Cateau à Bruxelles, il n'y eut aucun obstacle à notre voyage et nous pûmes reprendre le train le soir même.

J'avais reconstitué notre garde-robe, qui en avait certainement besoin, et nous continuâmes notre voyage sans trop de difficultés jusqu'à Cologne. Mais en arrivant dans cette ville, nous avons eu une cruelle déception. Le train venait à peine d'entrer en gare, qu'un agent des chemins de fer, passant rapidement devant les wagons, a crié quelque chose en allemand que je n'ai pas compris. Tout le monde semblait pressé, et hommes et femmes se bousculaient sans aucune courtoisie.

Je me suis adressé à un autre fonctionnaire et lui ai montré nos billets. Il prit mon sac, très obligeamment, et se précipita après la foule. Nous avons suivi, mais je n'ai pas compris l'excitation jusqu'à ce que l'homme jette mon sac dans un compartiment et me fasse signe de monter le plus vite possible.

Soubise était déjà sur le perron lorsqu'elle fut violemment repoussée par un porteur de chemin de fer qui claqua la porte, et avant que je m'en rende pleinement compte, le train avait disparu. Mon sac avait disparu, et notre malle aussi. La malle avait été placée dans un fourgon à bagages décroché du train qui venait d'arriver et immédiatement amarré à l'express qui partait. J'ai commencé à pleurer de rage. Un fonctionnaire eut pitié de nous et nous conduisit au chef de gare. C'était un homme très supérieur, qui parlait assez bien le français. Je me laissai tomber dans son grand fauteuil de cuir et lui racontai ma mésaventure en sanglotant nerveusement. Il avait l'air gentil et sympathique. Il télégraphia immédiatement pour que mon sac et ma malle soient confiés aux soins du chef de gare de la première gare.

« Vous les aurez encore demain, vers midi, dit-il.

"Alors je ne peux pas commencer ce soir?" J'ai demandé.

"Oh non, c'est impossible", a-t-il répondu. — Il n'y a pas de train, car l'express qui vous amènera à Hombourg ne part que demain matin.

"Oh mon Dieu, mon Dieu!" m'écriai-je, et je fus pris d'un véritable désespoir qui toucha bientôt Mlle. Soubise aussi.

Le pauvre chef de gare était un peu embarrassé et essayait de me calmer.

"Connaissez-vous quelqu'un ici?" Il a demandé.

« Non, personne. Je ne connais personne à Cologne.

« Eh bien, je vais vous faire conduire à l'Hôtel du Nord. Ma belle-sœur est là depuis deux jours et elle s'occupera de toi.

Une demi-heure plus tard, sa voiture arriva et il nous conduisit à l'Hôtel du Nord, après avoir fait un long voyage pour nous montrer la ville. Mais à cette époque, je n'admirais rien qui appartenait aux Allemands.

En arrivant à l'Hôtel du Nord, il nous présenta sa belle-sœur, une jeune femme blonde, jolie, mais trop grande et trop grande à mon goût. Je dois dire cependant qu'elle était très douce et affable. Elle nous a loué deux chambres à coucher à proximité de sa propre chambre. Elle avait un appartement au rez-de-chaussée et elle nous invitait à dîner, qui était servi dans son salon. Son beau-frère nous a rejoint le soir. La charmante femme était très musicale. Elle nous a joué Berlioz, Gounod et même Auber. J'ai beaucoup apprécié la délicatesse de cette femme de ne nous faire entendre que des compositeurs français. Je lui ai demandé de nous jouer quelque chose de Mozart et de Wagner. A ce nom, elle s'est tournée vers moi et s'est exclamée : « Aimes-tu Wagner ?

"J'aime sa musique", répondis-je, "mais je déteste cet homme."

Mlle. Soubise m'a murmuré : « Demande-lui de jouer Liszt. »

Elle entendit et obéit avec une infinie grâce. Je dois avouer que j'y ai passé une délicieuse soirée.

A dix heures, le chef de gare (dont j'ai bien bêtement oublié le nom et que je ne retrouve dans aucune de mes notes) m'a dit qu'il nous viendrait chercher le lendemain matin à huit heures, puis il nous a quittés. . Je m'endormis, bercé par Mozart, Gounod, etc.

Le lendemain matin, à huit heures, un domestique vint m'annoncer que la voiture nous attendait. On frappa doucement à ma porte et notre belle hôtesse de la veille m'a dit gentiment : "Viens, tu dois commencer !" J'ai été vraiment très touché par la délicatesse de la jolie Allemande.

Il faisait si beau que je lui demandai si nous aurions le temps de nous y rendre à pied, et sur sa réponse affirmative, nous partîmes tous les trois vers la gare, qui n'est pas loin de l'hôtel. Un compartiment spécial nous avait été réservé et nous nous y installâmes le plus confortablement possible. Le frère et la sœur nous serrent la main et nous souhaitent un bon voyage.

Quand le train fut parti, je découvris dans un coin un bouquet de myosotis avec la carte de la sœur et une boîte de chocolats du chef de gare.

J'allais enfin arriver au but, et j'étais dans un état d'excitation folle à l'idée de revoir tous mes bien-aimés. J'aurais aimé m'endormir. Mes yeux, agrandis par l'anxiété, voyageaient dans l'espace plus vite que le train. Je fulminais à chaque fois qu'il s'arrêtait et j'enviais les oiseaux que je voyais voler. J'ai ri de joie en pensant aux visages surpris de ceux que j'allais revoir, puis j'ai commencé à trembler d'anxiété. Que leur était-il arrivé, et devrais-je tous les retrouver ? Je devrais si… ah, ces « si », ces « parce que » et ces « mais » ! Mon esprit s'en est rempli, ils se sont hérissés de maladies et d'accidents, et je me suis mis à pleurer. Mon pauvre petit compagnon de voyage s'est mis à pleurer aussi.

Enfin nous arrivâmes en vue de Homburg. Encore vingt minutes de ce tour de roue et nous devrions entrer dans la gare. Mais comme si tous les esprits et démons des régions infernales s'étaient concertés pour torturer ma patience, nous nous sommes arrêtés net. Toutes les têtes étaient hors des fenêtres. "Qu'est-ce que c'est?" "Quel est le problème?" "Pourquoi n'y allons-nous pas?" Il y avait devant nous un train à l'arrêt, avec un frein cassé, et il a fallu dégager la voie. Je tombai sur mon siège, serrant les dents et les mains, et levant les yeux en l'air pour distinguer les mauvais esprits qui s'acharnaient à me tourmenter, puis je fermai résolument les yeux. Je murmurai quelques invectives contre les esprits invisibles, et déclarai que, comme je ne souffrirais plus, j'allais maintenant dormir. Je me suis ensuite endormi profondément, car le pouvoir de dormir quand je le souhaite est un don précieux que Dieu m'a accordé. Dans les circonstances les plus effrayantes et les moments les plus cruels de la vie, quand j'ai senti que ma raison cédait sous des chocs trop grands ou trop douloureux, ma volonté s'est emparée de ma raison, comme on tient un mauvais esprit. petit chien colérique qui veut mordre, et, le subjuguant, ma volonté a dit à ma raison : « Assez. Vous pourrez reprendre demain vos souffrances et vos projets, vos inquiétudes, vos chagrins et vos angoisses. Vous en avez assez pour aujourd'hui. Vous céderiez tout à fait sous le poids de tant d'ennuis, et vous m'entraîneriez avec vous. Je ne l'aurai pas! Nous allons tout oublier pendant tant d'heures et aller dormir ensemble ! Et je me suis endormi. Ceci, je le jure.

Mlle. Soubise m'a réveillé dès l'entrée du train en gare. J'étais rafraîchi et plus calme. Une minute plus tard, nous étions en voiture et avions donné l'adresse, 7 Ober Strasse.

Nous y sommes vite arrivés et j'ai retrouvé tous mes adorés, petits et grands, et ils allaient tous très bien. Oh, quel bonheur c'était ! Le sang pulsait dans toutes mes artères. J'avais tellement souffert que j'éclatais de rires et de sanglots délicieux.

Qui pourra jamais décrire le plaisir infini des larmes de joie ! Au cours des deux jours suivants, il se produisit les choses les plus folles, que je ne raconterai pas, tant elles paraissaient incroyables. Entre autres, un incendie s'est déclaré dans la maison ; nous avons dû nous échapper en vêtements de nuit et camper pendant six heures dans cinq pieds de neige, etc. etc.

XIX

MON RETOUR À PARIS—LA COMMUNE—À ST. GERMAIN-EN-LAYE

Tout le monde étant sain et sauf, nous partîmes pour Paris, mais en arrivant à Saint-Denis nous constatâmes qu'il n'y avait plus de trains. Il était quatre heures du matin. Les Allemands étaient maîtres de toutes les banlieues parisiennes et les trains ne circulaient que pour leur service. Après une heure passée à courir, à discuter et à rebuter, je rencontrai un officier de rang supérieur, plus instruit et plus agréable. Il avait préparé une locomotive pour me conduire à la Gare du Hâvre (Gare Saint-Lazare).

Le voyage était très amusant. Ma mère, ma tante, ma sœur Régina, Mlle. Soubise, les deux bonnes, les enfants et moi nous sommes tous serrés dans un petit espace carré, dans lequel se trouvait un tout petit banc étroit, qui, je crois, était la place du signaleur à cette époque. La locomotive tournait très lentement, car les rails étaient souvent obstrués par des charrettes ou des wagons.

Nous sommes partis à cinq heures du matin et sommes arrivés à sept heures. Dans un endroit que je ne localise pas, nos chefs allemands ont été échangés contre des chefs français. Je les interrogeai et j'appris que des troubles révolutionnaires commençaient à Paris.

Le chauffeur avec qui je parlais était un individu très intelligent et très avancé.

« Vous feriez mieux d'aller ailleurs et non pas à Paris, dit-il, car là-bas ils vont bientôt en venir aux mains. »

Nous étions arrivés. Mais comme aucun train n'était attendu à cette heure-là, il était impossible de trouver une voiture. Je descendis de la locomotive avec ma tribu, au grand étonnement des agents de la gare.

Je n'étais plus très riche, mais j'offris vingt francs à l'un des hommes s'il voulait s'occuper de nos six sacs. Nous devions faire venir plus tard ma malle et celles de ma famille.

Il n'y avait pas une seule voiture devant la gare. Les enfants étaient très fatigués, mais que faire ? J'habitais alors au n° 4 de la rue de Rome, et ce n'était pas très loin, mais ma mère ne marchait presque jamais, car elle était délicate et avait le cœur faible. Les enfants aussi étaient très, très fatigués. Leurs yeux étaient gonflés et à peine ouverts, et leurs petits membres étaient engourdis par le froid et l'immobilité. J'ai commencé à désespérer, mais un chariot de lait passait juste par là et j'ai envoyé un porteur pour l'arrêter. J'ai offert vingt francs si l'homme conduisait ma mère et les deux enfants au 4 rue de Rome.

"Et vous aussi, si vous voulez, jeune dame", dit le laitier. "Tu es plus mince qu'une sauterelle et tu ne la rendras pas plus lourde."

Je ne voulais pas l'inviter deux fois, même si j'étais plutôt agacé par le discours de cet homme.

Une fois ma mère installée, malgré ses hésitations, à côté du laitier, et que les enfants et moi étions au milieu des seaux à lait pleins et vides, j'ai dit à notre chauffeur : « Pourriez-vous revenir chercher les autres?" Je désignai le groupe restant et ajoutai : « Vous aurez vingt francs de plus. »

"Tu as raison!" dit le digne garçon. « Une bonne journée de travail ! Ne vous fatiguez pas les jambes, vous les autres. Je reviens vers vous directement!"

Il a ensuite fouetté son cheval et nous sommes partis à un rythme effréné. Les enfants roulaient et je tenais bon. Ma mère serra les dents et ne dit pas un mot, mais, sous ses longs cils, elle me lança un regard mécontent.

En arrivant devant ma porte, le laitier a redressé son cheval si brusquement que j'ai cru que ma mère allait tomber sur le dos de l'animal. Mais nous étions arrivés et nous sommes repartis. La charrette repartit à toute vitesse. Ma mère n'a pas voulu me parler pendant environ une heure. Pauvre et jolie mère, ce n'était pas ma faute.

J'étais parti de Paris onze jours auparavant, et j'avais alors quitté une triste ville. La tristesse avait été douloureuse, résultat d'un malheur grand et inattendu. Personne n'avait osé lever les yeux, craignant d'être emporté par le même vent qui soulevait le drapeau allemand flottant là-bas vers l'Arc de Triomphe.

Je trouvais désormais Paris effervescent et grogneur. Les murs étaient placardés d'affiches multicolores ; et toutes ces affiches contenaient les harangues les plus folles. Les belles idées nobles côtoyaient les menaces absurdes. Les ouvriers en route vers leur travail quotidien s'arrêtaient devant ces factures. On lisait à haute voix et la foule rassemblée recommençait à relire.

Et tous ces êtres humains, qui venaient de tant souffrir de cette abominable guerre, faisaient désormais écho à ces appels à la vengeance. Ils étaient tout à fait excusables.

Cette guerre, hélas ! avaient creusé sous leurs pieds un gouffre de ruine et de deuil. La pauvreté avait mis les femmes en haillons, les privations du siège avaient diminué la vitalité des enfants et la honte de la défaite avait découragé les hommes.

Eh bien, ces appels à la rébellion, ces cris anarchistes, ces cris de la foule qui criaient : « A bas les trônes ! A bas la République ! A bas les riches ! A bas les prêtres ! A bas les Juifs ! A bas l'armée ! A bas les maîtres ! A bas ceux qui travaillent ! A bas tout ! » — tous ces cris réveillèrent les auditeurs engourdis. Les Allemands, qui ont fomenté toutes ces émeutes, nous ont rendu un véritable service sans le vouloir. Ceux qui s'étaient livrés à la résignation furent tirés de leur torpeur. D'autres, qui réclamaient vengeance, trouvèrent un aliment pour leurs forces inactives. Aucun d'eux n'était d'accord. Il y avait dix ou vingt groupes différents, se dévorant et se menaçant. C'était terrible.

Mais c'était le réveil. C'était la vie après la mort. J'avais parmi mes amis une dizaine de chefs d'opinions différentes, et tous m'intéressaient, les plus fous et les plus sages d'entre eux.

Je voyais souvent Gambetta chez Girardin, et c'était pour moi une joie d'écouter cet homme admirable. Ce qu'il a dit était si sage, si équilibré et si captivant.

Cet homme, au ventre lourd, aux bras courts et à la tête énorme, avait une auréole de beauté autour de lui lorsqu'il parlait.

Gambetta n'a jamais été commun, jamais ordinaire. Il prenait du tabac, et le geste de sa main lorsqu'il écartait les grains égarés était plein de grâce. Il fumait d'énormes cigares, mais il pouvait les fumer sans gêner personne. Quand il était fatigué de politique et parlait littérature, c'était un véritable charme, car il savait tout et citait admirablement la poésie. Un soir, après un dîner chez Girardin, nous jouâmes ensemble toute la scène du premier acte d' *Hernani* avec dona Sol. Et s'il n'était pas aussi beau que Mounet-Sully, il n'en était pas moins admirable.

À une autre occasion, il récita l'intégralité de « Ruth et Boaz », en commençant par le dernier verset.

Mais je préférais ses discussions politiques, surtout lorsqu'il critiquait le discours de quelqu'un qui était d'un avis opposé au sien. Les qualités éminentes du talent de cet homme politique étaient la logique et le poids, et sa force de séduction était son chauvinisme. La mort prématurée d'un si grand penseur est un défi déconcertant lancé à l'orgueil humain.

Je vis quelquefois Rochefort, dont l'esprit me ravissait. Mais je n'étais pas à l'aise avec lui, car il était la cause de la chute de l'Empire et, bien que je sois très républicain, j'aimais l'empereur Napoléon III. Il avait été trop confiant, mais bien malheureux, et il me semblait que Rochefort l'avait trop insulté après son malheur.

J'ai aussi fréquemment vu Paul de Rémusat, le favori de Thiers. Il avait un esprit très raffiné, des idées larges et des manières fascinantes. Certains l'accusèrent d'orléanisme. C'était un républicain, et un républicain beaucoup plus avancé que Thiers. Il faut l'avoir très peu connu pour croire qu'il était autre chose que ce qu'il prétendait être. Paul de Rémusat avait horreur du mensonge. Il était sensible et avait un caractère très direct et fort. Il ne prenait aucune part active à la politique, sauf dans les cercles privés, et ses conseils prévalaient toujours, même à la Chambre et au Sénat. Il ne parlerait jamais, sauf en comité. Le ministère des Beaux-Arts lui fut proposé cent fois, mais il le refusa cent fois. Enfin, après mes instances répétées, il faillit se laisser nommer ministre des Beaux-Arts, mais au dernier moment il refusa et m'écrivit une charmante lettre dont je cite quelques passages. La lettre n'ayant pas été écrite pour être publiée, je ne considère pas avoir le droit de la donner dans son intégralité, mais il ne semble y avoir aucun inconvénient à publier ces quelques lignes :

« Permettez-moi, ma charmante amie, de rester à l'ombre. J'y vois mieux que dans l'éclat éblouissant des honneurs. Vous m'êtes reconnaissant parfois d'être attentif aux misères que vous me signalez. Laissez-moi garder mon indépendance. Il m'est plus agréable d'avoir le droit de soulager tout le monde que d'être obligé de soulager n'importe qui... En matière d'art, je me suis fait un idéal de beauté qui me paraîtrait naturellement trop partial... .»

Il est bien dommage que les scrupules de cet homme à l'esprit délicat ne lui aient pas permis d'accepter cette charge. Les réformes qu'il m'a signalées étaient et sont toujours très nécessaires. Cependant, on ne peut rien y faire.

J'ai aussi connu et vu fréquemment un type fou, plein de rêves et de folies utopiques. Il s'appelait Flourens, il était grand et beau. Il voulait que tout le monde soit heureux et que tout le monde ait de l'argent, et il fusilla les soldats sans penser qu'il commençait par rendre un ou plusieurs d'entre eux malheureux. Raisonner avec lui était impossible, mais il était charmant et courageux. Je l'ai vu deux jours avant sa mort. Il est venu me voir avec une très jeune fille qui voulait se consacrer à l'art dramatique. Je lui ai promis de l'aider. Deux jours après, la pauvre enfant vint me raconter la mort héroïque de Flourens. Il avait refusé de se rendre et, étendant les bras, avait crié aux soldats hésitants : « Tirez, tirez ! Je n'aurais pas dû t'épargner ! Et leurs balles l'avaient tué.

Un autre homme, moins intéressant, que je considérais comme un fou dangereux, était un certain Raoul Rigault. Il fut pendant une courte période préfet de police. Il était très jeune et très audacieux, extrêmement ambitieux, déterminé à tout pour réussir, et il lui semblait plus facile de faire du mal que du bien. Cet homme représentait un réel danger. Il appartenait à un groupe d'étudiants qui m'envoyaient des vers tous les jours. Je les ai croisés partout, enthousiastes et fous. On les avait surnommés à Paris les *Saradoteurs* (Saradotards). Un jour, il m'a apporté une petite pièce en un acte. La pièce était si stupide et les vers si fades, que je le lui renvoyai avec quelques mots qu'il trouva sans doute méchants, car il m'en voulait, et essaya de se venger de la manière suivante. Il est venu me voir un jour, et Mme Guérard était là lorsqu'on l'a introduit.

« Savez-vous que je suis tout-puissant à présent ? il a dit.

"De nos jours, cela n'a rien d'étonnant", répondis-je.

« Je suis venu vous voir, soit pour faire la paix, soit pour déclarer la guerre », a-t-il poursuivi.

Cette façon de parler ne me convenait pas et je me levai. « Comme je prévois que vos conditions de paix ne me conviendraient pas, *cher Monsieur* , je ne vous laisserai pas le temps de déclarer la guerre. Vous faites partie des hommes que l'on préférerait, aussi méchants soient-ils, comme ennemis plutôt que comme amis. Sur ces mots, je sonnai mon valet de pied pour qu'il conduise le préfet de police à la porte. Madame Guérard était au désespoir. « Cet homme va nous faire du mal, ma chère Sarah, je vous l'assure », dit-elle.

Elle ne se trompait pas dans son pressentiment, sauf qu'elle pensait à moi et non à elle, car sa première vengeance fut exercée sur elle, en renvoyant un de ses parents, qui était commissaire de police, dans un poste inférieur et dangereux. Il commença alors à m'inventer cent misères. Un jour, je reçus l'ordre de me rendre immédiatement à la Préfecture de Police pour une affaire urgente. Je n'y ai pas prêté attention. Le lendemain, un courrier à cheval m'apporta un billet de sire Raoul Rigault, menaçant de m'envoyer un fourgon de prison. Je ne prêtai aucune attention aux menaces de ce misérable, qui fut fusillé peu après et mourut sans montrer aucun courage.

Mais la vie n'était plus possible à Paris et je décidai d'aller à Saint-Germain-en-Laye. J'ai demandé à ma mère de m'accompagner, mais elle est partie en Suisse avec ma plus jeune sœur.

Le départ de Paris n'a pas été aussi facile que je l'avais espéré. Les communistes, le fusil sur l'épaule, arrêtaient les trains et fouillaient tous nos sacs et nos poches, et même sous les coussins des wagons. Ils craignaient que les passagers n'emmènent des journaux à Versailles. C'était monstrueusement stupide.

L'installation à Saint-Germain n'a pas non plus été une chose facile. Presque tout Paris s'était réfugié dans ce petit endroit aussi joli qu'ennuyeux. Du haut de la terrasse, où la foule se tenait matin et soir, on voyait les progrès inquiétants de la Commune.

De tous côtés de Paris, les flammes s'élevaient, fières et destructrices. Le vent nous apportait souvent des papiers brûlés que nous emportions à la Maison du Conseil. La Seine en apportait des quantités, et les bateliers les récupéraient dans des sacs. Certains jours, et ce furent les plus pénibles de tous, un voile opaque de fumée enveloppait Paris. Il n'y avait aucune brise pour permettre aux flammes de passer à travers.

La ville brûla alors furtivement, sans que nos yeux inquiets puissent découvrir les nouveaux édifices que ces fous furieux avaient incendiés.

J'allais faire un tour tous les jours en forêt. Parfois j'allais jusqu'à Versailles, mais ce n'était pas sans danger. Nous rencontrions souvent dans la forêt de pauvres malheureux affamés que nous aidions avec joie, mais souvent aussi des prisonniers évadés de Poissy ou des tireurs d'élite communistes qui essayaient d'abattre un soldat de Versailles.

Un jour, en revenant de Triel, où le capitaine O'Connor et moi étions allés galoper à travers les collines, nous entrâmes dans la forêt assez tard dans la soirée, car le chemin était plus court. Un coup de feu partit d'un fourré voisin, ce qui fit bondir mon cheval si brusquement vers la gauche que je fus projeté. Heureusement mon cheval était tranquille. O'Connor s'est précipité vers moi, mais j'étais déjà debout et prêt à remonter. « Juste une seconde », dit-il ; "Je veux fouiller ce fourré." Un petit galop l'amena bientôt sur place, et j'entendis alors un coup de feu, des branches se cassant sous les pas volants, puis un autre coup de feu qui ne ressemblait pas du tout aux deux précédents, et mon ami réapparut avec un pistolet à la main.

"Vous n'avez pas été touché?" J'ai demandé.

« Oui, le premier coup de feu a juste touché ma jambe, mais le type a visé trop bas. La seconde, il a tiré au hasard. Mais j'imagine qu'il a une balle de mon revolver dans le corps.

«Mais j'ai entendu quelqu'un s'enfuir», dis-je.

"Oh," répondit l'élégant capitaine en riant, "il n'ira pas loin."

– Pauvre misérable ! murmurai-je.

« Oh non », s'est exclamé O'Connor, « ne les plaignez pas, je vous en supplie. Ils tuent chaque jour un grand nombre de nos hommes ; hier encore, cinq soldats de mon régiment ont été trouvés sur la route de Versailles, non seulement tués, mais mutilés, » et, grinçant des dents, il termina sa phrase par un juron.

Je me tournai vers lui plutôt surpris, mais il n'y prêta aucune attention. Nous avons continué notre chemin, roulant aussi vite que les obstacles dans la forêt nous le permettaient. Soudain, nos chevaux s'arrêtèrent net, reniflant et reniflant. O'Connor prit son revolver à la main, descendit et mena son cheval. A quelques mètres de nous, il y avait un homme étendu par terre.

« Ce doit être le misérable qui m'a tiré dessus », dit mon compagnon, et se penchant sur l'homme, il lui parla. Un gémissement fut la seule réponse.

O'Connor n'avait pas vu son homme, il ne pouvait donc pas le reconnaître. Il a allumé une allumette, et nous avons vu que celle-ci n'avait pas d'arme. J'étais descendu de cheval et je cherchais à relever la tête du malheureux, mais je retirai ma main couverte de sang. Il avait ouvert les yeux et les avait fixés sur O'Connor.

"Ah, c'est toi, chien de Versailles !" il a dit. « C'est toi qui m'as tiré dessus ! Tu m'as manqué, mais... Il essaya de retirer le revolver de sa ceinture, mais l'effort fut trop grand et sa main tomba inerte. O'Connor, de son côté, avait armé son revolver, mais je me plaçai devant l'homme et le suppliai de laisser le pauvre garçon en paix. J'avais peine à reconnaître mon ami, car ce bel homme blond, si poli, un peu snob, mais très charmant, semblait être devenu une brute. Penché vers le malheureux, la mâchoire inférieure saillante, il marmonnait sous ses dents des paroles inarticulées ; sa main crispée semblait saisir sa colère, comme on le fait pour une lettre anonyme avant de la jeter avec dégoût.

"O'Connor, laisse cet homme tranquille, s'il te plaît!" J'ai dit.

C'était un homme aussi vaillant qu'un bon soldat. Il céda et parut reprendre conscience de la situation. "Bien!" dit-il en m'aidant à remonter. "Quand je vous aurai ramené à votre hôtel, je reviendrai avec quelques hommes pour récupérer ce misérable."

Une demi-heure plus tard, nous étions de retour à la maison, sans avoir échangé un seul mot pendant notre trajet.

J'ai maintenu mon amitié avec O'Connor, mais je ne pourrais jamais le revoir sans penser à cette scène. Soudain, alors qu'il me parlait, le masque de brute sous lequel je l'avais vu une seconde se remettait sur son visage rieur. Tout récemment, en mars 1905, le général O'Connor, qui commandait en Algérie, est venu me voir un soir dans ma loge du théâtre. Il m'a fait part de ses difficultés avec certains grands chefs arabes.

« Je crois, dit-il en riant, que nous aurons une conversation ensemble.

Je vis de nouveau le masque du capitaine sur le visage du général.

Je ne l'ai jamais revu, car il est mort six mois après.

Nous avons enfin pu rentrer à Paris. L'abominable et honteuse paix était signée, la misérable Commune écrasée. Tout était censé être à nouveau en ordre. Mais quel sang et quelles cendres ! Quelles femmes en deuil ! Quelles ruines !

A Paris, on respirait l'odeur amère de la fumée. Tout ce que je touchais chez moi laissait sur mes doigts une couleur un peu grasse et presque imperceptible. Un malaise général envahit la France, et plus particulièrement

Paris. Les théâtres, cependant, rouvrirent leurs portes, et ce fut un soulagement général.

Un matin, je reçus de l'Odéon un avis de répétition. Je secouai mes cheveux, frappai du pied et reniflai l'air comme un jeune cheval qui renifle.

Le terrain de course devait nous être rouvert. Nous devrions pouvoir galoper à nouveau à travers nos rêves. Les listes étaient prêtes. Le concours commençait. La vie recommençait. Il est vraiment étrange que l'esprit humain ait fait de la vie un conflit perpétuel. Quand il n'y a plus de guerre, il y a bataille, car nous sommes cent mille à viser le même but. Dieu a créé la terre et l'homme l'un pour l'autre. La terre est vaste. Quel terrain inculte là-bas ! Des kilomètres et des kilomètres, des hectares et des hectares de nouvelles terres attendant des armes qui retireront de leur sein les trésors de la nature inépuisable. Et nous restons groupés les uns autour des autres, des foules d'affamés qui regardent d'autres groupes, eux aussi à l'affût.

L'Odéon ouvre ses portes au public avec une programmation de répertoire. De nouvelles pièces nous ont été confiées à étudier. L'une d'entre elles a rencontré un énorme succès. Il s'agit *de Jean-Marie d'André Theuriet* , créé en octobre 1871. Cette pièce en un acte est un véritable chef-d'œuvre et elle emmène son auteur directement à l'Académie. Porel, qui jouait le rôle de Jean-Marie, rencontra un énorme succès. Il était alors svelte, agile et plein d'ardeur juvénile. Il lui fallait encore un peu de poésie, mais le rire joyeux de ses trente-deux dents compensait en ardeur ce qui manquait de désir poétique. C'était très bien en tout cas.

Mon *rôle* de jeune Bretonne, soumise au vieux mari qu'on lui imposait et vivant éternellement avec le souvenir du *fiancé* absent et peut-être mort, était joli, poétique et touchant en raison du sacrifice final. Il y avait même une certaine grandeur dans la dernière partie de la pièce. Cela eut, je dois le répéter, un immense succès et accroît ma réputation grandissante.

J'attendais pourtant l'événement qui devait me consacrer une étoile. Je ne savais pas vraiment à quoi je m'attendais, mais je savais que mon Messie devait venir. Et ce fut le plus grand poète du siècle dernier qui devait poser sur ma tête la couronne des élus.

XX
VICTOR HUGO

A la fin de cette année 1871, on nous annonça, d'une manière assez mystérieuse et solennelle, que nous allions jouer un morceau de Victor Hugo. Mon esprit, à cette époque de ma vie, était encore fermé aux grandes idées. Je vivais dans une ambiance plutôt *bourgeoise* , avec ma famille un peu cosmopolite, leurs connaissances et amis plutôt snobs, et les connaissances et amis que j'avais choisis dans ma vie indépendante d'artiste.

J'avais entendu parler de Victor Hugo depuis mon enfance comme d'un rebelle et d'un renégat, et ses ouvrages, que j'avais lus avec passion, ne m'empêchaient pas de le juger avec une très grande sévérité. Et je rougis aujourd'hui de colère et de honte en pensant à tous mes préjugés absurdes, fomentés par la petite cour imbécile ou peu sincère qui me flattait. J'avais quand même une grande envie de jouer dans *Ruy Blas* . Le *rôle* de la Reine me paraissait si charmant.

J'en ai fait part à Duquesnel, qui m'a dit qu'il y avait déjà pensé. Jane Essler, artiste alors en vogue, mais un peu vulgaire, avait pourtant de grandes chances contre moi. Elle entretenait des relations très amicales avec Paul Meurice, ami intime et conseiller de Victor Hugo. Un de mes amis a amené Auguste Vacquerie chez moi. Il était un autre ami, et même un parent, de « l'illustre maître ».

Auguste Vacquerie promit de parler à Victor Hugo et, deux jours plus tard, il revint m'assurant que j'avais toutes les chances de mon côté. Paul Meurice lui-même, un homme très simple, une âme charmante, m'avait proposé à l'auteur. Et Geffroy, l'admirable artiste qui s'était retiré de la Comédie-Française et qu'on lui demandait maintenant de jouer *Don Salluste* , avait dit, paraît-il, qu'il ne voyait qu'une seule petite reine d'Espagne digne de porter la couronne, et j'étais celle-là. . Je ne connaissais pas Geffroy ; Je ne connaissais pas Paul Meurice ; et j'étais plutôt étonné qu'ils me connaissent.

La pièce devait être lue aux artistes chez Victor Hugo, le 6 décembre 1871, à deux heures. J'étais très gâté, très loué et flatté, à tel point que je me sentais blessé de la simplicité d'un homme qui ne daignait pas se déranger, mais demandait aux femmes d'aller chez lui quand il y avait un terrain neutre, le théâtre, pour la lecture de pièces de théâtre. Je parlai à cinq heures de cet incident inouï à ma petite cour, et hommes et femmes s'écrièrent : « Quoi ! Cet homme qui était l'autre jour un hors-la-loi ! Cet homme qui vient tout juste d'être gracié ! Que personne !... n'ose demander à la petite Idole, à la Reine des *Cœurs* , à la Fée des Fées, de se mettre en embarras !

Tout mon petit sanctuaire était en tumulte ; les hommes et les femmes ne pouvaient pas rester en place.

« Elle ne doit pas y aller », dirent-ils. « Écrivez-lui ceci » – « Écrivez-lui cela ». Et ils rédigeaient des lettres impertinentes et dédaigneuses, lorsque fut annoncé le maréchal Canrobert. Il appartenait alors à ma petite cour de cinq heures, et il fut bientôt au courant de ce qui s'était passé par mes turbulents visiteurs. Il était furieux des imbécillités prononcées contre le grand poète.

« Il ne faut pas aller chez Victor Hugo, me dit-il, car il me semble qu'il n'a aucune raison de s'écarter de l'usage habituel. Mais dites que vous vous sentez soudainement malade ; suivez mes conseils et montrez-lui le respect que nous devons au génie.

J'ai suivi le conseil de mon grand ami et j'ai envoyé la lettre suivante au poète :

« MONSIEUR , La Reine a pris froid, et sa Camerara Mayor lui défend de sortir. Vous connaissez mieux que personne l'étiquette de la cour d'Espagne. Pitié pour votre reine, monsieur.

J'ai envoyé la lettre, et voici la réponse du poète :

« Je suis votre valet de chambre, Madame.

" VICTOR HUGO. »

Le lendemain, la pièce fut lue sur scène aux artistes. Je crois que la lecture n'a pas eu lieu, ou du moins pas entièrement, chez le Maître.

J'ai alors fait la connaissance du monstre. Ah, quelle rancune j'avais depuis longtemps contre tous ces sots qui m'avaient prévenu !

Le monstre était charmant, si spirituel, si raffiné, si galant, avec une galanterie qui était un hommage et non une insulte. Il était si bon aussi avec les humbles et toujours aussi gai. Il n'était certes pas l'idéal de l'élégance, mais il y avait une modération dans ses gestes, une douceur dans sa façon de parler qui sentait le vieux pair français. Il avait une répartie rapide et ses observations étaient douces mais pertinentes. Il récitait mal la poésie, mais adorait l'entendre bien récitée. Il faisait souvent des croquis pendant les répétitions.

Il parlait fréquemment en vers lorsqu'il voulait réprimander un artiste. Un jour, lors d'une répétition, il essayait de convaincre le pauvre Talien de sa mauvaise élocution. La longueur du colloque m'ennuyait et je m'assis sur la table en balançant les jambes. Il comprit mon impatience, et se levant du milieu des stalles de l'orchestre, il s'écria :

« Une Reine d'Espagne honnête et respectable

Ne devrait point ainsi s'asseoir sur une table. »

Je bondis de table, un peu embarrassé, et voulus lui répondre d'une manière plutôt piquante ou spirituelle, mais je ne trouvai rien à dire et restai là confus et de mauvaise humeur.

Un jour, alors que la répétition était plus d'une heure plus tôt que d'habitude, j'attendais, le front appuyé contre la vitre, l'arrivée de Mme Guérard qui venait me chercher. Je regardais distraitement le trottoir d'en face, délimité par la grille luxembourgeoise. Victor Hugo venait de traverser la route et s'apprêtait à continuer son chemin. Une vieille femme attira son attention. Elle venait de poser par terre un gros paquet de linge et s'essuyait le front, sur lequel coulaient de grosses gouttes de sueur. Malgré le froid, sa bouche édentée était entrouverte, haletante, et ses yeux avaient une expression d'inquiétude angoissante en regardant la large route qu'elle avait à traverser, où se croisaient des voitures et des omnibus. Victor Hugo s'approcha d'elle, et après une courte conversation, il tira de sa poche une pièce d'argent et la tendit à la vieille femme ; puis, ôtant son chapeau, il le lui confia, et d'un mouvement vif et d'un visage riant, il souleva le paquet sur son épaule et traversa la route, suivi de la femme ahurie. Je me précipitai en bas pour l'embrasser, mais, au moment où j'atteignis le passage, je me bousculai contre de Chilly, qui voulait m'arrêter, et lorsque je descendis l'escalier, Victor Hugo avait disparu. Je ne voyais que le dos de la vieille femme, mais il me semblait qu'elle boitait maintenant avec plus d'allure.

Le lendemain, je dis au poète que j'avais été témoin de sa délicate bonne action.

"Oh", dit Paul Meurice, les yeux humides d'émotion, "chaque jour qui se lève est pour lui un jour de bonté."

J'ai embrassé Victor Hugo et nous sommes allés à la répétition.

Oh, ces répétitions de *Ruy Blas* ! Je ne les oublierai jamais, car il y avait tant de bonne grâce et de charme dans tout. Quand Victor Hugo arrive, tout s'éclaire. Ses deux satellites, Auguste Vacquerie et Paul Meurice, ne le quittaient presque jamais et, lorsque le Maître était absent, ils entretenaient le feu divin.

Geffroy, sévère, triste et distingué, me donnait souvent des conseils. Pendant les intervalles de repos, je posais pour lui dans diverses attitudes, car il était peintre. Dans le *foyer* de la Comédie Française se trouvent deux tableaux de lui, représentant deux générations de Sociétaires des deux sexes. Les tableaux ne sont pas d'une composition très originale, ni d'une belle coloration, mais ce sont des ressemblances fidèles, semble-t-il, et plutôt heureusement groupés.

Lafontaine, qui jouait Ruy Blas, avait souvent de longues discussions avec le Maître, dans lesquelles Victor Hugo ne cédait jamais. Et je dois avouer qu'il avait toujours raison.

Lafontaine avait de la conviction et de l'assurance, mais son élocution était très mauvaise pour la poésie. Il avait perdu ses dents et elles furent remplacées par une série de fausses. Cela donnait une certaine lenteur à son élocution, et il y avait un petit claquement étrange entre son palais réel et son palais en caoutchouc artificiel, qui distrayait souvent l'oreille qui écoutait attentivement pour saisir la beauté de la poésie.

Quant au pauvre Talien, qui jouait Don Guritan, il en faisait un hachis à chaque minute. Sa compréhension du *rôle* était tout à fait erronée. Victor Hugo le lui a expliqué clairement et intelligemment. Talien était un comédien bien intentionné, un travailleur acharné, toujours consciencieux, mais stupide comme une oie. Ce qu'il n'a pas compris au début, il ne l'a jamais compris. Tant qu'il vivrait, il ne comprendrait jamais. Mais comme il était droit et loyal, il s'en remet à l'auteur et s'abandonne alors dans une abnégation complète. « Ce n'est pas ce que j'ai compris, disait-il, mais je ferai ce que vous me direz. »

Il répétait ensuite, mot par mot et geste par geste, avec les inflexions et les mouvements requis. Cela m'a énervé de la manière la plus douloureuse et a été un coup cruel porté à la solidarité de mon orgueil artistique. J'ai souvent pris à part ce pauvre Talien et essayé de l'inciter à la rébellion, mais c'était en vain.

Il était grand, ses bras étaient trop longs et ses yeux étaient fatigués ; son nez était fatigué d'être trop long, et il s'enfonçait sur ses lèvres dans un abattement déchirant. Son front était couvert de poils épais et son menton semblait s'enfuir précipitamment devant son visage mal bâti. Une grande bonté se répandait dans tout son être, et cette bonté, c'était lui-même. Tout le monde l'aimait donc infiniment.

XXI
UN SOUPER MÉMORABLE

Le 26 janvier 1872 est une *fête artistique* pour l'Odéon. Le *Tout-Paris* des premières soirées et la jeunesse vibrante devaient se retrouver dans le grand théâtre solennel et poussiéreux. Ah, quelle performance splendide et émouvante ! Quel triomphe pour Geffroy, pâle, sinistre et sévère dans son costume noir de Don Salluste. Mélingue a plutôt déçu le public comme Don César de Bazan, et le public avait tort. Le *rôle* de don César de Bazan est un *rôle perfidement bon* , qui tente toujours les artistes par l'éclat du premier acte ; mais le quatrième acte, qui lui appartient entièrement, est terriblement lourd et inutile. On pourrait le sortir de la pièce, comme une pervenche hors de sa coquille, et la pièce n'en serait pas moins claire et complète.

Ce 26 janvier déchirait pourtant pour moi le mince voile qui rendait encore mon avenir flou, et je sentais que j'étais destinée à la célébrité. Jusqu'à ce jour, j'étais restée la petite fée des élèves. Je devins alors l'Élu du public.

À bout de souffle, hébété et pourtant ravi de mon succès, je ne savais à qui répondre dans le flot toujours changeant d'admirateurs et d'admiratrices. Puis, tout d'un coup, j'ai vu la foule se séparer et former deux files, et j'ai aperçu Victor Hugo et Girardin venant vers moi. En une seconde, toutes les idées stupides que j'avais eues sur cet immense génie me traversèrent l'esprit. Je me souvenais de ma première entrevue, où j'avais été raide et peu poli avec cet homme aimable et indulgent. A ce moment où toute ma vie ouvrait ses ailes, j'aurais voulu lui crier mon repentir et lui dire ma pieuse gratitude.

Mais avant que je puisse parler, il s'est mis à genoux et, levant mes deux mains vers ses lèvres, il a murmuré : « Merci ! Merci!"

Et c'est donc lui qui a dit « Merci ». Lui, le grand Victor Hugo, dont l'âme était si belle, dont le génie universel remplissait le monde ! Lui, dont les mains généreuses jetaient comme des pierres précieuses le pardon à tous ses insulteurs. Ah, comme je me sentais petite, comme j'avais honte et pourtant comme je suis heureuse ! Il se leva alors, serra les mains qu'on lui tendait, trouvant pour chacun le mot juste.

Il était si beau ce soir-là, avec son front large qui semblait retenir la lumière, sa toison épaisse et argentée et ses yeux rieurs et lumineux.

N'osant me jeter dans les bras de Victor Hugo, je tombai dans ceux de Girardin, l'ami sûr de mes premiers pas, et j'éclatai en larmes. Il m'a pris à part dans ma loge. "Il ne faut pas se laisser enivrer par ce grand succès maintenant", a-t-il déclaré. « Il ne doit plus y avoir de sauts risqués, maintenant que vous êtes couronnés de lauriers. Il faudra être plus souple, plus docile, plus sociable.

« Je sens que je ne serai jamais cédant ni docile, mon ami, répondis-je en le regardant, j'essaierai d'être plus sociable, mais c'est tout ce que je peux promettre. Quant à ma couronne, je vous assure que malgré mes sauts risqués, et je sens que j'en ferai toujours, la couronne ne bougera pas.

Paul Meurice, qui s'était approché de nous, entendit cette conversation et me la rappela le soir de la première représentation d' *Angelo* au Théâtre Sarah Bernhardt, le 7 février 1905.

En rentrant chez moi, je restai longtemps assis à causer avec Mme Guérard, et quand elle voulut partir, je la priai de rester plus longtemps. J'étais devenu si riche d'espoirs pour l'avenir que j'avais peur des voleurs. *Mon petite Dame* resta avec moi et nous causâmes jusqu'au point du jour. À sept heures, nous avons pris un taxi et j'ai reconduit mon cher ami chez moi, puis j'ai continué à conduire pendant encore une heure. J'avais déjà obtenu pas mal de succès : *Le Passant* , *Le Drame de la rue de la Paix* , Anna Danby dans *Kean* et *Jean-Marie* , mais je sentais que le succès de *Ruy Blas* était plus grand que tous les autres, et que cette fois, j'étais devenu quelqu'un à critiquer, mais pas à négliger.

J'allais souvent le matin chez Victor Hugo et il était toujours très charmant et gentil.

CRÂNE DANS LA BIBLIOTHÈQUE DE SARAH BERNHARDT , AVEC DES VERS AUTOGRAPHES DE VICTOR HUGO

Quand j'étais bien à l'aise avec lui, je lui parlais de mes premières impressions, de toutes mes révoltes stupides et nerveuses à son égard, de tout ce qu'on m'avait raconté et de tout ce que j'avais cru dans mon ignorance naïve de la politique. importe.

Un matin, le Maître prit un grand plaisir à ma conversation. Il fit venir Mme Drouet, la douce âme, la compagne de son esprit glorieux et rebelle. Il lui dit, d'un ton riant mais mélancolique, que le mauvais travail des méchants est de semer l'erreur dans tous les terrains, qu'ils soient favorables ou non. Ce matin est gravé à jamais dans ma mémoire, car le grand homme a parlé longtemps. Oh, ce n'était pas pour moi, mais pour ce que je représentais à ses yeux. N'étais-je pas, en effet, la jeune génération dont une éducation *bourgeoise* et cléricale avait déformé l'intelligence en fermant l'esprit à toute idée généreuse, à toute fuite vers le nouveau ?

Ce matin-là, en quittant Victor Hugo, je me sentais plus digne de son amitié.

J'allai ensuite chez Girardin, car je voulais causer avec quelqu'un qui aimait le poète, mais il était absent.

Je me rendis ensuite chez le maréchal Canrobert, et là j'eus une grande surprise. Au moment où je descendais de voiture, je faillis tomber dans les bras du maréchal qui sortait de chez lui.

"Qu'est-ce que c'est? Quel est le problème? Est-ce reporté ? » demanda-t-il en riant.

Je ne comprenais pas et je le regardais un peu abasourdi.

"Eh bien, as-tu oublié que tu m'as invité à déjeuner ?" Il a demandé.

J'étais assez confus, car je l'avais complètement oublié.

"Eh bien, tant mieux!" J'ai dit; «Je voulais vraiment te parler. Viens; Je vais t'emmener avec moi maintenant.

Je racontai ensuite ma visite à Victor Hugo et répétai toutes les belles pensées qu'il avait exprimées, oubliant que je disais constamment des choses contraires aux idées du Maréchal. Mais cet homme admirable pouvait admirer, et s'il ne pouvait changer d'opinion, il approuvait les grandes idées qui devaient amener de grands changements.

Un jour, alors que Busnach et lui étaient tous deux chez moi, il y eut une discussion politique qui devint assez violente. J'ai eu un moment peur que les choses tournent mal, car Busnach était l'homme le plus spirituel et en même temps le plus grossier de France. Il est juste de dire cependant que si le maréchal Canrobert était un homme poli et très bien élevé, il n'était pas du tout derrière William Busnach en termes d'esprit. Cette dernière était exaspérée par les discours irritants du Maréchal.

« Je vous mets au défi, Monsieur, s'écria-t-il, d'écrire sur les odieuses utopies que vous venez de soutenir !

« Oh, monsieur Busnach, répondit froidement Canrobert, nous n'utilisons pas le même acier pour écrire l'histoire ! Vous utilisez un stylo et moi une épée.

Le déjeuner que j'avais si complètement oublié était pourtant un déjeuner organisé plusieurs jours auparavant. En rentrant chez nous, nous y trouvâmes Paul de Rémusat, charmante Mlle. Hocquigny, et M. de Monbel, jeune *attaché d'ambassade*. J'expliquai de mon mieux mon retard, et cette matinée se termina dans la plus délicieuse harmonie d'idées.

Je n'ai jamais ressenti autant que ce jour-là la joie infinie d'écouter.

Pendant un silence Mlle. Hocquigny se tourna vers le Maréchal et dit :

" N'êtes-vous pas d'avis que notre jeune ami devrait entrer à la Comédie Française ? "

« Ah, non, non ! » m'écriai-je; « Je suis tellement heureux à l'Odéon. J'ai commencé à la Comédie, et le peu de temps que j'y suis resté, j'ai été très malheureux.

— Vous serez obligé d'y retourner, mon cher ami, obligé. Croyez-moi, il vaudra mieux tôt que tard.

"Eh bien, ne me gâchez pas le plaisir d'aujourd'hui, car je n'ai jamais été aussi heureux!"

Un matin, peu de temps après, ma femme de chambre m'a apporté une lettre. Le grand timbre rond, sur lequel figure la mention « Comédie Française », se trouvait au coin de l'enveloppe.

Je me souvenais que dix ans auparavant, presque jour pour jour, notre vieille servante Marguerite m'avait, avec la permission de ma mère, remis une lettre dans le même genre d'enveloppe.

Mon visage s'était alors rougi de joie, mais cette fois j'ai senti une légère teinte de pâleur toucher mes joues.

Lorsque surviennent des événements qui perturbent ma vie, j'ai toujours un mouvement de recul. Je m'accroche un instant à ce qui est, puis je me jette à corps perdu dans ce qui sera. C'est comme un gymnaste qui s'accroche d'abord à sa barre de trapèze pour ensuite se jeter de toutes ses forces dans l'espace. En une seconde, ce qui est maintenant devient pour moi ce qui était, et je l'aime avec une tendre émotion comme quelque chose de mort. Mais j'adore ce qui doit être sans même chercher à le savoir, car ce qui doit être est l'inconnu, l'attraction mystérieuse. Je m'imagine toujours que ce sera quelque chose d'inouï, et je frémis de la tête aux pieds d'une inquiétude délicieuse. Je reçois des quantités de lettres, et il me semble que je n'en reçois jamais assez. Je les regarde s'accumuler tout comme je regarde les vagues de la mer. Que vont-elles m'apporter, ces enveloppes mystérieuses, grandes, petites, roses, bleues, jaunes, blanches ? Que vont-ils jeter sur le rocher, ces grandes vagues sauvages, noires d'algues ? Quel cadavre de marin ? Que reste-t-il d'une épave ? Que vont laisser ces petites vagues vives sur la plage, ces reflets d'un ciel bleu, ces petites vagues rieuses ? Quelle « étoile de mer » rose ? Quelle anémone mauve ? Quelle coquille nacrée ?

Je n'ouvre donc jamais mes lettres immédiatement. Je regarde les enveloppes, j'essaie de reconnaître l'écriture et le sceau ; et ce n'est que lorsque je suis bien sûr de qui vient la lettre que je l'ouvre. Les autres, je laisse ma secrétaire ouvrir ou une aimable amie, Suzanne Seylor. Mes amis le savent si bien qu'ils mettent toujours leurs initiales dans le coin de leurs enveloppes.

A cette époque, je n'avais pas de secrétaire, mais *ma petite Dame* me servait de tel.

Je regardai longuement l'enveloppe et la remit enfin à Mme Guérard.

"C'est une lettre de M. Perrin, directeur de la Comédie Française", dit-elle. "Il demande si vous pouvez fixer une heure pour le voir mardi ou mercredi après-midi à la Comédie Française ou chez vous."

"Merci. Quel jour sommes-nous?" J'ai demandé.

« Lundi », répondit-elle.

J'installai alors Mme Guérard à mon bureau, et lui demandai de me répondre que j'y serais le lendemain à trois heures.

Je gagnais très peu à cette époque à l'Odéon. Je vivais de ce que mon père m'avait légué, c'est-à-dire de la transaction faite par le notaire du Havre, et il ne me restait pas grand-chose. J'allai donc voir Duquesnel et lui montrai la lettre.

"Eh bien, qu'est-ce que tu vas faire?" Il a demandé.

"Rien. Je suis venu vous demander votre avis.

« Eh bien, je vous conseille de rester à l'Odéon. D'ailleurs, vos fiançailles ne se terminent que dans un an, et je ne vous laisserai pas partir !

«Eh bien, augmentez mon salaire, alors», dis-je. « On me propose douze mille francs par an à la Comédie. Donnez-moi quinze mille ici et je resterai, car je ne veux pas partir.

«Écoutez-moi», dit amicalement le charmant directeur. « Vous savez que je ne suis pas libre d'agir seul. Je ferai de mon mieux, je vous le promets. Et

Duquesnel a certainement tenu parole. « Venez ici demain avant d'aller à la Comédie, et je vous donnerai la réponse de Chilly. Mais suivez mon conseil, et s'il refuse obstinément d'augmenter votre salaire, ne partez pas ; nous trouverons un moyen... Et d'ailleurs... Enfin, je ne peux pas en dire davantage.

Je suis revenu le lendemain comme convenu.

J'ai retrouvé Duquesnel et Chilly au bureau de direction. Chilly commença aussitôt, un peu grossièrement :

« Et donc tu veux partir, me dit Duquesnel. Où vas-tu? C'est vraiment stupide, car ta place est ici. Pensez-y et réfléchissez-y par vous-même. Au Gymnase, on ne donne que des pièces modernes, des pièces habillées. Ce n'est pas votre style. Au Vaudeville c'est pareil. A la Gaîté, tu gâterais ta voix. Vous êtes trop distingué pour les Ambigu.

Je l'ai regardé sans répondre. J'ai vu que sa compagne ne lui avait pas parlé de la Comédie Française. Il se sentit mal à l'aise et marmonna :

« Eh bien, vous êtes de mon avis ? »

«Non», répondis-je; "Vous avez oublié la Comédie."

Il était assis dans son grand fauteuil et il éclatait de rire.

« Ah non, ma chère fille, dit-il, il ne faut pas me dire ça. Ils en ont assez de ton drôle de personnage à la Comédie. J'ai dîné l'autre soir chez Maubant, et quand quelqu'un a dit qu'on devrait vous engager à la Comédie-Française, il a failli s'étouffer de rage. Je peux vous assurer que le grand tragédien ne vous a pas montré beaucoup d'affection.

"Eh bien, tu aurais dû prendre mon parti", m'écriai-je, irrité. "Vous savez très bien que je suis un membre des plus sérieux de votre entreprise."

« Mais j'ai pris votre parti, dit-il, et j'ai même ajouté que ce serait une chose bien heureuse pour la Comédie si elle pouvait avoir un artiste avec votre volonté, ce qui pourrait peut-être soulager le ton monotone de la maison ; et je ne parlais que comme je pensais, mais le pauvre tragédien était hors de lui. Il ne considère pas que vous ayez du talent. D'abord il soutient que vous ne savez pas réciter des vers. Il déclare que vous faites tous vos *a* trop larges. Enfin, n'ayant plus aucune dispute, il a déclaré que tant qu'il vivrait, vous n'entrerez jamais à la Comédie Française.

Je restai silencieux un moment, pesant le pour et le contre du résultat probable de mon expérience. Ayant finalement pris une décision, j'ai murmuré d'une manière quelque peu hésitante :

"Eh bien, vous ne me donnerez pas un salaire plus élevé ?"

« Non, mille fois non ! » » cria Chilly. « Vous essaierez de me faire payer à la fin de vos fiançailles, et nous verrons ensuite. Mais j'ai votre signature en attendant. Vous avez le mien aussi, et je tiens à nos engagements. Le Théâtre Français est le seul qui vous conviendrait à côté du nôtre, et je suis bien tranquille à l'égard de ce théâtre.

«Vous faites peut-être une erreur», répondis-je. Il se leva brusquement et vint se placer en face de moi, les deux mains dans les poches. Il dit alors sur un ton odieux et familier :

« Ah, c'est ça, n'est-ce pas ? Alors, tu penses que je suis un idiot ?

Je me suis levé aussi et j'ai dit froidement, en le repoussant doucement : "Je pense que tu es un triple idiot." Je me précipitai alors vers l'escalier, et tous les cris de Duquesnel furent vains. J'ai descendu les escaliers en courant deux à deux.

En arrivant sous les arcades de l'Odéon, je fus arrêté par Paul Meurice, qui allait inviter Duquesnel et Chilly, de la part de Victor Hugo, à un souper pour célébrer la centième représentation de *Ruy Blas* .

«Je viens de rentrer de chez toi», dit-il. «Je vous ai laissé quelques lignes de Victor Hugo.»

"Bien bien; ça va, répondis-je en montant dans ma voiture. "Je vous verrai donc demain, mon ami."

« Mon Dieu, comme vous êtes pressé ! il a dit.

"Oui!" J'ai répondu, puis, me penchant à la fenêtre, j'ai dit à mon cocher : « Va à la Comédie Française.

J'ai regardé Paul Meurice pour lui dire adieu. Il se tenait stupéfait sur les marches de l'arcade.

En arrivant à la Comédie, j'envoyai ma carte à Perrin, et cinq minutes plus tard j'étais introduit devant ce mannequin glacé. Il y avait deux personnages bien distincts chez cet homme. L'un était l'homme qu'il était lui-même, et l'autre celui qu'il avait créé pour les besoins de son métier. Perrin lui-même était galant, agréable, spirituel et légèrement timide ; le mannequin était froid et quelque peu enclin à poser.

Je fus d'abord reçu par Perrin le mannequin. Il était debout, la tête penchée, saluant une femme, le bras tendu pour désigner le fauteuil hospitalier. Il attendit avec une certaine affectation que je sois assis avant de s'asseoir lui-même. Il prit alors un coupe-papier, pour s'occuper de ses mains, et d'une voix un peu faible, la voix du mannequin, il dit :

« Avez-vous réfléchi, Mademoiselle ?

"Oui, Monsieur, et me voici pour signer."

Avant qu'il n'ait eu le temps de m'encourager à toucher aux choses sur son bureau, j'ai approché ma chaise, pris un stylo et me suis préparé à signer le papier. Je n'ai pas pris assez d'encre d'abord, j'ai étendu mon bras sur toute la largeur de la table à écrire et j'ai plongé cette fois résolument ma plume au fond de l'encrier. Mais cette fois, j'ai pris trop d'encre et, au retour, une énorme tache est tombée sur la grande feuille de papier blanc située devant le mannequin.

Il baissa la tête, car il était un peu myope, et ressembla un instant à un oiseau lorsqu'il découvre une graine de chanvre dans son grain. Il a ensuite mis de côté la feuille effacée.

"Attends une minute, oh, attends une minute!" M'écriai-je en saisissant le papier d'encre. «Je veux voir si j'ai bien fait ou non de signer. Si c'est un papillon, j'ai raison, et s'il y a autre chose, quoi qu'il arrive, j'ai tort. J'ai pris la feuille, je l'ai doublée au milieu de l'énorme tache et je l'ai serrée fermement. Emile Perrin se mit alors à rire, abandonnant complètement son attitude de bonhomme. Il se pencha pour examiner le papier avec moi, et nous l'ouvrîmes très doucement, comme on ouvre la main après avoir emprisonné une mouche. Lorsque le papier était ouvert, on apercevait, au milieu de sa blancheur, un magnifique papillon noir aux ailes déployées.

"Eh bien," dit Perrin, sans plus rien du mannequin, "nous avons bien eu raison de signer."

Après cela, nous causâmes quelque temps, comme deux amis qui se retrouvent, car cet homme était charmant et très fascinant, malgré sa laideur. Quand je l'ai quitté, nous étions amis et ravis l'un de l'autre.

Je jouais dans *Ruy Blas* ce soir-là à l'Odéon. Vers dix heures, Duquesnel vint dans ma loge.

« Vous avez été plutôt dur avec ce pauvre Chilly », dit-il. « Et tu n'étais vraiment pas gentil. Tu aurais dû revenir quand je t'ai appelé. Est-il vrai, comme nous le dit Paul Meurice, que vous êtes allé directement au Théâtre Français ?

« Tiens, lis par toi-même », dis-je en lui remettant mes fiançailles à la Comédie.

Duquesnel prit le journal et le lut.

"Voulez-vous me laisser le montrer à Chilly?" Il a demandé.

«Montrez-le-lui, certainement», répondis-je.

Il s'approcha et dit d'un ton grave et blessé :

"Tu n'aurais jamais dû faire ça sans me le dire au préalable. Cela montre un manque de confiance que je ne mérite pas.

Il avait raison, mais c'était chose faite. Un instant plus tard, Chilly arrivait, furieux, gesticulant, criant, balbutiant de colère.

«C'est abominable!» il a dit. « C'est une trahison, et vous n'aviez même pas le droit de le faire. Je vous ferai payer des dommages et intérêts.

Comme je me sentais de mauvaise humeur, je lui tournai le dos et m'excusai le plus faiblement possible auprès de Duquesnel. Il était blessé et j'avais un peu honte, car cet homme ne m'avait donné que des preuves de gentillesse, et c'était lui qui, malgré Chilly et bien d'autres personnes réticentes, avait tenu la porte ouverte pour mon avenir.

Chilly a tenu parole et a intenté une action contre moi et la Comédie. J'ai perdu et j'ai dû payer six mille francs de dommages et intérêts aux gérants de l'Odéon.

Quelques semaines plus tard, Victor Hugo invitait les artistes qui se produisaient à *Ruy Blas* à un grand souper en l'honneur de la centième représentation. Cela me fit un grand plaisir, car je n'avais jamais assisté à un souper de ce genre.

J'avais à peine parlé à Chilly depuis notre dernière scène. Ce soir-là, il fut placé à ma droite et il fallut nous réconcilier. J'étais assis à droite de Victor Hugo, et à sa gauche était Mme Lambquin, qui jouait la Camerara Mayor, et Duquesnel était à côté de Mme Lambquin. En face de l'illustre poète se trouvait un autre poète, Théophile Gautier, avec sa tête de lion sur un corps d'éléphant. Il avait un esprit brillant et disait les choses les plus raffinées avec un rire de cheval. La chair de son visage gras, flasque et blême était percée de deux yeux voilés par de lourdes paupières. Leur expression était charmante, mais lointaine. Il y avait chez cet homme une noblesse orientale étouffée par les modes et les coutumes occidentales. Je connaissais presque toute sa poésie et je le regardais avec affection, l'amant affectueux du beau.

Cela m'amusait de l'imaginer vêtu de superbes costumes orientaux. Je le voyais allongé sur d'immenses coussins, ses belles mains jouant avec des pierres précieuses de toutes les couleurs ; et quelques-uns de ses vers parvenaient en murmures à mes lèvres. Je partais avec lui dans un rêve infini, lorsqu'un mot de mon voisin Victor Hugo me fit me tourner vers lui.

Quelle différence! Il n'était que lui-même, le grand poète, l'être le plus ordinaire, à l'exception de son front lumineux. Il avait l'air lourd, quoique très actif. Son nez était commun, ses yeux obscènes et sa bouche sans aucune beauté ; sa voix seule avait de la noblesse et du charme. J'aimais l'écouter en regardant Théophile Gautier.

J'étais cependant un peu gêné en regardant par-dessus la table, car à côté du poète se trouvait un odieux personnage, Paul de Saint-Victor. Ses joues ressemblaient à deux vessies d'où suintait l'huile qu'elles contenaient. Son nez était pointu et ressemblait à un bec de corbeau, ses yeux mauvais et durs ; ses bras étaient trop courts et il était trop gros. Il ressemblait à une jaunisse.

Il avait beaucoup d'esprit et de talent, mais il employait à dire et à écrire plus de mal que de bien. Je savais que cet homme me détestait et je lui ai immédiatement rendu haine pour haine.

En réponse au toast proposé par Victor Hugo remerciant chacun pour son aide zélée à la relance de son œuvre, chacun leva son verre et regarda vers le poète, mais l'illustre maître se tourna vers moi et continua : « Quant à vous, Madame ———"

Juste à ce moment, Paul de Saint-Victor posa si violemment son verre sur la table qu'il se brisa. Il y eut un instant de stupeur, puis je me penchai par-dessus la table et tendis mon verre vers Paul de Saint-Victor.

SARAH BERNHARDT À UN BAL DÉGUISÉ

PAR WALTER SPINDLER

« Prenez la mienne, Monsieur, lui dis-je, et alors, quand vous boirez, vous saurez quelle est ma pensée en réponse à la vôtre, que vous venez d'exprimer si clairement ! »

L'horrible homme a pris mon verre, mais avec quel regard !

Victor Hugo a terminé son discours sous les applaudissements et les acclamations. Duquesnel s'est alors penché en arrière et m'a parlé doucement. Il m'a demandé de dire à Chilly de répondre à Victor Hugo. J'ai fait comme demandé. Mais il me regarda d'un regard vitreux et répondit d'une voix lointaine :

"Quelqu'un me tient les jambes." Je le regardais plus attentivement, tandis que Duquesnel demandait silence pour le discours de M. de Chilly. J'ai vu que ses doigts saisissaient désespérément une fourchette ; le bout de ses doigts était blanc, le reste de la main était violet. Je lui ai pris la main, et elle était glaciale ; l'autre pendait, inerte, sous la table. Il y eut un silence et tous les regards se tournèrent vers Chilly.

« Lève-toi », dis-je, pris de terreur. Il fit un mouvement et sa tête tomba brusquement en avant, le visage posé sur son assiette. Il y eut un tumulte sourd et les quelques femmes présentes entourèrent le pauvre homme. Des choses stupides, banales, indifférentes étaient dites comme on marmonne des prières familières. On fit appeler son fils, puis deux garçons de service vinrent emporter le corps, vivant mais inerte, et le déposèrent dans un petit salon.

Duquesnel resta avec lui, me priant cependant de rejoindre les hôtes du poète. Je retournai dans la salle où avait eu lieu le souper. Des groupes s'étaient formés, et lorsqu'on me vit entrer, on me demanda s'il était toujours aussi malade.

"Le médecin vient d'arriver et il ne peut pas encore le dire", répondis-je.

«C'est une indigestion», dit Lafontaine (Ruy Blas) en jetant un verre d'eau-de-vie.

«C'est une anémie cérébrale», prononça maladroitement Talien (Don Guritan), car il perdait toujours la mémoire.

Victor Hugo s'approcha et dit très simplement :

"C'est une belle sorte de mort."

Il me prit alors le bras et m'entraîna à l'autre bout de la pièce, essayant de chasser mes pensées par des murmures galants et poétiques. Quelque temps s'écoula avec cette obscurité qui pesait sur nous, et puis Duquesnel parut. Il était pâle, mais semblait n'avoir rien de grave. Il était prêt à répondre à toutes les questions.

Oh oui; il venait d'être ramené chez lui. Ce ne serait rien, semblait-il. Il n'avait besoin de repos que quelques jours. Il avait probablement les pieds froids pendant le repas.

« Oui, répondit un des convives *de Ruy Blas* , il y avait certainement un bon courant d'air sous la table. »

« Oui, répondit Duquesnel à quelqu'un qui l'inquiétait, oui ; sans doute avait-il trop chaud à la tête.

"Oui", a ajouté un autre des invités, "nos têtes étaient presque en feu avec ce misérable gaz."

Je voyais arriver le moment où tous ses convives reprocheraient à Victor Hugo le froid, la chaleur, la nourriture et le vin de son banquet. Toutes ces remarques imbéciles énervèrent Duquesnel. Il haussa les épaules et m'éloigna de la foule :

"C'est fini avec lui."

J'en avais eu le pressentiment, mais cette certitude me causait maintenant une douleur intense.

«Je veux y aller», dis-je à Duquesnel. "Veuillez demander à quelqu'un de demander ma voiture."

Je me dirigeai vers le petit salon qui servait de vestiaire pour nos affaires, et là la vieille Madame Lambquin se heurta à moi. Légèrement grisée par la chaleur et le vin, elle valsait avec Talien.

« Ah ! je vous demande pardon, petite Madone, dit-elle ; "J'ai failli te renverser."

Je l'attirai vers moi et, sans réfléchir, je lui dis tout bas : « Ne danse plus, maman Lambquin ; Chilly est en train de mourir. Elle était violette, mais son visage était devenu aussi blanc que de la craie. Ses dents se mirent à claquer, mais elle ne prononça pas un mot.

« Oh, mon cher Lambquin, » murmurai-je ; "Je ne savais pas que je devrais te rendre si malheureux."

Mais elle ne m'écoutait plus ; elle mettait son manteau.

"Tu pars?" elle me demanda.

"Oui," répondis-je.

« Veux-tu me reconduire à la maison ? Je vous dirai alors… »

Elle s'enroula un fichu noir autour de la tête, et nous descendîmes tous deux, accompagnés de Duquesnel et de Paul Meurice, qui nous accompagnèrent dans la voiture.

Elle habitait le quartier Saint-Germain et moi la rue de Rome. En chemin, la pauvre femme m'a raconté l'histoire suivante.

« Vous savez, ma chère, commença-t-elle, j'ai une manie pour les somnambules et les cartomanciennes de toutes sortes. Eh bien, vendredi dernier (vous voyez, je ne les consulte que le vendredi) une femme qui prédit par cartes m'a dit : "Tu mourras une semaine après un homme qui est brun et pas jeune, et dont la vie est liée à la tienne". .' Eh bien, ma chérie, je pensais qu'elle se moquait de moi, car il n'y a aucun homme dont la vie est liée à la mienne, car je suis veuve et je n'ai jamais eu de *liaison* . Je l'ai donc maltraitée pour cela, puisque je lui paie sept francs. Elle facture dix francs aux autres, mais sept francs aux artistes. Elle était furieuse que je ne la croie pas, elle m'a saisi les mains et m'a dit : « Ce n'est pas la peine de me crier dessus, car c'est ce que je dis. Et si vous voulez que je vous dise la vérité exacte, c'est un homme qui vous soutient ; et, pour être encore plus exact, il y a deux hommes qui vous soutiennent, l'un brun et l'autre blond ; c'est une bonne chose ça !' Elle n'avait pas fini son discours que je lui ai donné une gifle comme elle n'en avait jamais eu de sa vie, je peux vous l'assurer. Mais ensuite, je me suis demandé ce que cette malheureuse femme avait pu vouloir dire. Et tout ce que j'ai pu constater, c'est que les deux hommes qui me soutiennent, l'un brun et l'autre blond, sont nos deux gérants, Chilly et Duquesnel. Et maintenant tu me dis que Chilly… »

Elle s'arrêta net, essoufflée par son récit, et reprit de nouveau la terreur. « Je me sens étouffée », murmura-t-elle, et malgré le froid glacial nous avons baissé les deux fenêtres. En arrivant, je l'ai aidée à monter ses quatre étages, et après avoir dit au *concierge* de s'occuper d'elle et donné à la femme une pièce de vingt francs pour être sûr qu'elle le ferait, je suis rentré moi-même chez moi, très contrarié de tout cela. ces incidents, aussi dramatiques qu'inattendus, en pleine *fête* .

Trois jours plus tard, Chilly mourut sans jamais reprendre conscience.

Douze jours plus tard, le pauvre Lambquin mourut. Au prêtre qui lui a donné l'absolution, elle dit : « Je meurs parce que j'ai écouté et cru le démon. »

XXII
À NOUVEAU À LA COMÉDIE FRANÇAISE—SCULPTURE

J'ai quitté l'Odéon avec un très grand regret, car j'adorais et j'adore encore ce théâtre. On a toujours l'impression que c'est en soi une petite ville de province. Ses arcades hospitalières, sous lesquelles tant de pauvres vieux *savants* prennent l'air et s'abritent du soleil ; les grandes dalles tout autour, entre les crevasses desquelles pousse une herbe jaune microscopique ; ses hauts piliers noircis par le temps, par les mains et par la saleté de la route ; le bruit ininterrompu qui se fait partout, le départ des omnibus, comme le départ des vieux carrosses, la fraternité des gens qui s'y réunissent ; tout, jusqu'aux grilles du Luxembourg, lui donne un aspect tout à fait particulier au milieu de Paris. Il y a aussi là une sorte d'odeur de collège : les murs mêmes sont imprégnés d'espoirs de jeunesse. On n'y parle pas toujours d'hier, comme dans les autres théâtres. Les jeunes artistes qui y viennent parlent de demain.

Bref, je ne repense jamais à ces quelques années de ma vie sans une émotion enfantine, sans penser au rire et sans une dilatation des narines, respirant l'odeur des petits bouquets ordinaires, maladroitement ficelés, des bouquets qui avaient tout l'air. fraîcheur des fleurs qui poussent en plein air, fleurs qui furent les offrandes des cœurs pendant vingt étés, petits bouquets payés avec la bourse des étudiants.

Je n'emporterais rien avec moi de l'Odéon. J'ai laissé les meubles de mon dressing à un jeune artiste. J'ai laissé mes costumes, tous les petits bibelots de toilette, je les ai divisés et je les ai distribués. Je sentais que ma vie d'espoirs et de rêves allait s'arrêter là. Je sentais que le terrain était maintenant prêt pour la réalisation de tous les rêves, mais que la lutte avec la vie était sur le point de commencer, et j'avais bien deviné.

SARAH BERNHARDT AU TRAVAIL
SUR SA *MÉDÉE*

Ma première expérience à la Comédie Française n'avait pas été une réussite. Je savais que j'allais dans la fosse aux lions. Je comptais peu d'amis dans cette maison, sauf Laroche, Coquelin et Mounet-Sully, les deux premiers mes amis du Conservatoire et le dernier de l'Odéon. Parmi les femmes, Marie Lloyd et Sophie Croizette, toutes deux amies de mon enfance ; le désagréable Jouassain, qui n'était gentil qu'avec moi ; et l'adorable Marie Brohan, dont la bonté ravissait l'âme, dont l'esprit charmait l'esprit, et dont l'indifférence repoussait le dévouement.

M. Perrin décida que je ferais mes *débuts* dans *Mademoiselle de Belle-Isle* , selon le désir de Sarcey.

Les répétitions ont commencé dans le *foyer* , ce qui m'a beaucoup gêné. Mile. Brohan devait jouer le rôle de la marquise de Prie. A cette époque, elle était si grosse qu'elle en était presque inesthétique, tandis que j'étais si maigre que les compositeurs de vers populaires et comiques prenaient mes maigres proportions pour thème et les dessinateurs pour sujet de leurs albums.

Il était donc impossible pour le duc de Richelieu de confondre la marquise de Prie (Madeleine Brohan) avec Mademoiselle de Belle-Isle (Sarah Bernhardt) dans le rendez-vous nocturne irrévérencieux donné par la marquise au duc, qui croit embrasser la chaste Mademoiselle de Belle-Île.

A chaque répétition, Bressant, qui prenait le parti du duc de Richelieu, s'arrêtait en disant : « Non, c'est trop ridicule. Je dois jouer le duc de Richelieu avec les deux bras coupés ! Et Madeleine quitta la répétition pour se rendre dans la chambre du metteur en scène afin de tenter de se débarrasser du *rôle*

.

C'était exactement ce que voulait Perrin ; il avait dès le premier instant pensé à Croizette, mais il voulait se faire forcer la main pour des raisons intimes et sournoises qu'il connaissait et que d'autres devinaient.

Enfin le changement eut lieu, et les répétitions sérieuses commencèrent.

Puis la première représentation fut annoncée pour le 6 novembre (1872).

J'ai toujours souffert, et je souffre encore, terriblement du trac, surtout quand je sais qu'on attend beaucoup de moi. Je savais depuis longtemps que toutes les places de la maison étaient réservées ; Je savais que la presse espérait un grand succès et que Perrin lui-même comptait sur une longue série de grosses recettes.

Hélas! tous ces espoirs et toutes ces prédictions n'ont abouti à rien, et mes *débuts* à la Comédie Française n'ont eu qu'un succès mitigé.

Ce qui suit est un extrait du *Temps* du 11 novembre 1872. Il a été écrit par Francisque Sarcey, que je ne connaissais pas alors, mais qui suivait ma carrière avec un très grand intérêt. « Ce fut une assemblée très brillante, car ce *début* avait attiré tous les amateurs de théâtre. Le fait est qu'outre le mérite particulier de Mlle. Sarah Bernhardt, toute une foule d'histoires vraies ou fausses avaient circulé sur elle personnellement, et tout cela avait excité la curiosité du public parisien. Son apparence était décevante. Elle avait par son costume exagéré de la manière la plus ostentatoire une minceur qui est élégante sous les voiles et les drapés amples des héroïnes grecques et romaines, mais qui est répréhensible dans les vêtements modernes. Et puis, ou bien la poudre ne lui convient pas, ou bien le trac l'avait rendue terriblement pâle. L'effet de ce long visage blanc émergeant d'une longue gaine noire était certainement désagréable [je ressemblais à une fourmi], d'autant plus que les yeux avaient perdu leur éclat et que tout ce qui soulageait le visage étaient les dents blanches et étincelantes. Elle traversa les trois premiers actes avec un tremblement convulsif, et l'on ne reconnut la Sarah de *Ruy Blas qu'à* deux distiques qu'elle prononçait de sa voix enchanteresse avec la plus merveilleuse grâce, mais dans tous les passages les plus puissants, elle échoua. Je doute que Mlle. Sarah Bernhardt saura toujours, avec sa voix délicieuse, rendre ces notes profondes et palpitantes, exprimant les paroxysmes d'une passion violente, qui sont capables d'emporter un public. Si seulement la nature l'avait dotée de ce don, elle serait une artiste parfaite, et il n'y en a pas sur scène. Réveillée par la froideur de son public, Mlle. Sarah Bernhardt était entièrement elle-même dans le cinquième acte. C'était bien encore notre Sarah, la Sarah de *Ruy Blas* , que nous avions tant admirée à l'Odéon... »

Comme le disait Sarcey, j'ai complètement raté mes *débuts* . Mon excuse, cependant, n'était pas le « trac » auquel il l'attribuait, mais l'angoisse terrible que j'éprouvais en voyant ma mère quitter précipitamment sa place dans le cercle vestimentaire cinq minutes après mon apparition sur scène.

Je l'avais regardée en entrant et j'avais remarqué sa pâleur mortelle. Lorsqu'elle sortit, je sentis qu'elle allait avoir une de ces crises qui mettaient sa vie en danger, si bien que le premier acte me parut interminable. Je prononçais un mot après l'autre, balbutiant mes phrases au hasard, avec une seule idée en tête, l'envie de savoir ce qui s'était passé. Oh, le public ne peut concevoir les tortures endurées par les malheureux comédiens qui sont là devant eux en chair et en os sur scène, gesticulant et prononçant des phrases, tandis que leur cœur, tout déchiré d'angoisse, est avec l'absent bien-aimé qui souffre. . En règle générale, on peut se débarrasser des soucis et des angoisses de la vie quotidienne, remettre à plus tard sa propre personnalité pendant quelques heures, en assumer une autre et, oubliant tout le reste, entrer pour ainsi dire dans une autre vie. Mais cela est impossible lorsque nos proches souffrent. L'angoisse s'empare alors de nous, atténuant le bon côté, grossissant le noir, exaspérant notre cerveau qui vit deux vies à la fois, et tourmentant notre cœur qui bat comme s'il allait éclater.

Telles sont les sensations que j'ai éprouvées lors du premier acte.

"Maman! Qu'est-il arrivé à maman ? furent mes premiers mots en quittant la scène. Personne ne pouvait rien me dire.

Croizette s'est approchée de moi et m'a dit : « Qu'est-ce qu'il y a ? Je te reconnais à peine tel que tu es, et tu n'étais pas du tout toi-même à l'instant dans la pièce.

En quelques mots, je lui ai raconté ce que j'avais vu et tout ce que j'avais ressenti. Frédéric Febvre envoya aussitôt prendre des nouvelles, et le médecin accourut vers moi.

« Votre mère s'est évanouie, Mademoiselle, dit-il, mais on vient de la ramener à la maison.

"C'était son cœur, n'est-ce pas ?" Ai-je demandé en le regardant.

«Oui», répondit-il; "Le cœur de Madame est dans un état très agité."

"Oh, je sais à quel point elle est malade", dis-je, et ne pouvant plus me contrôler, j'éclatai en sanglots. Croizette m'a aidée à regagner ma loge. Elle était très gentille ; nous nous connaissions depuis l'enfance et nous nous aimions beaucoup. Rien ne nous a jamais éloignés, malgré tous les bavardages malicieux des envieux et toutes les petites misères dues à la vanité.

Ma chère Madame Guérard prit un fiacre et courut chez ma mère pour me donner des nouvelles. Je mis un peu plus de poudre, mais le public, ne sachant pas ce qui se passait, s'en voulut contre moi, pensant que j'étais coupable de quelque nouveau caprice, et me reçut encore plus froidement qu'auparavant. Cela m'était égal, car je pensais à autre chose. J'ai continué en disant Mlle. de Belle-Isle (un *rôle des plus stupides et des plus ennuyeux*), mais tout le temps moi, Sarah, j'attendais des nouvelles de ma mère. J'attendais le retour de *ma petite Dame* . «Ouvre un peu la porte du côté OP, lui avais-je dit, et fais un signe comme ceci si maman va mieux, et comme ça si elle va moins bien.» Mais j'avais oublié lequel des signes était le meilleur, et quand, à la fin du troisième acte, j'ai vu Mme Guérard ouvrir la porte et hocher la tête pour dire « oui », je suis devenu complètement idiot.

C'est dans la grande scène du troisième acte, que Mlle. de Belle-Isle reproche au duc de Richelieu (Bressant) de lui avoir fait un mal aussi irréparable. Le duc répond : « Pourquoi n'avez-vous pas dit que quelqu'un écoutait, que quelqu'un était caché ? Je m'écriai : "C'est Guérard qui m'apporte des nouvelles !" Le public n'eut pas le temps de comprendre, car Bressant avança vite et sauva ainsi la situation.

Après un appel peu enthousiaste, j'ai appris que ma mère allait mieux, mais qu'elle avait eu une crise très grave. Pauvre maman, elle m'avait tellement effrayé lorsque j'étais apparu sur scène, que sa superbe indifférence avait fait place à un étonnement douloureux, et celui-ci à son tour s'est mis en colère en entendant une dame assise près d'elle dire d'un ton goguenard : « Eh bien, elle est comme un os séché, cette petite Bernhardt !

J'ai été très soulagé d'apprendre la nouvelle et j'ai joué mon dernier acte avec confiance. Mais le grand succès de la soirée fut celui de Croizette, charmante dans le rôle de la marquise de Prie. Mon succès fut néanmoins assuré dans les représentations qui suivirent, et il devint si marqué qu'on me reprocha de payer les applaudissements. J'en ai ri de bon cœur, et je n'ai même jamais contredit le rapport, car j'ai horreur des paroles inutiles.

J'ai ensuite joué le rôle de Junie dans *Britannicus*, avec Mounet-Sully, qui jouait admirablement le rôle de Néron. Dans ce délicieux *rôle* de Junie, j'ai obtenu un succès immense et incroyable.

Puis en 1873 j'ai joué Chérubin dans *Le Mariage de Figaro*. Croizette jouait Suzanne, et c'était un véritable régal pour le public de voir cette charmante créature jouer un rôle si plein de gaieté et de charme.

Chérubin fut pour moi l'occasion d'un nouveau succès.

Au mois de mars 1873, Perrin s'avise de mettre en scène *Dalila*, d'Octave Feuillet. Je jouais alors le rôle de jeunes filles, de jeunes princesses ou de garçons. Ma silhouette menue, mon visage pâle, mon aspect délicat me désignaient momentanément pour le *rôle* de victime. Perrin, qui pensait que les victimes attiraient la pitié, et que c'était pour cela que je plaisais à mon public, a interprété la pièce de la manière la plus ridicule : il m'a donné le *rôle* de Dalila, la princesse basanée, méchante et féroce, et à Sophie Croizette il a donné le *rôle* de la jeune blonde mourante.

La pièce, avec cette distribution étrange, était vouée à l'échec. J'ai forcé mon caractère pour paraître la sirène hautaine et voluptueuse ; Je bourrais mon corsage de ouate et les hanches sous mes jupes de crin de cheval ; mais j'ai gardé mon petit visage maigre et triste. Croizette fut obligée de réprimer les avantages de son buste par des bandeaux qui l'oppressaient et l'étouffaient, mais elle gardait son joli visage potelé avec ses fossettes.

J'étais obligé de prendre une voix forte, elle d'adoucir la sienne. En fait, c'était absurde. La pièce fut un *demi-succès*.

Après cela j'ai créé *L'Absent*, une jolie pièce en vers, d'Eugène Manuel ; *Chez l'Avocat*, chose en vers très amusante, de Paul Ferrier, dans laquelle Coquelin et moi nous sommes magnifiquement disputés. Puis, le 22 août, je jouai avec un immense succès le *rôle* d'Andromaque. Je n'oublierai jamais la première représentation, dans laquelle Mounet-Sully obtint un triomphe délirant. qu'il était beau, Mounet-Sully, dans son *rôle* d'Oreste ! Son entrée, sa fureur, sa folie et la beauté plastique de cet artiste merveilleux, comme c'est magnifique !

Après *Andromaque,* j'ai joué Aricie dans *Phèdre*, et dans ce *rôle secondaire*, c'est moi qui ai vraiment fait le succès de la soirée.

J'ai pris une telle position en très peu de temps à la Comédie que certains artistes ont commencé à se sentir mal à l'aise et la direction a partagé leur inquiétude. M. Perrin, un homme extrêmement intelligent, dont j'ai toujours gardé un souvenir très affectueux, était horriblement autoritaire. Je l'étais aussi, de sorte qu'il y avait toujours une guerre perpétuelle entre nous. Il voulait m'imposer sa volonté et je ne m'y soumettrais pas. Il était toujours prêt à rire de mes éclats lorsqu'ils étaient dirigés contre les autres, mais il était furieux lorsqu'ils étaient dirigés contre lui-même. Quant à moi, j'avoue que mettre Perrin en colère était un de mes délices. Il balbutiait ainsi lorsqu'il essayait de parler vite, lui qui pesait chaque mot dans les occasions ordinaires ; l'expression de ses yeux, généralement hésitante, devenait irritée et trompeuse, et son visage pâle et distingué se marbrait de taches couleur lie de vin.

Sa fureur lui faisait ôter et remettre son chapeau quinze fois en autant de minutes, et ses cheveux extrêmement lisses se dressaient sur ce galop fou de son couvre-chef. Bien que j'étais certainement arrivé à l'âge de la discrétion, je me réjouissais de mes mauvaises espiègleries, que je regrettais toujours par la suite, mais que j'étais toujours prêt à recommencer ; et même maintenant, après tous les jours, semaines, mois et années que j'ai vécus depuis lors, cela me fait encore un plaisir infini de faire une blague à qui que ce soit.

Pourtant, la vie à la Comédie commençait à me mettre sur les nerfs.

Je voulais jouer Camille dans *On ne badine pas avec l'amour* : le *rôle* était confié à Croizette. Je voulais jouer Célimène : ce *rôle* était celui de Croizette. Perrin avait un faible pour Croizette. Il l'admirait, et comme elle était très ambitieuse, elle était très réfléchie et docile, ce qui charmait le vieillard autoritaire. Elle obtenait toujours tout ce qu'elle voulait, et comme Sophie Croizette était franche et directe, elle me disait souvent quand je grogne : « Fais comme moi ; être plus productif. Vous passez votre temps à vous rebeller ; J'ai l'air de faire tout ce que Perrin veut que je fasse, mais en réalité je lui fais faire tout ce que je veux. Essayez la même chose. Je pris donc mon courage à deux mains et montai voir Perrin. Il me disait presque toujours lors de nos rencontres : « Ah, comment vas-tu, Mademoiselle Révolte ? Êtes-vous calme aujourd'hui ?

«Oui, très calme», répondis-je; mais soyez aimable et accordez-moi ce que je vais vous demander. J'ai essayé d'être charmant et j'ai parlé de ma manière la plus jolie. Il ronronnait presque de satisfaction et avait de l'esprit (cela ne lui demandait aucun effort, car il l'était naturellement) et nous nous entendîmes très bien pendant un quart d'heure. J'ai alors fait ma pétition :

« Laissez-moi jouer Camille dans *On ne badine pas avec l'amour* ».

« C'est impossible, ma chère enfant, répondit-il ; "Croizette le joue."

« Eh bien, nous y jouerons tous les deux ; nous le ferons à tour de rôle.

"Mais mademoiselle Croizette n'aimerait pas ça."

"Je lui en ai parlé et cela ne la dérangerait pas."

"Tu n'aurais pas dû lui en parler."

"Pourquoi pas?"

"Parce que c'est la direction qui fait le casting, pas les artistes."

Il ne ronronnait plus, il se contentait de grogner. Quant à moi, j'étais furieux, et quelques minutes plus tard, je sortais de la chambre en claquant la porte derrière moi.

Cependant, tout cela me préoccupait l'esprit et je pleurais toute la nuit. J'ai alors décidé de prendre un atelier et de me consacrer à la sculpture. Ne pouvant employer mon intelligence et mon énergie à créer *des rôles* au théâtre, comme je le désirais, je me livrai à un autre art et me mis à travailler à la sculpture avec un enthousiasme frénétique. J'ai vite fait de grands progrès et j'ai commencé une énorme composition, *After the Storm* . Le théâtre m'était désormais indifférent. Chaque matin, à huit heures, on ramenait mon cheval, j'allais faire une promenade, et à dix heures j'étais de retour dans mon atelier, 11 boulevard de Clichy. J'étais très délicat et ma santé souffrait du double effort que je faisais. J'avais l'habitude de vomir du sang de la manière la plus alarmante et pendant des heures entières, j'étais inconscient. Je n'allais à la Comédie que lorsque mes fonctions y étaient obligées. Mes amis s'inquiétaient sérieusement de moi et Perrin était informé de ce qui se passait. Finalement, poussé par la Presse et le Département des Beaux-Arts, il décide de me confier un *rôle à créer dans la pièce Le Sphinx* d'Octave Feuillet .

Le rôle principal était pour Croizette, mais en entendant la lecture de la pièce, je trouvai charmant le rôle qui m'était destiné, et je résolus qu'il serait aussi le *rôle principal* . Il en faudrait deux principales, c'est tout. Les répétitions se sont très bien déroulées au début, mais il est vite devenu évident que mon *rôle* était plus important qu'on ne l'avait imaginé, et les frictions n'ont pas tardé à commencer.

Croizette elle-même s'énervait, Perrin s'énervait, et tout ce jeu avait pour effet de me calmer. Octave Feuillet, homme astucieux et charmant, extrêmement bien élevé et légèrement ironique, aimait beaucoup les escarmouches qui se déroulaient. Mais la guerre était vouée à éclater et les premières hostilités vinrent de Sophie Croizette.

Je portais toujours dans mon corsage trois ou quatre roses, qui étaient susceptibles de s'ouvrir sous l'influence de la chaleur, et quelques pétales tombaient naturellement. Un jour, Sophie Croizette glissa de tout son long sur la scène, et comme elle était grande et pas mince, elle tomba d'une manière assez inconvenante, et se releva sans grâce. Les rires étouffés de certains des subordonnés présents la piquèrent au vif et, se tournant vers moi, elle me dit : « C'est ta faute ; tes roses tombent et font glisser tout le monde. J'ai commencé à rire.

« Trois pétales de mes roses sont tombés, répondis-je, et les voilà tous les trois près du fauteuil du côté prompt, et toi, tu es tombé du côté OP. Ce n'est donc pas ma faute ; c'est juste votre propre maladresse. La discussion s'est poursuivie et a été plutôt animée des deux côtés. Deux clans se forment, les « Croizettistes » et les « Bernhardtistes ». La guerre fut déclarée, non pas entre Sophie et moi, mais entre nos admirateurs et détracteurs respectifs. Le bruit de ces petites querelles se répandit dans le monde extérieur au théâtre, et le public aussi commença à se former en clans. Croizette avait pour elle tous les banquiers et tous les gens qui souffraient de la satiété. J'avais tous les artistes, les étudiants, les mourants et les échecs. Une fois la guerre déclarée, il n'y avait plus aucune possibilité de reculer devant le conflit. La première bataille, la plus féroce et la plus définitive, s'est déroulée autour de la Lune.

Nous avions commencé les répétitions générales complètes. Au troisième acte, la scène se déroule dans une clairière forestière. Au milieu de la scène, il y avait un énorme rocher sur lequel Blanche (Croizette) embrassait Savigny (Delaunay), qui était censé être mon mari. Je (Berthe de Savigny) devais arriver par un petit pont sur un cours d'eau. La clairière était baignée de clair de lune. Croizette venait de jouer son rôle et son baiser avait été accueilli par une salve d'applaudissements. C'était plutôt audacieux à l'époque pour la Comédie Française. (Mais depuis, que n'ont-ils pas donné là-bas ?)

Soudain, de nouveaux applaudissements retentirent. L'étonnement se lisait sur certains visages, et Perrin se leva terrifié. Je traversais le pont, mon visage pâle ravagé par la douleur, et la *sortie de bal* qui devait couvrir mes épaules traînait, tenue juste par mes doigts mous ; mes bras pendaient comme si le désespoir en avait perdu l'usage. J'étais baigné dans la lumière blanche de la lune, et l'effet, semble-t-il, était saisissant et profondément impressionnant. Une voix nasillarde et agressive s'écria : « Un seul effet de lune suffit. Éteignez-le pour Mademoiselle Bernhardt.

PEINTURE DE SARAH BERNHARDT
(1878–9)

Je me suis précipité sur le devant de la scène. « Excusez-moi, monsieur Perrin, m'écriai-je, vous n'avez pas le droit de m'enlever ma lune. Le manuscrit lit, *Berthe s'avance, pâle, convulsée d'émotion, les rayons de la lune tombant sur elle* .... Je suis pâle et je suis convulsée. Je dois avoir ma lune.

"C'est impossible", rugit Perrin. « Les mots de Mademoiselle Croizette : « Vous m'aimez donc ! et son baiser doit avoir ce clair de lune. Elle joue au Sphinx ; c'est le rôle principal de la pièce, et il faut lui laisser le principal effet.

"Très bien alors; donnez à Croizette une lune brillante, et donnez-m'en une moins brillante. Cela ne me dérange pas, mais je dois avoir ma lune. Tous les artistes et tous les *employés* du théâtre mettaient la tête par toutes les portes et ouvertures de la scène et de la salle elle-même. Les «croizettistes» et les «bernhardtistes» commencèrent à commenter la discussion.

Octave Feuillet fut interpellé et il se leva à son tour.

« J'avoue que Mademoiselle Croizette est très belle dans son effet lune. Mademoiselle Sarah Bernhardt est idéale aussi, avec son rayon de lune. Je veux donc la lune pour eux deux.

Perrin ne pouvait pas contrôler sa colère. Il y a eu une discussion entre l'auteur et le réalisateur, puis d'autres entre les artistes, et entre le portier et les journalistes qui l'interrogeaient. La répétition a été interrompue. J'ai déclaré que je ne jouerais pas ce rôle si je n'avais pas ma lune. Pendant les deux jours qui suivirent, je ne reçus aucune notification d'une nouvelle répétition, mais par Croizette j'appris qu'on essayait mon *rôle* de Berthe en privé. Ils l'avaient donné à une jeune femme que nous avions surnommée « le Crocodile », parce qu'elle suivait toutes les répétitions comme cet animal suit les bateaux : elle espérait toujours rafler un *rôle* qui pourrait par hasard être jeté par-dessus bord. Octave Feuillet refusa le changement d'artistes et vint lui-même me chercher, accompagné de Delaunay, qui avait négocié.

« Tout est réglé, dit-il en me baisant les mains ; "il y aura une lune pour vous deux."

La première soirée a été un triomphe pour Croizette et pour moi.

Les luttes partisanes entre les deux clans devinrent de plus en plus vives, ce qui ajouta à notre succès et nous amusa énormément tous deux, car Croizette fut toujours une charmante amie et une fidèle camarade. Elle a travaillé pour ses propres fins, mais jamais contre quelqu'un d'autre.

Après *Le Sphinx*, j'ai joué un joli morceau en un acte d'un jeune élève de l'Ecole Polytechnique, Louis Denayrouse, *La Belle Paule*. Cet auteur est devenu aujourd'hui un scientifique renommé et a renoncé à la poésie.

J'avais supplié Perrin de m'accorder un mois de vacances, mais il refusa énergiquement et m'obligea à participer aux répétitions de *Zaïre* pendant les mois éprouvants de juin et juillet et, malgré mes réticences, annonça la première représentation pour août. 6. Cette année-là, il faisait terriblement chaud à Paris. Je crois que Perrin, qui n'a pas pu m'apprivoiser vivant, a eu, sans vraiment de mauvaise intention, mais par pure autocratie, le désir de m'apprivoiser mort. Le docteur Parrot alla le voir et lui dit que mon état de faiblesse était tel qu'il serait franchement dangereux pour moi d'agir pendant cette chaleur éprouvante. Perrin n'en entendrait rien. Alors, furieux de l'obstination de ce *bourgeois intellectuel*, je me suis juré de jouer jusqu'à la mort.

Souvent, quand j'étais enfant, je souhaitais me suicider pour vexer les autres. Je me souviens avoir bu un jour le contenu d'un grand encrier après que maman l'avait obligé à avaler une « panade », parce qu'elle s'imaginait que les panades étaient bonnes pour la santé. Notre nourrice lui avait fait part de mon dégoût pour cette forme de nourriture, ajoutant que chaque matin je vidais la panade dans la poubelle. Bien sûr, j'avais très mal au ventre et j'ai crié de douleur. J'ai crié à maman : "C'est toi qui m'as tué !" et ma pauvre mère a pleuré. Elle n'a jamais su la vérité, mais ils ne m'ont plus jamais fait avaler quoi que ce soit contre ma volonté.

<u>2</u> . Pain mijoté longuement dans l'eau et parfumé d'un peu de beurre et de sucre, sorte de « sops » donnée aux enfants en France.

Eh bien, après tant d'années, j'ai éprouvé le même sentiment amer et enfantin. «Je m'en fiche», dis-je; « Je vais certainement tomber insensé en vomissant du sang, et peut-être mourrai-je ! Et cela servira bien à Perrin. Il sera furieux ! Oui, c'est ce que je pensais. Je suis parfois très stupide. Pourquoi? Je ne sais pas comment l'expliquer, mais je l'admets.

Le 6 août, j'ai donc joué, sous une chaleur tropicale, le rôle du Zaïre. L'ensemble du public était baigné de sueur. J'ai vu les spectateurs à travers une brume. La pièce, mal mise en scène quant au décor, mais très bien présentée quant au costume, fut particulièrement bien jouée par Mounet-Sully (Orosmane), Laroche (Néréstan) et moi-même (Zaïre), et obtint un immense succès.

J'étais déterminé à m'évanouir, déterminé à vomir du sang, déterminé à mourir, afin de mettre Perrin en colère. J'ai joué avec la plus grande passion. J'avais sangloté, j'avais aimé, j'avais souffert, et j'avais été poignardé par le poignard d'Orosmane, poussant un véritable cri de souffrance, car j'avais senti l'acier pénétrer dans ma poitrine. Puis, tombant haletant, mourant, sur le divan oriental, j'avais voulu mourir en réalité, et j'osais à peine bouger les bras, persuadé que j'étais à l'agonie, et un peu effrayé, je dois l'avouer, d'avoir réussi. en jouant un si mauvais tour à Perrin. Mais ma surprise fut grande quand le rideau tomba à la fin de la pièce et je me levai rapidement pour répondre à l'appel et m'incliner devant le public sans langueur, sans m'évanouir, me sentant assez fort pour rejouer mon rôle s'il avait fallu. .

Et j'ai marqué cette performance d'une petite pierre blanche : car ce jour-là j'ai appris que ma force vitale était au service de ma force intellectuelle. J'avais désiré suivre l'impulsion de mon cerveau, dont les conceptions me semblaient trop fortes pour que mes forces physiques puissent les réaliser. Et je me suis retrouvé, après avoir donné tout ce dont j'étais capable – et plus encore – en parfait équilibre.

Puis j'ai vu la possibilité de l'avenir tant désiré.

J'avais imaginé, et jusqu'à cette représentation de *Zaïre,* j'avais toujours entendu et lu dans les journaux que ma voix était jolie, mais faible ; que mes gestes étaient gracieux, mais vagues ; que mes mouvements souples manquaient d'autorité, et que mon regard perdu dans la contemplation du ciel ne parvenait pas à dompter les bêtes fauves (le public). J'ai alors pensé à tout ça.

J'avais eu la preuve que je pouvais compter sur ma force physique, car j'avais commencé la représentation de *Zaïre* dans un tel état de faiblesse qu'il était facile de prédire que je ne terminerais pas le premier acte sans m'évanouir.

D'un autre côté, bien que le *rôle* fût facile, il exigeait deux ou trois cris qui auraient pu provoquer les vomissements de sang qui me troublaient fréquemment à cette époque.

Ce soir-là, j'ai donc acquis la certitude de pouvoir compter sur la force de mes cordes vocales, car j'avais poussé mes cris avec une rage et une souffrance réelles, dans l'espoir de casser quelque chose, dans mon désir sauvage de me venger de Perrin.

Ainsi cette petite comédie tournait à mon profit. Ne pouvant mourir à volonté, je changeai de batteries et résolus d'être fort, vif et actif, au grand dam de certains de mes contemporains, qui ne m'avaient supporté que parce qu'ils pensaient que je mourrais bientôt, mais qui commencèrent à mourir. à me haïr dès qu'ils eurent la conviction que je vivrais peut-être longtemps. Je ne donnerai qu'un exemple, raconté par Alexandre Dumas *fils* , qui assista à la mort de son ami intime Charles Narrey et entendit ses dernières paroles : « Je suis content de mourir parce que je n'entendrai plus parler de Sarah Bernhardt et de la grand Français » (Ferdinand de Lesseps).

Mais cette révélation de ma force me rendit plus pénible l'espèce de *farniente* à laquelle Perrin me condamnait.

En fait, après *Zaïre* , je suis resté des mois sans rien faire d'important, ne jouant que de temps en temps. Découragée et dégoûtée par le théâtre, ma passion pour la sculpture s'est accrue. Après ma promenade matinale et un repas léger, je me précipitais vers mon atelier, où je restais jusqu'au soir.

Des amis venaient me voir, s'asseyaient autour de moi, jouaient du piano, chantaient ; on discutait politique, car dans ce modeste atelier je recevais les hommes les plus illustres de tous les partis. Plusieurs dames venaient prendre le thé, qui était abominable et mal servi, mais cela ne m'importait pas. J'étais absorbé par cet art admirable. Je ne voyais rien, ou, pour parler plus exactement, je *ne* verrais rien.

Je faisais le buste d'une adorable jeune fille, Mlle. Emmy de * * *. Sa conversation lente et mesurée avait un charme infini. Elle était étrangère, mais elle parlait si parfaitement le français que j'en étais stupéfait. Elle fumait tout le temps une cigarette et avait un profond dédain pour ceux qui ne la comprenaient pas.

SARAH BERNHARDT
DANS SON CERCUEIL

Je faisais durer les séances le plus longtemps possible, car je sentais que cet esprit délicat m'imprégnait de sa science de voir l'au-delà, et souvent dans les étapes sérieuses de ma vie je me suis dit : « Qu'aurait fait Emmy ? ? Qu'aurait-elle pensé ?

J'ai été quelque peu surpris un jour par la visite d'Adolphe de Rothschild, venu me passer commande de son buste. J'ai immédiatement commencé les travaux. Mais je n'avais pas bien considéré cet homme admirable : il n'avait rien de l'esthétique, bien au contraire. J'ai néanmoins essayé et j'ai mis toute ma volonté pour réussir cette première commande dont j'étais si fier. Par deux fois, j'ai jeté par terre le buste que j'avais commencé, et après une troisième tentative, j'ai définitivement abandonné, en balbutiant des excuses idiotes qui n'ont apparemment pas convaincu mon modèle, car il n'est jamais revenu vers moi. Lorsque nous nous rencontrions lors de nos promenades matinales, il me saluait d'une révérence froide et plutôt sévère.

Après cette défaite, j'ai entrepris le buste d'une belle enfant, Miss Multon, une délicieuse petite Américaine, que j'ai rencontrée plus tard au Danemark, mariée et mère de famille, mais toujours aussi jolie.

Mon prochain buste fut celui de Mlle. Hocquigny, cet admirable personnage qui fut garde du linge au commissariat pendant la guerre, et qui m'avait si puissamment secouru, moi et mes blessés.

Puis j'ai entrepris le buste de ma jeune sœur Régina, qui avait, hélas ! une poitrine faible. Un visage plus parfait n'a jamais été créé par la main de Dieu ! Deux yeux léonins ombragés par de très longs cils bruns, un nez fin aux narines délicates, une bouche minuscule, un menton volontaire et une peau nacrée couronnée de mailles de rayons de soleil, car je n'ai jamais vu des cheveux si blonds et si pâles, si brillants. et si soyeux. Mais cette admirable figure était sans charme ; l'expression était dure et la bouche sans sourire. J'ai fait de mon mieux pour reproduire ce beau visage en marbre, mais il fallait un grand artiste et je n'étais qu'un humble amateur.

Lorsque j'ai exposé le buste de ma petite sœur, c'était cinq mois après sa mort, survenue après six mois de maladie, pleine de faux espoirs. Je l'avais conduite chez moi, au n° 4 de la rue de Rome, dans le petit *entresol* que j'habitais depuis le terrible incendie qui avait détruit mes meubles, mes livres, mes tableaux et tous mes maigres biens. Cet appartement de la rue de Rome était très petit. Ma chambre était assez petite. Le grand lit en bambou occupait toute la pièce. Devant la fenêtre se trouvait mon cercueil, où je m'installais fréquemment pour étudier mes pièces. Aussi, lorsque j'emmenais ma sœur chez moi, je trouvais tout naturel de dormir chaque nuit dans ce petit lit de satin blanc qui devait être mon dernier canapé, et de mettre ma sœur dans le grand lit de bambou, sous les tentures de dentelle.

Elle-même trouvait cela tout naturel aussi, car je ne la quittais pas la nuit et il était impossible de mettre un autre lit dans la petite chambre. En plus, elle était habituée à mon cercueil.

Un jour ma manucure est entrée dans la chambre pour me faire les mains, et ma sœur lui a demandé d'entrer tranquillement, car je dormais encore. La femme tourna la tête, croyant que je dormais dans le fauteuil, mais, m'apercevant dans mon cercueil, elle s'enfuit en poussant des cris sauvages. Dès ce moment, tout Paris savait que je dormais dans mon cercueil, et les commérages aux ailes de chardon s'envolaient dans toutes les directions.

J'étais tellement habitué aux turpitudes qu'on écrivait sur moi que je ne m'en souciais pas. Mais à la mort de ma pauvre petite sœur, il se produisit un incident tragi-comique. Lorsque les hommes des pompes funèbres arrivèrent dans la chambre pour emporter le corps, ils se trouvèrent confrontés à deux cercueils, et, perdant la tête, le maître de cérémonie envoya en toute hâte chercher un second corbillard. J'étais à ce moment-là avec ma mère, qui avait perdu connaissance, et je suis revenu juste à temps pour empêcher les hommes vêtus de noir d'emporter mon cercueil. Le deuxième corbillard fut renvoyé, mais les journaux s'emparèrent de cet incident. J'ai été blâmé, critiqué, etc.

Ce n'était vraiment pas ma faute.

XXIII
UNE DESCENTE DANS L'ENFER DU PLOGOFF - MA PREMIÈRE APPARITION EN PHÈDRE - LA DÉCORATION DE MON NOUVEAU MANOIR

Après la mort de ma sœur, je suis tombée gravement malade. Je l'avais soignée jour et nuit, ce qui, en plus du chagrin que j'éprouvais, me rendait anémique. J'ai été envoyé dans le Sud pour deux mois. J'ai promis d'aller à Mentone, et je me suis immédiatement tourné vers la Bretagne, le pays de mes rêves.

J'avais avec moi mon petit garçon, mon intendant et sa femme. Mon pauvre Guérard, qui m'avait aidé à soigner ma sœur, était alité, atteint d'une phlébite. J'aurais beaucoup aimé l'avoir avec moi.

Oh, les belles vacances que nous avons passées là-bas ! Il y a trente-cinq ans, la Bretagne était sauvage, inhospitalière, mais aussi belle, plus belle peut-être qu'aujourd'hui, car elle n'était pas sillonnée de routes ; ses pentes verdoyantes n'étaient pas parsemées de petites villas blanches ; ses habitants, les hommes, n'étaient pas vêtus des abominables pantalons modernes, et les femmes ne portaient pas de misérables petits chapeaux à plumes. Non! Les Bretons étalaient fièrement leurs jambes bien formées dans des guêtres ou des bas grossiers, leurs pieds chaussés de souliers à boucles ; leurs cheveux longs étaient ramenés sur les tempes, cachant les oreilles gênantes et donnant au visage une noblesse que le style moderne n'admet pas. Les femmes, avec leurs jupes courtes, qui laissaient voir leurs chevilles fines dans des bas noirs, et avec leurs petites têtes sous les ailes de la coiffure, ressemblaient à des mouettes. Je ne parle bien sûr pas des habitants de Pont l'Abbé ou du Bourg de Batz, qui ont des aspects tout à fait différents.

J'ai visité presque toute la Bretagne, mais j'ai fait mon séjour principal dans le Finistère. La Pointe du Raz m'a enchanté. Je restai douze jours à Audierne, chez le père Batifoulé, qui était si grand et si gros qu'on avait été obligé de couper un morceau de la table pour laisser entrer son immense ventre. Je partais chaque matin à dix heures. Mon intendant Claude a lui-même préparé mon déjeuner qu'il a emballé très soigneusement dans trois petits paniers, puis, montant dans le véhicule comique du Père Batifoulé, conduit par mon petit garçon, nous sommes partis pour la Baie des Trépassés. Ah, ce rivage beau et mystérieux, tout hérissé de rochers ! Le gardien du phare veillerait sur moi et viendrait à ma rencontre. Claude lui remit mes provisions, avec mille recommandations sur la manière de cuire les œufs, de réchauffer les lentilles et de griller le pain. Il emporta tout, puis revint avec deux vieux bâtons dans lesquels il avait enfoncé des clous pour en faire des pioches, et nous commençâmes l'effroyable ascension de la pointe du Raz, sorte de labyrinthe plein de désagréables surprises, de crevasses que nous avions traversées. sauter par-dessus l'abîme béant et rugissant, d'arches et de tunnels à travers lesquels nous devions ramper à quatre pattes, ayant au-dessus - nous touchant même - un rocher qui était tombé là dans des âges inconnus et n'était maintenu en équilibre que par une cause inexplicable. Puis tout à coup le chemin devint si étroit qu'il était impossible d'avancer tout droit ; il fallait se retourner, s'adosser à la falaise et avancer les deux bras écartés et les doigts accrochés aux quelques aspérités du rocher.

Quand je pense à ce que j'ai fait dans ces moments-là, je tremble, car j'ai toujours été et je suis encore sujet au vertige ; et j'ai parcouru ce chemin le long d'un rocher escarpé et escarpé, haut de 30 mètres, au milieu du bruit infernal de la mer, à cet endroit éternellement furieux, et qui rageait effroyablement contre cette falaise indestructible. Et j'ai dû y prendre un plaisir fou, car j'ai accompli ce voyage cinq fois en onze jours.

Après ce défi lancé à la raison nous sommes descendus, et nous nous sommes installés dans la Baie des Trépassés. Après un bain, nous avons déjeuné et j'ai peint jusqu'au coucher du soleil.

Le premier jour, il n'y avait personne. Le deuxième jour, un enfant est venu nous voir. Le troisième jour, une dizaine d'enfants se tenaient debout pour demander des sous. J'ai eu la folie de leur en donner, et le lendemain il y avait vingt ou trente garçons, certains âgés de seize à dix-huit ans. Voyant près de mon chevalet quelque chose de peu agréable, je priai l'un d'eux de l'enlever et de le jeter à la mer, et pour cela je donnai, je crois, cinquante centimes. Lorsque je revins le lendemain pour terminer mon tableau, toute la population du village voisin avait choisi cet endroit pour soulager ses nécessités corporelles, et dès mon arrivée les mêmes garçons, mais en nombre accru, me proposèrent, moyennant un salaire convenable, de emportez ce qu'ils y avaient mis.

J'ai fait mettre en déroute la vilaine bande par Claude et le gardien du phare, et comme ils se mettaient à nous jeter des pierres, j'ai pointé mon fusil sur le petit groupe. Ils s'enfuirent en hurlant. Seuls deux garçons, âgés de six et dix ans, y sont restés. Nous n'y prêtâmes aucune attention et je m'installai un peu plus loin, à l'abri d'un rocher qui protégeait du vent. Les deux garçons le suivirent. Claude et le gardien Lucas veillaient à ce que la bande ne revienne pas.

Ils se penchaient sur la pointe extrême du rocher qui était au-dessus de nos têtes. Ils semblaient paisibles, quand tout à coup ma jeune servante sursauta : « Horreurs ! Madame! Des horreurs ! Ils nous jettent des poux ! Et en effet, ces deux petits vauriens cherchaient depuis une heure toute la vermine qu'ils pouvaient trouver sur eux et nous la jetaient sur nous.

J'ai fait attraper les deux petits mendiants et ils ont eu une correction bien méritée.

Il y avait une crevasse qu'on appelait « l'Enfer du Plogoff ». J'avais une folle envie de descendre dans cette crevasse, mais le gardien m'en dissuada, faisant constamment comme objections le danger de glisser et sa crainte d'être responsable en cas d'accident. Je persistai néanmoins dans mon intention, et après mille promesses, outre un certificat pour témoigner que, malgré les supplications du tuteur et la certitude du danger que je courais, j'avais quand même persisté, etc., et après ayant fait un petit présent de dix louis au brave garçon, j'obtins des facilités pour descendre l'Enfer du Plogoff, c'est-à-dire une large ceinture à laquelle était attachée une forte corde. J'ai bouclé cette ceinture autour de ma taille, qui était alors si fine – 43 centimètres – qu'il a fallu faire des trous supplémentaires pour l'attacher.

Puis le gardien me mit sur chacune de mes mains un sabot en bois dont la semelle était bordée de gros clous dépassant de deux centimètres. J'ai regardé ces sabots en bois et j'ai demandé une explication avant de les enfiler.

-Eh bien, dit le gardien Lucas, quand je te laisserai tomber, comme tu n'es pas plus gros qu'un os de hareng, tu seras secoué dans la crevasse et risqueras de te briser les os, tandis que si tu as les sabots sur vos mains, vous pouvez vous protéger contre les murs en étendant les bras à droite et à gauche, selon que vous êtes secoué contre eux. Je ne dis pas que vous n'aurez pas quelques franges, mais c'est de votre faute ; tu iras. Maintenant écoute, ma petite dame. Quand vous êtes en bas, sur le rocher du milieu, faites attention à ne pas glisser, car c'est le plus dangereux de tous ; si tu tombes à l'eau, je tirerai sur la corde, c'est sûr, mais je ne réponds de rien. Dans ce maudit tourbillon d'eau, vous pourriez être pris entre deux pierres, et il ne me servirait à rien de tirer : je briserais la corde, et ce serait tout.

Alors l'homme pâlit et fit le signe de la croix ; il se pencha vers moi en murmurant d'une voix rêveuse : « Ce sont les naufragés qui sont là sous les pierres, là-bas. Ce sont eux qui dansent au clair de lune sur le « rivage des morts ». Ce sont eux qui mettent les algues glissantes sur le petit rocher là-bas, pour faire glisser les voyageurs, et ensuite ils les entraînent au fond de la mer. » Puis, me regardant dans les yeux, il m'a dit : « Veux-tu quand même descendre ?

– Oui, certainement, père Lucas ; Je descendrai immédiatement.

Mon petit garçon construisait des forts et des châteaux sur le sable avec Félicie. Seul Claude était avec moi. Il n'a pas dit un mot, connaissant mon désir effréné d'affronter le danger. Il regarda si la ceinture était bien attachée et me demanda la permission d'attacher la languette de la ceinture à la ceinture elle-même ; puis il fit passer plusieurs fois une forte corde pour renforcer le cuir, et je fus descendu, suspendu par la corde dans l'obscurité de la crevasse. J'ai étendu mes bras à droite et à gauche, comme le gardien me l'avait dit, et même alors, je me suis écorché les coudes. Je crus d'abord que le bruit que j'entendais était la réverbération de l'écho des coups de sabots contre les bords de la crevasse, mais soudain un vacarme effroyable emplit mes oreilles : tirs successifs de canons, tintements stridents, craquements de fouet. , des hurlements plaintifs et des cris monotones répétés comme ceux d'une centaine de pêcheurs remontant un filet rempli de poissons, d'algues et de cailloux. Tous les bruits se mêlaient sous la violence folle du vent. Je suis devenu furieux contre moi-même, car j'avais vraiment peur.

Plus je descendais, plus les hurlements devenaient forts dans mes oreilles et dans mon cerveau, et mon cœur battait l'ordre de la retraite. Le vent balayait l'étroit tunnel et soufflait dans toutes les directions autour de mes jambes, de mon corps, de mon cou. Une peur horrible s'est emparée de moi.

Je descendais lentement, et à chaque petit choc je sentais que les quatre mains qui me tenaient au-dessus s'étaient nouées. J'essayais de me souvenir du nombre de nœuds, car il me semblait que je n'avançais pas.

Puis j'ai ouvert la bouche pour crier : « Attire-moi ! » mais le vent, qui dansait follement autour de moi, remplissait ma bouche et repoussait les mots. J'étais presque étouffé. Puis j'ai fermé les yeux et j'ai arrêté de lutter. Je ne sortirais même pas les bras. Quelques instants après, j'ai levé les jambes dans une terreur indescriptible. La mer venait de les saisir dans une étreinte brutale qui m'avait mouillé jusqu'au bout. Cependant, j'ai repris courage, car pour l'instant je voyais clair. J'étendis mes jambes et me retrouvai debout sur le petit rocher. C'est vrai que c'était très glissant.

Je saisis un grand anneau fixé dans la voûte qui surplombait le rocher, et je regardai autour de moi. La crevasse, longue et étroite, s'élargissait brusquement à sa base et se terminait par une grande grotte qui regardait le large ; mais l'entrée de cette grotte était protégée par une quantité de gros et de petits rochers, qu'on apercevait à une lieue de distance sur la surface de l'eau, ce qui explique le bruit terrible de la mer se précipitant dans le labyrinthe et la possibilité de se tenir debout sur une pierre, comme disent les Bretons, avec la danse sauvage des vagues tout autour.

Cependant je voyais bien qu'un faux pas pouvait être fatal dans le tourbillon brutal des eaux, qui arrivaient de loin avec une rapidité vertigineuse et se brisaient contre l'obstacle insurmontable, et en s'éloignant se heurtaient aux autres vagues qui les suivaient. De là provenait la perpétuelle fusillade des eaux qui s'engouffrait dans la crevasse sans risquer de me noyer.

Il commençait maintenant à faire sombre, et j'éprouvais une angoisse effrayante en découvrant sur la crête d'un petit rocher deux yeux énormes qui me regardaient fixement. Puis un peu plus loin, près d'une touffe d'algues, encore deux de ces yeux fixes. Je n'ai vu aucun corps pour ces êtres, rien que leurs yeux. J'ai cru un instant que je perdais la raison, et je me suis mordu la langue jusqu'au sang ; puis je tirai violemment sur la corde, comme j'avais convenu de le faire pour donner le signal d'être remonté. J'ai senti la joie tremblante des quatre mains qui me tiraient, et mes pieds ont perdu leur prise lorsque j'ai été soulevé par mes tuteurs. Les yeux étaient également levés, inquiets de me voir partir. Et pendant que je montais dans les airs, je ne voyais partout que des yeux, des yeux qui lançaient de longues sondes pour m'atteindre.

Je n'avais jamais vu de poulpe et je ne connaissais même pas l'existence de ces horribles bêtes.

Pendant la montée, qui me parut interminable, je crus apercevoir ces bêtes le long des murs, et mes dents claquaient lorsque je fus entraîné sur la butte verte.

J'ai immédiatement expliqué au gardien la cause de ma terreur, et il s'est signé en disant : « Ce sont les yeux des naufragés. Personne ne doit rester là !

Je savais bien que ce n'étaient pas des yeux de naufragés, mais je ne savais pas ce que c'était. Car je pensais avoir vu des bêtes étranges que personne n'avait jamais vues auparavant.

Ce n'est qu'à l'hôtel avec le Père Batifoulé que j'ai découvert le poulpe.

Il ne me restait plus que cinq jours de vacances, et je les passai à la pointe du Raz, assis dans une niche de rocher qu'on appelle depuis « le fauteuil de Sarah Bernhardt ». Depuis, de nombreux touristes s'y sont installés.

Après mes vacances, je suis rentré à Paris. Mais j'étais encore très faible et je ne pus reprendre mon travail que vers le mois de novembre. Je jouais tous les morceaux de mon *répertoire* et j'étais ennuyé de ne pas avoir de nouveaux *rôles* .

Un jour Perrin est venu me voir dans mon atelier de sculpteur. Il commença par parler d'abord de mes bustes ; il me dit que je devrais faire son médaillon, et me demanda incidemment si je connaissais le *rôle* de Phèdre. Jusqu'alors je n'avais joué qu'Aricie, et le rôle de Phèdre me paraissait redoutable. Je l'avais cependant étudié pour mon propre plaisir.

« Oui, je connais le *rôle* de Phèdre. Mais je pense que si jamais je devais y jouer, je mourrais de peur.

UN COIN DE LA BIBLIOTHÈQUE

Il rit de son petit rire niais et me dit en me serrant la main (car il était très galant) : « Travaille-toi. Je pense que vous y jouerez.

En effet, huit jours après, je fus appelé au bureau du directeur, et Perrin me dit qu'il avait annoncé *Phèdre* pour le 21 décembre, *fête* de Racine, avec Mlle. Sarah Bernhardt dans le rôle de Phèdre. Je pensais que j'aurais dû tomber.

– Eh bien, mais qu'en est-il de mademoiselle Rousseil ? J'ai demandé.

« Mademoiselle Rousseil veut que le comité promette qu'elle deviendra sociétaire au mois de janvier, et le comité, qui la nommera sans doute, refuse de faire cette promesse, et déclare que sa demande est comme une menace. Mais peut-être que mademoiselle Rousseil changera ses projets, et alors vous jouerez Aricie et moi je changerai l'affiche.

En sortant de chez Perrin, je me heurtai à M. Régnier. Je lui ai raconté ma conversation avec le manager et mes craintes.

« Non, non, me dit le grand artiste, il ne faut pas avoir peur ! Je vois très bien ce que vous allez faire de ce *rôle* . Mais il suffit d'être prudent et de ne pas forcer la voix. Rendez le *rôle* plutôt triste que furieux : ce sera mieux pour tout le monde, même pour Racine.

Puis, joignant les mains, je dis : « Cher monsieur Régnier, aidez-moi à élaborer Phèdre, et je n'aurai plus si peur !

Il me regarda un peu surpris, car en général je n'étais ni docile ni disposé à me laisser guider par les conseils. J'avoue que j'avais tort, mais je ne pouvais pas m'en empêcher. Mais la responsabilité que cela m'imposait me rendait timide. Régnier accepta et me donna rendez-vous pour le lendemain matin à neuf heures.

Roselia Rousseil persiste dans sa demande au comité, et *Phèdre* est facturée pour le 21 décembre, avec Mlle. Sarah Bernhardt pour la première fois dans le *rôle* de Phèdre.

Cela a fait sensation dans le monde artistique et dans les cercles théâtraux. Ce soir-là, plus de deux cents personnes ont été refoulées à la billetterie. Quand j'en ai été informé, j'ai commencé à trembler beaucoup.

Régnier m'a réconforté du mieux qu'il a pu en me disant : « Courage ! Remonter le moral! N'êtes-vous pas la coqueluche gâtée du public ? Ils prendront en considération votre inexpérience dans des rôles importants », etc.

Ce furent les derniers mots qu'il aurait dû me dire. Je me serais senti plus fort si j'avais su que le public était venu pour m'opposer et non pour m'encourager.

J'ai commencé à pleurer amèrement comme un enfant. Perrin fut appelé et me consola de son mieux ; puis il m'a fait rire en me poudrant le visage si maladroitement que j'en ai été aveuglé et étouffé.

Tout le monde sur scène le savait et se tenait à la porte de ma loge pour me réconforter. Mounet-Sully, qui jouait Hippolyte, m'a raconté qu'il avait rêvé « nous jouions *Phèdre* , et on vous sifflait ; et mes rêves vont toujours par des contraires. Ainsi, s'écria-t-il, nous aurons un immense succès.

Mais ce qui me mit complètement de bonne humeur, ce fut l'arrivée du bon Martel, qui jouait Théramène, et qui était venu si vite, me croyant malade, qu'il n'avait pas eu le temps de finir son nez. La vue de ce visage gris, avec une large barre de cire rouge commençant entre les deux sourcils, descendant jusqu'à un demi-centimètre au-dessous du nez et laissant derrière lui le bout du nez avec deux grandes narines noires, ce visage était indescriptible ! Et tout le monde a ri de manière irrépressible. Je savais que Martel se maquillait le nez, car j'avais déjà vu ce pauvre nez changer de forme lors de la deuxième représentation de *Zaïre* , sous la dépression tropicale de l'atmosphère, mais je n'avais jamais réalisé à quel point il l'allongeait. Cette apparition comique me rendit toute ma gaieté, et désormais je fus en pleine possession de mes facultés.

La soirée fut pour moi un long triomphe. Et la presse fut unanime à l'éloge, à l'exception de l'article de Paul de Saint-Victor, qui était en très bons termes avec une sœur de Rachel, et ne pouvait se remettre de « mon impertinente présomption d'oser me mesurer au grand artiste mort. Ce sont ses propres paroles adressées à Girardin, qui me les communiqua aussitôt. Comme il se trompait, pauvre Saint-Victor ! Je n'avais jamais vu Rachel, mais j'adorais son talent, car je m'étais entouré de ses admirateurs les plus dévoués, et ils ne songeaient guère à me comparer à leur idole.

Quelques jours après cette représentation de *Phèdre,* on nous lisait le nouveau morceau de Bornier : *La Fille de Roland* . Le rôle de Berthe me fut confié, et nous commençâmes aussitôt les répétitions de cette belle pièce, dont les vers étaient pourtant un peu plats, quoique la pièce sonne de patriotisme. Il y eut dans un acte un terrible duel, non vu du public, mais raconté par Berthe, la fille de Roland, tandis que les incidents se passèrent sous les yeux de la malheureuse fille, qui, d'une fenêtre du château, suivait avec angoisse le sort de la rencontre. Cette scène était la seule importante de mon *rôle* tant sacrifié
.

La pièce était prête à être jouée lorsque Bornier demanda que son ami Emile Augier assiste à la répétition générale. Cette répétition terminée, Perrin vint me trouver ; il avait un air affectueux et contraint. Quant à Bornier, il vint droit à moi d'une manière décidée et querelleuse. Emile Augier le suivit. «Eh bien…» m'a-t-il dit. Je l'ai regardé droit dans les yeux, sentant à ce moment qu'il était mon ennemi. Il s'arrêta net et se gratta la tête, puis se tourna vers Augier et dit :

"Je vous en supplie, *cher maître* , expliquez-vous vous-même à Mademoiselle."

Emile Augier était un homme large, aux épaules larges et d'apparence commune, et était alors plutôt gros. Il était très réputé au Théâtre Français, dont il était à cette époque l'auteur à succès. Il s'est approché de moi.

« Vous avez très bien joué le rôle de la fenêtre, Mademoiselle, mais c'est ridicule ; ce n'est pas votre faute, mais celle de l'auteur, qui a écrit une scène des plus invraisemblables. Le public riait immodérément. Cette scène doit être supprimée.

Je me tournai vers Perrin qui écoutait en silence. « Êtes-vous du même avis, monsieur ?

" J'en ai parlé il y a peu avec ces messieurs, mais l'auteur est maître de faire ce qu'il veut de son ouvrage. "

Puis, m'adressant à Bornier, je dis : « Eh bien, mon cher auteur, qu'as-tu décidé ?

Le petit Bornier regardait le grand Emile Augier. Il y avait dans ce regard suppliant et pitoyable une expression de tristesse d'avoir dû couper une scène qui lui tenait à cœur, et de peur de contrarier un académicien au moment même où il espérait devenir membre de l'Académie.

« Coupez-le, coupez-le, ou vous êtes fichu ! » répondit brutalement Augier, et il lui tourna le dos. Alors le pauvre Bornier, qui ressemblait à un gnome breton, s'approcha de moi. Il se gratta désespérément, car le malheureux souffrait d'une affligeante maladie de peau. Il n'a pas parlé. Il nous a regardé avec curiosité. Une inquiétude poignante s'exprimait sur son visage. Perrin, qui s'était approché de moi, devinait le petit drame intime qui se jouait au cœur du doux Bornier.

« Refusez énergiquement », me murmura Perrin.

J'ai compris et j'ai déclaré fermement à Bornier que si cette scène était supprimée, je refuserais le rôle. Alors Bornier saisit mes deux mains, qu'il baisa ardemment, et courant vers Augier il s'écria avec une emphase comique :

« Mais je ne peux pas le couper, je ne peux pas le couper ! Elle ne jouera pas ! Et après-demain, la pièce doit être jouée. Puis, comme Emile Augier faisait un geste et aurait parlé : « Non ! Non! Retarder ma pièce de huit jours, ce serait la tuer ! Je ne peux pas le couper ! Oh, mon Dieu ! Et il pleurait et gesticulait avec ses deux longs bras, et il frappait avec ses courtes jambes. Sa grosse tête poilue allait de droite à gauche. Il était à la fois drôle et pitoyable. Emile Augier s'irrita et se tourna vers moi comme un sanglier traqué sur un chien qui le poursuit :

« Allez-vous assumer, Mademoiselle, la responsabilité de la scène absurde de la fenêtre de la première représentation ?

– Certainement, monsieur ; et je promets même de faire de cette scène, que je trouve très belle, une énorme réussite !

Il haussa brusquement les épaules, marmonnant entre ses dents quelque chose de très désagréable.

En sortant du théâtre, je trouvai le pauvre Bornier tout transfiguré. Il me remercia mille fois, car il tenait beaucoup à cette scène, et il n'osa pas contrarier Emile Augier. Perrin et moi avions deviné les émotions légitimes de ce pauvre poète, si doux et si bien élevé, mais un peu jésuitique.

La pièce a connu un immense succès. Mais la scène de la fenêtre du premier soir fut un véritable triomphe.

C'était peu de temps après la terrible guerre de 1870. La pièce y faisait fréquemment allusion et, grâce au patriotisme du public, elle connut un succès encore plus grand qu'elle ne le méritait en tant que pièce. J'ai fait venir Emile Augier. Il entra dans ma loge d'un air maussade et me dit depuis la porte :

« Tant pis pour le public ! Cela prouve seulement que le public est idiot de réussir une telle vilenie ! Et il a disparu sans même être entré dans ma loge.

BIBLIOTHÈQUE DE LA MAISON DE SARAH BERNHARDT, PARIS

Son éclat me fit rire, et comme le triomphant Bornier m'avait embrassé à plusieurs reprises, je me grattais partout.

Deux mois plus tard, je jouais *Gabrielle* , de ce même Augier, et j'avais des disputes incessantes avec lui. J'ai trouvé les vers de cette pièce exécrables. Coquelin, qui prenait le parti de mon mari, eut un grand succès. Quant à moi, j'étais aussi médiocre que la pièce elle-même, ce qui en dit long.

J'avais été nommé sociétaire au mois de janvier, et depuis lors il me semblait que j'étais en prison, car j'avais pris l'engagement de ne pas quitter la maison de Molière depuis de nombreuses années. Cette idée m'a rendu triste. C'est à l'instigation de Perrin que j'avais demandé à devenir sociétaire, et maintenant je le regrettais beaucoup.

Durant toute la dernière partie de l'année, je n'ai joué qu'occasionnellement.

Mon temps était alors occupé à soigner la construction d'un joli petit hôtel particulier que je faisais élever à l'angle de l'avenue de Villiers et de la rue Fortuny. Une sœur de ma grand-mère m'avait laissé dans son testament un bel héritage, avec lequel j'ai acheté le terrain. Mon grand désir était d'avoir une maison qui m'appartienne entièrement, et je m'en suis alors rendu compte. Le gendre de M. Régnier, Félix Escalier, architecte à la mode, me construisait une charmante demeure. Rien ne m'amusait plus que de l'accompagner le matin dans la maison inachevée. Ensuite, j'ai monté les échafaudages mobiles. Ensuite je suis allé sur les toits. J'ai oublié mes soucis de théâtre dans ce nouveau métier. Ce que je désirais le plus à l'époque était de devenir architecte. Une fois le bâtiment terminé, il a fallu penser à l'intérieur. J'ai passé beaucoup de temps à aider mes amis peintres qui décoraient les plafonds de ma chambre, de ma salle à manger, de mon entrée : Georges Clairin ; l'architecte Escalier, qui était aussi un peintre de talent ; Duez, Picard, Butin, Jadin et Parrot. J'étais profondément intéressé. Et je me souviens d'une plaisanterie que j'ai jouée à un de mes parents.

Ma tante Betsy était venue de Hollande, son pays natal, pour passer quelques jours à Paris. Elle vivait avec ma mère. Je l'ai invitée à déjeuner dans ma nouvelle habitation inachevée. Cinq de mes amis peintres travaillaient, les uns dans une pièce, les autres dans une autre, et partout de hauts échafaudages étaient érigés. Afin de pouvoir grimper plus facilement aux échelles, je portais mon costume de sculpteur. Ma tante, en me voyant ainsi habillé, fut horriblement choquée et me le dit. Mais je lui préparais encore une autre surprise. Elle pensait que ces jeunes ouvriers étaient de simples peintres en bâtiment et estimait que je les connaissais trop bien. Mais elle a failli s'évanouir quand midi est arrivée et je me suis précipité au piano pour jouer « La plainte des estomacs affamés ». Cette mélodie sauvage avait été improvisée par le groupe de peintres, mais revue et corrigée par des amis poètes. C'est ici:

Oh! Peintres de la Dam'jolie,

De vos pinceaux arrêtez la folie!

Il faut descendre des escabeaux,

Vous nettoyez et vous faites très beaux !

Digue, dingue, donne !

L'heure est sonne.

Digue, dingue, di....

C'est midi!

Sur les grils et dans les cass'rôles

Faire sauter le veau, les œufs et les soles.

Le bon vin rouge et l'Saint-Marceaux

Feront gaiement galoper nos pinceaux !

Digue, dingue, donne !

L'heure est sonne.

Digue, dingue, di....

C'est midi!

Voici vos peintres, Dam'jolie

Qui vont pour vous débiter leur folie.

Ils ont tous lâché l'escabeau

Sont frais, sont fiers, sont propres et très beaux !

Digue, dingue, donne

L'heure est sonne.

Digue, dingue, di....

C'est midi.

Une fois la chanson terminée, je suis allé dans ma chambre et me suis transformé en *belle dame* pour le déjeuner.

Ma tante m'avait suivi. « Mais, ma chère, dit-elle, vous êtes folle de penser que je vais manger avec tous ces ouvriers. Certes, dans tout Paris, il n'y a que vous qui feriez une chose pareille.

« Non, non, tante ; Tout va bien."

Et je l'entraînai, une fois habillé, jusqu'à la salle à manger, qui était la pièce la plus habitable de la maison. Cinq jeunes hommes saluèrent solennellement ma tante, qui ne les reconnut pas d'abord, car ils avaient changé de tenue de travail et ressemblaient à cinq gentils jeunes gens du monde. Madame Guérard a déjeuné avec nous. Soudain, au milieu du déjeuner, ma tante s'est écriée : « Mais ce sont les ouvriers ! Les cinq jeunes hommes se levèrent et s'inclinèrent profondément. Alors ma pauvre tante comprit son erreur et s'excusa de toutes les manières possibles, tant elle était confuse.

XXIV
ALEXANDRE DUMAS—L'ETRANGERE—MA SCULPTURE AU SALON

Un jour, Alexandre Dumas, junior, fut annoncé. Il est venu m'apporter la bonne nouvelle qu'il avait terminé sa pièce pour la Comédie Française, *L'Etrangère* , et que mon *rôle* , la duchesse de Septmonts, s'était très bien déroulé. « Vous pouvez, me dit-il, en faire un beau succès. Je lui ai exprimé ma gratitude.

Un mois après cette visite, nous fûmes priés d'assister à la lecture de cette pièce à la Comédie.

La lecture a été un grand succès et j'ai été ravie de mon *rôle* , Catherine de Septmonts. J'ai aussi aimé le *rôle* de Croizette, Mme Clarkson.

Got nous a donné à chacun des exemplaires de nos rôles, et pensant qu'il s'était trompé, j'ai transmis à Croizette le *rôle* de l'Etrangère qu'il venait de me confier en lui disant : « Tiens, Got s'est trompé, voilà. est votre *rôle* .

« Mais il ne commet aucune erreur. C'est moi qui dois jouer la duchesse de Septmonts.

J'éclatai d'un rire irrépressible, qui surprit tout le monde présent, et quand Perrin, agacé, me demanda de qui je riais ainsi, je m'écriai :

« Contre vous tous, vous, Dumas, Got, Croizette, et vous tous qui êtes dans le complot et qui avez tous un peu peur du résultat de votre lâcheté. Eh bien, ne vous inquiétez pas. J'étais ravi de jouer la duchesse de Septmonts, mais je serai dix fois plus ravi de jouer l'Etrangère. Et cette fois, ma chère Sophie, je m'en vais avec toi ; pas de cérémonie, vous dis-je ; car vous m'avez joué un petit tour bien indigne de notre amitié !

Les répétitions étaient tendues de toutes parts. Perrin, qui était un fervent partisan de Croizette, déplorait le manque de souplesse de son talent, si bien qu'un jour Croizette, perdant toute patience, éclata :

– Eh bien, monsieur, vous auriez dû laisser le *rôle* à Sarah ; elle l'aurait joué avec la voix qu'on veut dans les scènes d'amour ; Je ne peux pas faire mieux. Vous m'énervez trop : j'en ai assez ! Et elle s'enfuit en sanglotant dans le petit *guignol* , où elle eut une crise d'hystérie.

Je l'ai suivie et je l'ai consolé du mieux que j'ai pu. Et au milieu de ses larmes, elle m'embrassa en murmurant : « C'est vrai. Ce sont eux qui m'ont incité à jouer ce vilain tour, et maintenant ils m'énervent. Croizette usait d'expressions vulgaires, très vulgaires, et faisait parfois maintes plaisanteries gauloises.

Ce jour-là, nous avons entièrement réglé notre querelle.

Une semaine avant la première représentation, je reçus une lettre anonyme m'informant que Perrin faisait de son mieux pour que Dumas change le titre de la pièce. Il souhaitait, cela va de soi, avoir la pièce intitulée *La Duchesse de Septmonts* .

Je me précipitai au théâtre pour retrouver Perrin immédiatement.

A la porte d'entrée, je rencontrai Coquelin, qui jouait le rôle du duc de Septmonts, ce qu'il faisait à merveille. Je lui ai montré la lettre. Il haussa les épaules. « C'est infâme ! Mais pourquoi prêtez-vous attention à une lettre anonyme ? Ce n'est pas digne de toi !

Nous discutions au pied de l'escalier lorsque le gérant est arrivé.

« Tiens, montre la lettre à Perrin ! Et il me l'a pris des mains pour le lui montrer. Perrin rougit légèrement.

«Je connais cette écriture», dit-il. "Quelqu'un du théâtre a écrit cette lettre."

Je le lui ai repris. – Alors c'est quelqu'un qui est bien informé, et ce qu'il dit est peut-être vrai. N'est-ce pas le cas ? Dites-moi. J'ai le droit de savoir.

"Je déteste les lettres anonymes." Et il monta les escaliers en s'inclinant légèrement, mais sans rien dire de plus.

- Ah ! si c'est vrai, dit Coquelin, c'est trop. Voulez-vous que j'aille voir Dumas, et je le saurai tout de suite ?

"Non, merci. Mais vous m'avez mis une idée en tête. Je vais y aller." Et lui serrant la main, je m'en allai voir le jeune Dumas. Il sortait juste.

"Bien bien? Quel est le problème? Vos yeux sont flamboyants !

Je l'accompagnai au salon et posai aussitôt ma question. Il avait gardé son chapeau et l'avait ôté pour reprendre son sang-froid. Et avant qu'il puisse dire un mot, je me suis mis furieusement en colère ; Je tombai dans une de ces colères que j'ai quelquefois et qui ressemblent plutôt à des accès de folie. Et en effet, tout ce que j'éprouvais d'amertume envers cet homme, envers Perrin, envers tout ce monde théâtral qui aurait dû m'aimer et me soutenir, mais qui me trahissait à chaque occasion, toute la colère brûlante que j'avais accumulée pendant la les répétitions, les cris de révolte contre l'injustice perpétuelle de ces deux hommes, Perrin et Dumas, j'ai éclaté avec tout dans une avalanche de paroles cinglantes, à la fois furieuses et sincères. Je lui ai rappelé sa promesse faite autrefois ; de sa visite à mon hôtel de l'avenue de Villiers ; de la manière lâche et sournoise avec laquelle il m'avait sacrifié, à la demande de Perrin et sur la volonté des amis de Sophie. J'ai parlé avec véhémence, sans lui permettre de trancher en un seul mot. Et quand, épuisé, je dus m'arrêter, je murmurai, essoufflé de fatigue : « Qu'est-ce que… qu'as-tu à dire pour toi ?

« Mon cher enfant, répondit-il très touché, si j'avais examiné ma conscience, je me serais dit tout ce que vous venez de me dire avec tant d'éloquence ! Mais je peux vraiment dire, pour m'excuser un peu, que je croyais bien que vous ne vous souciiez pas du tout de la scène ; que tu préférais de beaucoup ta sculpture, ta peinture et ta cour. Nous avons rarement parlé ensemble, et les gens m'ont fait croire tout ce que j'étais peut-être trop prêt à croire. Votre chagrin et votre colère m'ont profondément touché. Je vous donne ma parole que la pièce gardera son titre de *L'Etrangère* . Et maintenant, embrasse-moi de bonne grâce, pour montrer que tu ne m'en veux plus.

Je l'ai embrassé et à partir de ce jour nous sommes devenus de bons amis.

Le soir, je racontai toute l'histoire à Croizette, et je vis qu'elle ne savait rien de ce méchant projet. J'étais très heureux de le savoir. La pièce a eu beaucoup de succès. Coquelin, Febvre et moi avons remporté les lauriers du jour.

Je venais de commencer dans mon atelier de l'avenue de Clichy un grand groupe, inspiré de la triste histoire d'une vieille femme que je voyais souvent à la tombée de la nuit dans la baie des Trépassés.

Un jour, je m'approchai d'elle, voulant lui parler, mais j'étais tellement terrifié par son aspect de folie que je m'enfuis aussitôt, et la gardienne me raconta son histoire.

Elle était mère de cinq fils, tous marins. Deux avaient été tués par les Allemands en 1870 et trois noyés. Elle avait élevé le petit fils de son plus jeune garçon, le gardant toujours loin de la mer et lui apprenant à détester l'eau. Elle n'avait jamais quitté le petit garçon, mais il était devenu si triste qu'il était vraiment malade et il disait qu'il mourait parce qu'il voulait voir la mer. "Eh bien, dépêche-toi et guéris-toi", dit tendrement la grand-mère, "et nous irons le voir ensemble."

Deux jours plus tard, l'enfant allait mieux et la grand-mère quittait la vallée en compagnie de son petit-fils pour aller voir l'océan, tombeau de ses trois fils.

C'était un jour de novembre ; un ciel bas surplombait l'océan, rétrécissant l'horizon. L'enfant a sauté de joie. Il courait, gambadait et chantait de bonheur en voyant toute cette eau vive.

La grand-mère était assise sur le sable et cachait ses yeux pleins de larmes dans ses deux mains tremblantes ; puis soudain, frappée par le silence, elle leva les yeux avec terreur. Là, devant elle, elle vit un bateau à la dérive, et dans le bateau son garçon, son petit garçon de huit ans, qui riait très gaiement,

pagayant de son mieux avec une rame qu'il pouvait à peine tenir, et criant : ,
"Je vais voir ce qu'il y a derrière la brume, et je reviendrai."

Il n'est jamais revenu. Et le lendemain, ils trouvèrent la pauvre vieille femme
parlant à voix basse aux vagues qui venaient lui baigner les pieds. Elle venait
chaque jour au bord de l'eau, y jetant le pain que les gens aimables lui
donnaient et disant aux vagues : « Il faut que tu portes ça au petit garçon. »

Ce récit touchant était resté dans ma mémoire. Je vois encore la grande vieille
femme, avec sa cape et sa capuche marron.

J'ai travaillé fébrilement dans ce groupe. Il me semblait maintenant que j'étais
destiné à être sculpteur et je commençais à mépriser la scène. Je n'allais au
théâtre que lorsque mes devoirs m'y obligeaient, et j'en partais le plus tôt
possible.

J'avais réalisé plusieurs modèles, dont aucun ne me plaisait. Au moment où
j'allais jeter le dernier, découragé, le peintre Georges Clairin, qui venait juste
à ce moment me voir, me supplia de ne pas le faire. Et mon bon ami Mathieu
Meusnier, qui était un homme de talent, a également ajouté sa voix contre la
destruction de mon projet.

Enthousiasmé par leurs encouragements, j'ai décidé de me dépêcher et de
constituer un grand groupe. Je demandai à Meusnier s'il connaissait une
vieille femme grande et osseuse, et il m'en envoya deux, dont aucune ne me
convenait. J'ai alors interrogé tous mes amis peintres et sculpteurs, et pendant
huit jours toutes sortes de femmes âgées et infirmes sont venues me voir. Je
m'arrêtai enfin sur une femme de ménage qui avait une soixantaine d'années.
Elle était très grande et avait des traits très nets. Quand elle est entrée, j'ai
ressenti un léger sentiment de peur. L'idée de rester seule avec cette femme
gendarme pendant des heures me mettait mal à l'aise. Mais quand je l'entendais
parler, j'étais plus à l'aise. Sa voix timide et douce et ses gestes effrayés,
comme ceux d'une jeune fille timide, contrastaient étrangement avec la
carrure de la pauvre femme. Quand je lui ai montré le dessin, elle était
stupéfaite. « Veux-tu que j'aie le cou et les épaules nus ? Je ne peux vraiment
pas." Je lui ai dit que personne ne venait jamais quand je travaillais et j'ai
demandé à voir son cou immédiatement.

Oh, ce cou ! J'ai tapé dans mes mains de joie quand je l'ai vu. C'était long,
émacié, terrible. Les os ressortaient littéralement presque dénués de chair ; le
sterno-cléido-mastoïdien était remarquable, c'était exactement ce que je
voulais. Je me suis approché d'elle et lui ai doucement découvert l'épaule.
Quel trésor j'avais trouvé ! L'os de l'épaule était visible sous la peau, et elle
avait deux immenses « caves à sel » ! La femme était idéale pour mon travail.
Elle semblait destinée à cela. Elle a rougi quand je le lui ai dit. J'ai demandé à
voir ses pieds. Elle ôta ses grosses bottes et montra un pied sale et sans

caractère. "Non," dis-je, "merci. Vos pieds sont trop petits ; Je ne prendrai que ta tête et tes épaules.

SARAH BERNHARDT À LA MAISON
D'après le tableau de Walter Spindler

Après avoir fixé le prix, je l'ai engagée pour trois mois. A l'idée de gagner autant d'argent pendant trois mois, la pauvre femme s'est mise à pleurer, et j'ai été si désolé pour elle que je lui ai dit qu'elle n'aurait pas à chercher du travail cet hiver-là, car elle m'avait déjà dit qu'elle passait généralement six mois par an à la campagne, en Sologne, auprès de ses petits-enfants.

Ayant retrouvé la grand-mère, j'avais maintenant besoin de l'enfant.

J'ai passé un examen de toute une armée de mannequins professionnels italiens. Il y avait des enfants adorables, de vrais petits Jupins. Les mères déshabillaient leurs enfants en une seconde, et les enfants posaient tout naturellement et prenaient des attitudes qui mettaient en valeur leurs muscles et le développement du torse. J'ai choisi un beau petit garçon de sept ans, mais qui en paraissait plutôt neuf. J'avais déjà eu des ouvriers qui avaient suivi mon projet et monté les échafaudages nécessaires pour rendre mon ouvrage suffisamment stable et pour en supporter le poids. D'énormes supports en fer étaient fixés dans le plâtre par des boulons et des piliers en bois et en fer partout où cela était nécessaire. Le squelette d'une grande sculpture ressemble à un piège géant tendu pour attraper des milliers de rats et de souris.

Je me suis livré à cet énorme travail avec le courage de l'ignorance. Rien ne m'a découragé.

Souvent je travaillais jusqu'à minuit, parfois jusqu'à quatre heures du matin. Et comme un humble bec de gaz était totalement insuffisant pour fonctionner, je fis fabriquer une couronne ou plutôt un cercle d'argent dont chaque bouton était un chandelier, et chacun avait sa bougie allumée, et celles du dernier rang étaient un peu plus hautes. que ceux du front. Et grâce à cette aide, j'ai pu travailler presque sans arrêt. Je n'avais ni montre ni horloge dans la pièce, car je souhaitais ignorer complètement l'heure, sauf les jours où je devais jouer au théâtre. Ensuite, ma femme de chambre venait m'appeler. Combien de fois suis-je parti sans déjeuner ni dîner. Alors peut-être je m'évanouirais et serais obligé d'envoyer chercher quelque chose à manger pour me redonner des forces.

J'avais presque fini mon groupe, mais je n'avais fait ni les pieds ni les mains de la grand-mère. Elle tenait son petit-fils mort sur ses genoux, mais ses bras n'avaient pas de mains et ses jambes n'avaient pas de pieds. J'ai cherché en vain les mains et les pieds de mon idéal, grands et osseux. Un jour, lorsque mon ami Martel est venu me voir à mon studio et regarder ce groupe dont on parlait beaucoup, j'ai eu une inspiration. Martel était grand et suffisamment mince pour rendre la Mort jalouse. Je l'ai regardé se promener autour de mon travail. Il le regardait en *connaisseur* . Mais je *le* regardais . Soudain, j'ai dit :

« Mon cher Martel, je t'en supplie, je t'en supplie, pose pour les mains et les pieds de ma grand-mère !

Il éclata de rire et, de très bonne grâce, ôta ses chaussures et prit la place de mon modèle.

Il venait dix jours de suite et me donnait trois heures par jour.

Grâce à lui, j'ai pu terminer mon groupe. Je le fis mouler et l'envoyer au Salon (1876), où il rencontra un véritable succès.

Est-il nécessaire de dire qu'on m'a accusé d'avoir demandé à quelqu'un d'autre de créer ce groupe à ma place ? J'ai envoyé une convocation à un critique. Ce n'était autre que Jules Claretie, qui avait déclaré que ce travail, très intéressant, ne pouvait être fait par moi. Jules Claretie s'excusa très poliment, et ce fut tout.

Le Jury, après une enquête approfondie, m'a décerné une « mention honorable » et j'étais fou de joie.

J'ai été très critiqué, mais aussi très félicité. Presque toutes les critiques portaient sur le cou de ma vieille Bretonne, ce cou sur lequel j'avais travaillé avec tant d'acharnement.

Ce qui suit est tiré d'un article de René Delorme :

« L'œuvre de Mlle. Sarah Bernhardt mérite d'être étudiée en détail. La tête de la grand-mère, bien travaillée quant aux rides profondes qu'elle porte, exprime cette douleur intense où tout le reste ne compte pour rien.

« Le seul reproche que j'ai à faire à cette artiste, c'est d'avoir trop mis en valeur les muscles du cou de la vieille grand-mère. Cela montre un manque d'expérience. Elle est contente d'avoir si bien étudié l'anatomie et ne regrette pas l'occasion de le montrer. C'est le cas », etc. etc.

Ce monsieur avait certainement raison. J'avais étudié l'anatomie avec enthousiasme et de manière très amusante. J'avais eu des leçons du docteur Parrot, qui était si bon avec moi. J'avais continuellement avec moi un livre de dessins anatomiques, et quand j'étais chez moi, je me tenais devant la glace et je me disais tout à coup, en posant le doigt sur quelque partie de mon corps : « Eh bien, qu'est-ce que c'est ? Il me fallait répondre immédiatement, sans hésitation, et quand j'hésitais, je m'obligeais à apprendre par cœur les muscles de la tête ou du bras, et je ne dormais que lorsque cela était fait.

Un mois après l'exposition, lecture de la pièce de Parodi, *Rome Vaincue*, à la Comédie Française. Je refusai le *rôle* de jeune vestale Opimia, qui m'avait été attribué, et demandai énergiquement celui de Posthumia, vieille Romaine aveugle, au visage superbe et noble.

Il y avait sans doute dans mon esprit quelque rapport entre ma vieille Bretonne pleurant son petit-fils et l'auguste patricien réclamant pardon pour sa petite-fille.

Perrin fut d'abord étonné. Il a ensuite accédé à ma demande. Mais son esprit d'ordre et son goût pour la symétrie le rendaient inquiet à l'égard de Mounet-Sully, qui jouait également dans la pièce. Il avait l'habitude de nous voir, Mounet-Sully et moi, jouer les deux héros, les deux amants, les deux victimes. Comment allait-il faire en sorte que nous soyons toujours les deux, quelque chose ou autre ? *Eurêka !* Il y avait dans la pièce un vieil idiot nommé

Vestæpor, qui n'était absolument pas nécessaire au déroulement de la pièce, mais qui avait été amené à satisfaire Perrin. "Euréka!" s'écria le directeur de la Comédie ; « Mounet-Sully jouera Vestæpor ! L'équilibre a été rétabli. Le dieu du *bourgeois* était content.

La pièce, en réalité assez médiocre, obtint un grand succès dès la première représentation (27 septembre 1876), et personnellement j'eus beaucoup de succès au quatrième acte. Le public était décidément en ma faveur, malgré tout et malgré tout le monde.

XXV

« HERNANI » – UN VOYAGE EN BALLON

Les représentations d' *Hernani* ont fait de moi un favori encore plus grand du public.

J'avais déjà répété avec Victor Hugo, et c'était pour moi un réel plaisir de voir le grand poète presque chaque jour. Je n'avais jamais interrompu mes visites, mais je n'ai jamais pu avoir de conversation avec lui dans sa propre maison. Il y avait toujours des hommes en cravate rouge qui gesticulaient, ou des femmes en larmes qui récitaient. Il était très bon ; il écoutait les yeux mi-clos, et je pensais qu'il dormait. Puis, réveillé par le silence, il disait une parole de consolation, car Victor Hugo ne pouvait promettre sans tenir parole. Il n'était pas comme moi : je promets tout avec la ferme intention de tenir mes promesses, et deux heures après, je les oublie complètement. Si quelqu'un me rappelle ce que j'ai promis, je m'arrache les cheveux et, pour compenser mon oubli, je dis n'importe quoi, j'achète des cadeaux — en fait, je me complique la vie de soucis inutiles. Il en a toujours été ainsi et il en sera toujours ainsi.

Comme je grommelais un jour à Victor Hugo que je n'aurais jamais l'occasion de lui parler, il m'invita à déjeuner en me disant qu'après le déjeuner nous pourrions causer seuls. J'ai été enchanté de ce déjeuner, auquel étaient également conviés Paul Meurice, le poète Léon Cladel, le communard Dupuis, une dame russe dont je ne me souviens plus du nom et Gustave Doré. Devant Victor Hugo était assise Madame Drouet, l'amie de ses jours malheureux.

Mais quel horrible déjeuner nous avons eu ! C'était vraiment mauvais et mal servi. J'avais les pieds gelés par les courants d'air des trois portes mal ajustées, et on entendait franchement *le* vent souffler sous la table. Près de moi se trouvait M. X., un socialiste allemand, qui est aujourd'hui un homme qui a beaucoup de succès. Cet homme avait les mains tellement sales et mangeait de telle façon qu'il me donnait la nausée. Je l'ai rencontré ensuite à Berlin. Il est maintenant tout à fait propre et convenable et, je crois, un impérialiste. Mais le malaise que m'inspirait ce voisin peu sympathique, les courants d'air froids qui soufflaient sur mes pieds, l'ennui mortel, tout cela me réduisait à un état de souffrance positive et je perdais connaissance.

Quand j'ai récupéré, je me suis retrouvé sur un canapé, la main dans celle de Madame Drouet, et devant moi, me dessinant Gustave Doré.

« Oh ! ne bouge pas, s'écria-t-il ; "tu es si jolie comme ça!" Ces paroles, si inappropriées soient-elles, me plaisaient néanmoins, et j'accédais au vœu du grand artiste, qui était un de mes amis.

Je quittai la maison de Victor Hugo sans lui dire au revoir, un peu honteux de moi.

Le lendemain, il est venu me voir. Je lui ai raconté quelque histoire pour expliquer ma maladie, et je ne l'ai plus revu qu'aux répétitions d' *Hernani* .

La première représentation d' *Hernani* eut lieu le 21 novembre 1877. Ce fut un triomphe tant pour l'auteur que pour les acteurs. *Hernani* avait déjà été joué dix ans plus tôt, mais Delaunay, qui incarnait alors le rôle d'Hernani, était exactement le contraire de ce qu'aurait dû être ce rôle. Il n'était ni épique, ni romantique, ni poétique. Il n'avait pas le style de ces grands poèmes épiques. Il était charmant, gracieux et arborait un sourire perpétuel ; de taille moyenne, aux mouvements étudiés, il était idéal dans Musset, parfait dans Emile Augier, charmant dans Molière, mais exécrable dans Victor Hugo.

Bressant, qui jouait le rôle de Charles Quint, était terriblement mauvais. Son style aimable et flasque, ses yeux faibles et vagabonds empêchaient effectivement toute grandeur. Ses deux pieds énormes, généralement à moitié cachés sous son pantalon, prenaient des proportions immenses. Je ne pouvais rien voir d'autre. Ils étaient très grands, plats et légèrement rentrés au niveau des orteils. C'était un cauchemar ! Mais pensez à leur possesseur répétant l'admirable couplet de Charles Quint à l'ombre de Charlemagne ! C'était absurde ! Le public toussait, se tortillait et montrait qu'il trouvait tout cela douloureux et ridicule.

Dans notre représentation, c'est Mounet-Sully, dans toute la splendeur de son talent, qui jouait Hernani. Et c'est Worms, cet admirable artiste, qui jouait Charles Quint, et comme il jouait bien ce rôle ! Comme il a déroulé les lignes ! Quelle splendide diction il avait ! Cette représentation du 21 novembre 1877 fut un triomphe. J'ai participé pour une bonne part au succès général. J'ai joué Dona Sol. Victor Hugo m'a envoyé la lettre suivante :

« MADAME , vous avez été grande et charmante ; vous m'avez ému, moi, le vieux combattant, et à un moment, tandis que le public que vous aviez enchanté vous acclamait, j'ai pleuré. Cette larme que vous m'avez fait verser est à vous, et je me mets à vos pieds.

" VICTOR HUGO. »

Cette lettre était accompagnée d'une petite boîte contenant un bracelet en fine chaîne auquel pendait une goutte de diamant. J'ai perdu ce bracelet chez le riche nabab Alfred Sassoon. Il voulait m'en donner un autre, mais j'ai refusé. Il n'a pas pu me rendre la larme de Victor Hugo.

Mon succès à la Comédie était assuré, et le public me traitait en enfant gâté. Mes camarades étaient un peu jaloux de moi.

Perrin m'a causé des ennuis à chaque instant. Il avait pour moi une sorte d'amitié, mais il ne croyait pas que je puisse me passer de lui, et comme il refusait toujours de faire ce que je voulais, je n'allais vers lui pour rien. J'avais l'habitude d'envoyer une lettre au ministère et j'ai toujours gagné ma cause.

Ayant une soif perpétuelle de nouveauté, je m'essaye maintenant à la peinture. Je savais un peu dessiner et j'avais un sens de la couleur bien développé. J'ai d'abord fait deux ou trois petits tableaux, puis j'ai entrepris le portrait de mon cher Guérard.

Alfred Stevens a trouvé que c'était un travail vigoureux et Georges Clairin m'a encouragé à continuer de peindre. Puis je me suis lancé avec courage, audace. J'ai commencé un tableau de près de deux mètres, *La Jeune Fille et la Mort* .

Puis un cri d'indignation s'est élevé contre moi.

Pourquoi avais-je envie de faire autre chose que jouer, puisque c'était ma carrière ?

Pourquoi ai-je toujours voulu être devant le public ?

SARAH BERNHARDT COMME DONA SOL
DANS *HERNANI*

Perrin est venu me voir un jour où j'étais très malade. Il a commencé à prêcher. «Vous vous suicidez, mon cher enfant, dit-il. «Pourquoi faites-vous de la sculpture, de la peinture, etc. ? Est-ce pour prouver que vous pouvez le faire ?

"Oh, non, non," répondis-je; "c'est simplement pour créer une nécessité de rester ici."

«Je ne comprends pas», dit Perrin en écoutant très attentivement.

"C'est comme ça. J'ai une folle envie de voyager, de voir autre chose, de respirer un autre air, de voir des ciels plus hauts que les nôtres et des arbres plus grands, quelque chose de différent en somme. J'ai donc dû me créer des tâches qui me retiendront de mes chaînes. Si je ne le faisais pas, je sens que mon désir de voir d'autres choses dans le monde l'emporterait et je devrais faire quelque chose de stupide.

Cette conversation devait se retourner contre moi quelques années plus tard, lorsque la Comédie me intenta un procès.

L'Exposition de 1878 mit le terme à l'état d'exaspération que Perrin et quelques artistes du théâtre avaient conçu contre moi. Ils me reprochaient tout : ma peinture, ma sculpture et ma santé. J'ai eu une scène terrible avec Perrin, et ce fut la dernière, car à partir de ce moment nous ne nous parlâmes plus ; un salut formel a été tout ce que nous avons échangé par la suite.

Le point culminant a été atteint lors de mon ascension en ballon. J'adorais et j'adore toujours les ballons. Chaque jour, je montais dans le ballon captif de M. Giffard. Cette obstination avait frappé le *savant*, et il demanda à un ami commun de le présenter.

« Oh ! monsieur Giffard, dis-je, comme j'aimerais monter dans un ballon qui ne soit pas captif !

"Eh bien, Mademoiselle, vous le ferez si vous le souhaitez", répondit-il très gentiment.

"Quand?" J'ai demandé.

"N'importe quel jour tu veux."

J'aurais aimé commencer immédiatement, mais, comme il l'a fait remarquer, il lui faudrait monter le ballon, et c'était pour lui une grande responsabilité à assumer. Nous nous sommes donc fixés sur le mardi suivant, dans une semaine seulement. Je demandai à M. Giffard de n'en rien dire, car si les journaux apprenaient cette nouvelle, ma famille terrifiée ne me permettrait pas d'y aller. M. Tissandier, qui peu de temps après devait, le pauvre garçon, être tué dans un accident de ballon, promit de m'accompagner. Quelque chose arriva cependant qui l'empêcha de m'accompagner, et ce fut le jeune

Godard qui m'accompagna la semaine suivante dans le « Dona Sol », un beau ballon orange spécialement préparé pour mon expédition. Le prince Jérôme Napoléon (Plon-Plon), qui était avec moi lors de la présentation de Giffard, a insisté pour nous accompagner. Mais il était lourd et un peu maladroit, et je ne me souciais pas beaucoup de sa conversation, malgré son esprit merveilleux, car il était méchant et plutôt ravi lorsqu'il avait l'occasion d'attaquer l'empereur Napoléon III, que j'aimais bien. beaucoup.

Nous partîmes seuls, Georges Clairin, Godard et moi. Le bruit de notre voyage s'était répandu, mais trop tard pour que la presse s'en empare. J'étais en l'air depuis cinq minutes environ lorsqu'un de mes amis, le comte de M..., rencontra Perrin sur le pont des Saints-Pères.

« Je dis, commença-t-il, regardez vers le ciel. Voilà votre étoile qui s'envole.

Perrin leva les yeux et, désignant le ballon qui s'élevait, il demanda : « Qui est là-dedans ?

«Sarah Bernhardt», a répondu mon amie. Perrin, semble-t-il, est devenu violet et, serrant les dents, il a murmuré : « C'est un autre de ses monstres, mais elle paiera pour ça. »

Il s'enfuit sans même dire au revoir à mon jeune ami, qui restait là, stupéfait par cet accès de colère déraisonnable.

Et s'il avait soupçonné ma joie infinie de voyager ainsi dans les airs, Perrin aurait souffert encore davantage.

Ah ! notre départ ! Il était cinq heures et demie. J'ai serré la main de quelques amis. Ma famille, que j'avais maintenue dans la plus profonde ignorance, n'était pas là. J'ai senti mon cœur se serrer un peu lorsque, après les mots « Laisse-la partir ! » En une seconde environ, je me suis retrouvé à une cinquantaine de mètres au-dessus du sol. J'entendais encore quelques cris : « Attendez ! Revenir! Ne la laissez pas être tuée ! Et puis plus rien. Rien. Il y avait le ciel au-dessus et la terre en dessous. Puis soudain, je me suis retrouvé dans les nuages. J'avais quitté un Paris brumeux. Je respirais maintenant sous un ciel bleu et voyais un soleil radieux. Autour de nous se trouvaient des montagnes opaques de nuages aux bords irradiés. Notre ballon plongeait dans une vapeur laiteuse bien chaude du soleil. C'était splendide ! C'était stupéfiant ! Pas un bruit, pas un souffle ! Mais le ballon ne bougeait presque pas. Ce n'est que vers six heures que les courants d'air nous rejoignirent et nous prîmes notre fuite vers l'est. Nous étions à environ 1700 mètres d'altitude. Le spectacle devint féerique. De gros nuages duveteux s'étalaient au-dessous de nous comme un tapis. De grands rideaux oranges bordés de violet descendaient du soleil pour se perdre dans notre tapis nuageux.

À sept heures moins vingt, nous étions à environ 2 500 mètres au-dessus du sol, et le froid et la faim commencèrent à se faire sentir.

Le dîner était copieux : nous avions *du foie gras* , du pain frais et des oranges. Le bouchon de notre bouteille de champagne s'envola dans les nuages avec un joli et doux bruit. Nous avons levé nos verres en l'honneur de M. Giffard.

Nous avions beaucoup parlé. La nuit commença à revêtir son lourd manteau sombre. Il faisait très froid. Nous étions alors à 2600 mètres, et j'avais un chant dans les oreilles. Mon nez a commencé à saigner. Je me sentais très mal à l'aise et commençais à m'assoupir sans pouvoir m'en empêcher. Georges Clairin s'inquiéta, et le jeune Godard cria très fort, pour me réveiller sans doute : « Viens, viens ! Il va falloir descendre. Jetons la corde-guide !

Ce cri m'a réveillé. Je voulais savoir ce qu'était une corde-guide. Je me levai un peu stupéfait, et, pour me réveiller, Godard me remit le guide-corde entre les mains. Il s'agissait d'une corde solide d'environ 120 mètres de long, à laquelle étaient attachés, à certaines distances, de petits crochets en fer. Clairin et moi lâchions la corde en riant, tandis que Godard, penché sur le côté de la voiture, regardait à travers une jumelle.

"Arrêt!" cria-t-il soudain. "Il y a beaucoup d'arbres!"

Nous étions au-dessus du bois de Ferrières. Mais juste devant nous se trouvait un petit terrain découvert propice à notre descente.

– Il n'y a aucun doute, s'écria Godard ; si nous manquons cette plaine, nous descendrons en pleine nuit dans le bois de Ferrières, et ce sera très dangereux ! Puis, se tournant vers moi : « Veux-tu, dit-il, ouvrir la vanne ?

Je l'ai fait aussitôt, et le gaz est sorti de sa prison en sifflant un air moqueur. La vanne fut fermée sur ordre de l'aéronaute, et nous descendîmes rapidement. Soudain, le calme de la nuit fut brisé par le son d'un klaxon. J'ai tremblé. C'était Louis Godard qui avait sorti de sa poche, qui était un véritable entrepôt, une sorte de cor sur lequel il soufflait avec violence. Un grand coup de sifflet répond à notre appel et, 500 mètres en contrebas, nous voyons un homme qui crie de toutes ses forces pour nous faire entendre. Comme nous étions tout près d'une petite gare, nous devinâmes facilement que cet homme était le chef de gare.

"Où sommes-nous?" cria Louis Godard à travers son cor.

"À-dans-dans-ille!" répondit le chef de gare. C'était impossible à comprendre.

"Où sommes-nous?" tonna Georges Clairin de son ton le plus redoutable.

"À-dans-dans-ille!" cria le chef de gare, la main enroulée autour de la bouche.

"Où sommes-nous?" m'écriai-je avec mes accents les plus cristallins.

"À-dans-dans-ille!" répondirent le chef de gare et ses porteurs.

Il était impossible de savoir quoi que ce soit. Nous avons dû descendre le ballon. Au début, nous sommes descendus un peu trop vite et le vent nous a poussés vers le bois. Nous avons dû remonter. Mais dix minutes plus tard, nous ouvrons à nouveau la vanne et effectuons une nouvelle descente. Le ballon se trouvait alors à droite de la gare, et loin de l'aimable chef de gare.

"Jetez l'ancre!" s'écria le jeune Godard d'un ton autoritaire. Et aidé de Georges Clairin, il lança dans l'espace une autre corde, au bout de laquelle était attachée une redoutable ancre. La corde mesurait 80 mètres de long.

En contrebas, une foule d'enfants de tous âges courait depuis notre arrêt au-dessus de la gare. Lorsque nous arrivâmes à environ 300 mètres de la terre, Godard leur cria : « Où sommes-nous ?

« Chez Vachère ! »

Aucun de nous ne connaissait Vachère. Mais nous sommes quand même descendus.

"Tiens! vous les gars là-bas, saisissez la corde qui traîne, cria l'aéronaute, et ne tirez pas trop fort ! Cinq hommes vigoureux s'emparèrent de la corde. Nous étions à 130 mètres du sol et le spectacle devenait intéressant. L'obscurité commença à tout effacer. J'ai levé la tête pour voir le ciel, mais je suis resté la bouche ouverte d'étonnement. Je n'ai vu que l'extrémité inférieure de notre ballon, qui surplombait sa base, toute lâche et ample. C'était très moche.

Nous mouillons doucement, sans le petit chalandage que j'espérais et sans le petit drame auquel je m'attendais à moitié.

Il commença à pleuvoir à torrents lorsque nous quittions le ballon.

Le jeune propriétaire d'un château voisin accourut, comme les paysans, pour voir ce qui se passait. Il m'a offert son parapluie.

« Oh, je suis si maigre que je ne peux pas me mouiller. Je passe entre les gouttes.

Le dicton a été répété et a eu un grand succès.

« À quelle heure y a-t-il un train ? demanda Godard.

"Oh, tu as tout le temps", répondit une voix grasse et lourde. "Vous ne pouvez pas partir avant dix heures, car la gare est loin d'ici, et par un tel temps il faudra à Madame deux heures pour y arriver."

J'étais confus et je cherchais le jeune monsieur au parapluie, dont j'aurais pu me servir de canne, puisque ni Clairin ni Godard n'en avaient. Mais au moment où je l'accusais de s'éloigner et de nous quitter, il a sauté légèrement d'un véhicule que je n'avais pas entendu arriver.

"Là!" a-t-il dit. "Il y a un chariot pour vous et ces messieurs, et un autre pour le corps du ballon."

« *Ma foi !* Vous nous avez sauvés, dit Clairin en lui joignant la main, car il paraît que les routes sont en très mauvais état.

"Oh," dit le jeune homme, "il serait impossible aux pieds des Parisiens de parcourir ne serait-ce que la moitié du chemin."

Puis il s'inclina et nous souhaita un agréable voyage.

Un peu plus d'une heure plus tard, nous arrivions à la gare d'Emerainville. Le chef de gare, apprenant qui nous étions, nous reçut d'une manière très amicale. Il s'est excusé de ne pas avoir entendu notre appel une heure auparavant depuis notre véhicule flottant. Nous avons eu devant nous un repas frugal composé de pain, de fromage et de cidre. J'ai toujours détesté le fromage et je n'en mangerais jamais : il n'a rien de poétique. Mais je mourais de faim.

« Goûtez, goûtez », disait Georges Clairin.

J'en ai mordu un morceau et je l'ai trouvé excellent.

Nous sommes rentrés très tard, au milieu de la nuit, et j'ai trouvé ma maisonnée dans un état d'anxiété extrême. Nos amis venus prendre de nos nouvelles étaient restés. Il y avait pas mal de monde. Cela m'ennuyait un peu, car j'étais à moitié mort de fatigue.

J'ai renvoyé tout le monde assez brusquement et je suis monté dans ma chambre. Pendant que ma bonne m'aidait à me déshabiller, elle m'a dit qu'on était venu me chercher à plusieurs reprises de la Comédie Française.

"Oh, mon Dieu!" J'ai pleuré avec anxiété. « La pièce aurait-elle pu être modifiée ?

"Non, je ne pense pas", dit la servante. — Mais il paraît que M. Perrin est furieux, et qu'ils sont tous en colère contre vous. Voici le mot qui vous a été laissé.

J'ai ouvert la lettre. On m'a demandé de rendre visite au directeur le lendemain à 14 heures.

A mon arrivée chez Perrin à l'heure fixée, je fus reçu avec une politesse exagérée, qui avait un fond de sévérité.

Alors commença une série de récriminations sur mes colères, mes caprices, mes excentricités ; et il termina son discours en disant que j'avais encouru une amende de mille francs pour avoir voyagé sans le consentement de la direction.

J'ai éclaté de rire. « Le cas d'un ballon n'est pas prévu, dis-je ; « et je jure de ne payer aucune amende. En dehors du théâtre, je fais ce que je veux, et cela ne vous regarde pas, mon cher monsieur Perrin, pourvu que je ne fasse rien qui puisse gêner mon travail théâtral. Et puis, vous m'ennuyez à mourir, je vais démissionner. Soyez heureux."

Je l'ai laissé honteux et anxieux.

Le lendemain, j'envoyai ma démission écrite à M. Perrin, et quelques heures après je fus mandé par M. Turquet, ministre des Beaux-Arts. Je refusai d'y aller, et on envoya un ami commun, qui déclara que M. Perrin avait fait un pas plus loin qu'il n'avait le droit de le faire ; que l'amende a été annulée et que je dois annuler ma démission. Alors je l'ai fait.

Mais la situation était tendue. Ma renommée était devenue ennuyeuse pour mes ennemis, et un peu pénible, je l'avoue, pour mes amis. Mais à cette époque, tout ce remue-ménage et ce bruit m'amusaient énormément. Je n'ai rien fait pour attirer l'attention. Mes goûts un peu fantastiques, ma pâleur et ma maigreur, ma manière particulière de m'habiller, mon mépris de la mode, ma liberté générale à tous égards, faisaient de moi un être tout à fait à part de tous les autres. Je n'ai pas reconnu le fait.

Je n'ai pas lu, je n'ai jamais lu les journaux. Je ne savais donc pas ce qu'on disait de moi, ni favorable ni défavorable. Entourée d'une cour d'adorateurs des deux sexes, je vivais dans un rêve ensoleillé.

UN COIN DE LA SALLE AVEC UNE PEINTURE
DE CHARTRAN DE SARAH BERNHARDTAS *GISMONDA*

Tous les personnages royaux et notables qui furent les invités de la France lors de l'Exposition de 1878 vinrent me voir. C'était pour moi une source constante de plaisir.

La Comédie fut le premier théâtre où se rendirent tous ces illustres visiteurs, et Croizette et moi jouâmes presque tous les soirs. Pendant que je jouais à Amphytrion, je suis tombé gravement malade et j'ai été envoyé dans le sud.

J'y suis resté deux mois. J'habitais Mentone, mais j'ai fait du Cap Martin mon quartier général. J'ai fait dresser ici une tente à l'endroit que l'impératrice Eugénie a ensuite choisi pour sa villa. Je ne voulais voir personne et je pensais qu'en vivant dans une tente si loin de la ville, je n'aurais pas à être dérangé par les visiteurs. C'était une erreur. Un jour, alors que je déjeunais avec mon petit garçon, j'entendis les cloches de deux chevaux et d'une calèche. La route surplombait ma tente, à moitié cachée par les buissons. Soudain, une voix que je connaissais, mais que je ne pouvais reconnaître, s'écria sur le ton emphatique d'un héraut : « Sarah Bernhardt, sociétaire de la Comédie-Française, réside-t-elle ici ?

Nous n'avons pas bougé. La question a été posée à nouveau. Encore une fois, la réponse fut le silence. Mais nous entendîmes un bruit de branches cassées, les buissons furent écartés, et à deux mètres de la tente la voix importune recommença.

Nous avons été découverts. Un peu ennuyé, je suis sorti. Je vis devant moi un homme portant un grand manteau *en tussore* , une jumelle attachée aux épaules, un chapeau melon gris et une figure rouge et heureuse, avec une petite barbe pointue. J'ai regardé cet individu d'apparence banale avec tout sauf faveur. Il leva son chapeau.

« Madame Sarah Bernhardt est là ? »

« Que me voulez-vous, monsieur ?

"Voici ma carte, Madame."

J'ai lu : « Gambard, Nice, Villa des Palmiers ». Je le regardai avec étonnement, et il fut encore plus étonné de voir que son nom ne me produisait aucune impression. Il avait un accent étranger.

"Eh bien, vous voyez, Madame, je suis venue vous demander de me vendre votre groupe, *Après la Tempête* ."

J'ai commencé à rire.

« Ma foi, monsieur, je traite pour cela avec la maison Susse, et on m'offre 6000 francs. Si vous en donnez dix, vous l'aurez.

« Très bien, » dit-il. «Voici 10 000 francs. Avez-vous une plume et de l'encre ?

"Non."

« Ah, dit-il, permettez-moi ! Et il sortit une petite trousse dans laquelle se trouvaient une plume et de l'encre.

J'établis le reçu et lui donnai l'ordre d'emmener le groupe à mon atelier de Paris. Il s'en alla, et j'entendis les cloches des chevaux sonner puis s'éteindre au loin. Après cela, j'ai été souvent invité chez cette personne originale.

XXVI

LA COMÉDIE FRANÇAISE SE VA À LONDRES

Peu de temps après, je suis revenu à Paris. Au théâtre, on préparait une représentation-bénéfice pour Bressant, qui était sur le point de se retirer de la scène. Il fut convenu que Mounet-Sully et moi jouerions un acte d' *Othello* , de Jean Aicard. La salle était bien remplie et le public de bonne humeur. Après la chanson, j'étais au lit dans le rôle de Desdémone, quand soudain j'entendis le public rire, doucement d'abord, puis irrépressiblement. Othello venait d'entrer, dans l'obscurité, en chemise ou à peine plus, une lanterne à la main, et se dirigeait vers une porte cachée dans quelque draperie. Le public, cette unité impersonnelle, n'hésite pas à prendre part à ces manifestations inconvenantes, mais chaque membre du public, pris comme individu à part, aurait honte d'admettre qu'il y a participé. Mais le ridicule jeté sur cet acte par la pantomime exagérée de l'acteur empêcha que la pièce soit rejouée, et ce n'est que vingt ans plus tard qu'Othello *dans* sa totalité fut représenté au Théâtre Français. Je n'étais alors plus là.

Après avoir incarné avec succès Bérénice dans *Mithridate* , je suis réapparu dans mon *rôle* de Reine dans *Ruy Blas* . La pièce eut autant de succès au Théâtre Français qu'à l'Odéon, et le public me fut d'ailleurs encore plus favorable. Mounet-Sully jouait Ruy Blas. Il était admirable dans ce rôle et infiniment supérieur à Lafontaine, qui l'avait joué à l'Odéon. Frédéric Febvre, très bien costumé, rendait son rôle de la manière la plus intéressante, mais il n'était pas aussi bon que Geffroy, qui était le don Salluste le plus distingué et le plus terrifiant qu'on puisse imaginer.

Mes relations avec Perrin étaient de plus en plus tendues.

Il était content que je réussisse, pour le bien du théâtre ; il était heureux des magnifiques recettes de *Ruy Blas* ; mais il aurait de beaucoup préféré que ce soit un autre que moi qui reçoive tous les applaudissements. Mon indépendance, mon horreur de la soumission, même en apparence, l'agaçaient énormément.

Un jour, mon domestique vint me dire qu'un vieil Anglais demandait à me voir avec tant d'insistance qu'il crut préférable de venir me le dire, alors que j'avais donné l'ordre de ne pas être dérangé.

"Renvoyez-le et laissez-moi travailler en paix."

Je commençais justement une photo qui m'intéressait beaucoup. Elle représentait une petite fille, le dimanche des Rameaux, portant des branches de palmier. Le petit modèle qui a posé pour moi était une jolie italienne de huit ans. Tout à coup, elle me dit :

– Il se dispute, cet Anglais !

En effet, dans l'antichambre, il y avait un bruit de voix qui montait de plus en plus haut. Agacé, je me précipitai dehors, ma palette à la main, résolu à faire fuir l'intrus. Mais au moment où j'ouvrais la porte de mon atelier, un homme de grande taille s'approcha si près de moi que je reculai et il entra dans la grande pièce. Ses yeux étaient clairs et perçants, ses cheveux d'un blanc argenté et sa barbe soigneusement taillée. Il s'excusait très poliment, admirait mes tableaux, ma sculpture, ma « salle » – et cela alors que j'ignorais complètement son nom. Lorsqu'au bout de dix minutes je le priai de s'asseoir et de me dire à quoi je devais le plaisir de sa visite, il répondit d'une voix guindée avec un fort accent :

«Je suis M. Jarrett, l' *impresario* . Je peux faire ta fortune. Viendrez-vous en Amérique ?

"Jamais!" m'exclamai-je fermement. "Jamais!"

« Eh bien, ne vous fâchez pas. Voici mon adresse, ne la perdez pas. Puis, au moment de prendre congé, il dit :

« Ah ! vous allez à Londres avec la Comédie Française. Aimeriez-vous gagner beaucoup d'argent à Londres ?

"Oui. Comment?"

« En jouant dans les salons. Je peux gagner une petite fortune pour vous.

"Oh, je serais heureux, du moins si j'allais à Londres, car je n'ai pas encore décidé."

« Alors, signerez-vous un petit contrat auquel nous ajouterons une clause supplémentaire ?

Et j'ai signé un contrat avec cet homme qui m'a inspiré une confiance à première vue, confiance qu'il n'a jamais trahie.

Le comité et M. Perrin avaient passé un accord avec John Hollingshead, directeur du Gaiety Theatre de Londres. Personne n'a été consulté et j'ai trouvé que c'était un peu trop libre et facile. Alors quand ils m'ont parlé de cet accord, je n'ai rien dit.

Perrin me prit à part, un peu anxieux :

« Qu'est-ce que tu retournes dans ta tête ? »

« Je retourne ceci : que je n'irai pas à Londres dans une situation inférieure à celle de quiconque. Pendant toute la durée de mon contrat, j'ai l'intention d'être sociétaire avec une part entière des bénéfices.

Cette intention a considérablement irrité le comité. Et le lendemain, Perrin m'annonça que ma proposition était rejetée.

« Eh bien, je n'irai pas à Londres. C'est tout! Rien dans mon contrat ne m'oblige à y aller.

Le comité s'est réuni à nouveau et Got a crié : « Eh bien, laissez-la rester à l'écart ! Elle est une nuisance régulière !

Il fut donc décidé que je n'irais pas à Londres. Mais Hollingshead et Mayer, son associé, ne voyaient pas les choses sous cet angle, et ils déclarèrent que le contrat ne serait pas contraignant si Croizette, Mounet-Sully ou moi n'y allions pas.

Les agents, qui avaient acheté au préalable pour deux cent mille francs de billets, refusèrent également de considérer l'affaire comme engageante si nous n'y allions pas. Mayer est venu me voir profondément désespéré et m'a tout raconté.

« Nous serons obligés de rompre notre contrat avec la Comédie si vous ne venez pas, dit-il, car l'affaire ne peut pas aboutir. »

Effrayé des conséquences de mon mauvais caractère, je courus voir Perrin, et lui dis qu'après la consultation que je venais d'avoir avec Mayer, je comprenais le tort involontaire que je ferais au Théâtre Français et à mes camarades, et je lui dis J'étais prêt à partir dans toutes les conditions.

Le comité tenait une réunion. Perrin m'a demandé d'attendre, et peu après il est revenu vers moi. Croizette et moi avions été nommés sociétaires avec chacun une part entière des bénéfices, non seulement pour Londres, mais pour toujours.

Tout le monde avait fait son devoir. Perrin, très touché, me prit les deux mains et m'attira à lui.

"Oh, la bonne et indomptable petite créature !"

Nous nous embrassâmes, et la paix fut de nouveau conclue entre nous. Mais cela ne pouvait pas durer longtemps, car cinq jours après cette réconciliation, vers neuf heures du soir, M. Perrin fut annoncé chez moi. J'avais des amis à dîner, alors je suis allé le recevoir dans le hall. Il m'a tendu un papier.

« Lisez ça, » dit-il.

Et j'ai lu dans un journal anglais, le *Times*, ce paragraphe :

COMÉDIES DE SALON DE MLLE. SARAH BERNHARDT, SOUS LA DIRECTION DE SIR JULIUS BENEDICT. — « Le *répertoire* de Mlle. Sarah Bernhardt est composée de comédies, de proverbes, de pièces en un acte et de monologues, écrits spécialement pour elle et un ou deux artistes de la Comédie Française. Ces comédies se jouent sans accessoires ni décors, et peuvent être adaptées aussi bien à Londres qu'à Paris aux *matinées* et *soirées* de la meilleure société.

Pour tous les détails et conditions, veuillez communiquer avec M. Jarrett (secrétaire de Mlle Sarah Bernhardt) au Théâtre de Sa Majesté.

Alors que je lisais les dernières lignes, je me suis rendu compte que Jarrett, apprenant que je venais certainement à Londres, avait commencé à me faire de la publicité. Je l'ai expliqué franchement à Perrin.

«Quelle objection y a-t-il, dis-je, à ce que je profite de mes soirées pour gagner de l'argent ? Cette affaire m'a été proposée.

"Je ne me plains pas, c'est le comité."

"C'est dommage!" J'ai pleuré, et appelant ma secrétaire, je lui ai dit : « Donnez-moi la lettre de Delaunay que je vous ai donnée hier.

Il le sortit d'une de ses nombreuses poches et le donna à Perrin pour qu'il le lise.

« Voudriez-vous venir jouer *La Nuit d'Octobre* chez Lady Dudley le jeudi 5 juin ? On nous propose 5000 francs pour nous deux. Cordialement.— DELAUNAY. »

«Donnez-moi cette lettre», dit le directeur, visiblement agacé.

"Non je ne le ferais pas. Mais vous pouvez dire à Delaunay que je vous ai parlé de son offre.

Pendant les deux ou trois jours suivants, on ne parla à Paris que de l'annonce scandaleuse du *Times*. Les Français ignoraient alors presque entièrement les us et coutumes des Anglais. A la fin, tous ces propos m'agacèrent et je suppliai Perrin d'essayer de les arrêter, et le lendemain parut dans le *National* (29 mai) : « *Beaucoup de bruit pour rien.* — Au terme d'une discussion amicale, il a été décidé qu'en dehors des répétitions et des représentations de la Comédie Française, chaque artiste est libre d'occuper son temps comme il l'entend. Il n'y a donc absolument aucune vérité dans la prétendue querelle entre la Comédie Française et Mlle. Sarah Bernhardt. Cette artiste n'a agi que dans le cadre strict de ses droits, que personne ne cherche à limiter, et tous nos artistes entendent en bénéficier de la même manière. Le directeur de la Comédie Française demande seulement que les artistes qui forment cette compagnie ne donnent pas de représentations en corps.

Cet article venait de la Comédie, et les membres du comité en avaient profité pour se faire un peu de publicité, en annonçant qu'eux aussi étaient prêts à jouer dans les salons, car l'article fut envoyé à Mayer en lui demandant de le faire. paraissent dans les journaux anglais. C'est Mayer lui-même qui me l'a dit.

Tous les différends étant terminés, nous commençâmes nos préparatifs de départ.

Je n'étais qu'une seule fois en mer lorsqu'il fut décidé que les artistes de la Comédie Française iraient à Londres. L'ignorance déterminée des Français à l'égard de tout ce qui était étranger était bien plus prononcée à cette époque qu'elle ne l'est aujourd'hui. C'est pourquoi je me suis fait confectionner un manteau très chaud, car on m'avait assuré que la traversée était glaciale même en plein milieu de l'été, et je le croyais. De toutes parts, j'étais assiégé de pastilles contre le mal de mer, de sédatifs contre les maux de tête, de papier de soie pour me coucher le dos, de petits pansements compressifs pour mettre sur mon diaphragme et de semelles imperméables en liège pour mes chaussures, car il semblait que par-dessus tout je il ne faut pas avoir froid aux pieds. Oh, comme tout cela était drôle et amusant ! J'ai tout pris, j'ai prêté attention à toutes les recommandations et j'ai cru tout ce qu'on me disait.

Mais le plus inconcevable fut l'arrivée, cinq minutes avant le départ du bateau, d'une énorme caisse en bois. Elle était très légère, et était tenue par un grand jeune homme, qui est aujourd'hui un individu des plus remarquables, possédant tous les ordres et tous les honneurs, une fortune colossale et la vanité la plus scandaleuse. C'était alors un inventeur timide, jeune, pauvre et triste : il était toujours plongé dans des livres qui traitaient de questions abstraites, tandis que de la vie il ne connaissait absolument rien. Il avait pour moi une grande admiration, mêlée d'un peu de crainte. Ma petite cour l'avait surnommé « La Quenelle ». Il était long, vacillant, incolore et ressemblait vraiment au mince rouleau de farce d'un *vol-au-vent* .

Il est venu me voir, le visage plus pâle encore que d'habitude. Le bateau bougeait un peu. Mon départ l'effrayait, et le vent le faisait plonger de droite à gauche. Il me fit un signe mystérieux, et je le suivis, accompagné de *mon petite Dame* , et laissant derrière moi mes amis enclins à l'ironie. Quand j'étais assis, il ouvrit la valise et en sortit une énorme bouée de sauvetage inventée par lui-même. J'étais parfaitement étonné, car j'étais nouveau dans les voyages en mer, et l'idée ne m'était même pas venue à l'esprit que nous puissions faire naufrage en une heure de traversée. La Quenelle ne fut pas du tout déconcertée, et il mit lui-même la ceinture pour me montrer comment on s'en servait.

Rien n'aurait pu paraître plus stupide que cet homme, au visage triste et sérieux, enfilant cet appareil. Il y avait une douzaine de vessies de la taille d'un œuf autour de la ceinture, dont onze étaient remplies d'air et contenaient un morceau de sucre. Dans la douzième, une très petite vessie, il y avait dix gouttes d'eau-de-vie. Au milieu de la ceinture se trouvait un petit coussin avec quelques épingles dessus.

«Tu comprends», m'a-t-il dit. "Tu tombes à l'eau, paff ! tu restes comme ça." Alors il feignit de s'asseoir, montant et descendant au gré du mouvement des vagues, ses deux mains devant lui posées sur la mer imaginaire, et son cou tendu comme celui d'une tortue pour maintenir sa tête hors de l'eau.

« Vous voyez, cela fait maintenant deux heures que vous êtes dans l'eau, expliqua-t-il, et vous voulez reprendre des forces. Vous prenez une épingle et vous piquez un œuf, comme ça. Vous prenez votre morceau de sucre et vous le mangez ; c'est aussi bon qu'un quart de livre de viande. Il jeta ensuite la vessie cassée par-dessus bord et en sortit une autre de la caisse d'emballage, qu'il attacha à la ceinture de sauvetage. Il avait visiblement pensé à tout. J'étais pétrifié d'étonnement. Quelques-uns de mes amis s'étaient rassemblés autour, espérant un des fous de La Quenelle, mais ils ne s'attendaient jamais à quelque chose de pareil.

M. Mayer, un de nos *impresarii*, craignant un scandale trop absurde, dispersa le peuple qui s'attroupait autour de nous. Je ne savais s'il fallait me fâcher ou rire, mais le discours moqueur et injuste d'un de mes amis me fit pitié de cette pauvre Quenelle. J'ai pensé aux heures qu'il avait passées à planifier, combiner, puis fabriquer sa ridicule machine. J'étais touché de l'inquiétude et de l'affection qui avaient motivé l'invention de cet appareil de sauvetage, et je tendis la main à ma pauvre Quenelle en lui disant : « Partez maintenant, vite ; le bateau va juste démarrer.

Il baisa amicalement la main qu'on lui tendait et s'en alla précipitamment. J'ai alors appelé mon intendant, Claude, et je lui ai dit : « Dès que nous serons hors de vue de la terre, jetez cette caisse et tout ce qu'elle contient à la mer. »

Le départ du bateau fut accompagné de cris de « Hourra ! Au revoir! Succès! Bonne chance!" Il y avait un mouvement de mains, des mouchoirs flottant dans l'air et des baisers jetés au hasard à tout le monde.

Mais ce qui était vraiment bien, et un spectacle que je n'oublierai jamais, c'était notre atterrissage à Folkestone. Il y avait des milliers de personnes là-bas et c'était la première fois que j'entendais le cri de « Vive Sarah Bernhardt !

Je tournai la tête et vis devant moi un jeune homme pâle, le visage idéal d'Hamlet. Il m'a offert un gardénia. J'étais destiné à l'admirer plus tard dans le rôle d'Hamlet joué par Forbes Robertson. Nous avons traversé une foule qui nous offrait des fleurs et nous serrait la main, et je me suis vite aperçu que j'étais plus favorisé que les autres. Cela m'a un peu gêné, mais j'étais quand même ravi. Un de mes camarades qui se trouvait tout près, et chez qui je n'étais pas favori, me dit d'un ton méchant :

"Ils te feront bientôt un tapis de fleurs."

"En voici un!" s'exclama un jeune homme en jetant une brassée de lys par terre devant moi.

Je m'arrêtai net, un peu confus, n'osant marcher sur ces fleurs blanches, mais la foule qui se pressait derrière moi me força d'avancer, et il fallut fouler aux pieds les pauvres lys.

« Hip, hip, hourra ! Bravo à Sarah Bernhardt ! cria le turbulent jeune homme.

Sa tête était au-dessus de toutes les autres têtes ; il avait les yeux lumineux et les cheveux longs et ressemblait à un étudiant allemand. C'était pourtant un poète anglais, et l'un des plus grands du siècle, un poète qui était un génie, mais qui l'était, hélas ! plus tard torturé et finalement vaincu par la folie. C'était Oscar Wilde.

La foule a répondu à son appel et nous avons atteint notre train au milieu des cris de « Hip, hip, hourra pour Sarah Bernhardt ! Hip, hip, hourra pour les acteurs français !

Lorsque le train arriva à Charing Cross vers neuf heures, nous avions près d'une heure de retard. Un sentiment de tristesse m'envahit. Le temps était maussade, et puis aussi, je pensais que nous aurions dû être accueillis à notre arrivée à Londres par encore des hourras. Il y avait beaucoup de monde, des foules de gens, mais personne ne semblait nous connaître.

En arrivant à la gare, j'avais remarqué qu'il y avait un beau tapis posé, et je pensais que c'était pour nous. Oh, j'étais prêt à tout, car notre réception à Folkestone m'avait tourné la tête. Le tapis avait pourtant été posé pour Leurs Altesses Royales le Prince et la Princesse de Galles, qui venaient de partir pour Paris.

Cette nouvelle m'a déçu, et m'a même agacé personnellement. On m'avait dit que tout Londres frémissait d'excitation à l'idée même de la visite de la Comédie Française, et j'avais trouvé Londres extrêmement indifférente. La foule était nombreuse et même dense, mais froide.

« Pourquoi le prince et la princesse sont-ils partis aujourd'hui ? J'ai demandé à M. Mayer.

"Eh bien, parce qu'ils avaient décidé d'avance de cette visite à Paris", répondit-il.

"Oh, alors ils ne seront pas là pour notre première nuit?" J'ai continué.

"Non. Le prince a pris une loge pour la saison, pour laquelle il a payé quatre cents livres, mais elle sera utilisée par le duc de Connaught.

J'étais désespéré. Je ne sais pas pourquoi, mais j'étais certainement désespéré, car je sentais que tout allait de travers.

Un valet de pied m'a ouvert la voie jusqu'à ma voiture et j'ai traversé Londres le cœur lourd. Tout semblait sombre et lugubre, et quand j'arrivai à la maison, 77 Chester Square, je ne voulais pas descendre de ma voiture.

Mais la porte de la maison était grande ouverte, et dans le hall brillamment éclairé, je pouvais voir à quoi ressemblaient toutes les fleurs de la terre disposées en paniers, en bouquets et en énormes bouquets. Je descendis de voiture et entrai dans la maison où je devais vivre les six prochaines semaines. Toutes les branches semblaient me tendre leurs fleurs.

« Avez-vous les cartes qui accompagnaient toutes ces fleurs ? J'ai demandé à mon domestique.

"Oui," répondit-il. «Je les ai rassemblés sur un plateau. Tous viennent de Paris, des amis de Madame là-bas. Celui-ci est le seul bouquet d'ici. Il m'en tendit une énorme, et sur la carte qui l'accompagnait, je lis les mots : « Bienvenue ! — Henry Irving ».

J'ai parcouru toute la maison et elle m'a semblé très triste. J'ai visité le jardin, mais l'humidité semblait me traverser et mes dents claquaient quand j'y revenais. Cette nuit-là, quand je m'endormis, mon cœur était lourd de pressentiments, comme si j'étais à la veille d'un malheur.

La journée suivante fut consacrée à l'accueil des journalistes. Je voulais les voir tous en même temps, mais M. Jarrett s'y est opposé. Cet homme était un véritable génie de la publicité. Je n'en avais aucune idée à ce moment-là. Il m'avait fait de très bonnes offres pour l'Amérique, et bien que je les avais refusées, j'avais néanmoins de lui une très haute opinion, à cause de son intelligence, de son humour comique et de mon besoin d'être piloté dans ce nouveau pays.

« Non », dit-il ; si vous les recevez tous ensemble, ils seront tous furieux, et vous recevrez de misérables objets. Vous devez les recevoir l'un après l'autre.

Trente-sept journalistes sont venus ce jour-là et Jarrett a insisté pour que je voie chacun d'eux. Il est resté dans la pièce et a sauvé la situation lorsque j'ai dit quelque chose de stupide. Je parlais très mal anglais et certains hommes parlaient très mal français. Jarrett leur a traduit mes réponses. Je me souviens parfaitement qu'ils commençaient tous par : « Eh bien, Mademoiselle, que pensez-vous de Londres ?

J'étais arrivé la veille au soir à neuf heures, et le premier de ces journalistes m'a posé cette question à dix heures du matin. J'avais tiré mon rideau en me levant, et je ne connaissais de Londres que Chester Square, un petit carré de verdure sombre, au milieu duquel se trouvait une statue noire, et l'horizon limité par une laide église.

Je ne pouvais vraiment pas répondre à la question, mais Jarrett était tout à fait préparé à cela, et j'appris le lendemain matin que j'étais très enthousiasmé par la beauté de Londres, que j'avais déjà vu un certain nombre de bâtiments publics, etc. etc.

Vers cinq heures, Hortense Damain arriva. C'était une femme charmante et l'une des préférées de la société londonienne. Elle était venue m'informer que la duchesse de... et dame... viendraient me voir à cinq heures et demie.

"Oh, reste avec moi, alors," lui dis-je. « Vous savez combien je suis insociable ; Je suis sûr que je serai stupide.

A l'heure fixée mes visiteurs furent annoncés. C'était la première fois que j'entrais en contact avec des membres de l'aristocratie anglaise, et j'en ai toujours gardé depuis un souvenir très agréable.

Lady R... était extrêmement belle, et la duchesse était si gracieuse, si distinguée et si bonne, que j'ai été très touché de sa visite.

Quelques minutes plus tard, Lord Dudley appela. Je le connaissais très bien, car il m'avait été présenté par le maréchal Canrobert, un de mes plus chers amis. Il m'a demandé si je voulais bien faire une promenade le lendemain matin, et il m'a dit qu'il avait un très beau cheval de dame qui était entièrement à mon service. Je l'ai remercié, mais je voulais d'abord conduire à Rotten Row.

A sept heures, Hortense Damain vint me chercher pour dîner avec elle chez la baronne M.... Elle avait une très belle maison à Prince's Gate. Il y avait une vingtaine d'invités, entre autres le peintre Millais. On m'avait dit que la *cuisine* était très mauvaise en Angleterre, mais je trouvais ce dîner parfait. On m'avait dit que les Anglais étaient froids et posés : je les trouvais charmants et pleins d'humour. Tout le monde parlait très bien français et j'avais honte de mon ignorance de la langue anglaise. Après le dîner, il y eut des récitations et de la musique. J'ai été touché par la grâce et le tact de mes hôtes en ne me demandant de réciter aucune poésie.

J'étais très intéressé par l'observation de la société dans laquelle je me trouvais. Cela ne ressemblait en rien à un rassemblement français. Les jeunes filles semblaient s'amuser pour leur propre compte et s'amuser à fond. Elles n'étaient pas venues là-bas pour trouver un mari. Ce qui m'étonnait un peu, c'était le *décolleté* de dames qui vieillissaient et pour qui le temps n'avait pas été très clément. J'en ai parlé à Hortense Damain.

«C'est affreux!» J'ai dit.

"Oui, mais c'est chic."

Elle était très charmante, mon amie Hortense, mais elle ne se souciait de rien qui ne soit *chic*. Elle m'a envoyé les « Commandements *Chic* » quelques jours avant mon départ de Paris :

Chester Square vos chambres.	A Chester Square tu vivras
Rotten Row vous monteras	Dans Rotten Row tu monteras
Le Parlement visiteras	Tu visiteras le Parlement
Garden-parties fréquenteras	Tu fréquenteras les garden-parties,
Chaque visite tu rends	Chaque visite tu reviendras
A chaque lettre tu répondras	Tu répondras à chaque lettre
Photographies tu signeras	Photographies tu signeras
Hortense Damain tu écouteras	Tu écouteras Hortense Damain
Et tous ses conseils, les suivras.	Et tu suivras tous ses conseils.

J'ai ri de ces « commandements », mais j'ai vite compris que sous cette forme plaisante, elle les considérait comme très sérieux et importants. Hélas! ma pauvre amie s'était trompée de personne pour ses conseils. Je détestais rendre visite, écrire des lettres, signer des photographies ou suivre les conseils de qui que ce soit. J'adore que les gens viennent me voir et je déteste aller les voir. J'adore recevoir des lettres, les lire, les commenter, mais je déteste les écrire. Je déteste rouler et conduire dans des endroits fréquentés et j'adore les routes solitaires et les endroits solitaires. J'adore donner des conseils et je déteste en recevoir, et je ne suis jamais d'emblée les sages conseils qu'on me donne. Il faut toujours un effort de ma volonté pour reconnaître la justice d'un conseil, puis un effort de mon intellect pour en être reconnaissant : au début, cela m'ennuie simplement.

Par conséquent, je n'ai prêté aucune attention aux conseils d'Hortense Damain, ni encore à ceux de Jarrett ; et en cela j'ai commis une grave erreur, car beaucoup de gens étaient en colère contre moi (dans n'importe quel autre pays, je me serais fait des ennemis). Lors de cette première visite à Londres, quelle quantité de lettres d'invitation j'ai reçues auxquelles je n'ai jamais répondu ! Combien de femmes charmantes m'ont fait appel et je n'ai jamais répondu à leurs appels. Et puis, combien de fois j'ai accepté des invitations à dîner et n'y suis finalement jamais allé, et je n'ai même pas envoyé de ligne d'excuse. C'est parfaitement odieux, je le sais ; et pourtant j'accepte toujours avec plaisir et compte y aller, mais le jour venu je suis fatigué peut-être, ou j'ai envie de me reposer, ou de me libérer de toute obligation, et quand je suis obligé de me décider d'une manière ou d'une autre, le temps a passé et il est trop tard pour envoyer un message et trop tard pour partir. Alors je reste à la maison, insatisfait de moi-même, de tout le monde et de tout.

XXVII

LONDON LIFE—MA PREMIÈRE REPRÉSENTATION AU GAIETY THEATRE

L'hospitalité est une qualité faite de goût primitif et de grandeur antique. Les Anglais sont, à mon avis, le peuple le plus hospitalier de la terre, et ils le sont avec simplicité et munificence. Quand un Anglais vous a ouvert sa porte, il ne la referme plus. Il excuse vos défauts et accepte vos particularités. C'est grâce à cette largeur d'idées que je suis depuis vingt-cinq ans l'artiste aimé et choyé.

J'ai été enchanté de ma première *soirée* à Londres, et je suis rentré chez moi très gai et très « anglomaniisé ». J'y ai retrouvé des amis, des Parisiens qui venaient d'arriver, et ils étaient furieux. Mon enthousiasme les exaspéra et nous discutâmes jusqu'à deux heures du matin.

Le lendemain, je suis allé à Rotten Row. Il faisait un temps magnifique et tout Hyde Park semblait parsemé d'énormes bouquets. Il y avait là des parterres de fleurs merveilleusement aménagés par les jardiniers ; puis il y avait les grappes d'ombrelles, bleues, roses, rouges, blanches ou jaunes, qui abritaient les chapeaux légers couverts de fleurs sous lesquels brillaient les jolis visages des enfants et des femmes. Le long du sentier équestre, c'était un galop excitant de gracieux pur-sang entraînant quelques centaines de cavalières, sveltes, souples et courageuses ; puis il y avait les hommes et les enfants, ces derniers montés sur de gros poneys irlandais. Il y avait aussi d'autres enfants qui galopaient sur des poneys écossais aux longues crinières hirsutes, les cheveux des enfants et les crinières des chevaux flottant au vent de leur propre vitesse.

La route carrossable entre le manège et les piétons était remplie de charrettes à chiens, de voitures découvertes de toutes sortes, de voitures postales et de taxis très élégants. Il y avait des laquais poudrés, des chevaux décorés de fleurs, des sportifs conduisant, des dames aussi conduisant d'admirables chevaux. Toute cette élégance, cette essence de luxe et cette joie de vivre m'ont rappelé la vision de notre Bois de Boulogne, si élégant et si animé quelques années auparavant, sous Napoléon III. il passait en voiture sur son *daumont* , nonchalant et souriant. Ah ! comme c'était beau en ce temps-là, notre Bois de Boulogne, avec les officiers caracolant dans l'avenue des Acacias, admirés par nos belles femmes du monde !

La joie de vivre était partout, l'amour de l'amour enveloppant la vie d'un charme infini. J'ai fermé les yeux et j'ai ressenti un pincement au cœur alors que les horribles souvenirs de 1870 se pressaient dans mon cerveau. Il était mort, notre doux Empereur, avec son sourire fin. Morts, vaincus par l'épée, trahis par la fortune, écrasés de chagrin.

Le fil de la vie parisienne avait été repris dans toute son intensité, mais la vie de l'élégance, du charme et du luxe était encore enveloppée de crêpe. Huit années à peine s'étaient écoulées depuis que la guerre avait frappé nos soldats, ruiné nos espérances et terni notre gloire. Trois Présidents s'étaient déjà succédé. Ce misérable petit Thiers, avec son âme *bourgeoise perverse*, s'était usé les dents à grignoter toutes sortes de gouvernements : la royauté sous Louis-Philippe, l'Empire sous Napoléon III et le pouvoir exécutif de la République française. Il n'avait même pas songé à relever notre chère Paris, courbée comme elle l'était sous le poids de tant de ruines. MacMahon lui avait succédé, un homme bon et courageux, mais un chiffre. Grévy avait succédé au maréchal, mais il était avare et considérait toute dépense inutile pour lui, pour les autres et pour le pays. Ainsi Paris restait triste, soignant la lèpre que la Commune lui avait communiquée par le baiser de ses feux. Et notre délicieux Bois de Boulogne portait encore les traces des blessures que lui avait infligées la défense nationale. L'avenue des Acacias était déserte.

J'ai rouvert les yeux. Ils étaient remplis de larmes et, à travers leur brume, j'entrevoyais une fois de plus la vitalité triomphante qui m'entourait.

SARAH BERNHARDT
EN COSTUME D'ÉQUITATION

Je voulais rentrer immédiatement chez moi, car je jouais ce soir-là pour la première fois, et je me sentais plutôt misérable et désespéré. Plusieurs personnes m'attendaient chez moi, à Chester Square, mais je ne voulais voir personne. J'ai pris une tasse de thé et je suis allé au Gaiety Theatre, où nous devions affronter pour la première fois le public anglais. Je savais déjà que j'étais élu favori, et cette idée me glaçait de terreur, car je suis ce qu'on appelle une *traqueuse* . Je suis sujet au *trac* ou trac, et je l'ai terriblement. Quand je suis apparu pour la première fois sur scène, j'étais timide, mais je n'ai jamais eu cette *trace* . Je devenais rouge comme un coquelicot quand je rencontrais le regard d'un spectateur. J'avais honte de parler si fort devant tant de gens silencieux. C'était l'effet de ma vie cloîtrée, mais je n'éprouvais aucun sentiment de peur. La première fois que j'ai eu la véritable sensation de *trac* ou de trac, c'était au mois de janvier 1869, lors de la septième ou peut-être de la huitième représentation du *Passant* . Le succès de ce petit chef-d'œuvre avait été énorme, et mon interprétation du rôle de Zanetto avait ravi le public, et particulièrement les étudiants. Quand je suis monté sur scène ce jour-là, j'ai été soudainement applaudi par toute la salle. Je me tournai vers la loge impériale, pensant que l'Empereur venait d'entrer. Mais non; la boîte était vide, et je réalisai alors que tous les bravos étaient pour moi. Je fus pris d'un tremblement nerveux et mes yeux me brûlèrent de larmes que je dus retenir. Agar et moi avons eu cinq rappels et, en quittant le théâtre, les étudiants rangés de chaque côté m'ont acclamé trois fois. En rentrant chez moi, je me jetai dans les bras de ma grand-mère aveugle, qui vivait alors avec moi.

« Qu'est-ce que tu as, ma chérie ? » elle a demandé.

«C'est fini pour moi, grand-mère», dis-je. « Ils veulent faire de moi une « star », et je n'ai pas assez de talent pour cela. Vous verrez qu'ils m'entraîneront et m'achèveront avec tous leurs bravos.

Ma grand-mère m'a pris la tête entre ses mains, et j'ai rencontré le regard vide de ses grands yeux clairs fixés sur moi.

« Tu m'as dit, mon enfant, que tu voulais être le premier dans ton métier, et quand l'occasion se présente, eh bien, tu as peur. Il me semble que vous êtes un très mauvais soldat.

Je refoulais mes larmes et déclarais que je résisterais courageusement à ce succès qui était venu gêner ma tranquillité, mon insouciance et mon « insouciance ». Mais à partir de ce moment, la peur s'est emparée de moi et le trac m'a martyrisé.

C'est dans ces conditions que je préparai le deuxième acte de *Phèdre* , dans lequel je devais paraître pour la première fois devant le public anglais. Trois fois j'ai mis du rouge sur mes joues, j'ai noirci les yeux, et trois fois j'ai encore enlevé le tout avec une éponge. Je pensais que j'avais l'air moche, et il me semblait que j'étais plus mince que jamais et pas si grande. J'ai fermé les yeux pour écouter ma voix. Mon ton particulier est « *le bal* », que je prononce bas

avec le la ouvert , « *le bââât* », ou que je prends haut en m'attardant sur le *l* —
« *le balll* ». Ah, mais cela ne faisait aucun doute ; mon « *le bal* » ne sonnait ni
haut ni bas, ma voix était rauque dans les notes graves et peu claire dans la
soprano. J'ai pleuré de rage, et à ce moment on m'a annoncé que le deuxième
acte de *Phèdre* allait commencer. Cela m'a rendu fou. Je n'avais ni mon voile,
ni mes bagues, et ma ceinture camée n'était pas attachée.

J'ai commencé à murmurer :

« La voix ! Vers mon cœur tout mon sang se retire.

J'oublie en le voyant.... »

Ce mot « *j'oublie* » m'a frappé avec une idée nouvelle. Et si j'oubliais les mots
que j'avais à dire ? Pourquoi oui. Qu'avais-je à dire ? Je ne savais pas, je ne
m'en souvenais pas. Que dire après « *en le voyant* » ?

Personne ne m'a répondu. Tout le monde était alarmé de mon état nerveux.
J'ai entendu Got marmonner : "Elle devient folle !"

Mlle. Thénard, qui jouait Œnone, ma vieille nourrice, me dit : « Calme-toi.
Tous les Anglais sont partis à Paris ; il n'y a que des Belges dans la maison.

Ce discours bêtement comique a fait tourner ma pensée dans une autre
direction.

"Comme tu es stupide!" J'ai dit. « Vous savez comme j'avais peur à Bruxelles
!

"Oh, tout ça pour rien," répondit-elle calmement. "Il n'y avait que des Anglais
au théâtre ce jour-là."

Je devais monter sur scène tout de suite, et je ne pouvais même pas lui
répondre, mais elle avait changé le courant de mes idées. J'avais toujours le
trac, mais pas celui qui paralyse, seulement celui qui rend fou. C'est déjà assez
grave, mais c'est préférable à l'autre type. On en fait trop, mais en tout cas
on fait quelque chose.

Toute la salle avait applaudi mon arrivée sur scène pendant quelques
secondes, et tandis que je baissais la tête en signe de reconnaissance, je me
disais en moi-même : « Oui, oui, vous verrez. Je vais vous donner mon sang,
ma vie elle-même, mon âme.

Quand j'ai commencé mon rôle, comme j'avais perdu mon sang-froid, je suis
parti sur une note un peu trop haute, et quand une fois le rythme atteint, je
ne pouvais plus redescendre plus bas, je ne pouvais tout simplement pas
m'arrêter. J'ai souffert, j'ai pleuré, j'ai imploré, j'ai crié ; et tout était réel. Ma
souffrance était horrible ; mes larmes coulaient, brûlantes et amères.

J'implorais Hippolyte l'amour qui me tuait, et mes bras tendus vers Mounet-Sully étaient les bras de Phèdre se tordant dans le cruel désir de son étreinte. L'inspiration était venue.

Quand le rideau tomba, Mounet-Sully me releva inanimé et me porta jusqu'à ma loge.

Le public, ignorant ce qui se passait, voulait que je réapparaisse et que je m'incline. J'avais moi aussi envie de revenir et de remercier le public pour son attention, sa gentillesse et son émotion. Je suis rentré.

Voici ce que dit John Murray dans le *Gaulois* du 5 juin 1879 :

« Quand, rappelée à grands cris, Mlle. Bernhardt est apparue, épuisée par ses efforts et soutenue par Mounet-Sully, elle a reçu une ovation qui, je pense, est unique dans les annales du théâtre en Angleterre.

Le lendemain matin, le *Daily Telegraph* terminait son admirable critique par ces lignes :

« Clairement Mlle. Sarah Bernhardt déployait tous ses nerfs et toutes ses fibres, et sa passion grandissait avec l'excitation des spectateurs, car lorsque, après un rappel auquel on ne pouvait résister, le rideau se levait, on voyait M. Mounet-Sully soutenir la silhouette épuisée de l'actrice. , qui n'avait remporté son triomphe qu'au prix d'un effort physique considérable – et ce triomphe fut aussi court et soudain.

Le *Standard* termine son article par ces mots :

« La passion contenue, réprimée pour un temps, jusqu'à ce qu'elle rompe enfin ses liens et que la femme désespérée et au cœur brisé soit révélée à Hippolyte, a été montrée avec une réalité si vivante qu'une scène d'enthousiasme comme on en voit rarement dans un Le théâtre suivit la chute du rideau. Mlle. Sarah Bernhardt, dans les quelques minutes où elle était sur scène (et venant, il faut le rappeler, se plonger au milieu d'une tragédie émouvante), a réussi à produire une impression qui ne s'effacera pas de sitôt chez ceux qui étaient présents.

Le *Morning Post* a déclaré :

« Bien brefs sont les mots prononcés avant que Phèdre ne s'engouffre dans la chambre pour commencer tremblante et nerveuse, par des luttes qui déchirent et convulsent le système, le secret de son amour honteux. A mesure que sa passion domptait ce qui lui restait de pudeur ou de réserve dans sa nature, la femme s'élançait en avant et reculait encore, avec des mouvements de panthère, s'efforçant, semblait-il, d'arracher de son sein le cœur qui l'étouffait de ses désirs impies. jusqu'à ce qu'à la fin, lorsque, terrifiée de l'horreur que ses respirations ont provoquée chez Hippolyte, elle s'efforçait de tirer son épée du fourreau et de la plonger dans sa propre poitrine, elle retomba dans un effondrement complet et absolu. Cette exposition, merveilleuse par la beauté de la pose, par la force fébrile, par l'intensité et par la pureté du débit, est d'autant plus remarquable que la passion devait être atteinte, pour ainsi dire, d'un bond, aucune exécution du premier acte n'ayant suscité l'actrice à la chaleur requise. Cela prouva Mlle. Sarah Bernhardt digne de sa réputation et montre ce que peut attendre d'elle le public qui l'attendait avec impatience.

Cette première soirée à Londres a été décisive pour mon avenir.

XXVIII
MES PERFORMANCES À LONDRES – MON EXPOSITION – MES ANIMAUX SAUVAGES – PROBLEMES AVEC LA COMÉDIE FRANÇAISE

Mon désir intense de conquérir le public anglais m'avait poussé à surmener mes forces. J'avais fait de mon mieux lors de la première représentation et je ne m'étais pas du tout épargné. La conséquence en fut que la nuit j'ai vomi du sang de façon si alarmante qu'un messager fut envoyé à l'ambassade de France à la recherche d'un médecin. Le Dr Vintras, qui dirigeait l'hôpital français de Londres, m'a trouvé allongé sur mon lit, épuisé et paraissant plus mort que vivant. Il eut peur que je ne guérisse pas et demanda qu'on fasse venir ma famille. J'ai fait un geste de la main pour dire que ce n'était pas nécessaire. Comme je ne pouvais pas parler, j'ai écrit avec un crayon : « Faites venir le Dr Parrot ».

Le Dr Vintras est resté avec moi une partie de la nuit, mettant de la glace pilée entre mes lèvres toutes les cinq minutes. Enfin, vers cinq heures du matin, les vomissements de sang cessèrent, et, grâce à une potion que le médecin me donna, je m'endormis.

Nous devions jouer ce soir-là *L'Etrangère* à la Gaieté, et comme mon *rôle* n'était pas très fatiguant, je voulais jouer mon rôle *quand-même* .

Le Dr Parrot arriva par le bateau de quatre heures et refusa catégoriquement de donner son consentement. Il m'avait accompagné dès mon enfance. Je me sentais vraiment beaucoup mieux et la fièvre m'avait quitté. Je voulais me lever, mais le Dr Parrot s'y est opposé.

Bientôt le Dr Vintras et M. Mayer, l'impresario de la Comédie Française, furent annoncés. M. Hollingshead, le directeur du Gaiety Theatre, attendait dans une voiture à la porte pour savoir si j'allais jouer dans *L'Etrangère* , la pièce annoncée sur l'affiche. Je demandai au docteur Parrot de rejoindre le docteur Vintras au salon, et je donnai ordre que M. Mayer soit introduit dans ma chambre.

«Je me sens beaucoup mieux», lui dis-je très rapidement. « Je suis encore très faible, mais je jouerai. Chut ! ne dites pas un mot ici. Parlez-en à Hollingshead et attendez-moi dans le fumoir, mais n'en informez personne d'autre.

Je me suis ensuite levé et je me suis habillé très rapidement. Ma femme de chambre m'a aidé, et comme elle avait deviné quel était mon projet, elle s'est beaucoup amusée.

Enveloppé dans mon manteau, avec un fichu de dentelle sur la tête, je rejoignis Mayer dans le fumoir, puis nous montâmes tous deux dans son fichu.

«Viens me voir dans une heure», dis-je à voix basse à ma servante.

"Où vas-tu?" demanda Mayer parfaitement stupéfait.

"Au théâtre! Vite vite!" J'ai répondu.

Le taxi démarra et je lui expliquai alors que si j'étais resté à la maison, ni le Dr Parrot ni le Dr Vintras ne m'auraient permis de jouer.

"Les dés sont jetés maintenant", ai-je ajouté, "et nous verrons ce qui se passera".

Une fois au théâtre, je me réfugiai dans le bureau particulier du directeur, pour éviter la colère du docteur Parrot. Je l'aimais beaucoup, et je savais combien j'avais tort à son égard, compte tenu des ennuis qu'il s'était mis en faisant le voyage spécialement pour moi, en réponse à ma convocation. Je savais cependant combien il eût été impossible de lui faire comprendre que je me sentais vraiment mieux et qu'en risquant ma vie, je ne risquais en réalité que ce qui m'appartenait pour en disposer à ma guise.

Une demi-heure plus tard, ma femme de chambre m'a rejoint. Elle apportait avec elle une lettre du docteur Parrot, pleine de doux reproches et de conseils furieux, se terminant par une prescription en cas de rechute. Il partait une heure plus tard et ne voulait même pas venir me serrer la main. Mais j'étais sûr que nous rattraperions tout cela à mon retour. J'ai alors commencé à préparer mon *rôle* dans *L'Etrangère* . En m'habillant, je me suis évanoui trois fois, mais j'étais déterminé à jouer *quand-même* .

L'opium que j'avais pris dans ma potion me rendait la tête un peu lourde. Je suis arrivé sur scène à moitié conscient, ravi des applaudissements que j'ai reçus. J'avançais comme si j'étais dans un rêve et je distinguais à peine ce qui m'entourait. La maison elle-même, je ne la voyais qu'à travers une brume lumineuse. Mes pieds glissaient sans effort sur le tapis et ma voix me paraissait lointaine, très lointaine. J'étais dans cette délicieuse stupeur qu'on éprouve après le chloroforme, la morphine, l'opium ou le haschisch.

Le premier acte s'est très bien passé, mais au troisième acte, juste au moment où j'allais raconter à la duchesse de Septmonts (Croizette) tous les ennuis que moi, Mme Clarkson, avais endurés au cours de ma vie, comme j'aurais dû commença mon interminable histoire, je ne me souvenais de rien. Croizette me murmura ma première phrase, mais je ne vis que remuer ses lèvres sans entendre un mot. J'ai alors dit très calmement :

« La raison pour laquelle je vous ai fait venir ici, Madame, c'est que je voulais vous faire part des raisons pour lesquelles j'ai agi ainsi. J'y ai réfléchi et j'ai décidé de ne pas vous les dire aujourd'hui.

Sophie Croizette me regardait avec un regard terrifié. Elle se leva alors et quitta la scène, les lèvres tremblantes et les yeux toujours fixés sur moi.

"Quel est le problème?" » tout le monde lui demandait quand elle tomba presque essoufflée dans un fauteuil.

« Sarah est devenue folle ! » s'exclama-t-elle. « Je vous assure qu'elle est devenue complètement folle. Elle a coupé toute sa scène avec moi.

"Mais comment?" » tout le monde a demandé.

— Elle a coupé deux cents lignes, dit Croizette.

"Mais pour quoi?" » était la question brûlante.

"Je ne sais pas. Elle a l'air plutôt calme.

Toute cette conversation, qui m'a été répétée plus tard, a pris beaucoup moins de temps qu'aujourd'hui pour l'écrire. Coquelin l'avait prévenu et il montait sur scène pour achever le numéro. Le rideau est tombé. J'ai ensuite été stupéfait et désespéré en entendant tout ce que les gens me disaient. Je n'avais pas remarqué que quelque chose n'allait pas, et il me semblait que j'avais joué tout mon rôle comme d'habitude, mais j'étais réellement sous l'influence de l'opium. J'avais très peu de choses à dire dans le cinquième acte, et je l'ai parfaitement bien vécu. Le lendemain, les journaux faisaient l'éloge de notre société, mais l'article lui-même était critiqué. Je craignis d'abord que mon omission involontaire de la scène importante du troisième acte ne fût une des causes de la sévérité de la presse. Mais ce n'était pas le cas puisque tous les critiques avaient lu et relu l'article. Ils discutèrent de la pièce elle-même et ne parlèrent pas de mon oubli.

Le *Figaro*, qui était alors de très mauvaise humeur avec moi, avait un article dont je cite l'extrait suivant :

« *L'Etrangère* n'est pas une pièce conforme au goût anglais. Mlle. Mais Croizette fut applaudi avec enthousiasme, ainsi que Coquelin et Febvre. Mlle. Sarah Bernhardt, nerveuse comme à son habitude, a perdu la mémoire.» (*Figaro*, 3 juin.)

Il savait parfaitement, ce digne M. Johnson, [3] que j'étais très malade. Il était venu chez moi et avait vu le Dr Parrot ; par conséquent il savait que j'agissais malgré la Faculté dans l'intérêt de la Comédie Française. Le public anglais m'avait donné de telles marques d'appréciation que la Comédie en fut assez affectée, et le *Figaro*, qui était alors l'orgue du Théâtre Français, demanda à Johnson de modifier ses éloges à mon égard. C'est ce qu'il a fait pendant tout le temps que nous étions à Londres.

3. T. Johnson, correspondant à Londres du *Figaro*.

Si je raconte ma perte de mémoire, qui est en soi un incident sans importance, c'est simplement pour prouver aux auteurs combien il est inutile de se donner la peine d'expliquer les caractères de leurs créations. Alexandre Dumas tenait certainement à nous donner les raisons qui poussaient Mme Clarkson à agir aussi étrangement qu'elle l'a fait. Il avait créé un personnage extrêmement intéressant et plein d'action au fil de la pièce. Elle se révèle au public, au premier acte, par les vers que Mme Clarkson dit à Mme de Septmonts :

« Je serais bien heureux, Madame, si vous vouliez me rendre visite. Nous pourrions parler d'un de vos amis, monsieur Gérard, que j'aime peut-être autant que vous, bien qu'il ne s'intéresse peut-être pas à moi comme à vous.

C'était bien suffisant pour intéresser le public à ces deux femmes. C'était la lutte éternelle du bien et du mal, le combat du vice et de la vertu. Mais cela paraissait évidemment assez banal à Dumas, de l'histoire ancienne en fait, et il voulait rajeunir le thème ancien en essayant d'arranger un orchestre avec orgue et banjo. Le résultat qu'il obtint fut une effroyable cacophonie. Il a écrit une pièce stupide, qui aurait pu être belle. L'originalité de son style, la fidélité de ses idées et la brutalité de son humour suffisaient à rajeunir les vieilles idées qui, en réalité, sont la base éternelle des tragédies, des comédies, des romans, des tableaux, des poèmes et des pamphlets. C'était l'amour entre le vice et la vertu. Parmi les spectateurs qui ont assisté à la première représentation de *L'Etrangère* à Londres, et il y avait autant de Français que d'Anglais, aucun n'a remarqué qu'il manquait quelque chose, et aucun d'eux n'a dit qu'il n'avait pas compris le personnage.

J'en ai parlé à un Français très érudit.

« Avez-vous remarqué la lacune dans le troisième acte ? Je lui ai demandé.

« Non », a-t-il répondu.

"Dans ma grande scène avec Croizette ?"

"Non."

"Eh bien, lis ce que j'ai omis", ai-je insisté.

Après avoir lu ceci, il s'écria :

"Tant mieux. C'est très ennuyeux, toute cette histoire, et plutôt inutile. Je comprends le personnage sans tout ce tapage et cette histoire romantique.

Plus tard, quand je m'excusai auprès de Dumas *fils* de la façon dont j'avais écourté sa pièce, il me répondit : « Oh ! mon cher enfant, quand j'écris une pièce, je la trouve bien, quand je la vois jouée, je la trouve. C'est stupide, et quand on me le dit, je trouve que c'est parfait, car on en oublie toujours la moitié.

Les représentations données par la Comédie Française attiraient chaque soir une foule au Théâtre de la Gaieté, et je restais le favori. J'en parle maintenant avec fierté, mais sans aucune vanité. J'étais très heureux et très reconnaissant de mon succès, mais mes camarades m'en voulaient et les hostilités commencèrent de manière sournoise et perfide.

M. Jarrett, mon conseiller et agent, m'avait assuré que je pourrais vendre quelques-unes de mes œuvres, soit mes sculptures, soit mes peintures. J'avais donc emporté avec moi six sculptures et dix tableaux, et j'en ai fait exposer à Piccadilly. J'ai envoyé des invitations, une centaine en tout.

Son Altesse Royale le Prince de Galles m'a fait savoir qu'il viendrait avec la Princesse de Galles. L'aristocratie anglaise et les célébrités de Londres étaient présentes à l'inauguration. Je n'avais envoyé qu'une centaine d'invitations, mais douze cents personnes sont arrivées et m'ont été présentées. J'étais ravi et j'ai énormément apprécié tout cela.

M. Gladstone m'a fait le grand honneur de me parler pendant une dizaine de minutes. Avec son esprit génial, il parlait de tout avec une grâce singulièrement gracieuse. Il me demanda quelle impression m'avaient fait les attaques de certains ecclésiastiques contre la Comédie-Française et le maudit métier des artistes dramatiques. Je répondis que je considérais notre art tout aussi profitable, moralement, que les sermons des prédicateurs catholiques et protestants.

« Mais me direz-vous, Mademoiselle, insista-t-il, quelle leçon de morale pouvez-vous tirer de *Phèdre* ?

"Oh, M. Gladstone," répondis-je, "vous me surprenez. *Phèdre* est une tragédie ancienne ; la moralité et les coutumes de cette époque appartiennent à une perspective tout à fait différente de la nôtre et différente de la moralité de notre société actuelle. Et pourtant il y a là le châtiment de la vieille nourrice Œnone, qui commet le crime atroce d'accuser un innocent. L'amour de Phèdre est excusable à cause de la fatalité qui pèse sur sa famille et s'abat sans pitié sur elle. De nos jours, on devrait appeler cela de l'atavisme de la fatalité, car Phèdre était la fille de Minos et de Pasiphaé. Quant à Thésée, son verdict, sans appel, était un acte arbitraire et monstrueux, et il fut puni par la mort de son fils bien-aimé, qui était l'unique et le dernier espoir de sa vie. Nous ne devrions jamais faire ce qui est irréparable.

"Ah," dit le Grand Vieil Homme, "vous êtes contre la peine capitale ?"

"Oui, M. Gladstone."

– Et c'est tout à fait vrai, Mademoiselle.

Frédéric Leighton nous rejoignit alors, et avec une grande gentillesse me complimenta sur une de mes photos, représentant une jeune fille tenant des palmes. Ce tableau a été acheté par le prince Léopold.

Ma petite exposition fut un grand succès, mais je n'aurais jamais pensé qu'elle serait l'occasion de tant de ragots et de tant de lâchetés secondaires, jusqu'à ce qu'elle aboutisse finalement à ma rupture avec la Comédie Française.

«OPHÉLIE», SCULPTURE DE SARAH BERNHARDT

Je n'avais aucune prétention ni comme peintre ni comme sculpteur, et j'exposais mes œuvres pour les vendre, car je voulais acheter deux petits lions et je n'avais pas assez d'argent. Je vendais les tableaux pour ce qu'ils valaient, c'est-à-dire à des prix très modestes.

Lady H—— a acheté mon groupe *After the Storm* . Il était plus petit que le grand groupe que j'avais exposé deux ans auparavant au Salon de Paris et pour lequel j'avais reçu un prix. Le plus petit groupe était en marbre et j'avais travaillé dessus avec le plus grand soin. Je voulais le vendre 160 £, mais Lady H... m'a envoyé 400 £, accompagnés d'un charmant billet que j'ose citer. Cela s'est déroulé comme suit :

«Faites-moi la faveur, Madame, d'accepter les 400 £ ci-joints pour votre admirable groupe, *After the Storm* . Me ferez-vous aussi l'honneur de venir déjeuner avec moi, et ensuite vous choisirez vous-même l'endroit où votre sculpture aura la meilleure lumière. — ETHEL H.»

C'était mardi et je jouais au Zaïre ce soir-là, mais mercredi, jeudi et vendredi, je ne jouais pas. J'avais maintenant assez d'argent pour acheter mes lions, aussi, sans dire un mot au théâtre, je partis pour Liverpool. Je savais qu'il y avait là une grande ménagerie, le Cross's Zoo, et que je devrais trouver des lions à vendre.

Le voyage a été des plus amusants, car même si je voyageais incognito, j'ai été reconnu tout au long du parcours et j'ai été très apprécié.

Trois amis messieurs et Hortense Damain m'accompagnaient, et ce fut une petite virée très animée. Je savais que je ne me dérobais pas à mes fonctions à la Comédie, puisque je ne devais plus jouer avant samedi, et ce n'était que mercredi.

Nous sommes partis le matin à 10h30 et sommes arrivés à Liverpool vers 14h30. Nous sommes allés immédiatement chez Cross, mais nous n'avons pas pu trouver l'entrée de la maison. Nous avons interrogé un commerçant au coin de la rue et il nous a montré une petite porte que nous avions déjà ouverte et fermée deux fois, car nous ne pouvions pas croire que ce soit l'entrée.

J'avais vu un grand portail en fer avec une large cour au-delà, et nous étions devant une petite porte menant à une pièce assez petite et d'apparence nue, où nous trouvâmes un petit homme.

"M. Croix?" nous l'avons dit.

«C'est mon nom», répondit-il.

«Je veux acheter des lions», dis-je alors.

Il se mit à rire, puis il demanda :

« Vraiment, Mademoiselle ? Aimez-vous tant les animaux? Je suis allé à Londres la semaine dernière voir la Comédie Française, et je t'ai vu dans *Hernani* .

"Ce n'est pas grâce à ça que tu as découvert que j'aime les animaux ?" Je lui ai dit.

« Non, c'est un homme qui vend des chiens dans la rue St. Andrew's qui me l'a dit. Il a dit que vous lui aviez acheté deux chiens et que, sans un gentleman qui était avec vous, vous en auriez acheté cinq.

Il m'a raconté tout cela dans un très mauvais français, mais avec beaucoup d'humour.

"Eh bien, M. Cross," dis-je, "je veux deux lions aujourd'hui."

«Je vais vous montrer ce que j'ai», répondit-il en ouvrant la voie à la cour où se trouvaient les bêtes sauvages. Oh, quelles créatures magnifiques c'était ! Il y avait deux superbes lions d'Afrique au pelage brillant et à la queue puissante qui battaient l'air. Ils venaient tout juste d'arriver et étaient en parfaite santé, avec beaucoup de courage pour la rébellion. Ils ignoraient la résignation qui est le stigmate dominant des êtres civilisés.

"Oh, M. Cross," dis-je, "ce sont trop gros. Je veux des jeunes lions !

"Je n'en ai pas, Mademoiselle."

"Eh bien, montre-moi tous tes animaux."

J'ai vu les tigres, les léopards, les chacals, les guépards, les pumas, et je me suis arrêté devant les éléphants. Je les adore, tout simplement, et j'aurais aimé avoir un éléphant nain. Cela a toujours été un de mes rêves et peut-être qu'un jour je pourrai le réaliser.

Mais Cross n'en avait pas, alors j'ai acheté un guépard. C'était assez jeune et très drôle ; on aurait dit une gargouille sur quelque château du Moyen Âge. J'ai aussi acheté un chien-loup, tout blanc avec un pelage épais, des yeux de feu et des dents en forme de lance. Il était terrifiant à regarder. M. Cross m'a fait cadeau de six caméléons qui appartenaient à une petite race et ressemblaient à des lézards. Il m'a aussi offert un admirable caméléon, une sorte d'animal préhistorique et fabuleux. C'était une véritable curiosité chinoise, et changeait de couleur du vert pâle au bronze foncé, tantôt mince et long comme une feuille de lys, puis tout à coup gonflé et épais comme un crapaud. Ses yeux en lorgnette, comme ceux d'un homard, étaient tout à fait indépendants les uns des autres. Avec son œil droit, il regardait devant lui et avec son œil gauche, il regardait en arrière. J'étais ravi et assez enthousiaste face à ce cadeau. J'ai nommé mon caméléon « Cross-ci Cross-ça », en l'honneur de M. Cross.

Nous sommes rentrés à Londres avec le guépard en cage, le chien-loup en laisse, mes six petits caméléons dans une boîte, et Cross-ci Cross-ça sur l'épaule, attaché à une chaîne en or que nous avions achetée chez un bijoutier.

Je n'avais pas trouvé de lions, mais j'étais quand même ravi.

Mes serviteurs n'étaient pas aussi contents que moi. Il y avait déjà trois chiens dans la maison : Minniccio, qui m'avait accompagné depuis Paris ; Bull and Fly, acheté à Londres. Et puis il y avait mon perroquet Bizibouzou, et mon singe Darwin.

Madame Guérard poussa un cri en voyant arriver ces nouveaux invités. Mon intendant hésitait à s'approcher du chien-loup, et c'est en vain que je lui assurai que mon guépard n'était pas dangereux. Personne n'a voulu ouvrir la cage et elle a été emportée dans le jardin. J'ai demandé un marteau pour ouvrir la porte de la cage qui avait été clouée, gardant ainsi le pauvre guépard prisonnier. Lorsque mes domestiques m'entendirent demander le marteau, ils décidèrent de l'ouvrir eux-mêmes. Madame Guérard et les servantes regardaient par les fenêtres. Bientôt, la porte s'ouvrit brusquement, et le guépard, fou de joie, bondit comme un tigre hors de sa cage, fou de liberté. Il se précipita sur les arbres et se dirigea droit vers les chiens, qui se mirent tous les quatre à hurler de terreur. Le perroquet était excité et poussait des cris aigus ; et le singe, secouant sa cage, grinçait des dents de distraction. Ce concert sur la place silencieuse fit l'effet le plus prodigieux. Toutes les fenêtres étaient ouvertes, et plus de vingt visages apparurent au-dessus du mur de mon jardin, tous curieux, alarmés ou furieux. J'ai été pris d'un rire incontrôlable, tout comme mon amie Louise Abbema. Nittis le peintre, venu me rendre visite, était dans le même état, ainsi que Gustave Doré, qui m'attendait depuis deux heures. Georges Deschamp, musicien amateur plein de talent, essayait de noter cette harmonie hoffmanienne, tandis que mon ami Georges Clairin, le dos tremblant de rire, esquissait cette scène inoubliable.

Le lendemain, à Londres, le principal sujet de conversation était le chaos qui s'était déchaîné au 77 Chester Square. On en a tellement parlé que notre *doyen*, M. Got, est venu me prier de ne pas faire un tel scandale, comme cela s'est reflété à la Comédie Française. Je l'écoutais en silence et, quand il eut fini, je lui pris les mains.

«Viens avec moi et je vais te montrer le scandale», dis-je. J'ai ouvert le chemin dans le jardin, suivi de mon visiteur et de mes amis.

« Laissez sortir le guépard ! » Dis-je en me tenant sur les marches comme un capitaine ordonnant à ses hommes de pénétrer dans un récif.

Lorsque le guépard fut libéré, la même scène folle se reproduisit comme la veille.

« Vous voyez, monsieur le Doyen, dis-je, c'est mon chahut.

« Vous êtes fou, dit-il en m'embrassant ; "Mais c'est certainement irrésistiblement comique", et il rit jusqu'aux larmes en voyant toutes les têtes apparaître au-dessus du mur du jardin.

Les hostilités se poursuivirent cependant, à travers des bribes de ragots racontés de personne à personne et d'un groupe à l'autre. La presse française s'en est emparé, tout comme la presse anglaise. Malgré mon caractère heureux et mon mépris pour les histoires méchantes, je commençais à m'irriter. L'injustice m'a toujours incité à la révolte, et l'injustice me faisait certainement plaisir. Je ne pouvais pas faire quelque chose qui n'était pas surveillé et blâmé.

Un jour, je m'en plaignais à Madeleine Brohan, que j'aimais beaucoup. Cette adorable artiste prit mon visage dans ses mains, et me regardant dans les yeux, elle dit :

SARAH BERNHARDT
D'après le portrait de Mlle. Louise Abbéma

« Ma pauvre chérie, tu ne peux rien faire pour l'empêcher. Vous êtes original sans chercher à l'être. Vous avez une chevelure affreuse, naturellement bouclée et rebelle, votre minceur est exagérée, vous avez une harpe naturelle dans la gorge, et tout cela fait de vous une créature à part, ce qui est un crime de haute trahison contre tout ce qui est commun. . C'est ce qui ne va pas chez vous physiquement. Maintenant pour vos défauts moraux. Vous ne pouvez cacher vos pensées, vous ne pouvez vous abaisser à rien, vous n'acceptez aucun compromis, vous ne vous prêtez à aucune hypocrisie — et tout cela est un crime de haute trahison contre la société. Comment espérer, dans ces conditions, ne pas exciter la jalousie, ne pas blesser les susceptibilités des gens, ne pas les rendre méchants ? Si vous êtes découragés par ces attaques, ce sera fini pour vous, car vous n'aurez plus la force d'y résister. Dans ce cas, je vous conseille de vous brosser les cheveux, de les huiler, et de les rendre ainsi aussi lisses que ceux du célèbre Corse ; mais même cela ne suffirait jamais, car Napoléon avait des cheveux si lisses qu'ils étaient tout à fait originaux. Eh bien, vous pourriez essayer de vous brosser les cheveux aussi lisses que ceux de Prudhon, [4] alors il n'y aurait aucun risque pour vous. Je vous conseillerais, continua-t-elle, de grossir un peu et de laisser votre voix se briser de temps en temps ; alors vous ne voudriez déranger personne. Mais si tu veux rester *toi-même* , ma chère, prépare-toi à monter sur un petit piédestal fait de calomnies, de scandales, d'injustices, d'adulations, de flatteries, de mensonges et de vérités. Cependant, une fois que vous y êtes, faites ce qui est juste et cimentez-le par votre talent, votre travail et votre gentillesse. Tous les méchants qui ont involontairement fourni les premiers matériaux de l'édifice donneront alors des coups de pied dans l'espoir de le détruire. Cependant, ils seront impuissants à le faire si vous choisissez de les en empêcher ; et c'est bien ce que j'espère pour toi, ma chère Sarah, car tu as une soif de gloire ambitieuse. Je ne peux pas le comprendre moi-même, car je n'aime que le repos et la retraite.

4. Prudhon était l'un des artistes du Théâtre Français.

Je la regardais avec envie, elle était si belle : avec ses yeux liquides, son visage aux lignes pures et reposantes, et son sourire las. Je me demandais avec inquiétude si le bonheur n'était pas plutôt dans cette calme tranquillité, dans le dédain de toutes choses. Je lui ai demandé gentiment s'il en était ainsi, car je voulais savoir ; et elle m'a dit que le théâtre l'ennuyait, qu'elle avait eu tant de déceptions. Elle frissonnait lorsqu'elle parlait de son mariage, et quant à sa maternité, cela ne lui avait causé que du chagrin. Ses amours l'avaient laissée avec des affections brisées et physiquement handicapée. La lumière semblait vouée à disparaître de ses beaux yeux, ses jambes étaient enflées et pouvaient à peine la porter. Elle m'a raconté tout cela du même ton calme et à moitié las.

Ce qui m'avait charmé il y a peu de temps me glaçait maintenant au cœur, car sa répugnance pour le mouvement était causée par la faiblesse de ses yeux et de ses jambes, et son plaisir de la retraite n'était que l'amour de cette paix si nécessaire pour elle, blessée comme elle l'était par la vie qu'elle avait vécue.

Mais l'amour de la vie s'empara de moi plus violemment que jamais. Je remerciai ma chère amie et profitai de ses conseils. Je me suis armé pour la lutte, préférant mourir au milieu de la bataille plutôt que de mettre fin à mes jours en regrettant que cela ait été un échec. J'ai décidé de ne plus pleurer sur les bassesses qu'on disait de moi et de ne plus subir d'injustices. Je me décidai, moi aussi, à me mettre sur la défensive, et bientôt une occasion se présenta.

L'Etrangère devait être jouée pour la deuxième fois en *matinée*, le 21 juin 1879. La veille, j'avais fait dire à Mayer que je n'allais pas bien et que, comme je jouais le soir dans *Hernani*, je serais heureux s'il pouvait modifier si possible le jeu annoncé pour l'après-midi. Cependant, la réservation à l'avance s'élevait à plus de 400 £ et le comité n'en a pas entendu parler.

« Eh bien, dit Got à M. Mayer, nous devons confier le *rôle* à quelqu'un d'autre si Sarah Bernhardt ne peut pas jouer. Il y aura Croizette, Madeleine Brohan, Coquelin, Febvre et moi-même au casting, et, *que diable !* il me semble que nous rattraperons tous ensemble mademoiselle Bernhardt.

On pria Coquelin de demander à Lloyd de prendre mon rôle, puisqu'elle avait joué ce *rôle* à la Comédie lorsque j'étais malade. Mais Lloyd avait peur de l'entreprendre et refusa. Il fut décidé de changer de pièce et *Tartufe* fut donné à la place de *L'Etrangère* . Cependant, presque tout le public demanda le remboursement de son argent, et les recettes, qui auraient été d'environ 500 £, ne s'élevèrent qu'à 84 £. Toute la rancœur et la jalousie se déchaînèrent alors, et toute la compagnie de la Comédie, plus particulièrement les hommes, à l'exception de M. Worms, commença une campagne contre moi. Francisque Sarcey, en tant que tambour-major, battait la mesure avec sa terrible plume à la main. Les inventions les plus folles, les plus calomnieuses, les plus stupides, les mensonges les plus odieux prenaient leur envol comme une nuée de canards sauvages et fondaient brusquement sur tous les journaux qui étaient contre moi. On disait que pour un shilling, on pouvait me voir habillé en homme ; que je fumais d'énormes cigares, appuyé sur le balcon de ma maison ; que dans les diverses réceptions où je donnais des pièces en un acte, j'emmenais ma femme de chambre avec moi pour jouer un petit rôle ; que je pratiquais l'escrime dans mon jardin, habillée en pierrot en blanc ; et qu'en prenant des cours de boxe j'avais cassé deux dents de mon malheureux professeur.

Certains de mes amis m'ont conseillé de ne pas prêter attention à toutes ces turpitudes, m'assurant que le public ne pouvait pas y croire. Ils se trompaient pourtant, car le public aime à croire du mal sur quelqu'un, car cela est toujours plus amusant que le bien. J'eus bientôt la preuve que le public anglais commençait à croire ce que disaient les journaux français. J'ai reçu une lettre d'un tailleur me demandant si j'accepterais de porter un habit de sa confection lorsque j'apparaissais en tenue masculine, et non seulement il m'a offert cet habit pour rien, mais il était prêt à me payer cent livres si Je le porterais. Cet homme était mal élevé, mais il était sincère. J'ai reçu plusieurs boîtes de cigares et les professeurs de boxe et d'escrime m'ont écrit pour m'offrir leurs services gratuitement. Tout cela m'agaçait à tel point que je résolus d'y mettre un terme. Un article d'Albert Wolff dans le *Figaro de Paris* m'a amené à prendre des mesures pour couper court.

Voici ce que j'écrivais en réponse à l'article du *Figaro* du 27 juin 1879 :

« ALBERT WOLFF , *Figaro* , Paris.

« Et vous aussi, mon cher monsieur Wolff, vous croyez à de telles folies ? Qui a bien pu vous donner des informations aussi fausses ? Mais oui, tu es mon ami, car malgré toutes les infamies qu'on t'a racontées, il te reste encore un peu d'indulgence. Eh bien, je vous donne ma parole d'honneur que je ne me suis jamais habillé en homme ici à Londres. Je n'ai même pas apporté mon costume de sculpteur avec moi. Je nie catégoriquement cette fausse déclaration. Je ne suis allé qu'une seule fois à l'exposition que j'avais organisée, et c'était le jour de l'ouverture, pour laquelle je n'avais envoyé que quelques invitations privées, afin que personne ne paie un shilling pour me voir. Il est vrai que j'ai accepté quelques engagements privés pour jouer, mais vous savez que je suis un des membres les moins rémunérés de la Comédie Française. J'ai donc certainement le droit d'essayer de combler la différence. J'ai dix tableaux et huit pièces de sculpture exposées. Cela aussi est tout à fait vrai, mais comme je les ai amenés ici pour les vendre, il faut vraiment que je leur montre. Quant au respect dû à la maison de Molière, cher monsieur Wolff, je prétends l'avoir à l'esprit plus que quiconque, car je suis absolument incapable d'inventer de telles calomnies pour tuer un de ses porte-étendards. Et maintenant, si les bêtises inventées sur mon compte ont irrité les Parisiens, et s'ils ont décidé de me recevoir sans grâce à mon retour, je ne veux pas qu'on se rende coupable d'une telle bassesse à mon sujet, alors je donnerai ma démission. à la Comédie Française. Si le public londonien est fatigué de tout ce tapage et est enclin à me montrer de la mauvaise volonté au lieu de l'indulgence qui m'a été accordée jusqu'ici, je demanderai à la Comédie de me permettre de quitter l'Angleterre, afin d'épargner à notre société le désagrément de voir un de ses membres huait et sifflait. Je vous envoie cette lettre par télégramme, car la considération que j'ai pour l'opinion publique me donne le droit de commettre cette petite folie, et je vous prie, cher Monsieur Wolff, d'accorder à ma lettre le même honneur que vous avez fait aux calomnies. de mes ennemis.—Avec mes meilleures salutations,

"Cordialement,

" SARAH BERNHARDT ."

Ce télégramme a fait couler beaucoup d'encre. Tout en me traitant comme un enfant gâté, les gens étaient généralement d'accord sur le fait que j'avais raison. La Comédie était des plus aimables. Perrin, le gérant, m'a écrit une lettre affectueuse me suppliant de renoncer à mon idée de quitter l'entreprise. Les femmes étaient très amicales. Croizette vint me voir et m'entoura de ses bras : « Dis-moi que tu ne feras pas une chose pareille, ma chère et insensée enfant ! Vous n'enverrez pas vraiment votre démission ? En premier lieu ; ça ne serait pas accepté, j'en réponds !

Mounet-Sully m'a parlé d'art et de probité. Tout son discours sentait le protestantisme. Il y a plusieurs pasteurs protestants dans sa famille, ce qui l'a influencé inconsciemment. Delaunay, surnommé le Père Candour, vint solennellement m'informer de la mauvaise impression que mon télégramme avait faite. Il m'a dit que la Comédie Française était un ministère ; qu'il y avait le ministre, le secrétaire, les sous-chefs et les *employés* , et que chacun devait se conformer aux règles et apporter sa part soit de talent, soit de travail, et ainsi de suite. J'ai vu Coquelin au théâtre le soir. Il est venu vers moi les mains tendues.

« Vous savez que je ne peux pas vous féliciter, dit-il, pour votre action téméraire, mais avec un peu de chance, nous vous ferons changer d'avis. Quand on a la chance et l'honneur d'appartenir à la Comédie Française, il faut y rester jusqu'à la fin de sa carrière.

Frédéric Febvre m'a fait remarquer que je devais rester à la Comédie, parce que cela me ferait économiser de l'argent, et j'étais bien incapable de le faire moi-même.

« Croyez-moi, dit-il, quand nous sommes à la Comédie, il ne faut pas sortir ; cela signifie que notre pain nous a été fourni plus tard.

Got, notre *doyen* , s'est alors approché de moi.

« Savez-vous ce que vous faites en envoyant votre démission ? Il a demandé.

"Non," répondis-je.

« Désertion. »

«Vous vous trompez», répondis-je; "Je ne déserte pas : je change de caserne."

D'autres sont alors venus vers moi, et ils m'ont tous donné des conseils teintés de leur propre personnalité : Mounet en voyant ou en croyant ; Delaunay poussé par son âme de bureaucrate ; Coquelin en homme politique rejetant la faute sur les idées d'autrui, mais les exaltant ensuite et les mettant en pratique à son profit ; Febvre, amoureux de la respectabilité ; Got, en tant que vieux grogneur égoïste ne comprenant rien d'autre que les ordres des pouvoirs en place et l'avancement ordonné selon des lignes hiérarchiques. Worms me dit avec sa mélancolie :

« Seront-ils meilleurs envers vous ailleurs ?

Worms avait l'âme la plus rêveuse et le caractère le plus franc et direct de tous les membres de notre illustre compagnie. Je l'aimais énormément.

Nous allions rentrer à Paris et j'avais envie d'oublier pour un temps toutes ces choses. J'étais d'humeur hésitante. J'ai reporté la prise d'une décision définitive. L'agitation qui avait été faite autour de moi, le bien qui avait été dit en ma faveur et le mal écrit contre moi, tout cela combiné avait créé dans le monde artistique une atmosphère de bataille. Au moment de partir pour Paris, certains de mes amis se sont sentis très inquiets de l'accueil qui m'y serait réservé.

Le public se trompe lourdement en s'imaginant que l'agitation faite à l'égard des artistes célèbres est en réalité provoquée par les intéressés et qu'ils le font à dessein. Irrité de voir constamment apparaître le même nom à chaque occasion, le public déclare que l'artiste calomnié ou choyé est un ardent amateur de publicité. Hélas! trois fois hélas ! Nous sommes victimes de ladite publicité. Ceux qui connaissent les joies et les misères de la célébrité après quarante ans savent se défendre. Ils sont au début d'une série de petits soucis, de coups de foudre cachés sous les fleurs, mais ils savent tenir en échec cette publicité monstrueuse. C'est une sorte de poulpe doté d'innombrables tentacules. Il jette à droite et à gauche, devant et derrière, ses bras moites, et rassemble par ses mille petits organes respiratoires tous les commérages, toutes les calomnies et tous les louanges qui flottent, pour les cracher encore sur le public quand il vomit son galle noire. Mais ceux qui sont pris dans les griffes de la célébrité à vingt ans ne savent rien. Je me souviens que la première fois qu'un journaliste est venu vers moi, je me suis redressé et j'étais rouge comme une crête de coq de joie. J'avais à peine dix-sept ans, j'avais joué dans une maison particulière et j'avais joué le rôle de Richelieu avec un immense succès. Ce monsieur est venu me voir chez moi et m'a posé d'abord une question, puis une autre, puis une autre. J'ai répondu et j'ai bavardé, et j'étais fou de fierté et d'excitation. Il a pris des notes et j'ai continué à regarder ma mère. Il me semblait que je grandissais. J'ai dû embrasser ma mère pour garder mon calme et j'ai caché mon visage sur son épaule pour cacher ma joie. Finalement, le monsieur se leva, me serra la main, puis partit. Je sautillais dans la chambre et commençais à me retourner en chantant : *Trois petits pâtés, ma chemise brûlée* , quand tout à coup la porte s'ouvrit et le monsieur dit à maman : « Oh, Madame, j'oubliais, c'est le reçu d'abonnement à la journal. Ce n'est rien, seulement seize francs par an. Maman n'a pas compris au début. Quant à moi, je restais immobile, la bouche ouverte, incapable de digérer mes *petits pâtés* . Maman paya alors les seize francs, et, par pitié pour moi, comme je pleurais à ce moment-là, elle me caressa doucement les cheveux. Depuis, j'ai été livré au monstre, pieds et poings liés, et j'ai été et je suis encore accusé d'adorer la publicité. Et dire que mes premiers titres de célébrité furent mon extraordinaire maigreur et ma santé délicate. A peine avais-je fait mes *débuts* que chacun se livrait à sa guise aux épigrammes, aux jeux de mots, aux plaisanteries et aux caricatures à mon sujet. Était-ce vraiment pour me faire de la publicité que j'étais si maigre, si petite, si faible ? et est-ce aussi pour cela

que je restais au lit six mois de l'année, abattu par la maladie ? Mon nom a
été célébré avant que je sois moi-même.

SARAH BERNHARDT
D'après le portrait de Jules Bastien-Lepage

Le premier soir de la pièce de Louis Bouilhet, *Mademoiselle Aïssé* , à l'Odéon,
Flaubert, qui était un ami intime de l'auteur, me présenta un *attaché de
l'ambassade britannique.*

« Oh ! je vous connais depuis quelque temps, Mademoiselle, dit-il ; "Tu es le
petit bâton avec l'éponge sur le dessus."

Cette caricature de moi venait de paraître et avait fait le bonheur des oisifs.
J'étais alors une toute jeune fille et rien de tout cela ne me blessait ni ne me
troublait. D'abord, tous les médecins m'avaient abandonné, de sorte que
j'étais indifférent aux choses ; mais tous les médecins se sont trompés, et
vingt ans plus tard j'ai dû lutter contre le monstre.

XXIX
LA COMÉDIE FRANÇAISE RETOURNE À PARIS — COMMENTAIRES DE SARAH BERNHARDT SUR LES ACTEURS ET ACTRICES DU JOUR

Le retour de la Comédie dans ses demeures fut un événement, mais un événement passé sous silence. Notre départ de Paris avait été très animé et gai, et tout à fait public. Notre retour a été clandestin pour beaucoup de membres, et pour moi parmi eux. C'était un triste retour pour ceux qui n'avaient pas été appréciés, tandis que ceux qui avaient échoué étaient furieux.

Je n'étais pas rentré depuis une heure quand Perrin fut annoncé. Il commença à me reprocher gentiment le peu de soin que je prenais à ma santé. Il a dit que j'avais fait trop de bruit à mon sujet.

« Mais, m'écriai-je, est-ce de ma faute si je suis trop maigre ? Est-ce aussi ma faute si mes cheveux sont trop bouclés et si je ne pense pas comme les autres ? Supposons que j'ai pris suffisamment d'arsenic pendant un mois pour me faire enfler comme un tonneau, et supposons que je me rase la tête comme un Arabe et que je réponde seulement « oui » à tout ce que vous dites, les gens diraient que je l'ai fait pour la publicité. »

- Mais, mon cher enfant, répondit Perrin, il y a des gens qui ne sont ni gros ni maigres, ni rasés de près, ni coiffés, et qui répondent oui et non.

J'étais simplement pétrifié par la justesse et le bien-fondé de cette remarque, et j'ai compris le « parce que » de tous les « pourquoi » que je me posais depuis quelques années. Il n'y avait pas de juste milieu chez moi ; J'étais « trop » et « trop peu » et je sentais qu'il n'y avait rien à faire pour cela. J'en ai parlé à Perrin et je lui ai dit qu'il avait tout à fait raison. Il profita de mon humeur pour me faire la leçon et me déconseiller de me présenter à la cérémonie d'ouverture qui allait bientôt avoir lieu à la Comédie. Il craignait une cabale contre moi. Certains étaient plutôt excités, à tort ou à raison, un peu des deux, ajoutait-il, avec cette manière fine et courtoise qui lui était propre. Je l'écoutais sans l'interrompre, ce qui le gênait un peu, car Perrin était un argumentateur mais non un orateur. Quand il eut fini, je dis :

« Vous m'avez dit trop de choses qui m'excitent, monsieur Perrin. J'aime les batailles et je comparaîtrai à la cérémonie. Vous voyez, j'en ai déjà été prévenu. Voici trois lettres anonymes. Lisez celui-ci ; c'est le plus beau.

Il déplia la lettre parfumée à l'ambre et lut ce qui suit :

« MON PAUVRE SQUELETTE , Tu ferais bien de ne pas montrer ton horrible nez de juif à la cérémonie d'ouverture d'après-demain. Je crains qu'il ne serve de cible à toutes les pommes de terre qu'on cuisine maintenant spécialement pour vous dans votre aimable ville de Paris. Faites publier dans les journaux quelques paragraphes selon lesquels vous avez craché du sang, restez au lit et réfléchissez aux conséquences d'une publicité excessive.

« UN ABONNÉ ».

Perrin repoussa la lettre avec dégoût.

«En voici deux autres», dis-je; mais ils sont si grossiers que je vous épargnerai. J'irai à la cérémonie d'ouverture.

"Bien!" répondit Perrin. « Il y a une répétition demain. Veux-tu venir ?

«Je viendrai», répondis-je.

Le lendemain, à la répétition, aucun des artistes, homme ou femme, ne semblait se soucier de monter sur scène pour s'incliner avec moi. Je dois dire cependant qu'ils ont tous fait preuve néanmoins de beaucoup de bonne grâce. Je déclarai cependant que j'irais seul, bien que ce fût contre la règle, car je pensais que je devais affronter seul la mauvaise humeur et la cabale.

La maison était bondée lorsque le rideau se leva.

La cérémonie a débuté au milieu des « Bravos ! Le public était ravi de retrouver ses artistes adorés. Ils s'avançaient deux à deux, l'un à droite et l'autre à gauche, tenant la palme ou la couronne à poser sur le piédestal du buste de Molière. Mon tour est venu et j'ai avancé seul. Je me sentais pâle puis livide, avec une volonté de conquête déterminée. J'avançai lentement vers la rampe, mais au lieu de m'incliner comme mes camarades l'avaient fait, je me redressai et regardai de mes deux yeux tous les yeux qui se tournaient vers moi. J'avais été prévenu de la bataille et je ne voulais pas la provoquer, mais je ne voulais pas m'enfuir. J'ai attendu une seconde et j'ai ressenti le frisson et l'émotion qui ont parcouru la maison ; puis, soudain réveillée par un élan de bonté généreuse, toute la salle éclata en applaudissements et en cris. Le public, si aimé et si aimant, était enivré de joie. Cette soirée fut certainement l'un des plus beaux triomphes de toute ma carrière.

Certains artistes étaient ravis, surtout les femmes, car il y a une chose à remarquer à propos de notre art : les hommes sont plus jaloux des femmes que les femmes ne le sont entre elles. J'ai rencontré beaucoup d'ennemis parmi les comédiens masculins, et très peu parmi les actrices.

Je pense que l'art dramatique est essentiellement féminin.

Se peindre le visage, cacher ses vrais sentiments, chercher à plaire et s'efforcer d'attirer l'attention, voilà autant de défauts que l'on reproche aux femmes et pour lesquels on fait preuve d'une grande indulgence. Ces mêmes défauts semblent odieux chez un homme. Et pourtant, l'acteur doit s'efforcer d'être le plus séduisant possible, même s'il est obligé de recourir à la peinture, à la fausse barbe et aux faux cheveux. Il a beau être républicain, il doit soutenir avec chaleur et conviction les théories royalistes. Il peut être conservateur et doit maintenir des principes anarchistes, si tel est le bon plaisir de l'auteur.

Au Théâtre Français, le pauvre Maubant était un radical des plus avancés, et sa stature et son beau visage le condamnaient à jouer les rôles de rois, d'empereurs et de tyrans. Tant que les répétitions duraient, on entendait Charlemagne ou César jurer contre les tyrans, maudire les conquérants et réclamer pour eux les châtiments les plus durs. J'ai beaucoup apprécié ce combat entre l'homme et l'acteur. Peut-être que cette perpétuelle abstraction de lui-même donne au comédien une nature plus féminine. Quoi qu'il en soit, il est certain que l'acteur est jaloux de l'actrice. La courtoisie de l'homme instruit disparaît sous les feux de la rampe, et le comédien qui, dans sa vie privée, rendrait service à une femme en difficulté, lui cherchera querelle sur scène. Il risquerait sa vie pour la sauver de tout danger sur la route, sur le chemin de fer ou dans un bateau, mais une fois sur les planches, il ne fera rien pour la tirer d'affaire. Si sa mémoire lui faisait défaut, ou si elle faisait un faux pas, il n'hésiterait pas à la pousser. Je vais peut-être loin, mais pas aussi loin qu'on pourrait le penser. J'ai joué avec des comédiens célèbres qui m'ont joué de mauvais tours. Par contre, il y a des acteurs qui sont admirables, et qui sont plus des hommes que des comédiens sur scène. Pierre Berton, Worms et Guitry sont et seront toujours les plus parfaits modèles de courtoisie amicale et protectrice envers la femme comédienne. J'ai joué dans de nombreux morceaux avec chacun d'eux et, sujet au trac, j'ai toujours ressenti une parfaite confiance en jouant avec ces trois artistes. Je savais que leur intelligence était de haut niveau, qu'ils avaient pitié de ma frayeur et qu'ils seraient préparés à toute faiblesse nerveuse qui en résulterait. Pierre Berton et Worms, tous deux de très grands artistes, ont quitté la scène en pleine vigueur artistique et en force vitale, Pierre Berton pour se consacrer à la littérature, et Worms, on ne sait pourquoi. Quant à Guitry, de beaucoup le plus jeune des trois, il est aujourd'hui le premier artiste de la scène française, car c'est un admirable comédien et en même temps un artiste, chose bien rare. Je connais très peu d'artistes en France ou à l'étranger possédant ces deux qualités réunies. Henry Irving était un artiste admirable, mais pas un comédien. Coquelin est un admirable comédien, mais ce n'est pas un artiste. Mounet-Sully a du génie, qu'il met tantôt au service de l'artiste, tantôt au service du comédien ; mais, d'un autre côté, il nous livre parfois des exagérations d'artiste et de comédien qui font grincer des dents les amateurs de beauté et de vérité. Bartet est une parfaite *comédienne* dotée d'un sens artistique très délicat. Réjane est la plus comédienne des comédiennes, et une artiste quand elle le souhaite.

Eleonora Duse est plus une comédienne qu'une artiste ; elle marche sur des sentiers tracés par d'autres ; elle ne les imite pas, certainement pas, car elle plante des fleurs là où il y avait des arbres, et des arbres là où il y avait des fleurs ; mais elle n'a jamais fait ressortir par son art un seul personnage identifié par son nom ; elle n'a pas créé un être ni une vision qui lui rappelle elle-même. Elle met les gants des autres, mais elle les met à l'envers. Et tout cela, elle l'a fait avec une grâce infinie et avec une inconscience insouciante. C'est une grande comédienne, une très grande comédienne, mais pas une grande artiste.

Novelli est un comédien de la vieille école qui ne se souciait pas beaucoup du côté artistique. Il est parfait dans le rire et les larmes. Beatrice Patrick Campbell est avant tout une artiste, et son talent est celui du charme et de la réflexion : elle exècre les sentiers battus ; elle veut créer, et elle crée. Antoine est souvent trahi par ses propres pouvoirs, car sa voix est lourde et son apparence générale plutôt ordinaire. En tant que comédien, il y a donc souvent beaucoup à désirer, mais c'est toujours un artiste sans égal, et notre art lui doit beaucoup dans son évolution dans le sens de la vérité. Antoine non plus n'est pas jaloux de l'actrice.

XXX

MON DÉPART DE LA COMÉDIE FRANÇAISE – PRÉPARATIFS DE MA PREMIÈRE TOURNÉE AMÉRICAINE – UNE AUTRE VISITE À LONDRES

Les jours qui suivirent le retour de la Comédie chez elle furent très éprouvants pour moi. Notre directeur a voulu me maîtriser, et il m'a torturé de mille petites piqûres d'épingle bien plus douloureuses pour une nature comme la mienne que tant de coups de couteau. (Du moins je l'imagine, puisque je n'en ai jamais eu.) Je devenais irritable, de mauvaise humeur à la moindre provocation, et j'étais en fait malade. J'ai toujours été gay et maintenant j'étais triste. Ma santé, qui avait toujours été fragile, était mise en danger par cet état de chaos.

Perrin m'a donné le *rôle* de l' *Aventurière* à étudier. Je détestais la pièce, je n'aimais pas le rôle, et je considérais les vers de *L'Aventurière* comme une très mauvaise poésie. Comme je ne peux pas bien le dissimuler, dans un accès de colère, je l'ai dit sans détour à Emile Augier, et il s'est vengé de la manière la plus discourtoise à la première occasion qui s'est présentée. C'était à l'occasion de ma rupture définitive avec la Comédie Française, au lendemain de la première représentation de *L'Aventurière* , le samedi 17 avril 1880. Je n'étais pas prêt à jouer mon rôle, et la preuve en fut une lettre que je écrit à M. Perrin le 14 avril 1880.

« Je regrette beaucoup, mon cher monsieur Perrin, lui dis-je, mais j'ai un tel mal de gorge que je ne peux pas parler et je suis obligé de rester au lit. Voudriez-vous m'excuser gentiment ? C'est dans ce misérable Trocadéro que j'ai pris froid dimanche. Je suis très inquiet, car je sais que cela vous causera des désagréments. Quoi qu'il en soit, je serai prêt pour samedi, quoi qu'il arrive. Mille excuses et cordialement.

" SARAH BERNHARDT ."

J'ai pu jouer, car j'avais récupéré de mon mal de gorge, mais je n'avais pas étudié mon rôle pendant les trois jours, car je ne pouvais pas parler. Je n'avais pas non plus pu essayer mes costumes, car j'étais tout le temps au lit. Vendredi, je suis allé demander à Perrin de remettre à la semaine prochaine la représentation de *L'Aventurière* . Il répondit que c'était impossible ; que chaque place était réservée et que la pièce devait être jouée le mardi suivant pour la soirée d'abonnement. Je me suis laissé convaincre d'agir, car j'avais confiance en mon étoile.

«Oh», me suis-je dit, «je m'en sortirai bien.»

Mais je ne m'en suis pas sorti, ou plutôt je m'en suis très mal sorti. Mon costume était un échec ; ça ne me convenait pas. On m'avait toujours raillé à cause de ma maigreur, et dans cette robe j'avais l'air d'une théière anglaise. Ma voix était encore un peu rauque, ce qui me déconcertait beaucoup. J'ai très mal joué le premier rôle du *rôle*, et le second un peu mieux. À un certain moment de la scène de violence, j'étais debout, posant mes deux mains sur la table sur laquelle se trouvait un candélabre allumé. Un cri s'éleva dans la maison, car mes cheveux étaient tout près de la flamme. Le lendemain, un des journaux racontait que, comme je sentais que tout allait mal, j'avais envie de mettre le feu à mes cheveux pour que la pièce se termine avant d'échouer complètement. C'était certainement le comble de la bêtise. La presse ne m'a pas fait d'éloges, et elle avait tout à fait raison. J'avais mal joué, j'avais l'air laid et j'étais de mauvaise humeur, mais je considérais qu'il y avait quand même un manque de courtoisie et d'indulgence à mon égard. Auguste Vitu, dans le *Figaro* du 18 avril 1880, terminait son article par la phrase : « La nouvelle Clorinde (l'Aventurière) dans les deux derniers actes faisait des gestes de bras et des mouvements de corps qu'on regrette de voir retirés de la scène. Virginie de *L'Assommoir* et présentée à la Comédie Française. Le seul défaut que je n'ai jamais eu, et que je n'aurai jamais, c'est la vulgarité. C'était une injustice et une détermination à me blesser. Vitu n'était pas mon ami, mais je comprenais à cette façon de m'attaquer que de mesquines haines relevaient la tête de serpent à sonnettes. Tout le petit monde des vipères rampait sous mes fleurs et mes lauriers. Je savais ce qui se passait depuis longtemps et j'entendais parfois des bruits dans les coulisses. Je voulais avoir le plaisir de les entendre tous crépiter ensemble, alors j'ai jeté mes lauriers et mes fleurs aux quatre vents du ciel. J'ai rompu de la manière la plus brutale le contrat qui me liait à la Comédie Française, et par là même à Paris.

Je me suis enfermé toute la matinée, et après d'interminables discussions avec moi-même, je me suis décidé à remettre ma démission à la Comédie. J'écrivis donc à M. Perrin cette lettre :

« AU DIRECTEUR .

« Vous m'avez obligé à jouer alors que je n'étais pas prêt. Vous ne m'avez permis que huit répétitions sur scène, et la pièce n'a été répétée dans son intégralité que trois fois. Je n'étais pas disposé à comparaître devant le public. Vous avez absolument insisté. Ce que j'avais prévu est arrivé. Le résultat de la performance a dépassé mes attentes. Une critique a prétendu que je jouais Virginie de *L'Assommoir* à la place de Dona Clorinde de *L'Aventurière* . Qu'Émile Augier et Zola m'absolvent ! C'est ma première rebuffade à la Comédie ; ce sera mon dernier. Je t'avais prévenu le jour de la répétition générale. Vous êtes allé trop loin. Je tiens parole. Au moment où vous recevrez cette lettre, j'aurai quitté Paris. Voudriez-vous bien accepter ma démission immédiate et croyez-moi

"Cordialement,

" SARAH BERNHARDT ."

Afin que cette démission ne soit pas refusée au comité, j'ai envoyé des copies de ma lettre au *Gaulois* et au *Figaro* , et elle a été publiée en même temps que M. Perrin la recevait.

Alors, bien décidé à ne me laisser influencer par personne, je partis aussitôt avec ma femme de chambre pour le Hâvre. J'avais donné l'ordre de ne dire à personne où j'étais, et le premier soir où j'étais là, je suis passé strictement incognito. Mais le lendemain matin, je fus reconnu et des télégrammes furent envoyés à Paris à cet effet. J'étais assiégé par les journalistes.

Je me réfugiai à La Hêve, où je passai toute la journée sur la plage, malgré la pluie froide qui tombait sans cesse.

Je rentrai gelé à l'Hôtel Frascati, et dans la nuit j'étais si fiévreux qu'on pria le docteur Gibert d'appeler. Madame Guérard, que ma servante alarmée faisait venir, arriva aussitôt. J'ai eu de la fièvre pendant deux jours. Pendant ce temps, les journaux continuaient à déverser un flot d'encre sur le papier. Cela s'est transformé en amertume et j'ai été accusé des pires méfaits. Le comité a envoyé un *huissier* à mon hôtel de l'avenue de Villiers, et cet homme a déclaré qu'après avoir frappé trois fois à la porte et n'avoir reçu aucune réponse, il avait laissé copie, etc. etc.

Cet homme mentait. Dans l'hôtel il y avait mon fils et son précepteur, mon intendant, le mari de ma servante, mon majordome, le cuisinier, la servante de cuisine, la servante de la seconde dame et cinq chiens ; mais ce fut en vain que je protestai contre ce serviteur de la loi ; c'était inutile.

La Comédie doit, selon le règlement, m'adresser trois convocations. Cela n'a pas été fait et un procès a été intenté contre moi. C'était perdu d'avance.

Maître Allou, l'avocat de la Comédie-Française, a inventé de méchantes petites histoires sur moi. Il prenait plaisir à essayer de me ridiculiser. Il avait un gros dossier de lettres de ma part à Perrin, lettres que j'avais écrites dans des moments plus doux ou dans la colère. Perrin les avait toutes conservées, même les notes les plus courtes. Je n'avais rien gardé des siens. Les quelques lettres que Perrin m'a adressées et qui ont été publiées ont été données par lui à partir de son cahier de lettres. Bien entendu, il ne montra que celles qui pouvaient inspirer au public une idée de sa bonté paternelle à mon égard, etc. etc.

Le plaidoyer de Maître Allou a été très réussi : il a réclamé trois cent mille francs de dommages et intérêts, outre la confiscation au profit de la Comédie Française des quarante-trois mille francs que ce théâtre me devait.

Maître Barboux était mon avocat. C'était un ami intime de Perrin. Il m'a défendu avec beaucoup d'indifférence. J'étais condamné à payer cent mille francs à la Comédie Française et à perdre les quarante-trois mille francs que j'avais laissés à la direction. Je puis dire que je ne me suis pas beaucoup préoccupé de ce procès.

Trois jours après ma démission, Jarrett m'a fait appel. Il me proposa, pour la troisième fois, de conclure un contrat pour l'Amérique. Cette fois, j'ai prêté l'oreille à ses propositions. Nous n'avions jamais parlé de termes, et voici ce qu'il a proposé :

SARAH BERNHARDT (1879)

Cinq mille francs pour chaque représentation et la moitié des recettes supérieures à quinze mille francs ; c'est-à-dire que le jour où les recettes atteindraient la somme de vingt mille francs, je recevrais sept mille cinq cents francs. En plus, mille francs par semaine pour ma note d'hôtel ; aussi une voiture Pullman spéciale, pour tous les voyages en train, contenant une chambre, un salon avec un piano, quatre lits pour mon personnel et deux cuisiniers pour cuisiner pour moi en cours de route. M. Jarrett devait avoir dix pour cent. sur toutes sommes reçues par moi.

J'ai tout accepté. J'avais hâte de quitter Paris. Jarrett envoya immédiatement un télégramme à M. Abbey, le grand *imprésario américain* , et il débarqua de ce côté treize jours plus tard. J'ai signé le contrat conclu par Jarrett, qui a été discuté clause par clause avec le manager américain.

On me donna, à la signature du contrat, cent mille francs d'avance pour mes dépenses avant le départ. Je devais jouer huit pièces : *Hernani* , *Phèdre* , *Adrienne Lecouvreur* , *Froufrou* , *La Dame aux Camélias* , *Le Sphinx* , *L'Etrangère* et *La Princesse Georges* .

J'ai commandé vingt-cinq robes modernes chez Laferrière, dont j'étais alors cliente.

Chez Baron, j'ai commandé six costumes pour *Adrienne Lecouvreur* et quatre costumes pour *Hernani* . J'ai commandé à un jeune *costumier de théâtre* nommé Lepaul mon costume pour *Phèdre* . Ces trente-six costumes m'ont coûté soixante et un mille francs ; mais, sur ce montant, mon costume pour *Phèdre* a coûté à lui seul quatre mille francs. Le pauvre *artiste-costumier* l'avait brodé lui-même. C'était une merveille. On me l'a apporté deux jours avant mon départ, et je ne peux penser à ce moment sans émotion. Irrité par une longue attente, j'écrivais une lettre de colère au *client* lorsqu'on l'a annoncé. D'abord je le reçus très mal, mais je le trouvai si malade, le pauvre homme, que je le fis asseoir et lui demandai comment il était arrivé à être si malade.

«Oui, je ne vais pas bien du tout», dit-il d'une voix si faible que j'en fus très contrarié. «Je voulais terminer cette robe et j'y ai travaillé trois jours et trois nuits. Mais regarde comme ton costume est joli ! Et il l'a étalé devant moi avec un respect affectueux.

"Regarder!" dit Guérard, un petit coin !

« Ah ! je me suis piqué », répondit vivement le pauvre artiste.

Mais je venais d'apercevoir une goutte de sang au coin de ses lèvres. Il l'essuya vivement, pour qu'il ne tombe pas sur le joli costume comme l'autre petite tache l'avait fait. Je donnai à l'artiste les quatre mille francs qu'il prit les mains tremblantes. Il murmura quelques mots inintelligibles et se retira.

« Enlevez ce costume, enlevez-le ! » J'ai crié à *mon petite Dame* et à ma servante. Et j'ai tellement pleuré que j'ai eu le hoquet toute la soirée. Personne ne comprenait pourquoi je pleurais. Mais je me reprochais amèrement d'avoir inquiété le pauvre homme. Il était clair qu'il était en train de mourir. Et, par la force des choses, j'avais, sans le vouloir, forgé le premier maillon de la chaîne de la mort qui entraînait au tombeau ce jeune de vingt-deux ans, cet artiste qui avait un avenir devant lui.

Je ne porterais jamais ce costume. Il est encore dans sa boîte, jauni par le temps. Sa broderie dorée est ternie par le temps, et la petite tache de sang a légèrement rongé l'étoffe. Quant au pauvre artiste, j'appris sa mort lors de mon séjour à Londres au mois de mai, car avant de partir pour l'Amérique, je signai avec Hollingshead et Mayer, les *impresarii* de la Comédie, un contrat qui me liait à eux à partir du 24 mai. au 24 juin (1880).

C'est à cette époque que fut décidé le procès que la Comédie Française intenta contre moi.

Maître Barboux ne m'a consulté sur rien, et mon succès à Londres, obtenu sans le concours de la Comédie, a irrité le comité, la presse et le public.

Maître Allou dans ses plaidoiries prétendait que le public londonien s'était lassé très vite de moi, et ne se souciait pas de venir aux représentations de la Comédie dans laquelle je figurais.

La liste suivante donne le meilleur démenti possible aux affirmations de Maître Allou :

<table>
<tr><td colspan="4">PERFORMANCES DONNÉES PAR LA COMÉDIE FRANÇAISE AU THÉÂTRE GAIETY</td></tr>
<tr><td></td><td></td><td></td><td></td></tr>
<tr><td colspan="4">(Le * indique les pièces dans lesquelles je suis apparu.)</td></tr>
<tr><td></td><td></td><td></td><td></td></tr>
<tr><td colspan="2">1879.</td><td>Pièces.</td><td>Recettes en francs.</td></tr>
<tr><td>Juin</td><td>2.</td><td>Le Misanthrope (Prologue); Phèdre (Acte II.) ; Les Précieuses Ridicules</td><td>*13 080</td></tr>
<tr><td>"</td><td>3.</td><td>L'Etrangère</td><td>*12 565</td></tr>
<tr><td>"</td><td>4.</td><td>Le Fils naturel</td><td>9 300</td></tr>
<tr><td>"</td><td>5.</td><td>Les Caprices de Marianne ; La Joie fait Peur</td><td>10 100</td></tr>
<tr><td>"</td><td>6.</td><td>Le Menteur; Le Médecin malgré lui</td><td>9 530</td></tr>
<tr><td>"</td><td>7.</td><td>Le Marquis de Villemer</td><td>9 960</td></tr>
<tr><td>"</td><td>7.</td><td>Tartufe (matinée) ; La Joie fait Peur</td><td>8 700</td></tr>
</table>

"	9.	Hernani	*13 600
"	dix.	Le Demi-monde	11 525
"	11.	Mlle. de Belle-Isle; Il faut qu'une porte soit ouverte ou fermée	10 420
"	12.	Le Post-Scriptum ; Le Gendre de M. Poirier	10 445
"	13.	Phèdre	*13 920
"	14.	Le Luthier de Crémône ; Le Sphinx	*13 350
"	14.	Le Misanthrope (matinée) ; Les Plaideurs	8 800
"	16.	L'Ami Fritz	9 375
"	17.	Zaïre; Les Précieuses Ridicules	*13 075
"	18.	Le Jeu de l'amour et du hasard; Il ne faut pas jurer de rien	11 550
"	18.	Le Demi-monde	12 160
"	20.	Les Fourchambault	11 200
"	21.	Hernani	*13 375
"	21.	Tartufe (matinée) ; Il faut qu'une porte soit ouverte ou fermée	2 115
"	23.	Gringoire; On ne badine pas avec l'amour	11 080
"	24.	Chez l'avocat; Mlle. de la Seiglière	9 660
"	25.	L'Etrangère (matinée)	*11 710
"	25.	Le Barbier de Séville	9 180
"	26.	Andromaque; Les Plaideurs	*13 350
"	27.	L'Avare ; L'Étincelle	11 775
"	28.	Le Sphinx ; Le Dépit amoureux	*12 860
"	28.	Hernani (matinée)	*13 730
"	30.	Ruy Blas	*13 660
Juillet	1.	Mercadet; L'Été de la Saint-Martin	9 850

"	2.	Ruy Blas	*13 160
"	3.	Le Mariage de Victorine ; Les Fourberies de Scapin	10 165
"	4.	Les Femmes savantes ; L'Étincelle	11 960
"	5.	Les Fourchambault	10 700
"	5.	Phèdre (matinée) ; La Joie fait Peur	*14 265
"	7.	Le Marquis de Villemer	10 565
"	8.	L'Ami Fritz	11 005
"	9.	Hernani	*14 275
"	dix.	Le Sphinx	*13 775
"	11.	Philiberte ; L'Étourdi	11 500
"	12.	Ruy Blas	*12 660
"	12.	Gringoire (matinée); Hernani (Acte V.);La Bénédiction; Davenant ; L'Étincelle	*13 725
		Recettes totales 492 150 francs	

La moyenne des recettes était d'environ 11.715 francs. Ces chiffres montrent que, sur les quarante-trois représentations données par la Comédie Française, les dix-huit représentations auxquelles j'ai participé ont donné en moyenne 13.350 francs chacune, tandis que les vingt-cinq autres représentations ont donné en moyenne 10.000 francs.

Pendant que j'étais à Londres, j'appris que j'avais perdu mon procès. « La Cour — avec ses « Dans la mesure où », « Néanmoins », etc. — déclare par la présente que Mlle. Sarah Bernhardt perd tous les droits, privilèges et avantages résultant de son bénéfice de l'engagement qu'elle a contracté avec la société par arrêté authentique du 24 mars 1875, et la condamne à payer au demandeur en sa qualité légale la somme d'une cent mille francs de dommages et intérêts.

J'ai donné ma dernière représentation à Londres le jour même où les journaux publiaient ce verdict injuste. J'ai été applaudi et le public m'a comblé de fleurs.

J'avais emmené avec moi Madame Devoyod, Mary Jullien, Kalb, ma sœur Jeanne, Pierre Berton, Train, Talbot, Dieudonnée, tous artistes de grande renommée.

J'ai joué tous les morceaux que je devais jouer en Amérique.

Vitu, Sarcey, Lapommeraye avaient tant dit contre moi que je fus stupéfait d'apprendre par Mayer qu'ils étaient arrivés à Londres pour assister à mes représentations.

Je ne comprenais plus ce que tout cela signifiait. Je pensais que les journalistes parisiens me laissaient enfin en paix, et voici mes pires ennemis qui traversaient la mer pour me voir et m'entendre. Peut-être espéraient-ils, comme cet Anglais qui suivait le dompteur de lions, le voir dévoré par ses lions !

Vitu, dans le *Figaro,* avait terminé un de ses amers articles par ces mots :

« Mais nous avons sûrement assez entendu parler de Mlle. Sarah Bernhardt ! Qu'elle parte à l'étranger avec sa voix monotone et ses fantasmes funèbres ! Nous n'avons ici rien de nouveau à apprendre de ses talents ni de ses caprices… »

Sarcey, dans un article non moins amer, *à propos* de ma démission à la Comédie, avait terminé en ces termes :

« Il arrive un moment où les enfants méchants doivent se coucher. »

Quant à l'aimable Lapommeraye, il avait répandu sur ma tête dévouée tous les bruits qu'il avait recueillis de toutes parts. Mais comme on disait qu'il n'avait aucune originalité, il avait essayé de montrer qu'il savait aussi tremper sa plume dans le venin, et il avait crié : « Agréable voyage ! Et voilà qu'ils arrivèrent tous, ces trois-là, et d'autres avec eux. Et le lendemain de ma première représentation d' *Adrienne Lecouvreur*, Auguste Vitu télégraphiait au *Figaro* un long article, dans lequel il me critiquait dans certaines scènes, regrettant que je n'avais pas suivi l'exemple de Rachel, que je n'avais jamais vue. Et il termine ainsi son article :

SARAH BERNHARDT COMME « ANDROMAQUE »

PAR WALTER SPINDLER

« La sincérité de mon admiration ne peut être mise en doute lorsque j'avoue que, dans le cinquième acte, Sarah Bernhardt a atteint un sommet de puissance dramatique, une force d'expression qui ne pouvait être surpassée. Elle a joué la longue et cruelle scène où Adrienne, empoisonnée par la duchesse de Bouillon, lutte contre la mort dans son terrible agonie, non seulement avec un talent immense, mais avec une science de l'art qu'elle n'a jamais révélée jusqu'à présent. Si le public parisien avait entendu, ou entend jamais, Mlle. Sarah Bernhardt s'écrie avec l'accent perçant qu'elle met ce soir-là dans ses paroles : « Je ne mourrai pas, je ne mourrai pas ! il pleurerait avec elle.

Sarcey termine une admirable critique par ces mots :

« Elle est prodigieuse !

Et Lapommeraye, redevenu aimable, me pria de retourner à la Comédie, qui m'attendait, qui tuerait le veau gras au retour de son enfant prodigue.

Sarcey, dans son article du *Temps* , me consacrait cinq colonnes d'éloges, et terminait son article par ces mots :

« Rien, rien ne pourra jamais remplacer ce dernier acte d' *Adrienne Lecouvreur* à la Comédie. Ah ! elle aurait dû rester à la Comédie. Oui, je reviens à ma litanie ! Je ne peux pas l'aider! Nous perdrons autant qu'elle. Oui, je sais qu'on peut dire Mlle. Dudlay nous est laissé. Oh, elle restera toujours avec nous ! Je ne peux m'empêcher de le dire. Quel dommage! Quel dommage!"

Et huit jours après, le 7 juin, il écrivait dans son *feuilleton théâtral* , sur la première représentation de *Froufrou* :

«Je ne pense pas que l'émotion dans un théâtre ait jamais été aussi profonde. Il y a, dans l'art dramatique, des moments exceptionnels où les artistes sont transportés hors d'eux-mêmes, portés au-dessus d'eux-mêmes et contraints d'obéir à ce « démon » intérieur (j'aurais dû dire « dieu ») qui murmurait à Corneille ses vers immortels.

« Eh bien, » dis-je à Mlle. Sarah Bernhardt, après la pièce : « c'est une soirée qui vous ouvrira, si vous le souhaitez, les portes de la Comédie Française. « Ne m'en parlez pas, dit-elle. Nous n'en parlerons pas. Mais quel dommage ! Quel dommage!"

Mon succès à *Froufrou* fut si marqué qu'il combla le vide laissé par Coquelin, qui, après avoir signé, avec le consentement de Perrin, avec MM. Mayer et Hollingshead, déclara qu'il ne pouvait tenir ses engagements. C'était un vilain *coup de Jarnac* par lequel Perrin espérait nuire à mes performances londoniennes. Il m'avait auparavant envoyé Got pour me demander officiellement si je ne reviendrais pas à la Comédie. Il me dit qu'il me serait permis de faire ma tournée américaine et que tout serait réglé à mon retour. Mais il n'aurait pas dû envoyer Got. Il aurait dû envoyer Worms ou *le petit père Franchise* — Delaunay. L'un aurait pu me convaincre par ses raisonnements affectueux et l'autre par la fausseté d'arguments présentés avec une telle grâce qu'il eût été difficile de refuser.

On m'a déclaré que je serais trop heureux de revenir à la Comédie à mon retour en Amérique. « Car tu sais, ajouta-t-il, tu sais, ma petite, que tu mourras dans ce pays-là. Et si vous revenez, vous serez peut-être trop heureux de retourner à la Comédie Française, car vous serez en mauvaise santé, et il vous faudra du temps avant de retrouver votre raison. Croyez-moi, signez, et ce n'est pas nous qui en profiterons, mais vous !

« Je vous remercie, répondis-je, mais je préfère choisir moi-même mon hôpital à mon retour. Et maintenant tu peux partir et me laisser en paix. J'ai l'impression d'avoir dit : "Sortez !"

Ce soir-là, il assista à une représentation de *Froufrou* ; il est venu dans ma loge et m'a dit :

« Tu ferais mieux de signer, crois-moi ! Et revenez pour commencer avec *Froufrou* ! Je vous promets un bon retour !

J'ai refusé et j'ai terminé mes représentations à Londres sans Coquelin.

La moyenne des recettes était de neuf mille francs, et je quittai Londres à regret, moi qui l'avais quitté avec tant de plaisir la première fois. Mais Londres est une ville à part ; son charme se dévoile petit à petit. La première impression pour un Français ou une Française est celle d'une vive souffrance, d' *un ennui mortel* . Ces hautes maisons aux fenêtres à guillotine sans rideaux ; ces monuments laids, tous en deuil avec la poussière, la crasse et la saleté noire et grasse ; ces marchands de fleurs aux coins de toutes les rues, avec des visages tristes comme la pluie et des plumes débraillées dans leurs chapeaux et leurs vêtements lamentables ; la boue noire des rues ; le ciel bas ; la gaieté funèbre des femmes ivres s'accrochant à des hommes tout aussi ivres ; la danse sauvage des enfants échevelés autour des orgues des rues, aussi nombreuses que les omnibus, tout cela causait, il y a vingt-cinq ans, une souffrance indéfinie à un Parisien. Mais peu à peu on s'aperçoit que la profusion des carrés est reposante pour les yeux ; que la beauté des dames aristocratiques efface l'image des fleuristes....

Le mouvement constant de Hyde Park, et surtout de Rotten Row, remplit le cœur de gaieté. La large hospitalité anglaise, qui se manifeste dès le premier instant de la connaissance ; l'esprit des hommes, qui se compare favorablement à l'esprit des Français ; et leur galanterie, bien plus respectueuse et par conséquent bien plus flatteuse, ne me laissait aucun regret pour la galanterie française.

Mais je préfère notre boue pâle à la boue noire de Londres, et nos fenêtres ouvrant au centre aux horribles fenêtres à guillotine. Je trouve aussi que rien ne marque plus clairement la différence de caractère des deux nations que leurs fenêtres respectives. Les nôtres sont grands ouverts ; le soleil entre dans nos maisons jusqu'au cœur de l'habitation ; l'air balaie toutes les poussières et tous les microbes. Ils se ferment de la même manière, tout simplement en ouvrant.

Les fenêtres anglaises ne s'ouvrent qu'à moitié, soit la moitié supérieure, soit la moitié inférieure. On peut même avoir le plaisir de les ouvrir un peu en haut et un peu en bas, mais pas du tout au milieu. Le soleil ne peut pas entrer ouvertement, ni l'air. La fenêtre garde son caractère égoïste et perfide. Je déteste les fenêtres anglaises. Mais maintenant j'aime Londres et – est-il besoin d'en ajouter ? – ses habitants.

Depuis ma première visite, j'y suis retourné vingt et une fois, et le public est toujours resté fidèle et affectueux.

XXXI
TOURNÉE AU DANEMARK – FAMILLES ROYALES – LES « VINGT-HUIT JOURS » DE SARAH BERNHARDT

Après cette première épreuve de ma liberté, je me sentais plus sûr de la vie qu'avant. Bien que j'étais très faible de constitution, la possibilité de faire ce que je voulais sans entrave et sans contrôle calmait mon système nerveux, et ma santé, affaiblie par des irritations perpétuelles et par un travail excessif, s'améliorait. Je me reposais sur les lauriers que j'avais moi-même cueillis et je dormais mieux. Mieux dormi, j'ai commencé à mieux manger. Et grand fut l'étonnement de ma petite cour lorsqu'ils virent leur idole revenir de Londres toute rose.

Je restai plusieurs jours à Paris ; puis je partis pour Bruxelles, où je devais jouer *Adrienne Lecouvreur* et *Froufrou* .

Le public belge – j'entends par là le public bruxellois – est celui qui ressemble le plus au nôtre. En Belgique, je n'ai jamais l'impression d'être dans un pays étranger. Notre langue est la langue du pays ; les chevaux et les voitures sont toujours d'un goût parfait ; les femmes à la mode ressemblent à nos propres femmes à la mode ; *les cocottes* abondent ; les hôtels sont aussi bons qu'à Paris ; les chevaux de fiacre sont aussi pauvres ; les journaux sont tout aussi méchants. Bruxelles bavarde sur Paris en miniature.

J'ai joué pour la première fois au Théâtre de la Monnaie et je me sentais mal à l'aise dans cette maison immense et glaciale. Mais l'enthousiasme bienveillant du public m'a vite réchauffé, et je n'oublierai jamais les quatre représentations que j'y ai données.

Puis je partis pour Copenhague, où je devais donner cinq représentations au Théâtre Royal.

SARAH BERNHARDT
EN COSTUME DE VOYAGE (1880)

Notre arrivée, attendue sans doute avec impatience, m'effraya vraiment. Plus de deux mille personnes rassemblées dans la gare à l'arrivée du train poussèrent un hourra si terrible que je ne comprenais pas ce qui se passait. Mais lorsque M. de Fallesen, directeur du Théâtre Royal, et le premier chambellan du roi entrèrent dans mon compartiment et me prièrent de me montrer à la fenêtre pour satisfaire la curiosité du public, les hourras recommencèrent, et alors je compris . Mais une terrible anxiété s'empara de moi. Je ne pourrais jamais, j'en étais sûr, être à la hauteur de ce qu'on attendait de moi. Ma silhouette élancée inspirerait le dédain à ces hommes magnifiques et à ces femmes splendides et saines. Je descendis du train si diminué en comparaison que j'avais la sensation de n'être plus qu'un souffle d'air ; et je vis la foule, soumise à la police, se diviser en deux files compactes, laissant un large chemin à ma voiture. Je traversais lentement cette double haie de curieux sympathiques, qui me jetaient des fleurs, des baisers et me soulevaient leur chapeau. Au cours de ma longue carrière, j'ai connu de nombreux triomphes, réceptions et ovations, mais mon accueil par le peuple danois reste l'un de mes souvenirs les plus précieux. La haie vive dura jusqu'à ce que nous atteignions l'Hôtel d'Angleterre, où j'entrai après avoir remercié une fois de plus les amis sympathiques qui m'entouraient.

Le soir, le roi, la reine et leur fille, la princesse de Galles, étaient présents à la première représentation d' *Adrienne Lecouvreur* .

Voici ce que dit le *Figaro* du 16 août 1880 :

« Sarah Bernhardt a incarné *Adrienne Lecouvreur* avec un immense succès devant un public magnifique. La famille royale, le roi et la reine des Hellènes, ainsi que la princesse de Galles, étaient présents à la représentation. Les reines ont lancé leurs bouquets à l'artiste français, sous les applaudissements. Ce fut un triomphe sans précédent. Le public était en délire. Demain, on jouera *Froufrou* .

La représentation de *Froufrou* fut tout aussi réussie. Mais comme je ne jouais qu'un jour sur deux, j'avais envie de visiter Elseneur. Le Roi mit le vapeur royal à ma disposition pour ce petit voyage.

J'avais invité toute ma compagnie.

M. de Fallesen, premier chambellan et directeur du Théâtre Royal, nous avait commandé un magnifique déjeuner, et accompagnés des principales notables du Danemark, nous visitâmes le tombeau d'Hamlet, la source d'Ophélie et le château de Marienlyst. Ensuite nous sommes passés par le château de Kronborg. J'ai regretté ma visite à Elseneur. La réalité n'a pas été à la hauteur de nos attentes. Le soi-disant tombeau d'Hamlet est représenté par une petite colonne laide et triste ; il y a peu de verdure et la tristesse désolée de la tromperie sans beauté. On me donna à boire un peu d'eau de la source d'Ophélie, et le baron de Fallesen brisa le verre, sans permettre à personne d'autre de boire à la source.

Je reviens de ce voyage très ordinaire plutôt triste. Appuyé contre le bord du navire, je regardais l'eau glisser, quand j'ai remarqué quelques pétales de roses à la surface. Portés par un courant invisible, ils étaient portés contre les flancs du bateau ; puis les pétales se multiplièrent par milliers, et dans le mystérieux coucher de soleil s'éleva le chant mélodieux des fils du Nord. J'ai levé les yeux. Devant nous, bercé sur l'eau par la brise du soir, se trouvait un joli bateau aux voiles déployées ; une vingtaine de jeunes gens, jetant dans les eaux des poignées de roses que les petites vaguelettes nous apportaient, chantaient les merveilleuses légendes des siècles passés. Et tout ça était pour moi : toutes ces roses, tout cet amour, toute cette poésie musicale. Et ce soleil couchant était aussi pour moi. Et dans cet instant fugace, qui m'a rapproché toute la beauté de la vie, je me suis senti très proche de Dieu.

Le lendemain, à la fin de la représentation, le Roi me fit appeler dans la loge royale, et il me décora d'un très joli Ordre du Mérite orné de diamants. Il m'a gardé quelque temps dans sa loge, me posant des questions sur différentes choses. J'ai été présenté à la Reine et j'ai immédiatement remarqué qu'elle était un peu sourde. J'étais un peu embarrassé, mais la reine de Grèce vint à mon secours. Elle était belle, mais bien moins que sa charmante sœur, la princesse de Galles. Oh, ce visage adorable et séduisant, avec des yeux d'enfant du Nord et des traits classiques de pureté virginale, un cou long et souple qui semblait fait pour des saluts de reine, un sourire doux et presque timide. Le charme indéfinissable de cette princesse la rendait si rayonnante que je ne vis qu'elle, et je sortis de la loge en ne laissant derrière moi, je le crains, qu'une piètre opinion de mon intelligence auprès des couples royaux du Danemark et de la Grèce.

La veille de mon départ, je fus invité à un grand souper. Fallesen a fait un discours et nous a remerciés d'une manière très charmante pour la « semaine française » que nous avions donnée au Danemark.

Robert Walt a prononcé un discours très cordial au nom de la presse, très court mais très sympathique. Notre ambassadeur remercia en quelques mots courtois Robert Walt, puis, à la surprise générale, le baron Magnus, ministre prussien, se leva, et d'une voix forte, se tournant vers moi, il dit : « Je bois à la France, qui nous donne de si grands artistes! A la France, la belle France, que nous aimons tous tant !

Dix ans à peine s'étaient écoulés depuis la terrible guerre. Les Français et les Français souffraient encore ; leurs blessures n'étaient pas guéries.

Le baron Magnus, homme vraiment aimable et charmant, m'avait envoyé, dès mon arrivée à Copenhague, des fleurs avec sa carte. J'avais renvoyé les fleurs et prié un *attaché* de l'ambassade anglaise, Sir Francis, je crois, de demander au baron allemand de ne pas renouveler ses cadeaux. Le baron rit bon enfant et m'attendit lorsque je sortis de mon hôtel. Il est venu vers moi les mains tendues et m'a dit des paroles aimables et raisonnables. Tout le monde nous regardait et j'étais gêné. Il était évident que c'était un homme gentil. Je l'ai remercié, touché malgré moi par sa franchise, et je suis reparti tout indécis quant à ce que je ressentais réellement. Deux fois il renouvelle sa visite, mais je ne le reçois pas, mais je me contente de m'incliner en sortant de mon hôtel. J'étais quelque peu irrité par la ténacité de cet aimable diplomate. Le soir du souper, quand je le vis prendre l'attitude d'un orateur, je me sentis pâlir. Il avait à peine fini son petit discours que je me levai d'un bond et m'écriai : « Buvons à la France, mais à la France entière, Monsieur l'Ambassadeur de Prusse ! J'étais nerveux, sensationnel et théâtral sans le vouloir.

C'était comme un coup de foudre.

L'orchestre de la cour, placé dans la galerie supérieure, commença à jouer la Marseillaise. A cette époque, les Danois détestaient les Allemands. La salle du souper fut tout à coup déserte, comme par enchantement.

Je montai dans mon appartement, ne voulant pas être interrogé. J'étais allé trop loin. La colère m'avait fait dire plus que ce que j'avais prévu. Le baron Magnus ne méritait pas cette poussée de ma part. Et aussi mon instinct m'a prévenu des résultats à suivre. Je me couchai en colère contre moi-même, contre le baron et contre le monde entier.

Vers cinq heures du matin, je commençais à m'assoupir, lorsque je fus réveillé par le grognement de mon chien. Puis j'entendis quelqu'un frapper à la porte du *salon* . J'ai appelé ma femme de chambre, qui a réveillé son mari et il est allé ouvrir la porte. Un *attaché* de l'ambassade de France m'attendait pour me parler d'une affaire urgente. J'enfilai une robe de thé en hermine et allai voir le visiteur.

« Je vous prie, dit-il, d'écrire immédiatement une note pour expliquer que les mots que vous avez prononcés n'étaient pas intentionnels. Le baron Magnus, que nous respectons tous, se trouve dans une situation très délicate et nous en sommes tous bouleversés. Il ne faut pas prendre à la légère le prince Bismarck, et cela peut être très grave pour le baron.

je vous l'assure, monsieur, j'en suis cent fois plus mécontent que vous, car le baron est un homme bon et charmant. Il a manqué de tact politique, et dans ce cas c'est excusable, car je ne suis pas une femme politique. Je manquais de sang-froid. Je donnerais ma main droite pour réparer les malades.

« On ne vous en demande pas tant que ça, car cela gâcherait la beauté de vos gestes ! (Il était Français, voyez-vous.) « Voici le brouillon d'une lettre. Allez-vous le prendre, le réécrire, le signer, et tout sera fini ?

Mais c'était inacceptable. Le libellé de cette lettre donnait des explications tordues et plutôt lâches. Je l'ai rejeté et après plusieurs tentatives pour le réécrire, j'ai abandonné, désespéré, et je n'ai rien fait.

Trois cents personnes avaient assisté au souper, outre l'orchestre royal et les assistants. Tout le monde avait entendu le discours aimable mais maladroit du baron. J'avais répondu d'une manière très excitée. Le public et la presse avaient tous été témoins de mon *algarade* ; nous avons été victimes de notre propre folie, le baron et moi. Si une telle chose arrivait à l'heure actuelle, je ne me soucierais pas de l'opinion publique, et je prendrais même plaisir à me ridiculiser pour rendre justice à un homme courageux et vaillant. Mais à cette époque, j'étais très nerveux et résolument patriotique. Et aussi, peut-être, je pensais que j'étais quelqu'un d'important. Depuis lors, la vie m'a appris que si l'on veut être célèbre, cela ne peut vraiment se manifester qu'après la mort. Aujourd'hui, je descends la colline de la vie, et je regarde gaiement tous les piédestaux sur lesquels j'ai été élevé, et il y en a eu tellement, tellement que leurs fragments, brisés par les mêmes mains qui avaient soulevé eux, ont fait de moi un pilier solide, depuis lequel je regarde la vie, heureux de ce qui a été et attentif à ce qui sera.

Ma stupide vanité avait blessé quelqu'un qui ne voulait aucun mal, et cet incident m'a toujours laissé un sentiment de remords et de chagrin.

J'ai quitté Copenhague au milieu des applaudissements et des cris répétés de « Vive la France ! A toutes les fenêtres pendait le drapeau français, flottant au vent, et je sentais que ce n'était pas seulement *pour* moi, mais *contre* l'Allemagne, j'en étais sûr.

Depuis lors, Allemands et Danois sont solidement unis, et je ne suis pas sûr que plusieurs Danois ne me veuillent pas encore à cause de cet incident du baron Magnus.

Je suis revenu à Paris pour finaliser les préparatifs de mon voyage en Amérique. Je devais appareiller le 15 octobre.

Un jour du mois d'août, je recevais tous mes amis, qui venaient me voir en grand nombre, car j'allais partir pour un long voyage.

Parmi eux se trouvaient Girardin, le comte Kapenist, le maréchal Canrobert, Georges Clairin, Arthur Meyer, Duquesnel, la belle Augusta Holmes, Raymond de Montbel, Nordenskjold, O'Connor et d'autres amis. Je discutais gaiement, heureux d'être entouré de tant d'amis gentils et intellectuels.

Girardin fit tout ce qu'il put pour me persuader de ne pas entreprendre ce voyage en Amérique. Il avait été l'ami de Rachel et m'a raconté la triste fin de son voyage.

Arthur Meyer était d'avis que je devais toujours faire ce que je pensais être le mieux. Les autres amis discutèrent du sujet. Cet homme admirable, que la France adorera toujours, Canrobert, a dit combien il devait regretter et regretter ces *causeries intimes* de nos thés de cinq heures.

« Mais, dit-il, nous n'avons pas le droit d'essayer, dans notre affectueux égoïsme, d'empêcher notre jeune amie de faire tout ce qu'elle peut dans la lutte. Elle est de nature combative.

"Ah oui!" J'ai pleuré. « Oui, je suis né pour les conflits, je le ressens. Rien ne me plaît comme de devoir maîtriser un public, peut-être hostile, qui a lu et entendu tout ce que la presse a dit contre moi. Mais je regrette de ne pouvoir jouer, non seulement à Paris mais dans toute la France, mes deux grands succès, *Adrienne* et *Froufrou* .»

« Pour cela, vous pouvez compter sur moi ! s'exclama Félix Duquesnel. "Ma chère Sarah, tu as eu tes premiers succès avec moi, et c'est avec moi que tu auras tes derniers..."

Tout le monde a protesté et j'ai bondi.

« Attendez un instant, dit-il. « Derniers succès jusqu'à votre retour d'Amérique ! Si vous y consentez, vous pouvez compter sur moi pour tout. J'obtiendrai à tout prix des théâtres dans toutes les grandes villes, et nous donnerons vingt-cinq représentations pendant le mois de septembre. Quant aux dispositions financières, elles seront des plus simples : vingt-cinq représentations, cinquante mille francs. Demain, je vous donnerai la moitié de cette somme et je signerai un contrat avec vous, afin que vous n'ayez pas le temps de changer d'avis.

J'ai applaudi joyeusement dans mes mains. Tous les amis qui étaient là prièrent Duquesnel de leur envoyer le plus tôt possible un itinéraire de la tournée, car ils voulaient tous me voir dans les deux pièces dans lesquelles j'avais gagné des lauriers en Angleterre, en Belgique et au Danemark.

Duquesnel promit de leur envoyer les détails de la tournée, et il fut convenu que leurs visites seraient tirées au sort dans un petit sac, et que chaque ville serait marquée de la date et du nom de la pièce.

Une semaine plus tard, Duquesnel, avec qui j'avais signé un contrat, revenait avec le voyage tracé et toute la compagnie engagée. C'était presque miraculeux.

Les représentations devaient commencer le samedi 4 septembre et elles devaient être au nombre de vingt-cinq ; et le tout, y compris le jour du départ et celui du retour, devait durer vingt-huit jours, ce qui fit appeler cette tournée « Les vingt-huit jours de Sarah Bernhardt », comme les vingt-huit jours d'un citoyen. qui est obligé d'accomplir son service militaire.

La petite tournée fut des plus réussies, et je ne me suis jamais autant amusé que lors de cette promenade artistique. Duquesnel organisait des excursions et *des fêtes* hors des villes.

Au début il avait préparé, pensant me faire plaisir, quelques visites des curiosités des villes. Il avait écrit au préalable de Paris pour fixer les dates et les heures. Les gardiens des différents musées, galeries d'art, etc., s'étaient proposés de me montrer les plus beaux objets de leurs collections, et les maires avaient préparé des visites des églises et des édifices célèbres.

Quand, la veille de notre départ, il nous montra le tas de lettres, chacune donnant une affirmation des plus aimables, j'ai poussé un cri.

Je déteste voir des bâtiments publics et qu'on me les explique. Je connais la plupart des monuments publics de France, mais je les ai visités quand j'en avais envie et avec mes amis choisis. Quant aux églises et autres édifices, je les trouve très ennuyeux. Je n'y peux rien, ça me fatigue vraiment de les voir.

Je peux admirer leur silhouette en passant, ou quand je les vois se découper sur le soleil couchant, c'est bien, mais je n'irai pas plus loin. L'idée de pénétrer dans ces espaces froids, pendant qu'on explique leur histoire absurde et interminable, de regarder leurs plafonds avec le cou tendu, de me serrer les pieds en marchant anormalement sur des sols fortement cirés, d'être obligé d'admirer la restauration de la façade gauche aile qu'ils auraient mieux fait de laisser tomber en ruine ; que quelqu'un s'émerveille de la profondeur de quelque fossé qui autrefois était plein d'eau, mais qui est maintenant aussi sec que le vent d'est, tout cela est si ennuyeux que j'ai envie de hurler. Dès ma plus tendre enfance, j'ai toujours détesté les maisons, les châteaux, les églises, les tours et tous les édifices plus hauts qu'un moulin. J'aime les bâtiments bas, les fermes, les cabanes, et j'adore absolument les moulins, car ces petits bâtiments n'obstruent pas l'horizon. Je n'ai rien à dire contre les Pyramides, mais j'aurais cent fois préféré qu'elles n'aient jamais été construites.

Je priai Duquesnel d'envoyer immédiatement des télégrammes à tous les notables qui s'étaient montrés si obligeants. Nous avons passé deux heures à cette tâche, et le 3 septembre, je suis parti libre, joyeux et content.

Mes amis sont venus me voir pendant que j'étais en tournée, selon le tirage au sort qu'ils avaient tiré au sort, et nous avons pique-niqué en car dans les environs depuis toutes les villes où je jouais.

Je revins à Paris le 30 septembre et n'eus que le temps de préparer mon voyage en Amérique. Je n'étais à Paris que depuis une semaine lorsque je reçus la visite de M. Bertrand, alors directeur des Variétés. Son frère était directeur du Vaudeville en partenariat avec Raymond Deslandes.

Je ne connaissais pas Eugène Bertrand, mais je l'ai reçu aussitôt, car nous avions des amis communs.

« Qu'allez-vous faire à votre retour d'Amérique ? » m'a-t-il demandé après avoir échangé nos salutations.

« Je ne sais vraiment pas. Rien. Je n'ai pensé à rien.

"Eh bien, j'ai pensé à quelque chose pour toi. Et si vous désirez reparaître à Paris dans une pièce de Victorien Sardou, je signerai tout de suite avec vous pour le Vaudeville.

"Ah!" J'ai pleuré. « Le Vaudeville ! Que pensez-vous de? Raymond Deslandes est le gérant, et il me déteste comme un poison parce que je me suis enfui du Gymnase le lendemain de la première représentation de sa pièce *Un mari qui lance sa femme* . Sa pièce était ridicule, et j'étais encore plus ridicule que sa pièce dans le rôle d'une jeune femme russe accro à la danse et aux sandwichs. Cet homme ne m'engagera jamais !

Il a souri. « Mon frère est l'associé de Raymond Deslandes. Mon frère – pour le dire clairement – c'est moi-même. Tout l'argent que nous avons investi dans cette affaire est à moi. Je suis le seul maître. Quel salaire veux-tu ?

"Mais... je ne sais vraiment pas."

« Est-ce que quinze cents francs par représentation vous conviendraient ?

Je l'ai regardé avec stupéfaction, ne sachant pas vraiment s'il était sain d'esprit.

"Mais, Monsieur, si je ne réussis pas, vous perdrez de l'argent, et je ne peux pas l'accepter."

« N'ayez pas peur », dit-il. « Je peux vous assurer que ce sera un succès, un succès colossal. Allez-vous signer ? Et je vous garantis aussi cinquante représentations !

« Oh non, jamais ! Je signerai volontiers, car j'admire le talent de Victorien Sardou, mais je ne veux aucune garantie. La réussite dépendra de Victorien Sardou, et après lui de moi. Alors je signe et merci pour votre confiance.

Lors de mes thés de l'après-midi, j'ai montré le nouveau contrat à mes amis, et ils étaient tous d'avis que la chance était de mon côté dans ma démission (de la Comédie Française).

Je devais quitter Paris dans trois jours. J'avais le cœur serré à l'idée de quitter la France, pour de nombreuses raisons douloureuses. Mais dans ces Mémoires j'ai mis de côté tout ce qui touche à la partie intérieure de ma vie. Il existe un « moi » familial qui vit une autre vie et dont les sensations, les peines, les joies et les chagrins naissent et meurent pour un très petit nombre de cœurs.

Mais j'avais besoin d'une autre atmosphère, d'un espace plus vaste, d'autres ciels.

J'ai laissé mon petit garçon avec mon oncle, qui avait lui-même cinq garçons. Sa femme était plutôt protestante stricte, mais gentille, et ma cousine Louise, leur fille aînée, était pleine d'esprit et très intelligente. Elle m'a promis d'être aux aguets et de me faire savoir immédiatement si j'avais quelque chose à savoir.

Jusqu'au dernier moment, les Parisiens ne croyaient pas que j'irais vraiment. Ma santé était si précaire qu'il semblait insensé d'entreprendre un pareil voyage. Mais quand il fut absolument certain que j'y allais, il y eut un concert général de reproches malveillants. La clameur de mes ennemis battait son plein. J'ai maintenant sous les yeux ces spécimens de folie, de calomnies, de mensonges et de bêtises ; portraits burlesques, plaisanteries lugubres ; au revoir au Darling, à l'Idole, à la Star, au Zimm ! boum! boum! etc. etc. Tout cela était tellement idiot que j'en étais confus. Je n'ai pas lu la plupart de ces articles, mais mon secrétaire avait ordre de les découper et de les coller dans des petits cahiers, favorables ou défavorables. C'est mon parrain qui avait commencé à faire cela dès mon entrée au Conservatoire, et après sa mort je l'ai fait continuer.

Heureusement, je trouve dans ces milliers de lignes des mots beaux et nobles, mots écrits par JJ Weiss, Zola, Emile de Girardin, Jules Vallès, Jules Lemaître, etc. ; et de beaux vers pleins de grâce et de justice, signés Victor Hugo, François Coppée, Richepin, Haraucourt, Henri de Bornier, Catulle Mendès, Parodi, et plus tard Edmond Rostand.

Je ne pouvais ni ne voulais souffrir indûment des calomnies et des mensonges, mais j'avoue que les aimables appréciations et louanges que m'accordaient les esprits supérieurs me procuraient une joie infinie.

XXXII
EXPÉRIENCES ET RÉFLEXIONS À BORD DU NAVIRE DU HÂVRE À NEW YORK

Le navire qui devait m'emmener vers d'autres espoirs, d'autres sensations et d'autres succès s'appelait *L'Amérique*. C'était le bateau malchanceux, le bateau hanté par le gnome. Toutes sortes de malheurs, d'accidents et de tempêtes lui avaient été réservés. Il était bloqué depuis des mois, la quille hors de l'eau. Sa poupe avait été percée par un bateau islandais, et il avait sombré sur les côtes de Terre-Neuve, je crois, et avait été remis à flot. Une autre fois, un incendie s'était déclaré en pleine rade du Hâvre, mais sans faire de gros dégâts. Le pauvre bateau avait vécu une aventure célèbre qui l'avait rendu ridicule.

En 1876 ou 1877, un nouveau système de pompage fut adopté, et bien que ce système soit utilisé depuis longtemps par les Anglais, il était assez inconnu à bord des bateaux français. Le capitaine décida très judicieusement de confier le fonctionnement de ces pompes à son équipage, afin qu'en cas de danger, les hommes soient prêts à les manipuler facilement.

L'expérience durait depuis quelques minutes lorsqu'un des hommes vint informer le capitaine que la cale du navire se remplissait d'eau et que personne ne pouvait en découvrir la cause. "Continuez à pomper!" cria le capitaine. "Dépêche-toi! Pompez ! Les pompes travaillèrent frénétiquement, et le résultat fut que la cale se remplit entièrement, et le capitaine fut obligé d'abandonner le navire après avoir vu les passagers partir en toute sécurité dans les canots. Un baleinier anglais rencontra le navire deux jours après, essaya les pompes, qui fonctionnèrent admirablement, mais de manière contraire à celle indiquée par le capitaine français. Cette légère erreur a coûté à la Compagnie Transatlantique 48 000 £ d'argent de sauvetage, et lorsqu'ils ont voulu reprendre le navire et que les passagers ont refusé de le prendre, ils ont offert d'excellentes conditions à mon *imprésario*, M. Abbey. Il les accepta, et il était très intelligent car, malgré tous les pronostics, il n'arriva plus rien au bateau.

J'avais jusqu'alors très peu voyagé et j'étais fou de joie.

Le 15 octobre 1880, à six heures du matin, j'entrai dans ma cabine. C'était une grande pièce et elle était ornée de reps rouge clair brodés de mes initiales. Quelle profusion de lettres SB ! Ensuite, il y avait un grand lit en cuivre brillamment poli, et des fleurs étaient partout. A côté de la mienne se trouvait une cabine très confortable pour *mon petite Dame*, et qui en sortait en était une pour ma femme de chambre et son mari. Toutes les autres personnes à mon service étaient à l'autre bout du navire.

Le ciel était brumeux, la mer grise, sans horizon. J'étais en route là-bas, au-delà de cette brume qui semblait unir le ciel et l'eau en un mystérieux rempart.

Le dégagement du pont pour le départ a bouleversé tout le monde. Le grondement des machines, le cri du maître d'équipage, la cloche, les sanglots et les rires, le craquement des cordages, le cri aigu des ordres, la terreur de ceux qui arrivaient juste à temps pour rattraper le bateau, le « Halloa » ! » "Attention!" des hommes qui jetaient les colis du quai dans la cale, le bruit des vagues rieuses se brisant sur le flanc du bateau, tout cela mêlé faisait le vacarme le plus effroyable, fatiguant le cerveau au point que ses propres sensations étaient toutes vagues. et perplexe. J'étais de ceux qui, jusqu'au dernier moment, appréciaient les adieux, les poignées de main, les projets de retour et les baisers d'adieu, et qui, quand tout cela était fini, se jetaient en sanglotant sur leur lit.

Pendant les trois jours suivants, j'étais dans un désespoir total, pleurant des larmes amères, des larmes qui me brûlaient les joues. Puis j'ai recommencé à me calmer ; ma volonté a triomphé de mon chagrin. Le quatrième jour, je me suis habillé à sept heures et je suis allé sur le pont prendre l'air. Il faisait un froid glacial et, en marchant de long en large, je rencontrai une dame vêtue de noir, au visage triste et résigné. La mer était sombre et incolore, et il n'y avait pas de vagues. Soudain, une vague sauvage s'écrasa si violemment contre le navire que nous fûmes tous deux renversés. Je saisis aussitôt le pied d'un des bancs, mais la malheureuse fut projetée en avant. Me relevant d'un bond, j'eus juste le temps de saisir le bas de sa robe, et, avec l'aide de ma femme de chambre et d'un matelot, je parvins à empêcher la pauvre femme de tomber la tête la première dans l'escalier. Même si elle était très blessée et un peu confuse, elle me remercia d'une voix si douce et rêveuse que mon cœur se mit à battre d'émotion.

« Vous auriez pu être tuée, Madame, dis-je, dans cet horrible escalier.

«Oui», répondit-elle avec un soupir de regret; "mais ce n'était pas la volonté de Dieu."

« N'êtes-vous pas Madame Hessler ? continua-t-elle en me regardant sérieusement.

«Non, Madame», répondis-je; "Je m'appelle Sarah Bernhardt."

Elle recula et se redressa, le visage très pâle et les sourcils froncés, elle dit d'une voix triste, une voix à peine audible : « Je suis la veuve du président Lincoln.

Moi aussi je reculai, et un frisson d'angoisse me parcourut, car je venais de rendre à cette malheureuse le seul service que je n'aurais pas dû lui rendre : je l'avais sauvée de la mort. Son mari avait été assassiné par un acteur, Booth, et c'était une actrice qui l'empêchait désormais de rejoindre son mari bien-aimé.

Je retournai à ma cabane et y restai deux jours, car je n'avais pas le courage de rencontrer la femme pour laquelle j'avais tant de sympathie et à qui je n'oserais plus jamais parler.

Le 22, nous fûmes surpris par une abominable tempête de neige. Je fus appelé en toute hâte par le capitaine Jouclas. J'enfilai un long manteau d'hermine et me dirigeai vers le pont. C'était à la fois parfaitement stupéfiant et féerique. Les lourds flocons se rencontraient avec un bruit sourd dans leur valse folle provoquée par le vent. Le ciel nous fut soudain voilé par toute cette blancheur qui tombait autour de nous en avalanches, cachant complètement l'horizon. J'étais face à la mer et, comme me l'a fait remarquer le capitaine Jouclas, nous ne voyions pas à cent mètres devant nous. Je me retournai alors et vis que le navire était blanc comme une mouette : les cordages, les cordages, les filets, les hublots, les haubans, les bateaux, le pont, les voiles, les échelles, les cheminées, les ventilateurs, tout était blanc. La mer était noire et le ciel noir. Le navire seul était blanc, flottant dans cette immensité. Il y avait une lutte entre le haut entonnoir, qui crachait péniblement sa fumée à travers le vent qui s'engouffrait sauvagement dans sa grande bouche, et les hurlements prolongés de la sirène. Le contraste était si extraordinaire entre la blancheur vierge de ce navire et le vacarme infernal qu'il faisait, qu'il me semblait avoir devant moi un ange hystérique.

Le soir de cette journée étrange, le médecin vint m'annoncer la naissance d'un enfant parmi les émigrés, auquel je m'intéressais beaucoup. J'allai aussitôt chez la mère, et je fis tout ce que je pus pour la pauvre petite créature qui venait de venir au monde. Oh, les gémissements lugubres dans cette nuit lugubre au milieu de toute cette misère ! Oh, ce premier cri strident de l'enfant affirmant sa volonté de vivre au milieu de toutes ces souffrances, de toutes ces épreuves et de tous ces espoirs ! Tout était là mêlé dans ce mélange humain : hommes, femmes, enfants, haillons et conserves, oranges et bassines, chevelures et crânes chauves, lèvres entrouvertes de jeunes filles et bouches bien fermées de femmes mégères, bonnets blancs et mouchoirs rouges. , les mains tendues dans l'espoir et les poings serrés contre l'adversité. J'ai vu des revolvers à moitié cachés sous les haillons, des couteaux dans les ceintures des hommes. Un roulis soudain du bateau nous montra le contenu d'un colis tombé des mains d'un type à l'air coquin et à l'expression très déterminée, et une hachette et un tomahawk tombèrent à terre. L'un des matelots s'empare aussitôt des deux armes pour les remettre au commissaire de bord. Je n'oublierai jamais le regard scrutateur de cet homme ; il avait évidemment noté mentalement les traits du marin, et j'ai poussé une fervente prière pour que les deux ne se rencontrent jamais dans un endroit solitaire.

Je me souviens maintenant avec remords de l'horrible dégoût qui s'est emparé de moi lorsque le médecin m'a remis l'enfant à laver. Ce sale petit objet rouge, mobile et collant était un être humain. Il avait une âme et aurait des pensées ! Je me sentais tout à fait malade, et je ne pouvais plus jamais regarder cet enfant, pourtant j'en étais depuis marraine, sans revivre cette première impression. Quand la jeune maman s'est endormie, j'ai eu envie de regagner ma cabane. Le médecin m'a aidé, mais la mer était si agitée que nous pouvions à peine marcher parmi les colis et les émigrés. Certains d'entre eux, accroupis sur le sol, nous regardaient en silence tandis que nous chancelions et trébuchions comme des ivrognes. J'étais ennuyé d'être observé par ces yeux malveillants et moqueurs. « Je dis, docteur, cria l'un des hommes, l'eau de mer entre dans la tête comme le vin. Vous et votre dame avez l'air de revenir d'une folie ! » Une vieille femme s'accrochait à moi au passage : « Oh, Madame, dit-elle, allons-nous faire naufrage avec le bateau qui roule ainsi ? Oh mon Dieu! Oh mon Dieu!" Un grand type aux cheveux roux et à la barbe s'avança et reposa doucement la pauvre vieille femme. « Tu peux dormir en paix, maman », dit-il. "Si nous faisons naufrage, je jure qu'il y aura plus de sauvés ici-bas que là-haut." Il s'est alors rapproché de moi et a poursuivi d'un ton de défi : « Les riches, de première classe, à la mer ! Les émigrés et les seconds dans les bateaux ! Tandis qu'il prononçait ces mots, j'entendis un rire sournois et étouffé de partout, devant moi, derrière, à côté et même sous mes pieds. Cela semblait résonner au loin comme le rire dans les coulisses de la scène. Je me rapprochai du médecin et il vit que j'étais inquiet.

«C'est absurde», dit-il en riant; "nous devrions nous défendre."

« Mais combien *pourraient* être sauvés, ai-je demandé, au cas où nous serions vraiment en danger ?

— Deux cent… deux cent cinquante au maximum, avec tous les bateaux sortis, si tout est arrivé sain et sauf.

« Mais le commissaire m'a dit qu'il y avait sept cent soixante émigrés, insistai-je, et qu'il n'y avait que cent vingt passagers. Combien en comptez-vous, avec les officiers, l'équipage et les domestiques ?

«Cent soixante-dix», répondit le médecin.

« Alors il y en a mille cinquante à bord, et vous ne pouvez en économiser que deux cent cinquante ?

"Oui."

« Eh bien, je comprends la haine de ces émigrés, que vous embarquez comme du bétail et que vous traitez comme des nègres. Ils sont absolument certains qu'en cas de danger ils seraient sacrifiés !

"Mais nous devrions les sauver quand leur tour viendra."

J'ai regardé avec horreur l'homme qui me parlait. Il avait l'air honnête et direct et il pensait visiblement ce qu'il disait. Ainsi, toutes ces pauvres créatures déçues dans la vie et maltraitées par la société n'auraient droit à la vie qu'après *notre* salut, nous, les plus favorisés ! Oh, comme j'ai compris maintenant ce type coquin, avec sa hachette et son tomahawk ! Comme j'approuvais à ce moment-là les revolvers et les couteaux cachés dans les ceintures. Oui, il avait bien raison, le grand rouquin. Nous voulons les premières places, toujours les premières places. Nous devrions donc avoir les premières places dans l'eau.

"Eh bien, êtes-vous satisfait?" demanda le capitaine qui sortait de sa cabine. "Est-ce que ça s'est bien passé?"

«Oui, capitaine», répondis-je; "mais je suis horrifié."

Jouclas recula, surpris.

« Mon Dieu, qu'est-ce qui vous a horrifié ? Il a demandé.

« La façon dont vous traitez vos passagers… »

Il a essayé de dire un mot, mais j'ai continué :

« Eh bien… vous nous exposez en cas de naufrage… »

"Nous n'avons jamais de naufrage."

"Bien. En cas d'incendie, alors… »

"Nous n'avons jamais de feu——"

"Bien! En cas de naufrage… »

«Je cède», dit-il en riant. – Mais à quoi vous expose-t-on, Madame ?

« A la pire des morts : à un coup de hache sur la tête, à un poignard enfoncé dans le dos, ou simplement à être jeté à l'eau… »

Il a essayé de parler, mais j'ai continué :

« Il y a sept cent cinquante émigrés en bas, et nous sommes à peine trois cents, en comptant les passagers de première classe et l'équipage. Vous avez des bateaux qui pourraient sauver deux cents personnes, et même cela est douteux…

"Bien?"

"Eh bien, qu'en est-il des émigrés ?"

"Nous devrions les sauver avant l'équipage."

« Mais après nous ?

"Oui, après toi."

"Et tu penses qu'ils te laisseraient faire?"

"Nous disposons d'armes pour les maintenir en ordre."

« Des armes… des armes pour les femmes et les enfants ?

"Non; les femmes et les enfants prendraient leur tour en premier.

"Mais c'est idiot !" m'écriai-je; « c'est parfaitement absurde ! Pourquoi sauver les femmes et les enfants si vous voulez en faire des veuves et des orphelins ? Et croyez-vous que tous ces jeunes hommes se résigneraient à leur sort à cause de vos armes ? Ils sont plus nombreux que vous et ils sont armés. La vie leur doit sa vengeance, et ils ont le même droit que nous de nous défendre dans de tels moments. Ils ont le courage de ceux qui n'ont rien à perdre et tout à gagner dans la lutte. Il est à mon avis inique et infâme que vous nous exposiez à une mort certaine et eux à un crime obligatoire et parfaitement justifié.

Le capitaine essaya de parler, mais encore une fois j'insistai :

« Sans aller jusqu'au naufrage, imaginons que nous soyons ballottés pendant des mois sur une mer déchaînée. Cela s'est produit et cela pourrait se reproduire. Il est impossible d'avoir à bord suffisamment de nourriture pour un millier de personnes pendant deux ou trois mois.

"Non, certainement pas", répondit sèchement le commissaire. C'était un homme très aimable, mais très susceptible.

« Eh bien, que dois-tu faire ? » J'ai demandé.

"Que feriez *-vous* ?" » demanda le capitaine, très amusé par l'expression agacée du visage du commissaire.

"Je... oh, je devrais avoir un bateau pour les émigrants et un bateau pour les passagers, et je pense que ce serait tout à fait juste."

"Oui, mais ce serait ruineux."

"Non; celui des riches serait un bateau à vapeur comme celui-ci, et celui des émigrés un voilier.

— Mais cela aussi serait injuste, Madame, car le paquebot irait plus vite que le voilier.

"Cela n'aurait aucune importance", ai-je argumenté. « Les riches sont toujours pressés, et les pauvres ne le sont jamais. Et puis, considérant ce qui les attend dans le pays vers lequel ils vont…

"C'est la Terre Promise."

« Oh, les pauvres ! les pauvres choses ! avec leur Terre Promise ! Dakota ou Colorado... Le jour, ils ont le soleil qui fait bouillir leur cerveau, brûle le sol, assèche les sources et fait naître un nombre infini de moustiques pour piquer leur corps et mettre leur patience à l'épreuve. La Terre Promise !... La nuit, ils ont un froid terrible qui leur fait mal aux yeux, raidit leurs articulations et ruine leurs poumons. La terre promise! C'est juste la mort dans un endroit hors du monde après des appels infructueux à la justice de leurs compatriotes. Ils expireront leur vie dans un sanglot ou dans une terrible malédiction de haine. Mais Dieu aura pitié d'eux, car il est pitoyable de penser que tous ces pauvres êtres sont livrés, les pieds liés par la souffrance et les mains liées par l'espoir, aux esclavagistes qui font le commerce des esclaves blancs. Et quand je pense qu'il y a dans la caisse du commissaire l'argent que le négrier a payé pour le transport de toutes ces pauvres bêtes ! Argent collecté par des mains rugueuses ou des doigts tremblants. Pauvre argent économisé, cuivre par cuivre, larme par larme. Quand je pense à tout cela, j'aimerais que nous puissions faire naufrage, que *nous* puissions tous être tués et tous sauvés.

Avec ces mots, je me suis précipité vers ma cabine pour pleurer un bon coup, car j'étais saisi d'un grand amour pour l'humanité et d'un chagrin intense de ne pouvoir rien faire, absolument rien !

Le lendemain matin, je me suis réveillé tard, car je ne m'étais endormi que très tard. Ma cabine était pleine de visiteurs, et ils détenaient tous de petits paquets à moitié cachés. Je me frottais les yeux endormis et ne comprenais pas bien le sens de cette invasion.

"Ma chère Sarah," me dit madame Guérard en venant vers moi et en m'embrassant, "ne crois pas que ce jour, ton jour *de fête* , puisse être oublié de ceux qui t'aiment."

"Oh," m'écriai-je, "est-ce que c'est le 23 ?"

"Oui, et voici le premier des souvenirs des absents."

Mes yeux se remplirent de larmes, et c'est à travers une brume que j'aperçus le portrait de ce jeune qui m'était plus précieux que tout au monde, avec quelques mots de sa propre écriture. Ensuite, il y a eu quelques cadeaux d'amis, des œuvres d'humbles admirateurs. Mon petit filleul de la veille m'a été amené dans un panier, avec des oranges, des pommes et des mandarines tout autour de lui. Il avait une étoile dorée sur le front, une étoile découpée dans du papier doré dans lequel du chocolat avait été enveloppé. Ma bonne Félicie et Claude son mari, qui m'étaient les plus dévoués, m'avaient préparé de petites surprises très ingénieuses. Bientôt, on frappa à ma porte et quand je criai : « Entrez ! J'aperçus, à ma grande surprise, trois marins portant un superbe bouquet qu'ils me présentèrent au nom de tout l'équipage.

J'étais folle d'admiration et je voulais savoir comment ils avaient réussi à maintenir les fleurs en si bon état.

C'était un énorme bouquet, mais quand je l'ai pris dans mes mains, je l'ai laissé tomber par terre dans un éclat de rire incontrôlable. Les fleurs étaient toutes coupées dans des légumes, mais si parfaitement réalisées que l'illusion était complète à peu de distance. De magnifiques roses étaient taillées dans des carottes, des camélias dans des navets, de petits radis fournissaient des gerbes de boutons de roses collées sur de longs poireaux teints en vert, et le tout rehaussé de feuilles de carottes artistiquement disposées pour imiter les plantes herbacées utilisées pour d'élégants bouquets. Les tiges étaient liées ensemble par un nœud de ruban tricolore. Un des matelots fit un petit discours très touchant de la part de ses camarades, qui voulaient me remercier d'un petit service rendu. Je leur serrai cordialement la main et les remerciai chaleureusement, et ce fut le signal d'un petit concert qui avait été organisé dans la cabane de *mon petite Dame* . Il y avait eu une répétition privée avec deux violons et une flûte, de sorte que pendant l'heure suivante j'ai été bercé par la musique la plus délicieuse, qui m'a transporté vers les miens, vers ma maison, qui me semblait si éloignée de moi à ce moment-là. .

Cette petite *fête* , presque domestique, avait évoqué avec la musique le côté tendre et reposant de ma vie, et les larmes que tout cela faisait couler tombaient sans douleur, sans amertume et sans regret. J'ai pleuré simplement parce que j'étais profondément ému, fatigué, nerveux et las, et j'avais un désir ardent de repos et de paix. Je me suis endormi au milieu de mes larmes, de mes soupirs et de mes sanglots.

XXXIII
ARRIVÉE À NEW YORK—REPORTERS AMÉRICAINS—LA DOUANE—PERFORMANCES À NEW YORK—VISITE D'EDISON À MENLO PARK

Finalement, le navire arriva le 27 octobre, à six heures et demie du matin. Je dormais, épuisé par trois jours et trois nuits de violentes tempêtes. Ma femme de chambre eut quelque peine à me réveiller. Je ne pouvais pas croire que nous étions arrivés et je voulais continuer à dormir jusqu'à la dernière minute. J'ai cependant dû céder à l'évidence, car la vis s'était arrêtée et j'ai entendu un bruit sourd qui résonnait au loin. Je sortis la tête de mon hublot et vis des hommes qui essayaient de nous faire passer le fleuve. L'Hudson était durement gelé et le lourd navire ne pouvait avancer qu'à l'aide de pioches coupant les blocs de glace.

Cette arrivée soudaine me ravit, et tout semblait se transformer en une minute. J'oubliais tous mes désagréments et la lassitude des douze jours de traversée. Le soleil se levait, pâle mais teinté de rose, dissipant les brumes et brillant sur la glace qui, grâce aux efforts de nos pionniers, se brisait en mille morceaux lumineux. J'étais entré dans le Nouveau Monde au milieu d'un feu d'artifice sur glace. C'était féerique et un peu fou, mais il me semblait que cela devait être de bon augure.

Je suis si superstitieux que si j'étais arrivé alors qu'il n'y avait pas de soleil, j'aurais été misérable et très inquiet jusqu'après ma première représentation. C'est un véritable supplice que d'être superstitieux à ce point, et, malheureusement pour moi, je le suis dix fois plus aujourd'hui qu'à cette époque, car outre les superstitions de mon propre pays, j'ai, grâce à mes voyages, ajouté à mon héritage toutes les superstitions des autres pays. Je les connais tous maintenant, et à chaque moment critique de ma vie, ils se lèvent tous en légions armées, pour ou contre moi. Je ne peux pas faire un seul pas, faire un mouvement ou un geste, m'asseoir, sortir, regarder le ciel ou la terre, sans trouver quelque raison d'espérer ou de désespérer, jusqu'à ce qu'enfin, exaspéré par les entraves imposées à mes actions par ma pensée, je défie toutes mes superstitions et j'agis comme je veux agir. Ravi alors de ce qui me semblait être de bon augure, je commençai à m'habiller joyeusement.

M. Jarrett venait de frapper à ma porte.

« Soyez prête le plus tôt possible, Madame, dit-il, car il y a plusieurs bateaux, aux couleurs françaises, qui sont venus à votre rencontre.

Je jetai un coup d'œil du côté de mon hublot et vis un paquebot dont le pont était noir de monde, puis deux autres petites embarcations non moins chargées que la première.

Le soleil illuminait tous ces drapeaux français et mon cœur se mit à battre plus vite.

J'étais sans nouvelles depuis douze jours, car, malgré tous les efforts de notre bon capitaine, *L'Amérique* avait mis douze jours pour le voyage.

Un homme venait de monter sur le pont et je me précipitai vers lui, les mains tendues, incapable de prononcer un seul mot.

Il m'a donné un paquet de télégrammes. Je n'ai vu personne présent et je n'ai entendu aucun son. Je voulais savoir quelque chose. Et parmi tous les télégrammes, j'en cherchais d'abord un, un seul nom. Je l'avais enfin, le télégramme que j'avais attendu, redouté et espéré recevoir, signé Maurice. Le voilà enfin. J'ai fermé les yeux une seconde, et pendant ce temps j'ai vu tout ce qui m'était cher et j'en ai ressenti la douceur infinie.

Quand j'ai rouvert les yeux, j'étais un peu gêné, car j'étais entouré d'une foule d'inconnus, tous silencieux et indulgents, mais visiblement très curieux. Souhaitant m'en aller, j'ai pris le bras de M. Jarrett et je suis allé au salon. Dès mon entrée, les premières notes de la Marseillaise retentirent, notre Consul me prononça quelques mots de bienvenue et me remit des fleurs. Un groupe représentant la colonie française m'a adressé une adresse amicale. Puis M. Mercier, rédacteur en chef du *Courrier des Etats-Unis* , fit un discours aussi spirituel que bienveillant. C'était un discours tout à fait français. Puis vint le terrible moment des présentations. Oh, quelle période fatigante c'était ! Mon esprit était maintenu en tension pour saisir les noms. M. Pemb———, Madame Harth———, avec le *h* aspiré. Avec beaucoup de difficulté, je saisis la première syllabe, et la seconde se terminait dans une confusion de voyelles sourdes et de consonnes sifflantes. Au moment où le vingtième nom fut prononcé, j'avais renoncé à écouter ; Je continuais simplement mon petit *risorius de Santorin* , fermais à moitié les yeux, tendais machinalement le bras au bout duquel était la main qui devait serrer et être secouée. Je répondais tout le temps : « *Combien je suis charmée, Madame... Oh ! Certainement... Oh oui !... Oh non !... Ah !... Oh !... Oh !...* » Je devenais hébété, idiot, épuisé de rester debout. Je n'avais qu'une idée, c'était d'enlever mes bagues aux doigts qui gonflaient sous les prises répétées qu'ils subissaient. Mes yeux s'écarquillaient de plus en plus de terreur alors qu'ils regardaient la porte par laquelle la foule continuait à affluer dans ma direction. Il y avait encore les noms de tous ces gens à entendre et toutes ces mains à serrer. Mon *risorius de Santorin* doit encore travailler plus de cinquante fois. Je sentais les gouttes de transpiration ressortir sous mes cheveux et je commençais à devenir terriblement nerveux. Mes dents claquaient et je me mis à balbutier : « *Oh, Madame !… Oh !… Je suis cha… cha…* » Je n'en pouvais vraiment plus. Je sentais que je devrais me mettre en colère ou éclater en sanglots, et même que j'allais me ridiculiser. J'ai donc décidé de m'évanouir. J'ai fait un mouvement avec ma main comme si elle voulait continuer mais ne pouvait pas. J'ouvris la bouche, fermai les yeux et tombai doucement dans les bras de Jarrett. "Rapide! De l'air !... Un docteur !... La pauvre... Comme elle est pâle ! Enlève son chapeau !... Desserre son corset !... Elle n'en porte pas. Dégrafez sa robe !... » J'étais terrifiée, mais Félicie fut appelée en toute hâte, et *ma petite Dame* ne permit aucun *déshabillage* . Le médecin est revenu avec une bouteille d'éther. Félicie s'empara de la bouteille.

« Oh non, docteur, pas d'éther ! Quand Madame ira bien, l'odeur de l'éther la fera s'évanouir.

C'était tout à fait vrai et j'ai pensé qu'il était temps de reprendre mes esprits. Les journalistes arrivaient, ils étaient plus d'une vingtaine ; mais Jarrett, très ému, leur demanda de se rendre à l'hôtel Albemarle, où je devais m'installer. J'ai vu chacun des journalistes prendre Jarrett à part, et quand je lui ai demandé quel était le secret de tous ces « à part », il a répondu flegmatiquement : « J'ai pris rendez-vous avec eux pour une heure. Il y en aura un nouveau toutes les dix minutes. Je le regardai, pétrifié d'étonnement. Il croisa mon regard anxieux et dit :

" *Ah oui; il était nécessaire.* »

En arrivant à l'hôtel Albemarle, je me sentais fatigué et nerveux et je voulais qu'on me laisse complètement seul. Je me précipitai aussitôt vers ma chambre dans la suite qui m'avait été réservée et fermai les portes. Il n'y avait ni serrure ni verrou sur l'une d'elles, mais j'ai poussé un meuble contre elle, puis j'ai refusé catégoriquement de l'ouvrir. Il y avait une cinquantaine de personnes qui attendaient dans le salon, mais j'avais ce sentiment d'une terrible lassitude qui pousse à aller aux extrêmes les plus violents pour une heure de repos. J'avais envie de m'allonger sur le tapis, de croiser les bras, de rejeter la tête en arrière et de fermer les yeux. Je ne voulais plus parler et je ne voulais plus avoir à sourire ni à regarder qui que ce soit. Je me jetai par terre et restai sourd aux coups à ma porte et aux supplications de Jarrett. Je ne voulais pas polémiquer sur ce sujet, c'est pourquoi je n'ai pas prononcé un mot. J'ai entendu le murmure des voix grogneuses et les paroles de Jarrett persuadant avec tact les visiteurs de rester. J'entendis le bruissement du papier poussé sous la porte, et Madame Guérard chuchotant à Jarrett, qui était furieux.

« Vous ne la connaissez pas, Monsieur Jarrett », l'entendis-je dire. "Si elle pensait que vous forcez la porte contre laquelle elle a poussé les meubles, elle sauterait par la fenêtre !"

Puis j'ai entendu Félicie parler à une Française qui insistait pour me voir.

«C'est tout à fait impossible», disait-elle. « Madame serait assez hystérique. Elle a besoin d'une heure de repos, et tout le monde doit attendre !

J'entendis pendant quelque temps un murmure confus qui semblait s'éloigner, puis je tombai dans un sommeil délicieux, riant tout seul en m'éloignant, car ma bonne humeur revint en imaginant l'expression colérique et interloquée des visages. de mes visiteurs.

Je me suis réveillé au bout d'une heure, car j'ai le don précieux de pouvoir dormir dix minutes, un quart d'heure ou une heure, comme je veux, et je me réveille alors tout à fait paisiblement, sans trembler au moment où je me réveille. choisissez de vous réveiller. Rien ne me fait autant de bien que ce repos du corps et de l'esprit, décidé et réglé par ma seule volonté.

Très souvent, parmi mes amis intimes, je me suis allongé sur le tapis en peau d'ours devant le feu, disant à chacun de continuer à parler et de ne pas faire attention à moi. J'ai alors dormi peut-être une heure, et au réveil j'ai trouvé dans la chambre deux ou trois nouveaux venus qui, ne voulant pas me déranger, ont pris part à la conversation générale en attendant que je me réveille et qu'ils puissent présenter leurs respects pour moi. Aujourd'hui encore, je m'allonge sur l'immense canapé large du petit *salon Empire* qui donne accès à ma loge et je dors en attendant que soient accueillis les amis et les artistes avec lesquels j'ai pris rendez-vous. Quand j'ouvre les yeux, je je vois les visages de mes bons amis, qui me serrent cordialement la main, ravis que j'aie pu me reposer. Mon esprit est alors tranquille, et je suis prêt à écouter toutes les belles idées qui me sont proposées, ou à décliner les absurdités qui me sont soumises sans être disgracieux.

Je me suis alors réveillé à l'hôtel Albemarle une heure plus tard et je me suis retrouvé allongé sur le tapis. J'ouvris la porte de ma chambre, et découvris mon cher Guérard et ma fidèle Félicie assises sur une malle.

« Y a-t-il encore du monde là-bas ? J'ai demandé.

"Oh, Madame, il y en a une centaine maintenant", répondit Félicie.

"Aidez-moi à enlever mes affaires rapidement," dis-je, "et trouvez-moi une robe blanche."

En cinq minutes environ, j'étais prêt et je sentais que j'étais belle de la tête aux pieds. J'entrai dans le salon où attendaient tous ces inconnus. Jarrett s'est avancé à ma rencontre, mais en me voyant bien habillé et avec un visage souriant, il a reporté le sermon qu'il voulait me prêcher.

Je voudrais présenter Jarrett à mes lecteurs, car c'était un homme des plus extraordinaires. Il avait alors environ soixante-cinq ou soixante-dix ans. Il était grand, avec un visage semblable à celui du roi Agamemnon, encadré par les plus beaux cheveux blanc argenté que j'aie jamais vu sur la tête d'un homme. Ses yeux étaient d' un bleu si pâle que lorsqu'ils s'éclairaient de colère, il avait l'air aveugle. Lorsqu'il était calme et tranquille, admirant la nature, son visage était vraiment beau, mais lorsqu'il était gai et animé, sa lèvre supérieure montrait les dents et se recroquevillait dans un reniflement des plus féroces, et ses sourires semblaient être provoqués par le dressage de ses lèvres pointues. les oreilles, qui remuaient toujours comme à l'affût d'une proie.

C'était un homme terrible, extrêmement intelligent ; mais dès son enfance, il devait se battre contre le monde, et il avait le plus profond mépris pour l'humanité tout entière. Bien qu'il ait dû beaucoup souffrir lui-même, il n'avait aucune pitié pour les autres qui souffraient. Il a toujours dit que chaque homme était armé pour sa propre défense. Il avait pitié des femmes ; ne s'occupait pas d'eux, mais était toujours prêt à les aider. Il était très riche et très économe, mais pas avare.

« J'ai fait mon chemin dans la vie, me disait-il souvent, à l'aide de deux armes : l'honnêteté et un revolver. En affaires, l'honnêteté est l'arme la plus terrible qu'un homme puisse utiliser contre les coquins et les gens rusés. Les premiers ne savent pas ce que c'est et les seconds n'y croient pas ; tandis que le revolver est une invention admirable pour contraindre les scélérats à tenir parole.

Il me racontait des aventures merveilleuses et terrifiantes.

Il avait une profonde cicatrice sous l'œil droit. Lors d'une violente discussion sur un contrat à signer pour Jenny Lind, la célèbre chanteuse, Jarrett dit à son interlocuteur, en désignant en même temps son œil droit : « Regardez cet œil, monsieur. Il lit maintenant dans votre esprit tout ce que vous ne dites pas.

"Il ne sait donc pas lire, car il n'a jamais prévu cela", dit l'autre en tirant son revolver sur l'œil droit de Jarrett.

"Un mauvais coup, monsieur", répondit Jarrett. "C'est la façon de viser pour fermer efficacement un œil."

Et il mit une balle entre les deux yeux de l'autre homme, qui tomba mort.

Lorsque Jarrett raconta cette histoire, sa lèvre retroussée et ses deux incisives semblaient croquer les mots avec délice, et ses éclats de rire étouffés sonnaient comme un claquement de mâchoires. Mais c'était un homme droit et honnête, et je l'aimais beaucoup, et j'aime ce que je me souviens de lui.

Ma première impression fut joyeuse, et je frappai des mains avec joie en entrant dans le salon que je n'avais pas encore vu. Les bustes de Racine, Molière et Victor Hugo étaient sur des socles entourés de fleurs. Tout autour de la grande pièce se trouvaient des canapés chargés de coussins et, pour me rappeler ma maison à Paris, de grands palmiers étendaient leurs branches au-dessus des canapés. Jarrett présenta Knoedler, qui avait suggéré ce geste de bravoure. C'était un homme très charmant. Je lui ai serré la main et nous étions amis à partir de ce moment-là.

Les visiteurs sont vite partis, mais les journalistes sont restés. Ils étaient tous assis, les uns sur les accoudoirs des chaises, les autres sur les coussins. L'un d'eux s'était accroupi en tailleur sur une peau d'ours et s'appuyait contre le chauffe-vapeur. Il était pâle et maigre et toussait beaucoup. Je m'avançai vers lui et venais d'ouvrir les lèvres pour lui parler, quoique j'étais un peu choqué qu'il ne se levât pas, lorsqu'il m'adressa la parole d'une voix grave.

« Quel est votre *rôle préféré*, Madame ? » Il a demandé.

"Cela ne vous regarde pas", répondis-je en lui tournant le dos. Ce faisant, je me suis heurté à un autre journaliste, plus poli.

« Que mangez-vous au réveil le matin, Madame ? » s'enquit-il.

J'étais sur le point de lui répondre comme je l'avais fait au premier, mais Jarrett, qui avait eu du mal à apaiser la colère de l'homme accroupi, répondit rapidement à ma place : « Gruau ». Je ne savais pas ce qu'était ce plat, mais le féroce journaliste continuait ses questions.

« Et qu'est-ce que tu manges pendant la journée ?

"Moules."

Il écrivit flegmatiquement : « Des moules pendant la journée ».

Je me suis dirigé vers la porte et une journaliste en jupe sur mesure, les cheveux coupés courts, m'a demandé d'une voix claire et douce : « Êtes-vous une juive-catholique-protestante-mahomédine-bouddhiste-athée-Zoroastre-Théiste-ou-Déiste ? Je restai immobile, cloué sur place, perplexe. Elle avait dit tout cela d'un trait, en accentuant les syllabes au hasard et en rendant le mot entier si follement incohérent que j'avais l'impression que je n'étais pas en sécurité auprès de cette étrange et douce personne. Je devais avoir l'air inquiet, et comme mes yeux tombaient sur une dame âgée qui parlait gaiement à un petit groupe de personnes, elle vint à mon secours en me disant dans un très bon français : « Cette demoiselle vous demande, Madame, si vous êtes de religion juive ou que vous soyez catholique, protestant, mahométan, bouddhiste, athée, zoroastrien, théiste ou déiste.

Je me suis laissé tomber sur un canapé.

"Oh, mon Dieu!" Je me suis exclamé : « Est-ce que ce sera comme ça dans toutes les villes que je visite ? »

"Oh non," répondit placidement Jarrett; "Vos interviews seront diffusées dans toute l'Amérique."

« Et les moules ? » Je me suis dit, puis distraitement, j'ai répondu : « Je suis catholique, Mademoiselle.

« Vous êtes catholique romain ou appartenez-vous à l'Église orthodoxe ? elle a demandé.

Je bondis de mon siège, car elle m'ennuyait au-delà de toute endurance, et un très jeune homme s'approcha alors timidement.

« Me permettez-vous de terminer mon croquis, Madame ? Il a demandé.

Je restais debout, mon profil tourné vers lui à sa demande. Quand il eut fini, je demandai à voir ce qu'il avait fait et, sans aucune gêne, il me tendit son horrible dessin d'un squelette avec une perruque bouclée. J'ai déchiré le croquis et je le lui ai lancé, mais le lendemain, cette horreur est apparue dans les journaux, avec une inscription désagréable en dessous. Heureusement j'ai pu parler sérieusement de mon art avec quelques journalistes honnêtes et intelligents, mais il y a vingt-cinq ans les paragraphes de reporters étaient plus appréciés en Amérique que les articles sérieux, et le public, bien moins littéraire alors qu'aujourd'hui, toujours semblait prêt à faire écho aux turpitudes inventées par des journalistes difficiles à copier. Je devrais penser qu'aucune créature au monde, depuis l'invention du reportage, n'a jamais eu autant à endurer que moi lors de cette première tournée. Les plus basses calomnies étaient répandues par mes ennemis bien avant mon arrivée en Amérique, il y avait toutes les trahisons des amis de la Comédie, et même de mes propres admirateurs, qui espéraient que je ne réussirais pas ma tournée, pour que je puisse revenir. plus vite au bercail, humilié, apaisé et soumis. Ensuite, il y a eu les annonces exagérées inventées par mon *imprésario* Abbey et mon représentant Jarrett. Ces annonces étaient souvent scandaleuses et toujours ridicules ; mais je n'en connus la véritable origine que longtemps après, lorsqu'il fut trop tard, bien trop tard, pour détromper le public, pleinement persuadé que j'étais l'instigateur de toutes ces inventions. Je n'ai donc pas cherché à les détromper. Peu m'importe que les gens croient à une chose ou à une autre.

La vie est courte, même pour ceux qui vivent longtemps, et nous devons vivre pour le petit nombre qui nous connaît et nous apprécie, qui nous juge et nous absout, et pour qui nous avons la même affection et la même indulgence. Le reste, je le considère comme une simple foule, vive ou triste, fidèle ou corrompue, de laquelle on n'attend que des émotions passagères, agréables ou désagréables, qui ne laissent aucune trace derrière elles. Il ne faut haïr que très rarement, car c'est trop fatiguant ; restez indifférent à beaucoup de choses, pardonnez souvent et n'oubliez jamais. Pardonner ne signifie pas oublier – du moins, ce n'est pas le cas pour moi. Je ne mentionnerai ici aucune des attaques outrancières et infâmes qui ont été faites contre moi, car ce serait faire trop d'honneur aux misérables qui en étaient responsables, du début à la fin en trempant leur plume dans le fiel de leur propre chef. âmes. Tout ce que je peux dire, c'est que rien ne tue à part la mort, et que quiconque souhaite se défendre contre la calomnie peut le faire. Pour cela il faut vivre. Il n'est pas donné à chacun de pouvoir le faire, mais cela dépend de la volonté de Dieu, qui voit et juge.

Je pris deux jours de repos avant d'aller au théâtre, car je sentais tout le temps le mouvement du navire : j'avais la tête étourdie et il me semblait que le plafond montait et descendait. Les douze jours de mer avaient assez bouleversé ma santé. J'ai envoyé un message au régisseur pour lui dire que nous répéterions mercredi, et ce jour-là, dès la fin du déjeuner, je me suis rendu au Booth's Theatre, où devaient avoir lieu nos représentations. A la porte de la scène, j'aperçus une foule compacte, ondulante, très animée et gesticulante. Ces individus aux allures étranges n'appartenaient pas au monde des acteurs. Ce n'étaient pas non plus des journalistes, car je les connaissais trop bien, hélas ! se tromper en eux. Ils n'étaient pas là non plus par curiosité, ces gens-là, car ils semblaient trop occupés, et puis aussi, il n'y avait que des hommes. Lorsque ma voiture s'arrêta, l'un d'eux se précipita vers la porte, puis revint vers la foule ondulante. "Elle est là! Elle est là!" J'ai entendu, et puis tous ces hommes ordinaires, avec leurs cravates blanches et leurs mains douteuses, leurs manteaux largement ouverts et leurs pantalons aux genoux usés et sales, se sont entassés derrière moi dans l'étroit passage menant à l'escalier. . Je ne me sentais pas très à l'aise et je montai rapidement les escaliers. Plusieurs personnes m'attendaient au sommet : M. Abbey, Jarrett, et aussi quelques journalistes, deux messieurs et une femme charmante et très distinguée, dont j'ai gardé depuis l'amitié, bien qu'elle ne se soucie pas beaucoup des Français. J'ai vu M. Abbey, qui était habituellement très digne et froid, s'avancer de la manière la plus gracieuse et la plus courtoise vers l'un des hommes qui me suivaient. Ils se levèrent mutuellement leur chapeau et, suivis de l'étrange et brutal régiment, ils s'avancèrent vers le centre de la scène.

J'ai alors vu le spectacle le plus étrange. Au milieu de la scène se trouvaient mes quarante-deux malles. Obéissant à un signe, vingt hommes s'avancèrent, et se plaçant chacun entre deux malles, d'un mouvement rapide de la main droite et de la main gauche, ils enlevèrent les couvertures des malles à droite et à gauche d'eux. Jarrett, fronçant les sourcils et avec un sourire désagréable, leur tendit mes clés. Il m'avait demandé ce matin-là mes clés pour la douane.

« Oh ! ce n'est rien, dit-il ; « ne vous inquiétez pas », et la manière dont mes bagages avaient toujours été respectés dans les autres pays m'avait donné une parfaite confiance à leur égard.

Le personnage principal du groupe des laids s'est approché de moi, accompagné d'Abbey, et Jarrett m'a expliqué les choses. L'homme était un fonctionnaire de la douane américaine.

La douane est une institution abominable dans tous les pays, mais pire en Amérique que partout ailleurs. J'étais préparé à tout cela et j'étais très affable envers le bourreau de la patience d'un voyageur. Il leva le melon qui lui servait de chapeau, et, sans retirer son cigare de sa bouche, me fit une remarque incompréhensible. Il se tourna alors vers son régiment d'hommes, fit un signe brusque de la main et prononça un mot d'ordre, sur quoi les quarante mains sales de ces vingt hommes se mirent à fouiller parmi mes velours, mes satins et mes dentelles. Je me précipitai pour sauver mes pauvres robes d'une violation aussi scandaleuse, et j'ordonnai à la dame de notre compagnie qui avait la charge des costumes d'enlever mes robes une à la fois, ce qu'elle fit en conséquence, aidée par ma femme de chambre, qui était en charge. larmes devant le peu de respect que ces rustres témoignent à toutes mes belles et fragiles choses. Deux dames venaient d'arriver, très bruyantes et sérieuses. L'une d'elles était petite et grosse : son nez semblait commencer à la racine de ses cheveux ; elle avait des yeux ronds et placides et une bouche en forme de museau ; ses bras, elle se cachait timidement derrière son lourd buste flasque, et ses genoux disgracieux semblaient sortir tout droit de son aine. Elle ressemblait à une vache assise. Sa compagne ressemblait à une tortue, avec sa petite tête noire et méchante au bout d'un cou trop long et très filandreux. Elle ne cessait de le tirer hors de son boa et de le retirer avec une rapidité incroyable. Le reste de son corps était bombé. Ces deux charmantes personnes étaient les couturières qu'on envoyait chercher par la Douane pour estimer mes costumes. Ils me regardèrent d'une manière furtive, et me saluèrent un petit salut plein d'amertume et de rage jalouse à la vue de mes robes ; et je savais bien que deux autres ennemis étaient maintenant entrés en scène. Ces deux odieuses mégères se mirent à bavarder et à discuter, tripotant et froissant en même temps mes robes et mes manteaux. Ils n'arrêtaient pas de s'exclamer de la manière la plus catégorique : « Oh, comme c'est beau ! Quelle magnificence ! Quel luxe ! Toutes nos clientes voudront des robes comme celles-ci, et nous ne pourrons jamais les fabriquer ! Ce sera la ruine de toutes les couturières américaines. » Ils mettaient les juges dans un état d'enthousiasme pour cette cour martiale en mousseline. Ils n'arrêtaient pas de se lamenter, puis de s'extasier et de demander « justice » contre l'invasion étrangère. La bande d'hommes laids hocha la tête en signe d'approbation et cracha par terre pour affirmer son indépendance. Soudain, le Terrapin se tourna vers l'un des inquisiteurs :

« Oh, n'est-ce pas beau ? Montre le! montre le!" s'écria-t-elle en s'emparant d'une robe toute brodée de perles que je portais dans *La Dame aux Camélias* .

« Cette robe vaut au moins dix mille dollars », dit-elle ; puis, s'approchant de moi, elle me demanda : « Combien avez-vous payé cette robe, Madame ?

J'ai grincé des dents et je n'ai pas voulu répondre, car juste à ce moment-là j'aurais dû voir le Terrapin dans l'une des casseroles de la cuisine de l'hôtel

Albemarle. Il était presque cinq heures et demie et mes pieds étaient gelés. Moi aussi, j'étais à moitié mort, de fatigue et de colère réprimée. La suite de l'examen fut reportée au lendemain et la bande d'hommes laids proposa de tout remettre dans les malles, mais je m'y opposai. J'envoyai cinq cents mètres de tarlatane bleu pour couvrir la montagne de robes, chapeaux, manteaux, chaussures, dentelles, linge, bas, fourrures, gants, etc. etc. Ils me firent alors jurer de ne rien enlever, car ils avaient en moi une confiance si charmante, et j'y laissai mon intendant. Il était le mari de Félicie, ma servante, et on lui a fait un lit sur scène. J'étais tellement nerveux et bouleversé que j'avais envie d'aller quelque part loin, de prendre l'air et de rester longtemps dehors. Un ami m'a proposé de m'emmener voir le pont de Brooklyn.

« Ce chef-d'œuvre du génie américain vous fera oublier les petites misères de nos affaires administratives », dit-il doucement, et nous partîmes donc pour le pont de Brooklyn.

Oh, ce pont ! C'est insensé, admirable, imposant ; et cela rend fier. Oui, on est fier d'être un être humain quand on réalise qu'un cerveau a créé et suspendu dans les airs, à cinquante mètres du sol, cette chose effrayante qui porte une douzaine de trains remplis de passagers, dix ou douze tramways, une centaine de taxis. , des voitures et des charrettes, et des milliers de passagers piétons ; et tout cela avançait ensemble au milieu du tumulte de la musique des métaux, cliquetant, s'entrechoquant, grinçant et gémissant sous le poids énorme des gens et des choses. Le mouvement de l'air provoqué par cet effroyable va-et-vient tumultueux me donnait le vertige et me coupait le souffle.

Je fis signe à la voiture de s'arrêter et je fermai les yeux. J'ai alors eu une sensation étrange, indéfinissable, de chaos universel. J'ai rouvert les yeux quand mon cerveau était un peu plus tranquille, et j'ai vu New York s'étendre le long du fleuve, portant ses ornements nocturnes, qui brillaient autant à travers sa robe aux milliers de lumières électriques que le firmament avec sa tunique d'étoiles. .

Je suis rentré à l'hôtel réconcilié avec cette grande nation.

Je m'endormis, fatigué de corps mais reposé d'esprit, et je fis des rêves si délicieux que j'étais de bonne humeur le lendemain. J'adore les rêves, et mes jours tristes et malheureux sont ceux qui succèdent à des nuits sans rêves.

Mon grand chagrin est de ne pas pouvoir choisir mes rêves. Combien de fois j'ai fait tout ce qui était en mon pouvoir à la fin d'une journée heureuse pour me faire rêver à sa suite. Combien de fois j'ai évoqué les visages de ceux que j'aime juste avant de m'endormir ; mais ma pensée s'égare et m'emporte ailleurs, et je préfère cent fois cela à la négation absolue de la pensée.

Quand je dors, mon corps éprouve un sentiment infini de jouissance, mais c'est une torture pour moi que mes pensées dorment.

Mes forces vitales se rebellent contre une telle négation de la vie. Je veux bien mourir une fois pour toutes, mais je m'oppose aux morts légères, comme celles dont on a la sensation dans les nuits sans rêves. Quand je me suis réveillé, ma femme de chambre m'a dit que Jarrett attendait que j'aille au théâtre pour que l'évaluation de mes costumes puisse être terminée. J'ai fait dire à Jarrett que j'en avais bien assez vu du régiment de la Douane, et je lui ai demandé de tout finir sans moi, car Madame Guérard serait là. Pendant les deux jours suivants, le Terrapin, la Vache assise et la Bande noire prirent des notes pour la douane, prirent des croquis pour les papiers et des modèles de mes robes pour les clients. J'ai commencé à m'impatienter, car nous aurions dû répéter. Enfin, on m'annonça le jeudi matin que l'affaire était terminée et que je ne pourrais reprendre mes malles qu'après avoir payé vingt-huit mille francs de douane. Je fus pris d'un rire si violent que la pauvre Abbey, qui avait été terrifiée, me l'arracha, et même Jarrett montra ses dents cruelles.

« Ma chère abbaye, m'écriai-je, arrangez-vous comme vous voudrez, mais je dois faire mes *débuts* lundi 8 novembre, et aujourd'hui nous sommes jeudi. Je serai au théâtre lundi pour m'habiller. Assurez-vous que j'ai mes malles, car il n'y avait rien sur la douane dans mon contrat. Mais je paierai la moitié de ce que vous avez à donner.

Les vingt-huit mille francs furent remis à un notaire qui fit une réclamation en mon nom auprès de la Commission des Douanes. Mes malles me restèrent grâce à ce paiement, et les répétitions commencèrent au Booth's Theatre.

Lundi 8 novembre, à 8h30, le rideau s'est levé pour la première représentation d' *Adrienne Lecouvreur* . La salle était bondée et les sièges, vendus aux plus offrants puis revendus par eux, avaient atteint des prix exorbitants. J'étais attendu avec impatience et curiosité, mais sans aucune sympathie. Il n'y avait pas de jeunes filles présentes, car la pièce était trop immorale. Pauvre Adrienne Lecouvreur !

Le public était très poli envers les artistes de ma compagnie, mais plutôt impatient de voir l'étrange personnage qui leur avait été décrit.

Dans la pièce, le rideau tombe à la fin du premier acte sans qu'Adrienne soit apparue. Une personne dans la maison, très ennuyée, demanda à voir M. Henry Abbey. "Je veux récupérer mon argent", a-t-il déclaré, "car la Bernhardt n'est pas présente dans tous les actes." Abbey refusa de restituer l'argent à l'individu extraordinaire, et alors que le rideau se levait, il se dépêcha de revenir reprendre possession de son siège. Mon apparition a été saluée par plusieurs salve d'applaudissements, qui, je crois, avaient été payés d'avance par Abbey et Jarrett. Je commençai, et la douceur de ma voix dans la fable des « Deux Pigeons » fit le miracle. Cette fois, toute la maison éclata en hourras. Un courant de sympathie s'est établi entre le public et moi. Au lieu du squelette hystérique qui leur avait été annoncé, ils avaient devant eux une créature d'apparence très frêle et à la voix douce. Le quatrième acte fut applaudi, et la rébellion d'Adrienne contre la princesse de Bouillon ébranla toute la salle. Enfin, au cinquième acte, lorsque la malheureuse artiste se meurt, empoisonnée par sa rivale, il y a eu toute une manifestation, et tout le monde a été profondément ému. A la fin du troisième acte, tous les jeunes gens furent envoyés par les dames chercher tous les musiciens qu'ils pouvaient réunir, et à ma grande surprise et plaisir en arrivant à mon hôtel, une charmante sérénade me fut jouée pendant que j'étais en train de souper. . La foule s'était rassemblée sous mes fenêtres de l'hôtel Albemarle, et je fus obligé de sortir plusieurs fois au balcon pour m'incliner et remercier ce public qu'on m'avait dit que je trouverais froid et prévenu contre moi. J'ai également remercié du fond du cœur tous mes détracteurs et calomniateurs, car c'est à travers eux que j'avais eu le plaisir de me battre, avec la certitude de vaincre. La victoire était d'autant plus jouissive que je n'avais pas osé l'espérer.

J'ai donné vingt-sept représentations à New York. Les pièces étaient *Adrienne Lecouvreur* , *Froufrou* , *Hernani* , *La Dame aux Camélias* , *Le Sphinx* et *L'Étrangère* . Les recettes moyennes étaient de 20, francs pour chaque représentation, *matinées comprises* . La dernière représentation a été donnée le samedi 4 décembre en *matinée* , car ma compagnie devait partir ce soir-là pour Boston, et j'avais réservé la soirée pour aller chez M. Edison à Menlo Park, où j'ai eu une réception digne d'une féerie. .

Oh, cette *matinée* du samedi 4 décembre ! Je ne pourrai jamais l'oublier. Quand j'arrivai au théâtre pour m'habiller, il était midi, car la *matinée* devait commencer à une heure et demie. Ma voiture s'arrêta, ne pouvant avancer, car la rue était remplie de dames, assises sur des chaises qu'elles avaient empruntées aux boutiques voisines, ou sur des strapontins qu'elles avaient apportées elles-mêmes. La pièce était *La Dame aux Camélias* . J'ai dû descendre de voiture et marcher environ vingt-cinq mètres à pied pour arriver à la porte de la scène. Cela m'a pris vingt-cinq minutes pour le faire. Les gens m'ont serré la main et m'ont supplié de revenir. Une dame ôta sa broche et l'épingla dans mon manteau – une modeste broche d'améthystes entourée de perles fines, mais pour celui qui la donnait, la broche avait certainement sa valeur. J'étais arrêté à chaque pas. Une dame a sorti son carnet et m'a supplié d'écrire mon nom. L'idée a pris comme l'éclair. Les petits garçons sous la garde de leurs parents voulaient que j'écrive mon nom sur leurs poignets. Mes bras étaient pleins de petits bouquets qu'on avait poussés dans mes mains. Je sentis derrière moi quelqu'un qui tirait sur la plume de mon chapeau. Je me retournai brusquement. Une femme, une paire de ciseaux à la main, avait essayé de me couper une mèche de cheveux, mais elle n'avait réussi qu'à couper la plume de mon chapeau. En vain Jarrett fit signe et cria. Je ne pouvais pas m'entendre. On fit appeler la police, qui me délivra, mais sans aucune cérémonie ni pour mes admirateurs ni pour moi. Ces policiers étaient de véritables brutes et ils m'ont mis très en colère. J'ai joué *La Dame aux Camélias* , et j'ai compté dix-sept appels après le troisième acte et vingt-neuf après le cinquième. A cause des acclamations et des appels, la pièce avait duré une heure de plus que d'habitude, et j'étais à moitié mort de fatigue. J'étais sur le point de monter dans ma calèche pour regagner mon hôtel, quand Jarrett est venu me dire qu'il y avait plus de 50 000 personnes qui attendaient dehors. Je me laissai tomber sur une chaise, fatigué et découragé.

« Oh, j'attendrai que la foule se disperse. Je suis fatigué. Je n'en peux plus.

Mais Henry Abbey avait une inspiration de génie.

«Viens», dit-il à ma sœur. « Mettez le chapeau et le boa de Madame et prenez mon bras. Et prends aussi ces bouquets, donne-moi ce que tu ne peux pas porter. Et maintenant, nous allons nous diriger vers la voiture de votre sœur et faire notre révérence.

Il a dit tout cela en anglais et Jarrett l'a traduit à ma sœur, qui a accepté volontiers son rôle dans cette petite comédie. Pendant ce temps, Jarrett et moi sommes montés dans la voiture d'Abbey, qui était stationnée devant le théâtre où personne n'attendait. Et c'était une chance que nous ayons suivi ce cours, car ma sœur n'est revenue à l'hôtel Albemarle qu'une heure plus tard, très fatiguée, mais très amusée. Sa ressemblance avec moi, mon chapeau, mon boa et l'obscurité de la nuit avaient été les complices de la petite comédie que nous avions offerte à mon public enthousiaste.

Nous devions partir à neuf heures pour Menlo Park. Nous devions nous habiller en costume de voyage, car le lendemain nous devions partir pour Boston, et mes malles partaient le même jour avec ma compagnie, qui me précédait de plusieurs heures.

Notre repas était, comme d'habitude, très mauvais, car à cette époque en Amérique, la nourriture était indescriptiblement horrible. A dix heures, nous avons pris le train, un train assez spécial, tout décoré de fleurs et de banderoles, qu'ils avaient eu la gentillesse de me préparer. Mais ce fut quand même un voyage pénible, car à chaque instant il fallait s'arrêter pour laisser passer un autre train ou une locomotive manœuvrer, ou encore attendre pour franchir les aiguillages. Il était deux heures du matin lorsque le train atteignit enfin la gare de Menlo Park, résidence de Thomas Edison.

C'était une nuit très sombre et la neige tombait silencieusement en gros flocons. Une voiture attendait, et l'unique lampe de cette voiture servait à éclairer toute la gare, car l'ordre avait été donné d'éteindre les lumières électriques. J'ai trouvé mon chemin avec l'aide de Jarrett et de certains de mes amis qui nous avaient accompagnés depuis New York. Le froid intense glaçait la neige en tombant et nous marchions sur de véritables blocs de glace pointus et déchiquetés qui crépitaient sous nos pieds. Derrière la première voiture se trouvait une autre voiture plus lourde, avec un seul cheval et pas de lampe. Il y avait de la place pour cinq ou six personnes. Nous étions dix en tout. Jarrett, Abbey, ma sœur et moi avons pris place dans le premier, laissant les autres monter dans le second. Nous ressemblions à une bande de conspirateurs. La nuit noire, les deux voitures mystérieuses, le silence causé par le froid glacial, la façon dont nous étions emmitouflés dans nos fourrures et notre expression anxieuse tandis que nous regardions autour de nous, tout cela faisait ressembler notre visite au célèbre Edison à une scène. d'une opérette.

La voiture roulait, s'enfonçait profondément dans la neige et cahotait terriblement ; les secousses nous faisaient redouter à chaque instant quelque accident tragi-comique.

Je ne sais pas depuis combien de temps nous roulions, car, bercé par le mouvement de la voiture et enfoui dans mes chaudes fourrures, je somnolais tranquillement, quand un formidable « Hip, hip, hourra ! nous fit tous sursauter, mes compagnons de voyage, le cocher, le cheval et moi. Aussi vite que l'on pensait, tout le pays fut soudain illuminé. Sous les arbres, sur les arbres, parmi les buissons, le long des allées du jardin, des lumières brillaient triomphalement.

Les roues de la voiture tournèrent encore quelques fois, puis s'arrêtèrent devant la maison du célèbre Thomas Edison. Un groupe de personnes nous attendait sur la véranda : quatre hommes, deux dames et une jeune fille. Mon cœur commença à battre plus vite alors que je me demandais lequel de ces hommes était Edison. Je n'avais jamais vu sa photographie et j'avais la plus grande admiration pour son cerveau génial. Je sautai hors de la voiture et la lumière électrique éblouissante nous fit croire qu'il faisait jour. J'ai pris le bouquet que Mme Edison m'avait offert et je l'en ai remerciée, mais je m'efforçais tout le temps de découvrir lequel d'entre eux était le grand homme.

Ils s'avancèrent tous les quatre vers moi, mais je remarquai la rougeur qui apparut sur le visage de l'un d'eux, et il était si évident à l'expression de ses yeux bleus qu'il s'ennuyait intensément que je devinai qu'il s'agissait d'Edison. Je me sentais moi-même confus et embarrassé, car je savais très bien que ma visite causait du désagrément à cet homme. Il imaginait bien sûr que cela était dû à la vaine curiosité d'un étranger avide de courtiser la publicité. Il pensait sans doute à l'entretien qui lui était réservé le lendemain et aux bêtises qu'on lui ferait dire. Il souffrait d'avance à l'idée des questions ignorantes que je lui poserais, de toutes les explications qu'il serait obligé de me donner par politesse, et à ce moment Thomas Edison me prit en dégoût. Ses merveilleux yeux bleus, plus lumineux que ses lampes à incandescence, me permettaient de lire dans ses pensées. J'ai tout de suite compris qu'il fallait le conquérir, et mon instinct combatif a eu recours à toutes mes forces de fascination pour vaincre ce *savant délicieux* mais timide . J'ai fait un tel effort et j'ai si bien réussi qu'une demi-heure plus tard nous étions les meilleurs amis du monde.

Je le suivais rapidement, gravissant des escaliers aussi étroits et raides que des échelles, traversant des ponts suspendus en l'air au-dessus de véritables fourneaux, et il m'expliquait tout. Je comprenais tout, et je l'admirais de plus en plus, tant il était simple et charmant, ce roi de la lumière.

Comme nous étions penchés sur un pont un peu instable au-dessus du gouffre terrible, où d'immenses roues enfermées dans de larges lanières tournaient, tournoyaient et grondaient, il donnait divers ordres d'une voix claire, et la lumière jaillissait alors de tous côtés, parfois en jets verdâtres crépitants, parfois en éclairs rapides, ou en traînées serpentines comme des ruisseaux de feu. J'ai regardé cet homme de taille moyenne, avec une tête assez grosse et un profil noble, et j'ai pensé à Napoléon Ier. Il y a certainement une grande ressemblance physique entre ces deux hommes, et je suis sûr qu'un compartiment de leur cerveau se révélerait identique. Bien sûr, je ne compare pas leur génie. L'un était destructeur et l'autre créateur, mais tandis que je maudit les batailles, j'adore les victoires, et malgré ses erreurs, j'ai élevé dans mon cœur un autel à ce dieu de gloire qu'est Napoléon ! Je regardai donc Edison d'un air pensif, car il me faisait penser au grand homme mort. Le bruit assourdissant des machines, la rapidité éblouissante des changements de lumière, tout cela ensemble me fit tourner la tête, et oubliant où j'étais, je m'appuyai sur la légère balustrade qui me séparait de l'abîme en dessous. J'étais si inconscient de tout danger qu'avant que je sois revenu de ma surprise, Edison m'avait fait entrer dans une pièce voisine et m'avait installé dans un fauteuil sans que je comprenne comment tout cela s'était passé. Il m'a dit ensuite que j'avais le vertige.

Après avoir fait les honneurs de sa découverte téléphonique et de son étonnant phonographe, Edison m'offrit son bras et m'emmena dans la salle à manger, où je trouvai sa famille rassemblée. J'étais très fatigué et je rendis justice au souper qui nous avait été si hospitalièrement préparé.

Je quittai Menlo Park à quatre heures du matin, et cette fois la campagne, les routes et la gare étaient toutes éclairées *à giorno* , par les milliers de lampes de mon aimable hôte. Quel étrange pouvoir de suggestion les ténèbres ont-elles ! Je pensais avoir parcouru un long chemin cette nuit-là, et il me semblait que les routes étaient impraticables. La distance s'est avérée assez courte et les routes étaient charmantes, même si elles étaient maintenant couvertes de neige. L'imagination avait joué un grand rôle lors du voyage jusqu'à la maison d'Edison, mais la réalité a joué un rôle bien plus important lors du même voyage de retour à la gare. J'étais enthousiaste dans mon admiration pour les inventions de cet homme, et j'étais charmé par sa gentillesse timide et sa parfaite courtoisie, ainsi que par son profond amour pour Shakespeare.

XXXIV
À BOSTON—HISTOIRE DE LA BALEINE

Le lendemain, ou plutôt le même jour, car il était alors quatre heures du matin, je partis avec ma compagnie pour Boston. M. Abbey, mon *imprésario* , s'était arrangé pour que je dispose d'une charmante « voiture », mais elle n'avait rien à voir avec la merveilleuse voiture Pullman que je devais avoir de Philadelphie pour continuer ma tournée. J'ai néanmoins été très satisfait de celui-ci. Au milieu se trouvait un vrai lit, grand et confortable, sur un sommier en cuivre. Puis il y avait un fauteuil, une jolie coiffeuse, un panier noué de rubans pour mon chien, et des fleurs partout, mais des fleurs sans parfum entêtant. Dans la voiture voisine de la mienne se trouvaient mes propres domestiques, qui étaient également très à l'aise. Je me suis couché complètement satisfait et je me suis réveillé à Boston.

Une foule nombreuse était rassemblée à la gare. Il y avait des journalistes, des hommes et des femmes curieux, un public décidément plus intéressé que sympathique, pas mal intentionné, mais nullement enthousiaste. L'opinion publique new-yorkaise s'était beaucoup occupée de moi au cours du mois écoulé. J'avais été tellement critiqué et glorifié. Des calomnies de toutes sortes, stupides et dégoûtantes, insensées et odieuses, circulaient à mon sujet. Certains blâmaient, d'autres admiraient le dédain avec lequel j'avais traité ces turpitudes, mais tout le monde savait que j'avais fini par gagner et que j'avais triomphé de tout et de tout. Boston savait aussi que des ecclésiastiques avaient prêché depuis leurs chaires en disant que j'avais été envoyé par l'Ancien Monde pour corrompre le Nouveau Monde, que mon art était une inspiration de l'enfer, etc. etc. Tout cela, tout le monde le savait, mais le public voulait le constater par lui-même. Boston appartient surtout aux femmes. La tradition veut que ce soit une femme qui ait mis les pieds pour la première fois à Boston. Les femmes y sont majoritaires. Ils sont puritains avec intelligence et indépendants avec une certaine grâce. Je passai entre les deux files formées par cette foule étrange, courtoise et froide, et au moment où j'allais monter dans ma voiture, une dame s'avança vers moi et me dit : « Bienvenue à Boston, Madame !

"Bienvenue, Madame!" et elle m'a tendu une petite main douce. (Les femmes américaines ont généralement des mains et des pieds charmants.) D'autres personnes se sont alors approchées et ont souri, et j'ai dû serrer la main de beaucoup d'entre elles.

J'ai tout de suite pris goût à cette ville, mais j'ai quand même été un instant furieux lorsqu'un journaliste a bondi sur les marches de la voiture au moment où nous partions. Il était plus pressé et plus audacieux que tous les autres, mais il dépassait certainement les limites, et je repoussai avec colère cet impoli. Jarrett s'y était préparé et l'a sauvé par le col de son manteau ; sinon il serait tombé sur le trottoir comme il le méritait.

– À quelle heure viendrez-vous monter à bord de la baleine demain ? demanda ce personnage extraordinaire. Je l'ai regardé avec perplexité. Il parlait parfaitement français et réitéra sa question.

"Il est fou!" Dis-je à voix basse à Jarrett.

« Non, Madame ; Je ne suis pas fâché, mais je voudrais savoir à quelle heure vous viendrez monter sur la baleine ? Il vaudrait peut-être mieux venir ce soir, car nous craignons qu'il ne meure dans la nuit, et ce serait dommage que vous ne veniez pas lui rendre visite tant qu'il respire encore.

Il continua à parler, et tout en parlant, il s'assit à moitié à côté de Jarrett, qui le tenait toujours par le col de peur qu'il ne tombe de la voiture.

« Mais, Monsieur, m'écriai-je, que voulez-vous dire ? Qu'est-ce que c'est qu'une baleine ?

« Ah ! Madame, répondit-il, c'est admirable, énorme. Il se trouve dans le bassin du port, et des hommes sont employés jour et nuit à briser les glaces tout autour.

Il s'interrompit brusquement et, debout sur le marchepied, il agrippa le cocher.

"Arrêt! Arrêt!" a-t-il appelé. "Salut! Salut! Henri, viens ici ! Voici Madame ; elle est là!"

La voiture s'arrêta, et sans autre cérémonie il sauta à terre et poussa dans mon landau un petit homme carré de partout, qui portait un bonnet de fourrure rabattu sur les yeux et un énorme diamant à la cravate. Il était le type le plus étrange du Yankee à l'ancienne mode. Il ne parlait pas un mot de français, mais il s'assit calmement à côté de Jarrett, tandis que le journaliste restait à moitié assis et à moitié accroché au véhicule. Nous étions trois lorsque nous partîmes de la gare, et nous étions cinq lorsque nous arrivâmes à l'hôtel Vendôme. Il y avait beaucoup de monde qui attendait mon arrivée et j'avais bien honte de mon nouveau compagnon. Il parlait à haute voix, riait, toussait, crachait, s'adressait à tout le monde et donnait des invitations à chacun. Tout le monde semblait ravi. Une petite fille jeta ses bras autour du cou de son père en s'écriant : « Oh oui, papa ; s'il vous plaît, laissez-nous partir !

"Eh bien, mais il faut demander à Madame", répondit-il, et il s'approcha de moi de la manière la plus polie et la plus courtoise. « Pourriez-vous avoir la gentillesse de nous permettre de vous joindre à votre groupe lorsque vous irez voir la baleine demain ? Il a demandé.

« Mais, Monsieur, répondis-je, ravi d'avoir à nouveau affaire à un gentleman, je n'ai aucune idée de ce que tout cela signifie. Depuis un quart d'heure, ce journaliste et cet homme extraordinaire parlent d'une baleine. Ils déclarent avec autorité que je dois aller lui rendre visite, et je n'en sais absolument rien. Ces deux messieurs prirent ma voiture d'assaut ; s'y sont installés sans ma permission, et, comme vous le voyez, ils invitent en mon nom des gens que je ne connais pas, leur demandant de m'accompagner dans un endroit dont je ne sais rien, dans le but de rendre visite à une baleine qui doit me être présentée et qui attend avec impatience de mourir en paix.

Le gentilhomme fit signe à sa fille de venir avec nous, et, accompagné d'eux, de Jarrett et de Madame Guérard, je montai en ascenseur jusqu'à la porte de mon appartement. J'ai trouvé mes appartements ornés de tableaux précieux et remplis de statues magnifiques. J'étais un peu troublé dans mon esprit, car parmi ces objets d'art se trouvaient deux ou trois choses très rares et très belles, dont je savais qu'elles devaient coûter un prix exorbitant. J'avais peur qu'on en volât un, et j'en parlai au propriétaire de l'hôtel.

"M. X., à qui appartiennent les bibelots, répondit-il, désirait que vous les ayez à regarder tant que vous serez ici, Mademoiselle ; et quand je lui ai fait part de mon inquiétude à leur sujet, tout comme vous l'avez fait pour moi, il a simplement remarqué que « cela lui était égal ». Quant aux photos, elles appartiennent à deux riches Bostoniens. Il y avait parmi eux un superbe Millet que j'aurais bien aimé posséder.

Après avoir exprimé ma gratitude et admiré ces trésors, j'ai demandé une explication de l'histoire de la baleine, et M. Max Gordon, le père de la petite fille, m'a traduit ce que le petit homme au bonnet de fourrure avait dit. Il semblait qu'il possédait plusieurs bateaux de pêche qu'il envoyait pêcher la morue pour son propre bénéfice. L'un de ces bateaux avait capturé une énorme baleine, qui contenait encore deux harpons. La pauvre créature était complètement épuisée par ses luttes, et se trouvait à seulement quelques kilomètres de la côte, il avait donc été facile de la capturer et de l'amener en triomphe à Henry Smith, le propriétaire des bateaux. Il était difficile de dire par quelle fantaisie et par quel tour d'imagination cet homme était parvenu à associer dans son esprit l'idée de la baleine et mon nom comme source de richesse. Je ne comprenais pas, mais il n'en restait pas moins qu'il insistait d'une manière si drôle, avec tant d'autorité et d'énergie, que le lendemain matin, à sept heures, cinquante d'entre nous se rassemblaient, malgré la pluie glaciale, sur le quai. .

M. Gordon avait donné l'ordre que sa malle-poste avec quatre beaux chevaux soit prête. Il conduisait lui-même, et sa fille Jarrett, ma sœur, Madame Guérard, et une autre dame âgée, dont j'ai oublié le nom, étaient avec nous. Sept autres voitures suivaient. Tout cela était vraiment très amusant.

A notre arrivée au quai, nous fûmes reçus par ce Henry comique, hirsute cette fois de la tête aux pieds, et les mains enfermées dans des gants de laine sans doigts. Seuls ses yeux et son énorme diamant brillaient sur ses fourrures. J'ai longé le quai, très amusé et intéressé. Il y avait aussi quelques badauds, et hélas ! – trois fois hélas ! – il y avait des journalistes.

La patte hirsute d'Henry saisit alors ma main et il m'entraîna rapidement avec lui jusqu'aux marches.

J'ai juste échappé à me casser le cou au moins une douzaine de fois. Il m'a poussé, m'a fait trébucher sur les dix marches du bassin, et je me suis ensuite retrouvé sur le dos de la baleine. On m'a assuré qu'il respirait encore, mais je ne voudrais pas affirmer qu'il respirait réellement ; mais le clapotis de l'eau brisant son tourbillon contre la pauvre créature la faisait osciller légèrement. Ensuite, il fut également recouvert de givre et, à deux reprises, je tombai de tout mon long sur son dos. J'en ris maintenant, mais j'étais furieux à l'époque.

Mais autour de moi, tout le monde insistait pour que je retire de la lame du pauvre animal capturé un morceau de fanon de baleine, un de ces petits os dont on se sert pour les corsets des femmes. Je n'aimais pas faire cela, car je craignais de lui faire souffrir, et j'étais désolé pour le pauvre animal, car trois d'entre nous - Henry, la petite fille Gordon et moi - patinions sur son dos depuis quelques jours. dix minutes. Finalement, j'ai décidé de le faire. J'ôtai le petit os de baleine et remontai les marches, tenant mon pauvre trophée à la main. Je me sentais nerveux et troublé, et tout le monde m'entourait.

J'étais ennuyé par cet Henry Smith. Je ne voulais pas retourner à la voiture, car je pensais pouvoir mieux cacher ma mauvaise humeur dans l'un des énormes landaus à l'air sombre qui suivirent, mais la charmante Miss Gordon me demanda si gentiment pourquoi je ne monterais pas avec eux que je J'ai senti ma colère fondre devant le visage souriant de l'enfant.

"Voulez-vous conduire?" me demanda son père, et j'acceptai avec plaisir.

Jarrett descendit immédiatement du car aussi vite que son âge et sa corpulence le lui permettaient.

« Si vous conduisez, je préfère descendre », dit-il en s'asseyant dans une autre voiture. J'ai changé hardiment de place avec M. Gordon pour conduire, et nous n'avions pas parcouru cent mètres lorsque j'ai laissé les chevaux se diriger vers une pharmacie le long du quai et que j'ai fait monter la voiture elle-même sur le sentier, de sorte que si elle Sans la rapidité et l'énergie de M. Gordon, nous aurions tous été tués. En arrivant à l'hôtel, je me couchai et restai là jusqu'à l'heure du théâtre, le soir. Nous avons joué contre *Hernani* ce soir-là devant une salle comble.

Les sièges avaient été vendus aux plus offrants et des prix considérables avaient été obtenus. Nous avons donné quinze représentations à Boston, à raison de dix-neuf mille francs en moyenne par représentation. J'étais désolé de quitter cette ville, car j'y avais passé deux semaines charmantes, l'esprit toujours en éveil lors des conversations avec les femmes de Boston. Ils sont puritains du sommet de la tête jusqu'à la plante des pieds, mais ils sont indulgents et il n'y a aucune amertume dans leur puritanisme. Ce qui m'a le plus frappé chez les femmes de Boston, c'est l'harmonie de leurs gestes et la douceur de leur voix. Élevée dans les traditions les plus sévères et les plus dures, la race bostonienne me paraît la plus raffinée et la plus mystérieuse de toutes les races américaines.

Comme les femmes sont majoritaires à Boston, beaucoup de jeunes filles restent célibataires. Toutes leurs forces vitales qu'elles ne peuvent dépenser en amour et en maternité, elles les emploient à fortifier et à assouplir la beauté de leur corps par l'exercice et le sport, sans rien perdre de leur grâce. Toutes les réserves du cœur sont dépensées en intellectualité. Ils adorent la musique, la scène, la littérature, la peinture et la poésie. Ils savent tout et comprennent tout, sont chastes et réservés, ne rient ni ne parlent très fort.

Ils sont aussi éloignés de la race latine que le pôle Nord l'est du pôle Sud, mais ils sont intéressants, délicieux et captivants.

C'est donc le cœur un peu lourd que je quittai Boston pour New Haven, et à ma grande surprise, en arrivant à l'hôtel là-bas, je trouvai Henry Smith, le célèbre homme-baleine.

"Oh, mon Dieu!" M'écriai-je en me jetant dans un fauteuil, qu'est-ce que cet homme me veut maintenant ?

Je ne restai pas longtemps dans l'ignorance, car le bruit le plus infernal des cuivres, des tambours, des trompettes et, je crois, des casseroles, m'attira vers la fenêtre. J'ai vu une immense voiture entourée d'une escorte de nègres habillés en ménestrels. Sur ce carrosse se trouvait une abominable et monstrueuse publicité colorée me représentant debout sur la baleine, arrachant sa lame alors qu'elle luttait pour se défendre.

Quelques hommes-sandwichs suivaient avec des affiches sur lesquelles étaient écrits les mots suivants :

" VIENS ET VOIS

L'ÉNORME CÉTACÉ

LEQUEL

SARAH BERNHARDT

TUÉ

Certains des autres hommes-sandwichs portaient des affiches avec ces mots :

Il a pour cinq cents dollars de sel dans l'estomac,

et chaque jour la glace sur laquelle il repose est

renouvelé au prix de cent dollars !

Mon visage devint plus livide que celui d'un cadavre, et mes dents claquèrent de fureur en voyant cela.

Henry Smith s'est avancé vers moi, et je l'ai frappé dans ma colère, puis je me suis précipité dans ma chambre, où j'ai sangloté de vexation, de dégoût et de lassitude totale.

Je voulais retourner en Europe immédiatement, mais Jarrett m'a montré mon contrat. J'ai alors voulu faire des démarches pour faire cesser cette odieuse exposition, et pour me calmer, on m'a promis que cela se ferait, mais en réalité rien n'a été fait du tout.

Deux jours plus tard, j'étais à Hartford et la même baleine était là. Il a continué sa tournée pendant que je poursuivais la mienne.

Ils lui donnèrent plus de sel et renouvelèrent sa glace, et il continua son chemin, si bien que je le rencontrai partout. J'ai entrepris des démarches à ce sujet, mais dans chaque État j'ai été obligé de tout recommencer, car le droit variait selon les États. Et chaque fois que j'arrivais dans un nouvel hôtel, j'y trouvais un immense bouquet qui m'attendait, avec l'horrible carte du showman de la baleine. J'ai jeté ses fleurs par terre et je les ai piétinées, et même si j'aime les fleurs, j'en avais horreur. Jarrett est allé voir l'homme et l'a supplié de ne plus m'envoyer de bouquets, mais cela n'a servi à rien, car c'était une façon pour cet homme de venger la boîte aux oreilles que je lui avais donnée. Et puis, il ne comprenait pas ma colère. Il gagnait n'importe quelle somme d'argent et m'avait même proposé d'accepter un pourcentage sur les recettes. Ah ! j'aurais volontiers tué cet exécrable Smith, car il m'empoisonnait la vie. Je ne voyais rien d'autre dans toutes les villes que je visitais, et je fermais les yeux pour aller de l'hôtel au théâtre. Quand j'entendais les ménestrels, j'étais en colère et je devenais vert de colère. Heureusement, j'ai pu me reposer une fois arrivé à Montréal, où je n'ai pas été suivi par ce spectacle. J'aurais certainement été malade si cela avait continué, car je ne voyais que cela, je ne pensais à rien d'autre et mes rêves mêmes tournaient autour de cela. Cela me hantait; c'était une obsession et un cauchemar perpétuel. Quand j'ai quitté Hartford, Jarrett m'a juré que Smith ne serait pas à Montréal, car il était tombé soudainement malade. Je soupçonnais fortement que Jarrett avait trouvé un moyen de lui administrer une sorte de médicament violent qui avait interrompu son voyage pour le moment. J'en étais sûr, car le féroce gentleman riait si chaleureusement *en route* , mais en tout cas je lui étais infiniment reconnaissant de m'avoir débarrassé de cet homme pour le moment.

XXXV
GRANDE RÉCEPTION DE MONTRÉAL—LE POÈTE FRÉCHETTE—UNE ESCAPADE SUR LE SAINT-LAURENT. FLEUVE SAINT-LAURENT

Nous arrivâmes enfin à Montréal.

Depuis longtemps, depuis ma plus tendre enfance, je rêvais du Canada. J'avais toujours entendu mon parrain regretter avec une grande fureur la cession de ce territoire par la France à l'Angleterre.

Je l'avais entendu énumérer, sans bien les comprendre, les avantages pécuniaires du Canada, l'immense fortune que recelaient ses terres, etc., et ce pays avait semblé à mon imagination la lointaine terre promise.

Réveillé depuis longtemps par le sifflement strident du moteur, je demandai quelle heure il était. A onze heures du soir, j'ai été informé. Nous étions à quinze minutes de la gare. Le ciel était noir et lisse, comme un bouclier d'acier. Des lanternes placées à distance captaient la blancheur de la neige accumulée là depuis combien de jours ? Le train s'arrêta brusquement, puis repartit avec un mouvement si lent et si timide que je crus qu'il pouvait y avoir une possibilité de déraillage. Mais un bruit sourd, de plus en plus fort à chaque seconde, tombait sur mes oreilles attentives. Ce son se transforma bientôt en musique – et ce fut au milieu d'un formidable « Hourra ! Longue vie à la France!" C'est à dix mille gorges criées, fortifiées par un orchestre jouant la « Marseillaise » avec une fureur frénétique, que nous avons fait notre entrée à Montréal.

L'endroit où le train s'arrêtait à cette époque était très étroit. Un talus un peu élevé servait de rempart au léger quai de la gare.

Debout sur le petit marchepied de ma voiture, je regardais avec émotion l'étrange spectacle que j'avais devant moi. La banque était remplie d'ours tenant des lanternes. Il y en avait des centaines et des centaines. Dans l'espace étroit entre la berge et le train arrêté, il y avait encore des ours, petits et grands, et je me demandais avec terreur comment je parviendrais à atteindre mon traîneau.

Jarrett et Abbey ont fait céder la foule et je suis sorti. Mais un député dont je ne peux distinguer le nom sur mes notes (quel éloge pour mes écrits !), un député s'avança vers moi et me remit une adresse signée des notabilités de la ville. Je lui rendis mes remerciements du mieux que je pus et pris le magnifique bouquet de fleurs offert au nom des signataires à l'adresse. Lorsque je portais les fleurs à mon visage pour les sentir, je me blessais légèrement avec leurs jolis pétales figés par le froid.

Cependant, j'ai commencé à sentir que les bras et les jambes s'engourdissaient. Le froid s'est propagé sur tout mon corps. Il semble que cette nuit ait été l'une des plus froides que l'on ait connue depuis de nombreuses années.

Les femmes venues assister à l'arrivée de la compagnie française avaient été contraintes de se retirer à l'intérieur de la gare, à l'exception de Mme Jos. Doutre, qui m'a remis un bouquet de fleurs rares et m'a embrassé. . La température était de vingt-deux degrés au-dessous de zéro. J'ai chuchoté à Jarrett : « Continuons notre voyage ; Je me transforme en glace. Dans dix minutes, je ne pourrai plus faire un pas.

Jarrett a répété mes paroles à Abbey, qui s'est adressée au chef de la police. Ce dernier donnait des ordres en anglais, et un autre policier les répétait en français. Et nous avons pu avancer sur quelques mètres. Mais la gare principale était encore loin. La foule s'est agrandie et, à un moment donné, j'ai eu l'impression que j'étais sur le point de m'évanouir. J'ai cependant pris courage en tenant ou plutôt en m'accrochant aux bras de Jarrett et Abbey. Chaque minute, je pensais que je devrais tomber, car la plate-forme était comme un miroir.

Nous étions cependant obligés de continuer à progresser. Une centaine de lanternes, brandies par une centaine de mains d'étudiants, éclairèrent soudain les lieux.

Un grand jeune homme se sépara du groupe et vint droit vers moi, tenant un large morceau de papier déroulé, et déclama d'une voix forte :

UNE SARAH BERNHARDT.

Salut Sarah ! salut, charmante dona Sol !

Quand ton pied mignon vient fouler notre sol,

Notre sol tout couvert de givre,

Est-ce frisson d'orgueil ou d'amour ? je ne sais pas;

Mais nous sentons courir dans notre sang français

Quelqu'un a choisi qui nous enivre!

Femme vaillante au cœur saturé d'idéal,

Puisque tu n'as pas peur de notre ciel boréal,

Ni redouté nos froids sévères.

Merci! De l'âpre hiver pour longtemps prisonniers,

Nous rêvons à ta vue aux rayons printaniers
Qui font fleurir les primevères !

Oui, c'est au doux printemps que tu nous fais rêver !
Oiseau des pays bleus, lorsque tu viens plus courageux
L'horreur de nos saisons perfides,
Aux clairs rayonnements d'un chaud soleil de mai,
Nous croyons voir, du fond d'un bosquet parfumé,
Surgir la reine des sylphides.

Mais non : de floréal ni du blond messidor,
Tu n'es pas, ô Sarah, la fée aux ailes d'or
Qui vient répandre l'ambroisie;
Nous saluons en toi l'artiste radieux
Qui sut cueillir d'assaut dans le jardin des dieux
Toutes les fleurs de poésie !

Que sous ta main la toile anime son réseau;
Que le paros brillant vive sous ton ciseau,
Ou l'argile sous ton doigt rose;
Que sur la scène, au bruit délirant des bravos,
En types toujours vrais, quoique toujours nouveaux,
Ton talent se métamorphose ;

Soit que, peintre admirable ou sculpteur souverain,
Toi-même oses ravir la muse au front serein,
A ta sourire toujours prête;
Soit qu'aux mille vivats de la faute à genoux,
Des grands maîtres anciens ou modernes, pour nous
Ta voix fait l'interpréter;

Des bords de la Tamise aux bords du Saint-Laurent,
Qu'il soit enfant du peuple ou brille au premier rang,

Laissant glapir la calomnie,

Tour à tour par ton œuvre et ta grâce enchanté

Chacune courbe le front devant la majesté

De ton génie universel !

Salut donc, ô Sarah ! salut, ô dona Sol !

Quand ton pied mignon vient fouler notre sol,

Te montrer de l'indifférence

Serait à notre sang nous-mêmes faire affront;

Car l'étoile qui luit la plus belle à ton front,

C'est encore celle de la France !

LOUIS FRECHETTE.

Il a très bien lu, c'est vrai ; mais ces lignes, lues à vingt-deux degrés glacials à une pauvre femme abasourdie par l'écoute d'une Marseillaise endiablée, abasourdie par les hourras fous de dix mille gorges délirantes de ferveur patriotique, étaient plus que mes forces ne pouvaient supporter. .

J'ai fait des efforts de résistance surhumains, mais j'étais accablé de fatigue. Tout semblait tourner dans une folle farandole. Je me sentis soulevé de terre et j'entendis une voix qui semblait venir de loin : « Faites de la place à notre dame française ! Puis je n'entendis plus rien et je ne repris mes esprits que dans ma chambre de l'hôtel Windsor.

Ma sœur Jeanne était séparée de moi par le mouvement de la foule. Mais le poète Fréchette, un Franco-Canadien, lui servait d'escorte, et la ramena quelques minutes plus tard, saine et sauve, mais tremblante à cause de moi, et voici ce qu'elle me raconta. "Imagine seulement. Alors que la foule se pressait contre vous, prise de terreur en voyant votre tête retomber, les yeux fermés, sur l'épaule d'Abbey, j'ai crié : « Au secours ! Ma sœur est en train d'être tuée. J'étais devenu fou. Un homme de taille énorme, qui nous suivait depuis longtemps, travaillait ses coudes et ses hanches pour faire céder la foule enthousiaste mais surexcitée, et d'un mouvement rapide se plaçait devant vous juste à temps pour vous empêcher de tomber. L'homme, dont je ne pouvais voir le visage parce qu'il était caché sous un bonnet de fourrure dont les oreillettes couvraient presque tout son visage, vous releva comme si vous aviez été une fleur et psalmodia la foule en anglais. . Je n'ai rien compris à ce qu'il a dit, mais les Canadiens en ont été frappés, car la poussée a cessé, et la foule s'est séparée en deux files compactes pour vous laisser passer. Je peux t'assurer que cela m'a fait beaucoup d'impression de te voir, si mince, la tête en arrière, et toute ta pauvre silhouette portée à bout de bras par cet Hercule. J'ai suivi aussi vite que j'ai pu, mais m'étant coincé le pied dans le volant de ma jupe, j'ai dû m'arrêter une seconde, et cette seconde a suffi à nous séparer complètement. La foule, resserrée après votre passage, formait une barrière impénétrable. «Je peux vous assurer, chère sœur, que je me sentais tout sauf à l'aise, et c'est M. Fréchette qui m'a sauvé.»

Je serrai la main de ce digne gentleman, et le remerciai cette fois de mon mieux de son beau poème ; puis je lui parlai d'autres de ses poèmes, dont j'avais obtenu un volume à New York, hélas ! à ma honte, je dois l'avouer, je ne connaissais rien de Fréchette jusqu'à mon départ de France, et pourtant il était déjà un peu connu à Paris.

Il a été très touché par les quelques lignes sur lesquelles je me suis arrêté comme étant les plus belles de son œuvre. Il m'a remercié. Nous sommes restés amis.

Le lendemain, neuf heures avaient à peine sonné qu'on me fit parvenir une carte sur laquelle étaient écrits ces mots : « Celui qui a eu la joie de vous sauver, Madame, prie votre bonté de lui accorder un moment d'entrevue. J'ai ordonné que l'homme soit conduit dans le salon et, après en avoir informé Jarrett, je suis allé réveiller ma sœur. «Viens avec moi», dis-je. Elle enfila une robe de chambre chinoise, et nous nous dirigeâmes vers le grand, l'immense salon de ma suite, car il eût fallu une bicyclette pour parcourir sans fatigue toute la longueur de ma chambre, salon, salle à manger et chambre. En ouvrant la porte, je fus frappé par la beauté de l'homme qui se trouvait devant moi. Il était très grand, avec des épaules larges, une petite tête, un regard dur, des cheveux épais et bouclés, un teint bronzé. L'homme était beau, mais semblait inquiet. Il rougit légèrement en me voyant. J'ai exprimé ma gratitude et demandé à être excusé pour ma stupide faiblesse. J'ai reçu avec joie le bouquet de violettes qu'il m'a tendu. En prenant congé, il dit à voix basse : « Si jamais vous entendez qui je suis, jure que vous ne penserez qu'au léger service que je vous ai rendu. » A ce moment, Jarrett entra. Son visage était pâle alors qu'il se dirigeait vers l'étranger et lui parlait en anglais. Je pouvais cependant saisir les mots « détective… porte… assassinat… impossibilité… Nouvelle-Orléans ». Le teint hâlé de l'inconnu devint crayeux, ses narines frémissaient tandis qu'il regardait vers la porte. Puis, comme la fuite semblait impossible, il regarda Jarrett et d'un ton péremptoire, aussi froid que le silex, dit : « Eh bien ! alors qu'il se dirigeait vers la porte. Mes mains, qui s'étaient ouvertes sous la stupeur, laissèrent tomber son bouquet, qu'il ramassa en me regardant d'un air suppliant et suppliant. Je compris, et je lui dis d'une voix forte : « Je le jure, monsieur. L'homme a disparu avec ses fleurs. J'ai entendu le tumulte des gens derrière la porte et de la foule dans la rue. Je ne souhaitais plus rien écouter.

Quand ma sœur, d'un esprit romantique et sot, voulut me raconter cette horrible chose, je fermai les oreilles.

Quatre mois après, lorsqu'on voulut me lire à haute voix le récit de sa mort par pendaison, je refusai d'en entendre parler. Et maintenant, après vingt-six ans et je le sais, je souhaite seulement me souvenir du service rendu et de ma parole.

Cet incident m'a laissé un peu triste. Il a fallu la colère de l'évêque de Montréal pour me permettre de retrouver ma bonne humeur. Ce prélat, après avoir prêché en chaire contre l'immoralité de la littérature française, défendit à ses ouailles d'aller au théâtre. Il s'est prononcé avec violence et méchanceté contre la France moderne. Quant à la pièce de Scribe (*Adrienne Lecouvreur*), il la déchira en quelque sorte en lambeaux, déclamant contre l'amour immoral de la *comédienne* et du héros et contre l'amour adultère de la princesse de Bouillon. Mais la vérité se montrait malgré tout, et il s'écria avec une fureur redoublée d'indignation : « Dans cette infâme élucubration des auteurs français, il y a un abbé de cour, qui, grâce à la licence sans bornes de ses expressions, constitue une insulte directe. au clergé. Enfin il prononça un anathème contre Scribe, déjà mort, contre Legouvé, contre moi et contre toute ma compagnie. Le résultat fut que les foules affluèrent de partout, et les quatre représentations, *Adrienne Lecouvreur* , *Froufrou* , *La Dame aux Camélias* (matinée) et *Hernani* eurent un succès colossal et rapportèrent des recettes fabuleuses.

J'ai été invité par le poète Fréchette et un banquier dont je ne me souviens plus du nom à rendre visite aux Iroquois. J'acceptai avec joie et m'y rendis accompagné de ma sœur Jarrett et d'Angelo, toujours prêt pour une excursion dangereuse. Je me sentais en sécurité en présence de cet artiste plein de courage, de sang-froid et doué d'une force herculéenne. La seule chose qui lui manquait pour devenir parfait était le talent. Il n'en avait pas alors et n'en eut jamais.

Le fleuve Saint-Laurent était presque entièrement gelé; nous l'avons traversé en calèche selon un itinéraire indiqué par deux rangées de branches fixées dans la glace. Nous avions quatre voitures. La distance entre Caughnanwaga et Montréal était de cinq kilomètres.

Cette visite chez les Iroquois était délicieusement enchanteresse. J'ai été présenté au chef, père et maire des tribus iroquoises. Hélas! cet ancien chef, fils du « Grand Aigle Blanc », surnommé durant son enfance « Soleil des Nuits », aujourd'hui vêtu de tristes haillons européens, vendait de l'alcool, du fil, des aiguilles, du lin, de la graisse de porc, du chocolat, etc. De ses folles errances à travers les vieilles forêts sauvages, où il parcourait nu une terre libre de toute allégeance, il ne restait que la stupeur du taureau retenu prisonnier par les cornes. Il est vrai qu'il vendait aussi de l'eau-de-vie, et qu'il se désaltère, comme tous, à cette source d'oubli.

Le Soleil des Nuits me présenta à sa fille, une fille de dix-huit à vingt ans, insipide et dépourvue de beauté et de grâce.

Elle s'est assise au piano et a joué un air populaire à l'époque, je ne me souviens plus quoi. J'avais hâte de quitter le magasin, la maison de ces deux victimes de la civilisation.

J'ai visité Caughnanwaga, mais je n'y ai trouvé aucun plaisir. Le même serrement de gorge, la même angoisse rétrospective me faisaient me révolter contre la lâcheté de l'homme qui cachait sous le nom de civilisation le crime le plus injuste et le plus protégé.

Je suis revenu à Montréal un peu triste et fatigué. Le succès de nos quatre représentations a été extraordinaire, mais ce qui leur donnait un charme particulier à mes yeux, c'était le bruit infernal et joyeux poussé par les élèves. Les portes du théâtre leur étaient ouvertes chaque jour une heure à l'avance. Ils ont ensuite arrangé les choses à leur convenance. La plupart d'entre eux étaient dotés de voix magnifiques. Ils se séparèrent en groupes selon les exigences des chansons qu'ils souhaitaient chanter. Ils préparèrent ensuite, au moyen d'une forte corde actionnée par une poulie, le parcours aérien que devaient suivre les paniers fleuris qui descendaient de leur paradis jusqu'à l'endroit où j'étais. Ils attachaient des rubans autour du cou des colombes portant des sonnets et de bons vœux.

Ces fleurs et ces oiseaux s'envolaient pendant les « appels », et par une heureuse disposition des ficelles les fleurs tombaient à mes pieds, les colombes volaient là où leur étonnement les menait ; et chaque soir ces messages de grâce et de beauté étaient répétés. J'ai ressenti beaucoup d'émotion dès le premier soir. Le marquis de Lorne, gendre de la reine Victoria, gouverneur du Canada, était d'une ponctualité royale. Les étudiants le savaient. La maison était bruyante et frémissante. Par une ouverture du rideau, je contemplais la composition de cette assemblée. Tout d'un coup, un silence s'installa sans aucune raison extérieure, et la Marseillaise fut chantée par trois cents voix chaleureuses de jeunes hommes. Avec une courtoisie pleine de grandeur, le Gouverneur s'est levé dès les premières notes de notre hymne national. En une seconde, toute la maison s'est levée et le magnifique hymne a résonné dans nos cœurs comme un appel de la mère patrie. Je ne crois pas avoir jamais entendu la « Marseillaise » chantée avec plus d'émotion et d'unanimité. Dès que ce fut fini, les applaudissements de la foule éclatèrent à trois reprises ; puis, sur un geste brusque du gouverneur, l'orchestre a joué « God save the Queen ».

Je n'ai jamais vu de geste plus fier et plus digne que celui du marquis de Lorne lorsqu'il fit signe au chef d'orchestre. Il acceptait volontiers que ces fils de Français soumis éprouvent un regret, peut-être même un espoir vacillant. Le premier debout, il écouta avec respect cette belle plainte, mais il en étouffa le dernier écho sous l'hymne national anglais.

Étant Anglais, il avait incontestablement raison.

J'ai donné pour la dernière représentation, le 25 décembre, jour de Noël, *Hernani* .

L'évêque de Montréal tonna encore contre moi, contre Scribe et Legouvé, et contre les pauvres artistes qui m'accompagnaient et qui n'y purent rien. Je ne sais pas s'il n'a même pas menacé de nous excommunier tous, vivants et morts. Les amoureux de la France et de l'art français, pour répondre à son attaque abusive, dételèrent mes chevaux, et mon traîneau fut presque porté par une foule immense, parmi laquelle se trouvaient les députés et les notables de la ville.

Il suffit de consulter les quotidiens de l'époque pour se rendre compte de l'effet écrasant provoqué par un retour aussi triomphal à mon hôtel.

Le lendemain, dimanche, je partais à sept heures du matin, en compagnie de Jarrett et de ma sœur, faire une promenade sur les bords du fleuve Saint-Laurent. A un moment donné, j'ordonnai à la voiture de s'arrêter, dans le but de faire un petit pas.

Ma sœur a dit en riant : « Et si nous grimpions sur ce gros morceau de glace qui semble prêt à se fissurer ?

Aussitôt pensé, aussitôt réalisé.

Et nous voilà en train de marcher tous les deux sur la glace, essayant de la détacher ! Tout d'un coup, un grand cri de Jarrett nous a fait comprendre que nous avions réussi. En effet, notre barque de glace flottait déjà librement dans le chenal étroit de la rivière qui restait toujours ouvert à cause de la force du courant. Ma sœur et moi nous sommes assises, car le morceau de glace se balançait dans tous les sens, nous faisant tous les deux rire démesurément. Les cris de Jarrett ont poussé les gens à se rassembler. Des hommes armés de gaffes s'efforcèrent d'arrêter notre progression, mais ce ne fut pas facile, car les bords du canal étaient trop friables pour supporter le poids d'un homme. Des cordes nous ont été jetées. Nous attrapâmes l'un d'eux à quatre mains, mais la traction soudaine des hommes qui nous entraînaient vers eux projeta si brusquement notre radeau contre les bords des glaces qu'il se brisa en deux, et nous restâmes, pleins de peur cette fois, sur une petite partie de notre skiff. Je ne ris plus, car nous commencions à avancer un peu vite et le canal s'ouvrait en largeur. Mais dans l'un des virages qu'il fit, nous nous trouvâmes heureusement coincés entre deux immenses blocs, et c'est à cela que nous devons d'avoir pu sauver nos vies.

Les hommes qui avaient suivi avec un vrai courage notre course très rapide montèrent sur les blocs. Un harpon fut lancé avec une habileté merveilleuse sur notre épave glacée, afin de nous retenir dans notre position, car le courant, assez fort en dessous, aurait pu nous faire bouger. Une échelle fut apportée et plantée contre l'un des gros blocs ; ses marches nous fournissaient des moyens de livraison. Ma sœur monta la première et je la suivis, un peu honteux de notre ridicule escapade.

Pendant le temps nécessaire pour regagner la berge, la voiture, avec Jarrett à bord, put nous rejoindre. Il était pâle, non par crainte du danger que j'avais couru, mais à l'idée que si je mourais, la tournée prendrait fin. Il me dit très sérieusement : « Si vous aviez perdu la vie, Madame, vous auriez été malhonnête, car vous auriez rompu votre contrat de votre plein gré. »

Nous avions juste le temps d'arriver à la gare, où le train était prêt à m'emmener à Springfield.

Une foule immense attendait, et c'est avec le même cri d'amour, souligné d'*au revoir*, que le public canadien nous a souhaité au revoir.

XXXVI
SPRINGFIELD—BALTIMORE—PHILADELPHIE—CHICAGO—AVENTURES ENTRE ST. LOUIS ET CINCINNATI — PEINE CAPITALE

Après notre immense et bruyant succès à Montréal, nous avons été quelque peu surpris de l'accueil glacial du public à Springfield.

On a joué *La Dame aux Camélias* — en Amérique *Camille* , eh bien, personne n'a jamais pu me le dire. Cette pièce, que le public se précipita voir en foule, choqua le puritanisme trop tendu des petites villes américaines. Les critiques des grandes villes ont discuté de cette Madeleine moderne. Mais ceux des petites villes commencèrent par lui jeter des pierres. Cette réserve guindée de la part du public, prévenu contre l'impureté de Marguerite Gautier, on la rencontrait de temps en temps dans les petites villes. Springfield comptait alors à peine trente mille habitants.

Dans la journée où je passais à Springfield, je passai chez un armurier pour acheter un fusil. Le vendeur m'a fait entrer dans une cour longue et très étroite, où j'ai essayé plusieurs clichés. En me retournant, je fus surpris et confus de voir deux messieurs s'intéresser à mon tir. Je voulus me retirer aussitôt, mais l'un d'eux s'approcha de moi :

« Voulez-vous, Madame, venir tirer un coup de canon ? J'ai failli tomber au sol de surprise et je n'ai pas répondu une seconde. Puis j'ai dit: "Oui, je le ferais."

Un rendez-vous fut pris avec mon étrange interlocuteur, qui était le directeur de l'usine d'armes Colt. Une heure après, j'allais au rendez-vous.

Plus d'une trentaine de personnes invitées à la hâte étaient déjà là. Cela m'a un peu énervé. J'ai tiré avec le canon à tir rapide nouvellement inventé. Cela m'amusa beaucoup sans me procurer aucune émotion, et ce soir-là, après la représentation glaciale, nous partîmes pour Baltimore dans un élan vertigineux, la pièce s'étant terminée plus tard que l'heure fixée pour le départ du train. Il fallait le rattraper à tout prix. Les trois énormes wagons qui composaient mon train spécial partirent à toute vapeur. Avec deux moteurs, nous avons bondi sur les métaux et sommes retombés, grâce à quelque miracle.

Nous parvenons enfin à rattraper l'express, qui nous sait sur sa piste, prévenu par télégramme. Il fit un arrêt court, juste assez long pour nous y attacher de toute façon, et nous arrivâmes ainsi à Baltimore, où je restai quatre jours et donnai cinq représentations.

Deux choses m'ont frappé dans cette ville : le froid mortel des hôtels et des théâtres, et la beauté des femmes.

J'éprouvais à Baltimore une profonde tristesse, car j'ai passé le 1er janvier loin de tout ce qui m'était cher. J'ai pleuré toute la nuit et j'ai subi ce moment de découragement qui fait souhaiter la mort.

Notre succès avait pourtant été colossal dans cette charmante ville, que je quittai à regret pour me rendre à Philadelphie, où nous devions rester une semaine.

Cette belle ville ne m'intéresse pas. J'y ai reçu un accueil enthousiaste, malgré un changement de programme le premier soir. Deux artistes ayant raté le train, nous n'avons pas pu jouer *Adrienne Lecouvreur*, et j'ai dû la remplacer par *Phèdre*, seule pièce dans laquelle les absents pouvaient être remplacés. Les recettes s'élevaient en moyenne à vingt mille francs pour les sept représentations données en six jours. Mon séjour fut attristé par une lettre annonçant le décès de mon ami Gustave Flaubert, l'écrivain qui avait à cœur la beauté de notre langue.

De Philadelphie, nous nous sommes rendus à Chicago.

A la gare, je fus reçu par une députation de dames de Chicago, et un bouquet de fleurs rares me fut remis par une charmante jeune dame, Madame Lily B.

Jarrett m'a ensuite conduit dans l'une des salles de la gare, où attendaient les délégués français.

Un discours très court mais très émouvant de notre Consul répandit parmi chacun confiance et sentiments amicaux, et après m'avoir répondu de tout cœur grâce, je m'apprêtais à quitter la gare, lorsque je m'arrêtai stupéfait - et il semble que mes traits prirent une expression si intense de souffrance que tout le monde a couru vers moi pour me proposer son aide.

Mais une soudaine colère électrisa tout mon être, et je me dirigeai droit vers l'horrible vision qui venait de se présenter devant moi : l'homme baleine ! Il était vivant, ce terrible Smith ! — enveloppé de fourrures, avec des diamants à tous les doigts. Il était là avec un bouquet à la main, la misérable brute ! Je refusai les fleurs et le repoussai de toutes mes forces, décuplées par la colère, et un flot de paroles confuses s'échappa de mes lèvres pâles. Mais cette scène le charmait, car elle se répétait, se répandait, s'agrandissait, et la baleine recevait plus de visiteurs que jamais.

Je me rendis au Palmer House, un des plus magnifiques hôtels de cette époque, dont le propriétaire, M. Potter-Palmer, était un parfait gentleman, courtois, gentil et généreux, car il remplissait l'immense appartement que j'occupais des fleurs les plus rares. , et a mis à l'épreuve son ingéniosité pour que mes repas soient cuisinés et servis à la française, une affaire difficile à l'époque.

Nous devions rester quinze jours à Chicago. Notre succès a dépassé toutes les attentes. Ces deux semaines me parurent les jours les plus agréables que j'aie eu depuis mon arrivée en Amérique. Il y a d'abord la vitalité de la ville dans laquelle les hommes se croisent sans jamais s'arrêter, les sourcils froncés, avec une seule pensée en tête : « le but à atteindre ». Ils avancent encore et encore, sans jamais se retourner pour entendre un cri ou un avertissement prudent. Ce qui se passe derrière eux importe peu. Ils ne veulent pas savoir pourquoi un cri s'élève, et ils n'ont pas le temps d'être prudents : « la fin à atteindre » les attend.

Les femmes ici, comme partout ailleurs en Amérique, ne travaillent pas, mais elles ne se promènent pas dans les rues, comme dans les autres villes : elles marchent vite ; eux aussi sont pressés de chercher du divertissement. Pendant la journée, je m'éloignais assez loin dans la campagne environnante pour ne pas rencontrer les hommes-sandwichs qui annonçaient la baleine.

Un jour, je suis allé à l'abattoir des porcs. Ah, quel spectacle épouvantable et magnifique ! Nous étions trois, ma sœur, moi-même et un Anglais, un de mes amis.

À notre arrivée, nous avons vu des centaines de cochons se précipiter, regroupés, grognant et reniflant, le long d'un petit pont surélevé et étroit.

SARAH BERNHARDT ET LES MEMBRES DE SA
SOCIÉTÉ EN TIR

Notre voiture passa sous ce pont et s'arrêta devant un groupe d'hommes qui nous attendaient. Le directeur des parcs à bestiaux nous reçut et nous conduisit vers les abattoirs spéciaux. En entrant dans l'immense hangar, faiblement éclairé par des fenêtres aux vitres grasses et vermeilles, une odeur abominable vous monte à la gorge, une odeur qui ne vous quitte que plusieurs jours après. Une brume sanguinaire s'élève partout, comme un léger nuage flottant au flanc d'une montagne et éclairé par le soleil couchant. Un brouhaha infernal résonne dans votre cerveau : les cris presque humains des cochons qu'on égorge, les violents coups de hache coupant les membres, les cris répétés de « l'éventreur » qui, d'un geste superbe et ample, soulève la lourde hache. , et d'un seul coup ouvre de haut en bas le malheureux animal frémissant accroché à un crochet. Pendant la terreur du moment, on entend le grincement continu du rasoir tournant qui en une seconde enlève les poils du tronc que lui lance la machine qui a coupé les quatre pattes ; le sifflement de la vapeur qui s'échappe de l'eau chaude dans laquelle est ébouillantée la tête de l'animal ; le ondulation de l'eau sans cesse renouvelée ; la cascade des eaux usées ; le grondement des petits trains transportant sous de larges arches des camions chargés de jambons, de saucisses, etc., et le sifflement des locomotives avertissant du danger de leur approche, qui, dans ce lieu de massacre terrible, semble être le glas perpétuel des misérables. agonies.

Rien n'était plus hoffmanien que cet abattage de porcs à l'époque dont je parle, car depuis lors un sentiment d'humanité s'est glissé, quoique encore un peu timidement, dans ce temple des hécatombes porcines.

Je reviens de cette visite assez malade. Ce soir-là, j'ai joué dans *Phèdre* . Je suis monté sur scène assez énervé et essayant de tout faire pour me débarrasser de l'horrible vision du parc à bestiaux. Je me suis jeté corps et âme dans mon *rôle* , à tel point qu'à la fin du quatrième acte, je me suis complètement évanoui sur scène.

Le jour de ma dernière représentation, un magnifique collier de camélias en diamants m'a été remis de la part des dames de Chicago. J'ai quitté cette ville aimant tout ce qu'elle contenait : ses habitants ; son lac, grand comme une petite mer intérieure ; son public, si enthousiaste ; tout, tout, sauf ses parcs à bestiaux.

Je n'avais même aucune rancune à l'égard de l'évêque qui, lui aussi, comme cela s'était produit dans d'autres villes, avait dénoncé mon art et ma littérature française. Par la violence de ses sermons, il nous avait en fait si bien fait de la publicité que M. Abbey, le gérant, lui écrivit la lettre suivante :

« Votre Grâce ———, Chaque fois que je visite votre ville, j'ai l'habitude de dépenser quatre cents dollars en publicité. Mais comme vous avez fait de la publicité pour moi, je vous envoie deux cents dollars pour vos pauvres.

Nous avons quitté Chicago pour nous rendre à Saint-Louis, où nous sommes arrivés après avoir parcouru 283 milles en quatorze heures.

Dans le salon de ma voiture, Abbey et Jarrett me montrèrent le relevé des soixante-deux représentations données depuis notre arrivée. Les recettes brutes étaient de 227.459 dollars, soit 1.137.295 francs, soit une moyenne de 18.343 francs par représentation. Cela me fit un grand plaisir pour le compte d'Henry Abbey, car il avait tout perdu lors de sa précédente tournée avec une admirable troupe d'artistes d'opéra, et un plaisir encore plus grand pour mon propre compte, car je devais recevoir une bonne part des recettes.

Nous sommes restés à Saint-Louis toute la semaine, du 24 au 31 janvier. Je dois avouer que cette ville, spécialement française, me plaisait moins que les autres villes américaines, car elle était sale et les hôtels peu confortables. . Depuis, Saint-Louis a fait de grands progrès, mais ce sont les Allemands qui y ont planté l'ampoule du progrès. À l'époque dont je parle, en 1881, la ville était d'une saleté répugnante. En ce temps-là, hélas ! nous n'étions pas doués en colonisation, et toutes les villes où l'influence française était prépondérante étaient pauvres et arriérées. Je m'ennuyais à mourir à Saint-Louis, et je voulais quitter les lieux immédiatement, après avoir payé une indemnité au directeur, mais Jarrett, l'homme honnête, l'homme de devoir sévère, l'homme féroce, me dit en tenant mon contrat en main :

« Non, Madame ; tu dois rester. Ici, tu peux mourir d' *ennui* si tu veux, mais tu dois rester.

Pour me divertir, il me conduisit dans une grotte célèbre où nous devions voir quelques millions de poissons sans yeux. La lumière n'avait jamais pénétré dans cette grotte, et comme les premiers poissons qui y vivaient n'avaient pas besoin d'yeux, leurs descendants n'en avaient pas du tout. Nous sommes allés voir cette grotte. C'était loin. Nous descendîmes et tâtonnâmes jusqu'à la grotte avec beaucoup de précautions, à quatre pattes comme des chats. La route me parut interminable, mais enfin le guide nous annonça que nous étions arrivés à destination. Nous avons pu nous relever, car la grotte elle-même était plus haute. Je ne voyais rien, mais j'entendis allumer une allumette et le guide alluma alors une petite lanterne. Juste devant moi, presque à mes pieds, se trouvait un bassin naturel assez profond. « Vous voyez, remarqua flegmatiquement notre guide, c'est là l'étang, mais pour le moment il n'y a pas d'eau dedans ; il n'y a pas non plus de poisson. Vous devez revenir dans trois mois.

Jarrett fit une grimace si effrayante que je fus pris d'un rire incontrôlable, de ce genre de rire qui confine à la folie. J'en ai été étouffé, je me suis étouffé et j'ai ri jusqu'aux larmes. Je suis ensuite descendu dans le bassin de l'étang à la recherche d'une relique quelconque, d'un petit squelette de poisson mort, ou quoi que ce soit, quoi qu'il arrive. Mais il n'y avait rien à trouver, absolument rien. Nous avons dû rentrer à quatre pattes, comme nous sommes venus. J'ai fait partir Jarrett le premier, et la vue de son gros dos dans son manteau de fourrure et de lui marchant sur les mains et les pieds, grognant et jurant en marchant, m'a fait un tel plaisir que je n'ai plus rien regretté, et j'ai donné dix dollars à Jarrett. le guide pour son ineffable surprise.

Nous retournons à l'hôtel et on m'informe qu'un bijoutier m'attend depuis plus de deux heures. "Un bijoutier!" m'écriai-je; « mais je n'ai pas l'intention d'acheter des bijoux. J'en ai trop comme ça. Jarrett, cependant, fit un clin d'œil à Abbey, qui était là lorsque nous entrâmes. J'ai tout de suite vu qu'il y avait une certaine entente entre le bijoutier et mes deux *impresarii* . On me dit que mes bijoux avaient besoin d'être nettoyés, que le bijoutier se chargerait de les rendre comme neufs, de les réparer s'il le souhaitait, et en un mot de les exposer. Je me suis rebellé, mais cela n'a servi à rien. Jarrett m'a assuré que les dames de Saint-Louis étaient particulièrement friandes de spectacles de ce genre. Il a dit que ce serait une excellente publicité ; que mes bijoux étaient très ternis, qu'il manquait plusieurs pierres, et que cet homme les remplacerait pour rien. « Quelle économie ! » il ajouta. "Pensez-y!"

J'abandonnai, car de telles discussions m'ennuyaient à mourir, et deux jours après, les dames de Saint-Louis allèrent admirer mes parures dans les vitrines de ce bijoutier, sous une lumière flamboyante. La pauvre Madame Guérard, qui était aussi allée les voir, revint horrifiée.

« Ils ont ajouté à vos affaires, dit-elle, seize paires de boucles d'oreilles, deux colliers et trente bagues ; une lorgnette constellée de diamants et de rubis, un fume-cigarette en or serti de turquoises ; une petite pipe dont le bec d'ambre est cerclé d'étoiles de diamant ; seize bracelets, un cure-dent serti de saphirs, une paire de lunettes à monture d'or terminée par de petits glands de perles.

"Ils doivent avoir été faits spécialement", dit le pauvre Guérard, "car il ne peut y avoir personne qui porte de telles lunettes, et sur elles étaient écrits ces mots: "Lunettes que porte Mme Sarah Bernhardt lorsqu'elle est chez elle". '»

Je pensais certainement que cela dépassait toutes les limites autorisées en matière de publicité. M'obliger à fumer la pipe et à porter des lunettes, c'était aller un peu trop loin, et je montai en voiture et me rendis aussitôt chez le bijoutier. Je suis arrivé juste à temps pour trouver l'endroit fermé. Il était cinq heures samedi après-midi ; les lumières étaient éteintes et tout était sombre et silencieux. Je suis retourné à l'hôtel et j'ai parlé à Jarrett de mon agacement. « Qu'importe, Madame ? dit-il tranquillement. « Tant de filles portent des lunettes ; et quant à la pipe, le bijoutier me dit qu'il en a reçu cinq commandes, et que ça va être tout à fait à la mode. Quoi qu'il en soit, il ne sert à rien de s'en préoccuper puisque l'exposition est désormais terminée. Vos bijoux vous seront rendus ce soir, et nous partirons d'ici après-demain.

Ce soir-là, le bijoutier m'a rendu tous les objets que je lui avais prêtés, et ils avaient été polis et réparés pour qu'ils paraissent tout à fait neufs. Il avait joint à eux un fume-cigarette en or serti de turquoises, celui-là même qui avait été exposé. Je n'arrivais tout simplement pas à faire comprendre quoi que ce soit à cet homme, et ma colère s'est calmée devant ses manières agréables et sa joie.

Cette publicité, cependant, a failli me coûter la vie. Tentés par cette énorme quantité de bijoux, dont la plupart ne m'appartenaient pas, une petite bande de tailleurs projeta de me voler, croyant trouver tous ces objets de valeur dans le grand sac à main que mon intendant portait toujours.

Le dimanche 30 janvier, nous avons quitté Saint-Louis à huit heures du matin pour Cincinnati. J'étais dans ma voiture Pullman magnifiquement aménagée, et j'avais demandé que la voiture soit placée à l'extrémité de notre train spécial, afin que du quai je puisse jouir de la beauté du paysage qui défile devant nous comme un paysage vivant en constante évolution. panorama.

Nous avions à peine plus de dix minutes *de route* lorsque le gardien se baissa brusquement et regarda par-dessus le petit balcon. Il recula alors rapidement et son visage pâlit. Saisissant ma main, il dit d'un ton très excité en anglais : « S'il vous plaît, entrez, Madame ! J'ai compris que nous étions en danger, d'une manière ou d'une autre. Il tira le signal d'alarme, fit signe à un autre garde, et avant que le train ne soit complètement immobilisé, les deux hommes sautèrent et disparurent sous le train.

Le garde avait tiré un coup de revolver pour attirer l'attention de tous, et Jarrett, Abbey et les artistes se précipitèrent dans l'étroit couloir. Je me trouvai au milieu d'eux et, à notre grande stupéfaction, nous vîmes les deux gardes sortir de dessous mon compartiment un homme armé jusqu'aux dents. Un revolver pointé sur sa tempe de chaque côté, il décida d'avouer la vérité.

L'exposition du bijoutier avait excité l'envie de toutes les bandes de voleurs, et cet homme avait été dépêché par une bande organisée à Saint-Louis pour me délivrer de mes bijoux.

Il devait décrocher ma voiture du reste du train entre Saint-Louis et Cincinnati, à un certain endroit connu sous le nom de « Little Incline ».

Comme cela devait se faire pendant la nuit, et que ma voiture était la dernière, la chose était relativement facile, puisqu'il s'agissait seulement de soulever l'énorme crochet et de le retirer du lien.

L'homme, un véritable géant, était attaché à ma voiture. Nous avons examiné son appareil et avons constaté qu'il se composait simplement de larges lanières de cuir très épaisses d'environ un demi-mètre de large. Grâce à ceux-ci, il était solidement fixé au dessous du train, les mains parfaitement libres. Le courage et le *sang-froid* de cet homme étaient admirables. Il nous dit que sept hommes armés nous attendaient au Little Incline et qu'ils ne nous auraient certainement pas blessés si nous n'avions pas tenté de résister, car ils ne voulaient que mes bijoux et l'argent que portait le secrétaire (deux mille dollars). trois cents dollars). Oh, il savait tout ; il connaissait le nom de tout le monde, et il bavardait dans un mauvais français : « Oh ! quant à vous, Madame, nous n'aurions pas dû vous faire de mal, malgré votre joli petit revolver. Nous aurions même dû vous laisser le garder.

Ainsi cet homme et sa bande savaient que le secrétaire dormait à mon extrémité du train, et qu'il n'était pas très redoutable (pauvre Chatterton !) ; qu'il avait avec lui deux mille trois cents dollars, et que j'avais un revolver très joliment ciselé, orné d'yeux de chat. L'homme fut fermement attaché et pris en charge par les deux gardes, et le train fut ensuite reculé vers Saint-Louis ; nous n'avions commencé qu'un quart d'heure auparavant. La police a été informée et nous a envoyé cinq détectives. Un train de marchandises qui aurait dû partir une demi-heure avant nous a été envoyé devant nous. Huit détectives ont voyagé à bord de ce train de marchandises et ont reçu l'ordre de descendre à Little Incline. Notre géant a été remis aux autorités policières, mais on m'a promis qu'il serait traité avec miséricorde à cause des aveux qu'il avait faits. Plus tard, j'ai appris que cette promesse avait été tenue puisque l'homme avait été renvoyé dans son pays natal, l'Irlande.

A partir de ce moment, mon compartiment fut toujours placé chaque nuit entre deux autres. Pendant la journée, j'étais autorisé à avoir ma voiture à l'extrémité, à condition que j'accepte d'avoir sur le quai un détective armé, que je devais d'ailleurs rémunérer pour ses services. Notre dîner fut très gai, et tout le monde était un peu excité. Quant au garde qui avait découvert le géant caché sous le train, Abbey et moi l'avions si généreusement récompensé qu'il en était ivre, et nous venions à chaque occasion me baiser la main et pleurer ses larmes d'ivrogne, répétant sans cesse : « Je sauvé la dame française; Je suis un gentleman."

Lorsque finalement nous approchâmes de Little Incline, il faisait sombre. Le mécanicien voulait foncer à toute vitesse, mais nous n'avions pas parcouru cinq milles lorsque des pétards explosèrent sous les roues et nous fûmes obligés de ralentir le pas. Nous nous demandions quel nouveau danger nous attendait et nous commencions à nous inquiéter. Les femmes étaient nerveuses et certaines d'entre elles étaient en larmes. Nous avancions lentement, scrutant l'obscurité, essayant de distinguer la forme d'un homme ou de plusieurs hommes à la lumière de chaque pétard. Abbey proposa d'aller à toute vitesse, car ces pétards avaient été placés le long de la voie par les bandits, qui avaient probablement pensé à un moyen d'arrêter le train au cas où leur géant ne parviendrait pas à décrocher le wagon. Le mécanicien refusa d'aller plus vite, déclarant que ces pétards étaient des signaux placés là par la compagnie du chemin de fer, et qu'il ne pouvait pas risquer la vie de tout le monde sur une simple supposition. Cet homme avait tout à fait raison et il était certainement très courageux.

"Nous pouvons certainement régler une poignée de voyous", a-t-il déclaré, "mais je ne pourrais répondre de la vie de personne si le train sortait des lignes, heurtait ou heurtait quelque chose, ou tombait dans un précipice."

Nous avons donc continué à avancer lentement. Les lumières avaient été éteintes dans la voiture, afin que nous puissions voir le plus de choses possible sans être vus nous-mêmes. Nous avions essayé de cacher la vérité aux artistes, sauf à trois hommes que j'avais fait venir dans ma voiture. Les artistes n'avaient vraiment rien à craindre des voleurs, car j'étais la seule personne qu'ils visaient. Pour éviter toutes questions inutiles et réponses évasives, nous avons envoyé la secrétaire leur dire que comme il y avait un obstacle sur la ligne, le train devait avancer lentement. On leur a également dit qu'il fallait réparer une des conduites de gaz avant que nous puissions à nouveau avoir de la lumière. La communication a alors été coupée entre ma voiture et le reste du train. Cela faisait peut-être dix minutes que nous avancions ainsi, lorsque tout fut soudainement allumé par un incendie et que nous vîmes une bande de cheminots se précipiter vers nous. Cela me fait frissonner maintenant quand je pense à quel point ces pauvres gens ont failli échapper à la mort. Nos nerfs étaient dans un tel état de tension depuis plusieurs heures que nous imaginâmes d'abord que ces hommes étaient les malheureux amis du géant. Quelqu'un leur tira dessus, et si notre courageux mécanicien ne leur avait pas crié de s'arrêter, en plus d'un terrible serment, deux ou trois de ces pauvres hommes auraient été blessés. Moi aussi, je m'étais emparé de mon revolver, mais avant que j'eusse pu sortir la baguette qui sert de rouage pour l'empêcher de partir, n'importe qui aurait eu le temps de me saisir, de me lier et de me tuer cent fois.

Et pourtant, chaque fois que je vais dans un endroit où je pense qu'il y a un danger, j'emporte invariablement mon pistolet avec moi, car c'est un pistolet et non un revolver. Je l'appelle toujours un revolver, mais en réalité c'est un pistolet, et d'une fabrication très démodée aussi, avec cette baguette et la gâchette si difficile à appuyer que je dois aussi utiliser mon autre main. Je ne suis pas un mauvais tireur, pour une femme, à condition de prendre mon temps, mais ce n'est pas très facile quand on veut tirer sur un voleur. Et pourtant j'ai toujours mon pistolet avec moi ; il est ici sur ma table, et je peux le voir pendant que j'écris. Il est dans son étui, qui est un peu trop étroit, de sorte qu'il faut une certaine force et de la patience pour le retirer. Si un assassin arrivait à ce moment précis, il me faudrait d'abord dégrafer l'étui, ce qui n'est pas chose facile, puis, pour sortir le pistolet, retirer la baguette, un peu trop ferme, et appuyer à deux mains sur la gâchette. . Et pourtant, malgré tout cela, l'animal humain est si étrange que ce petit objet ridiculement inutile, là devant moi, me semble une protection admirable. Et nerveux et timide comme je le suis, hélas ! Je me sens en sécurité près de ce petit ami qui doit éclater de rire dans la petite valise d'où j'ai peine à le sortir.

Eh bien, tout nous était désormais expliqué. Le train de marchandises qui avait démarré avant nous a déraillé, mais il n'y a pas eu de dégâts importants et personne n'a été tué. La bande de voleurs de Saint-Louis avait tout arrangé et s'était préparée à avoir ce petit accident à deux milles de Little Incline, au cas où leur camarade accroupi sous ma voiture n'aurait pas pu la décrocher. Le train avait déraillé, mais lorsque les misérables se précipitèrent, croyant que c'était le mien, ils se trouvèrent encerclés par la bande de détectives. On dirait qu'ils se sont battus comme des démons. L'un d'eux fut tué sur le coup, deux autres blessés et les autres faits prisonniers. Quelques jours plus tard, le chef de cette petite bande était pendu. C'était un Belge, nommé Albert Wirbyn, âgé de vingt-cinq ans.

J'ai fait tout ce qui était en mon pouvoir pour le sauver, car il me semblait que, involontairement, j'avais été l'instigateur de son plan diabolique.

Si Abbey et Jarrett n'avaient pas été aussi enragés de publicité, s'ils n'avaient pas ajouté aux miens des bijoux d'une valeur de plus de six cent mille francs, cet homme, ce misérable garçon n'aurait peut-être pas eu la stupide idée de me voler. Qui peut dire quels projets avaient flotté dans l'esprit de ce pauvre garçon, peut-être à moitié affamé, ou peut-être excité par un cerveau intelligent et inventif ? Peut-être qu'en s'arrêtant et en regardant la vitrine du bijoutier, il s'est dit : « Il y a là des bijoux qui valent un million de francs. Si tout était à moi, je le vendrais et retournerais en Belgique. Quelle joie je pourrais donner à ma pauvre mère, qui s'aveugle à cause du travail au gaz, et je pourrais aider ma sœur à se marier. Ou peut-être était-il un inventeur et il s'est dit : « Ah, si seulement j'avais l'argent que représente ce bijou, je pourrais réaliser mon invention moi-même, au lieu de vendre mon brevet à un coquin très estimé, qui l'achètera à moi pour une croûte de pain. Qu'importe à l'artiste. Ah, si seulement j'avais de l'argent ! Ah, si j'avais de l'argent ! — peut-être que le pauvre garçon pleurait de rage en pensant à toute cette richesse appartenant à une seule personne. Peut-être l'idée du crime a-t-elle germé ainsi dans un esprit jusqu'alors pur. Ah, qui peut dire à quel espoir peut naître dans un jeune esprit ? Au début, ce n'est peut-être qu'un beau rêve, mais cela peut se terminer par un désir fou de réaliser le rêve. Voler les biens d'autrui n'est certainement pas juste, mais cela ne devrait pas être puni de mort – ce ne devrait certainement pas être le cas. Tuer un homme de vingt-cinq ans est un crime bien plus grand que voler des bijoux, même par la force, et une société qui s'unit pour brandir l'épée de la Justice est bien plus lâche lorsqu'elle tue que l'homme qui vole. et tue tout seul, à ses risques et périls.

Oh, que de larmes j'ai pleuré pour cet homme que je ne connaissais pas du tout, qui était un coquin ou peut-être un héros ! C'était peut-être un homme faible d'esprit devenu voleur, mais il n'avait que vingt-cinq ans et il avait le droit de vivre.

Comme je déteste la peine capitale ! C'est une relique d'une lâche barbarie, et c'est une honte pour les pays civilisés d'avoir encore leurs guillotines et leurs échafauds. Chaque être humain a un moment où son cœur est facilement touché, où les larmes de chagrin coulent ; et ces larmes peuvent féconder une pensée généreuse qui pourrait conduire au repentir.

Je ne serais pas pour le monde entier de ceux qui condamnent un homme à mort. Et pourtant, beaucoup d'entre eux sont des hommes bons et honnêtes qui, lorsqu'ils reviennent dans leurs familles, sont affectueux envers leurs femmes et reprochent à leurs enfants d'avoir cassé la tête d'une poupée.

J'ai vu quatre exécutions, une à Londres, une en Espagne et deux à Paris.

A Londres, la méthode est suspendue, et cela me semble plus hideux, plus répugnant, plus bizarre que n'importe quelle autre mort. La victime était un jeune homme d'une trentaine d'années, au visage fort et volontaire. Je ne l'ai vu qu'une seconde, et il a haussé les épaules en me jetant un coup d'œil, ses yeux exprimant son mépris pour ma curiosité. A ce moment, je sentais que les idées des individus étaient de beaucoup supérieures aux miennes, et le condamné me paraissait plus grand que tous ceux qui étaient là. C'était peut-être parce qu'il était plus proche que nous du grand mystère. Je le vois maintenant sourire alors qu'on lui couvrait le visage avec la capuche, tandis que, quant à moi, je m'enfuis complètement bouleversée.

A Madrid, j'ai vu un homme garrotté, et la barbarie de ce supplice m'a terrifié pendant des semaines. Il était accusé d'avoir tué sa mère, mais aucune preuve réelle ne semblait avoir été avancée contre le misérable. Et il s'écria, alors qu'on le retenait sur son siège avant de lui mettre le garrot : « Mère, je serai bientôt avec toi, et tu leur diras à tous, en ma présence, qu'ils ont menti.

Ces paroles furent prononcées en espagnol, d'une voix vibrante de sérieux. Ils m'ont été traduits par un *attaché* de l'ambassade britannique, avec qui j'étais allé voir ce spectacle hideux. Le misérable s'écria d'un ton si sincère et si déchirant qu'il était impossible qu'il n'ait pas été innocent, et telle était l'opinion de tous ceux qui étaient avec moi.

Les deux autres exécutions auxquelles j'ai assisté ont eu lieu place de la Roquette, à Paris. Le premier était celui d'un jeune étudiant en médecine qui, avec l'aide d'un de ses amis, avait tué une vieille vendeuse de journaux. C'était un crime stupide et odieux, mais l'homme était plus fou que criminel. Il était plus intelligent que d'habitude et avait réussi ses examens plus tôt que d'habitude. Il avait travaillé trop dur et cela avait affecté son cerveau. Il aurait dû pouvoir se reposer, être traité comme un invalide, guéri physiquement et mentalement, puis reprendre ses activités scientifiques. C'était un jeune homme bien au-dessus de la moyenne en ce qui concerne l'intelligence. Je le vois maintenant, pâle et hagard, avec un regard rêveur et lointain, une expression d'une tristesse infinie. Je sais bien sûr qu'il avait tué une pauvre vieille femme sans défense. C'était certes odieux, mais il n'avait que vingt-trois ans, et son esprit était désordonné par l'étude et le surmenage, trop d'ambition, et l'habitude de couper les bras et les jambes et de disséquer les cadavres des femmes et des enfants. Tout cela n'excuse pas l'acte abominable de l'homme, mais tout cela a contribué à déstabiliser son sens moral, peut-être déjà vacillant, à cause des études, de la pauvreté ou de l'atavisme. Je considère qu'un crime de haute trahison contre l'humanité a été commis en ôtant la vie à un homme d'esprit qui, une fois revenu à la raison, aurait pu rendre de grands services à la science et à l'humanité.

La dernière exécution à laquelle j'ai assisté fut celle de Vaillant, l'anarchiste. C'était un homme énergique, et en même temps doux et doux, avec des idées très avancées, mais pas beaucoup plus avancées que celles des hommes qui sont parvenus depuis au pouvoir.

Mon théâtre à cette époque était celui de la Renaissance, et il me demandait souvent des places gratuites, car il était trop pauvre pour s'offrir le luxe de l'art. Ah, pauvreté, quel piètre conseiller es-tu, et comme nous devons être tolérants envers ceux qui doivent endurer la misère !

Un jour, Vaillant est venu me voir dans ma loge au théâtre. Je jouais Lorenzaccio et il m'a dit : « Ah, ce Florentin était anarchiste comme moi, mais il a tué le tyran et non la tyrannie. Ce n'est pas ainsi que j'irai travailler.

Quelques jours plus tard, il lance une bombe dans un bâtiment public, la Chambre des députés. Le pauvre garçon n'eut pas autant de succès que le Florentin, qu'il semblait mépriser, car il ne tuait personne et ne faisait de véritable mal qu'à sa propre cause.

J'ai dit que je voudrais savoir quand il devait être exécuté, et la veille au soir, un de mes amis est venu au théâtre et m'a dit que l'exécution aurait lieu le lendemain, lundi, à sept heures du matin.

Je partis après la représentation et me rendis rue Merlin, au coin de la rue de la Roquette. Les rues étaient encore très animées puisque ce dimanche était le Dimanche Gras. Les gens chantaient, riaient et dansaient partout. J'ai attendu toute la nuit et comme je n'étais pas autorisé à entrer dans la prison, je me suis assis sur le balcon d'un appartement au premier étage que j'avais loué. L'obscurité froide de la nuit dans son immensité semblait m'envelopper de tristesse. Je n'ai pas ressenti le froid, car mon sang coulait rapidement dans mes veines. Les heures passaient lentement, les heures qui sonnaient au loin,

L'heure est morte. Vive l'heure! J'entendais un bruit vague et sourd de pas, de chuchotements et de bois qui craquait fortement, mais je ne sus ce qu'étaient ces bruits étranges et mystérieux jusqu'à ce que le jour commence à se lever. J'ai vu que l'échafaud était là. Un homme vint éteindre les lampes de la place de la Roquette, et un ciel anémique répandit sur nous sa pâle lumière. La foule commença à se rassembler progressivement, mais resta en groupes compacts et la circulation dans les rues fut interrompue. De temps à autre, un homme, d'apparence indifférente mais visiblement pressé, écartait la foule, présentait une carte à un policier, puis disparaissait sous le porche de la prison. J'ai compté plus d'une dizaine de ces hommes : c'étaient des journalistes. Bientôt, la garde militaire apparut tout à coup sur place et prit position autour du piédestal mélancolique. L'effectif habituel de la garde avait été doublé pour cette occasion, car on craignait quelque complot anarchiste. Au signal donné, les épées furent tirées et la porte de la prison s'ouvrit.

Vaillant apparut, très pâle, mais énergique et courageux. Il s'écria d'une voix virile, avec une parfaite assurance : « *Vive l'anarchie !* » Il n'y a pas eu un seul cri en réponse au sien. Il a été saisi et rejeté par-dessus la dalle. Le couteau tomba avec un bruit sourd. Le corps chancela, et en une seconde l'échafaud fut enlevé, la place balayée ; les foules ont été autorisées à se déplacer. Ils se précipitèrent vers le lieu d'exécution, guettant à terre une tache de sang qu'on ne voyait pas, reniflant dans l'air l'odeur du drame qui venait de se jouer.

Il y avait des femmes, des enfants, des vieillards, tous plaisantant là même où un homme venait d'expirer dans la plus suprême agonie. Et cet homme s'était fait l'apôtre de ce peuple ; cet homme avait réclamé pour cette foule grouillante toutes sortes de libertés, toutes sortes de privilèges et de droits.

J'étais épaissement voilée pour ne pas pouvoir être reconnue et accompagnée d'un ami comme escorte.

Je me suis mêlé à la foule, et cela m'a rendu malade et désespéré. Il n'y eut pas un mot de gratitude envers cet homme, pas un murmure de vengeance ni de révolte.

J'avais envie de crier : « Vous êtes des brutes ! Agenouillez-vous et embrassez les pierres que le sang de ce pauvre fou a souillées pour vous, pour vous, parce qu'il a cru en vous.

Mais avant que j'aie eu le temps de le faire, un gamin des rues m'a crié : « Achetez les derniers instants de Vaillant ! Acheter acheter!"

Oh, pauvre Vaillant ! Son corps décapité fut alors transporté à Clamart, et les foules pour lesquelles il avait pleuré, travaillé et mort s'en allaient maintenant tranquillement, indifférentes et ennuyées. Pauvre Vaillant ! Ses idées étaient exagérées, mais généreuses.

XXXVII
LA NOUVELLE-ORLÉANS ET AUTRES VILLES AMÉRICAINES—UNE VISITE AUX CHUTES DU NIAGARA

Nous sommes arrivés à Cincinnati sains et saufs. Nous y avons donné trois représentations et sommes repartis pour la Nouvelle-Orléans.

Maintenant, pensais-je, nous aurons du soleil et nous pourrons réchauffer nos pauvres membres raidis par trois mois de froid mortel. Nous pourrons ouvrir nos fenêtres et respirer de l'air frais au lieu de la chaleur suffocante et anémique de la vapeur. Je m'endormais et des rêves de chaleur et de doux parfums m'endormaient dans mon sommeil. Un coup me réveilla brusquement, et mon chien aux oreilles dressées renifla la porte, mais comme il ne grondait pas, je sus que c'était quelqu'un de notre groupe. J'ai ouvert la porte et Jarrett, suivi d'Abbey, m'a fait signe de ne pas parler. Jarrett entra sur la pointe des pieds et referma la porte.

"Eh bien, qu'est-ce qu'il y a maintenant?" J'ai demandé.

"Eh bien," répondit Jarrett, "la pluie incessante des douze derniers jours a gonflé l'eau à une telle hauteur que le pont de bateaux qui traverse la baie ici est susceptible de céder sous la terrible pression de l'eau. Entendez-vous l'horrible tempête de vent qui souffle actuellement ? Si nous revenons par l'autre itinéraire, cela prendra trois ou quatre jours.

J'étais furieux. Trois ou quatre jours, et c'est retour à la neige ! Ah non! Je sentais que je devais avoir du soleil.

« Pourquoi ne pouvons-nous pas passer ? Oh, mon Dieu ! que ferons-nous ? M'écriai-je.

« Eh bien, le conducteur du moteur est là. Il pense qu'il pourrait passer; mais il vient de se marier, et il tentera la traversée à condition que vous lui donniez deux mille cinq cents dollars, qu'il enverra aussitôt à Mobile, où habitent son père et sa femme. Si nous arrivons sains et saufs de l'autre côté, il vous rendra cet argent, sinon il appartiendra à sa famille.

Je dois avouer que j'étais stupéfait d'admiration pour cet homme courageux. Son audace m'excitait et je m'écriais :

"Oui certainement. Donnez-lui l'argent et traversons.

Comme je l'ai dit, je voyageais généralement en train spécial. Celui-ci n'était composé que de trois wagons et du moteur. Je n'ai jamais douté un seul instant du succès de cette tentative insensée et criminelle, et je n'en ai parlé à personne sauf à ma sœur, mon bien-aimé Guérard, et ma fidèle Félicie et son mari Claude. Le comédien Angelo, qui dormait dans la couchette de Jarrett pendant ce voyage, le savait, mais il était courageux et avait confiance en son étoile. L'argent a été remis au conducteur du moteur, qui l'a envoyé à Mobile. Ce n'est qu'au moment où nous commencions effectivement que j'ai eu la vision de la responsabilité que j'avais assumée, car c'était risquer sans leur consentement la vie de trente-deux personnes. Il était alors trop tard pour faire quoi que ce soit : le train avait démarré et, à une vitesse effroyable, il toucha le pont des bateaux. J'avais pris place sur la plate-forme, et le pont se courbait et se balançait comme un hamac sous la vitesse vertigineuse de notre course sauvage. À mi-chemin, il a tellement cédé que ma sœur m'a saisi le bras et a murmuré : « Ah, nous nous noyons ! Elle a fermé les yeux et m'a serré nerveusement dans ses bras, mais elle était plutôt courageuse. J'imaginais certainement comme elle que le moment suprême était arrivé ; et si abominable que cela fût, je n'ai jamais pensé une seconde à tous ceux qui étaient pleins de confiance et de vie, que je sacrifiais, que je tuais. Je ne pensais qu'à une chère petite figure qui allait bientôt porter mon deuil. Et dire que nous portons en nous notre plus terrible ennemi, la pensée, et qu'elle est continuellement en contradiction avec nos actes. Il surgit parfois, terrible, perfide, et on essaie de le chasser sans succès. Nous n'y obéissons pas invariablement, grâce à Dieu ; mais elle nous poursuit, nous tourmente, nous fait souffrir. Que de fois les pensées les plus mauvaises nous assaillent, et quels combats nous devons mener pour chasser ces enfants de notre cerveau ! La colère, l'ambition, la vengeance donnent naissance aux pensées les plus détestables, qui nous font rougir de honte comme nous devrions le faire devant quelque horrible tare. Et pourtant ils ne sont pas les nôtres, car nous ne les avons pas évoqués ; mais ils nous souillent néanmoins et nous laissent au désespoir de ne pas être maîtres de notre cœur, de notre esprit et de notre corps.

Mais ma dernière minute n'était pas inscrite pour ce jour-là dans le livre du destin. Le train se ressaisit et, moitié sautant, moitié roulant, nous arrivâmes de l'autre côté de l'eau. Derrière nous, nous entendîmes un bruit terrible, une colonne d'eau retombant comme une énorme gerbe. Le pont avait cédé ! Pendant plus d'une semaine, les trains en provenance de l'est et du nord n'ont pas pu circuler sur cette route.

J'ai laissé l'argent à notre brave mécanicien, mais ma conscience n'était pas du tout tranquille, et pendant longtemps mon sommeil fut troublé par les cauchemars les plus affreux ; et quand un artiste me parlait de son enfant, de sa mère ou de son mari, qu'il avait envie de revoir, je me sentais pâlir ; un frisson d'émotion profonde m'a parcouru et j'ai eu la plus profonde pitié pour moi-même.

En descendant du train, j'étais plus mort que vivant d'émotion rétrospective. J'ai dû me soumettre à une députation très amicale, quoique fatigante, de mes compatriotes. Puis, chargé de fleurs, je montai dans la voiture qui devait me conduire à l'hôtel. Les routes étaient des rivières et nous étions en hauteur.

La partie basse de la ville, nous explique le cocher en français avec un fort accent marseillais, était inondée jusqu'aux sommets des maisons. Des centaines de nègres s'étaient noyés. "Ah, *la bagasse* !" s'écria-t-il en fouettant ses chevaux.

A cette époque, les hôtels de la Nouvelle-Orléans étaient sordides, sales, inconfortables, noirs de cafards, et dès que les bougies étaient allumées, les chambres se remplissaient de gros moustiques qui bourdonnaient et tombaient sur l'épaule, se collant dans les cheveux. Oh, je frémis encore quand j'y pense !

En même temps que notre compagnie, il y avait à la Nouvelle-Orléans une compagnie d'opéra dont la « star » était une charmante femme, Emilie Ambre, qui fut autrefois bien près d'être reine de Hollande. Le pays était pauvre, comme tous les autres districts américains où les Français étaient prépondérants.

L'opéra a fait de très mauvaises affaires, et nous n'avons pas non plus fait d'excellentes affaires. Six représentations auraient suffi dans cette ville : nous en avons donné huit.

Néanmoins, mon séjour m'a énormément plu.

Un charme infini s'en est dégagé. Tous ces gens si différents, noirs et blancs, avaient des visages souriants. Toutes les femmes étaient gracieuses. Les magasins séduisaient par la gaieté de leurs vitrines. Sous les arcades, les commerçants en plein air se défiaient avec des traits d'esprit joyeux. Le soleil ne s'est cependant pas montré une seule fois. Mais ces gens-là avaient le soleil en eux.

Je ne comprenais pas pourquoi les bateaux n'étaient pas utilisés. Les chevaux avaient de l'eau jusqu'aux cuisses, et il aurait été impossible même de monter dans une voiture si les trottoirs n'avaient pas eu un mètre de haut et parfois plus.

Les crues étant aussi fréquentes que les années, il ne servirait à rien de songer à remblayer le fleuve ou le bras de mer. Mais la circulation était facilitée par les trottoirs hauts et les petits ponts mobiles. Les enfants noirs s'amusaient à attraper des écrevisses dans les ruisseaux. (D'où venaient-ils ?) Et ils les vendaient aux passants.

De temps en temps, nous voyions passer toute une famille de serpents d'eau. Ils avançaient, la tête relevée et le corps ondulant, comme de longs saphirs étoilés.

Je suis descendu vers la partie basse de la ville. Le spectacle était déchirant. Toutes les cabanes des habitants de couleur étaient tombées dans les eaux boueuses. Ils étaient là par centaines, accroupis sur ces épaves mouvantes, les yeux brûlants de fièvre. Leurs dents blanches claquaient de faim. À droite et à gauche, partout, des cadavres au ventre gonflé flottaient et se heurtaient aux pilotis de bois. De nombreuses dames distribuaient des vivres, s'efforçant d'emmener ces malheureuses créatures. Non, ils resteraient là où ils étaient. Avec un sourire heureux, ils répondaient : « L'eau s'en va. Maison à trouver. Je recommence. Et les femmes hochaient lentement la tête en signe d'assentiment. Plusieurs alligators s'étaient montrés, soulevés par la marée. Deux enfants avaient disparu.

Un enfant de quatorze ans venait d'être emporté à l'hôpital avec le pied coupé à la cheville par un de ces monstres marins. Sa famille hurlait de fureur. Ils souhaitaient garder le jeune avec eux. Le charlatan noir prétendait qu'il aurait pu le guérir en deux jours et que les « charlatans » blancs le laisseraient au lit pendant un mois.

J'ai quitté cette ville avec regret, car elle ne ressemblait à aucune autre ville que j'avais visitée jusqu'alors. Nous avons été vraiment surpris de constater qu'aucun membre de notre groupe ne manquait : ils avaient traversé, disaient-ils, divers dangers. Seul le coiffeur, un homme nommé Ibé, n'a pas pu retrouver son équilibre, devenu à moitié fou de peur le deuxième jour de notre arrivée. Au théâtre, il dormait généralement dans la malle dans laquelle il rangeait ses perruques. Aussi étrange que cela puisse paraître, le fait est tout à fait vrai. La première nuit, tout se passa comme d'habitude, mais la deuxième nuit, il réveilla tout le quartier par ses cris. Le malheureux s'était profondément endormi, lorsqu'il se réveilla avec la sensation que son matelas, suspendu au-dessus de sa collection de perruques, se soulevait par des mouvements inconcevables. Il crut qu'un chat ou un chien s'était introduit dans le coffre, et il souleva le faible rempart. Deux serpents se disputaient ou se faisaient l'amour – il ne pouvait dire lequel ; deux serpents d'une taille suffisante pour effrayer le peuple que les cris du pauvre Figaro avaient fait rassembler.

Il était encore très pâle lorsque je le vis embarquer à bord du bateau qui devait nous conduire à notre train. Je l'appelai et le priai de me raconter l'Odyssée de sa terrible nuit. En me racontant l'histoire, il montra sa grosse jambe : « Elles étaient aussi grosses que ça, Madame. Oui, comme ça… » Et il frémit de peur en se rappelant la terrible circonférence des reptiles. Je pensais qu'ils étaient environ un quart de l'épaisseur de sa jambe, et cela aurait suffi à justifier sa frayeur, car les serpents en question n'étaient pas des serpents d'eau inoffensifs qui mordent par pure méchanceté, mais n'ont pas de crocs venimeux.

Nous sommes arrivés à Mobile un peu tard dans la journée.

Nous nous étions arrêtés dans cette ville en route vers la Nouvelle-Orléans, et j'avais eu une véritable crise de nerfs provoquée par la « joue » des habitants qui, malgré l'heure tardive, avaient levé une députation pour attendre. sur moi. J'étais mort de fatigue et je m'endormais dans mon lit dans la voiture. J'ai donc énergiquement refusé de voir qui que ce soit. Mais ces gens frappaient à mes fenêtres, chantaient autour de ma voiture et finissaient par m'exaspérer. J'ai rapidement vomi une des fenêtres et vidé une cruche d'eau sur leur tête. Des femmes et des hommes, parmi lesquels plusieurs journalistes, ont été inondés. Leur fureur était grande.

Je revenais dans cette ville, précédé de l'histoire ci-dessus, embellie en leur faveur par les journalistes trempés. Mais d'un autre côté, il y en avait d'autres qui avaient été plus courtois et avaient refusé d'aller déranger une dame à une heure aussi surnaturelle de la nuit. Ces derniers étaient la majorité et prirent ma défense.

C'est donc dans cette ambiance guerrière que je me suis présenté devant le public de Mobile. Je voulais pourtant justifier la bonne opinion de mes défenseurs et confondre mes détracteurs.

Oui, mais un lutin qui en avait décidé autrement était là.

Mobile était une ville généralement assez dédaignée par *les impresarii* . Il n'y avait qu'un seul théâtre. Elle avait été louée au tragique Barrett, qui devait comparaître six jours après moi. Il ne restait plus qu'un endroit misérable, si petit que je ne connais rien qui puisse lui être comparé. Nous jouions *La Dame aux Camélias* . Lorsque Marguerite Gautier ordonna de servir le souper, les domestiques qui devaient apporter la table toute dressée essayèrent de la faire entrer par la porte. Mais c'était impossible. Rien de plus comique que de voir ces malheureux serviteurs adopter tous les expédients.

Le public a ri. Parmi les rires des spectateurs, il y en a un qui est devenu contagieux. Un nègre de douze ou quinze ans, qui s'était introduit tant bien que mal, était debout sur une chaise, et, les deux mains appuyées sur ses genoux, le corps penché, la tête en avant, la bouche ouverte, il riait d'un ton si aigu et si perçant. , et avec une telle continuité, que je l'ai attrapé aussi. J'ai dû sortir pendant qu'une partie du décor arrière était en train d'être retirée pour permettre d'introduire la table.

Je reviens quelque peu posé, mais toujours sous la domination d'un rire étouffé. Nous étions assis autour de la table et le souper touchait à sa fin comme d'habitude. Mais au moment où les domestiques entraient pour enlever la table, l'un d'eux aperçut le décor, mal réglé par les machinistes dans leur précipitation, et toute l'arrière-scène nous tomba sur la tête. Comme le décor était presque entièrement fait de papier à cette époque, il ne tombait pas sur nos têtes et restait là, mais autour de notre cou, et il fallait rester dans cette position sans pouvoir bouger. Nos têtes ayant parcouru le journal, notre aspect était des plus comiques et ridicules. Le rire du jeune nègre recommença, plus perçant que jamais, et cette fois mon rire réprimé se termina par une crise qui me laissa sans aucune force.

L'argent payé pour l'entrée a été restitué au public. Il dépassait quinze mille francs.

Cette ville fut pour moi une ville malheureuse, et faillit me devenir fatale lors de la troisième visite que je lui fis, comme je le raconterai dans le deuxième volume de ces Mémoires.

Le soir même, nous quittions Mobile pour Atlanta, où, après avoir joué *La Dame aux Camélias* , nous repartions le soir même pour Nashville.

Nous sommes restés une journée entière à Memphis et y avons donné deux représentations.

A une heure du matin nous partîmes pour Louisville. Pendant le voyage de Memphis à Louisville, nous avons été réveillés par le bruit d'une bagarre, par des jurons et des cris. J'ouvris la porte de mon wagon et reconnus les voix. Jarrett est sorti au même moment. Nous nous dirigeâmes vers l'endroit d'où venait le bruit, vers la petite plate-forme où les deux combattants, le capitaine Hayné et Marcus Mayer, se battaient, un revolver à la main. L'œil de Marcus Mayer était hors de son orbite et du sang couvrait le visage du capitaine Hayné. Je me jetai sans réfléchir entre les deux fous, qui, avec cette courtoisie brutale mais délicieuse des Nord-Américains, arrêtèrent leur combat.

Nous commencions la tournée vertigineuse des petites villes, arrivant à trois, quatre et parfois six heures du soir, et repartant aussitôt après la pièce. Je n'ai quitté ma voiture que pour aller au théâtre et je suis revenu dès la fin de la pièce pour me retirer dans ma chambre élégante mais minuscule. Je dors bien sur le chemin de fer. J'éprouvais un plaisir immense à voyager ainsi à grande vitesse, assis dehors sur la petite plate-forme, ou plutôt allongé dans un rocking-chair, contemplant le spectacle toujours changeant des plaines et des forêts américaines qui défilaient devant moi. Sans nous arrêter, nous traversâmes pour la seconde fois Louisville, Cincinnati, Columbus, Dayton, Indianapolis, Saint-Joseph, où l'on trouve la meilleure bière du monde, et où, alors que j'étais obligé d'aller dans un hôtel pour des réparations, sur une des roues de la voiture, un danseur ivre lors d'un grand bal donné à l'hôtel m'a saisi dans le couloir menant à ma chambre. Ce type brutal m'a saisi au moment où je descendais de l'ascenseur et m'a entraîné avec des cris pareils à ceux d'un animal sauvage trouvant sa proie après cinq jours de faim forcée. Mon chien, fou d'excitation en m'entendant crier, se mordit violemment les jambes, ce qui excita l'ivrogne jusqu'à la fureur. Ce fut avec beaucoup de difficulté que je fus délivré des griffes de ce démoniaque. Le souper fut servi. Quel souper ! Heureusement, la bière était claire, tant par sa couleur que par sa consistance, et me permettait d'avaler les horreurs qui étaient servies.

Le bal dura toute la nuit, accompagné de coups de revolver.

Nous sommes partis pour Leavenworth, Quincy, Springfield, mais pas Springfield dans le Massachusetts, celui de l'Illinois.

Pendant le trajet de Springfield à Chicago, nous avons été arrêtés par la neige au milieu de la nuit.

Les gémissements aigus et profonds de la locomotive m'avaient déjà réveillé. J'ai appelé mon fidèle Claude et j'ai appris que nous devions nous arrêter et attendre du secours.

Aidé de ma Félicie, je m'habillai en toute hâte et tentai de descendre, mais ce fut impossible. La neige était aussi haute que la plateforme de la voiture. Je restais enveloppé de fourrures, contemplant la nuit magnifique. Le ciel était dur, implacable, sans étoile, mais néanmoins translucide. Des lumières s'étendaient à perte de vue le long des rails devant moi, car je m'étais réfugié sur la plate-forme arrière. Ces feux devaient avertir les trains qui suivaient. Quatre d'entre eux arrivèrent et s'arrêtèrent aux premiers signaux de brume sous leurs roues, puis s'avancèrent lentement jusqu'au premier feu, où un homme qui y était posté expliqua l'incident. Les mêmes feux furent allumés immédiatement pour le train suivant, aussi loin que possible, et un homme, passant au-delà des feux, plaça des détonateurs sur les métaux. Chaque train arrivé suivait ce parcours.

Nous étions bloqués par la neige. L'idée m'est venue d'allumer le feu de la cuisine, et j'ai ainsi obtenu suffisamment d'eau bouillante pour faire fondre la couche supérieure de neige du côté où je voulais me poser. Cela fait, Claude et nos domestiques de couleur descendirent et déblayèrent du mieux qu'ils purent une petite partie.

Je pus enfin descendre moi-même et j'essayai d'enlever la neige d'un côté. Ma sœur et moi finissons par nous lancer des boules de neige, et la *mêlée* devient générale. Abbey, Jarrett, le secrétaire et plusieurs artistes se sont joints à nous, et nous avons été réchauffés par cette petite bataille de boulets de canon blancs.

A l'aube, on nous voyait tirer avec un revolver et un fusil Colt sur une cible fabriquée à partir d'un étui à champagne. Un bruit lointain, étouffé par le coton de la neige, nous fit enfin comprendre que des secours approchaient. En effet, deux machines, avec des hommes munis de pelles, de crochets et de bêches, arrivaient à toute vitesse en sens inverse. Ils furent obligés de ralentir lorsqu'ils arrivèrent à moins d'un kilomètre de là où nous étions, et les hommes commencèrent à dégager la voie devant eux. Ils réussirent finalement à nous rejoindre, mais nous fûmes obligés de rebrousser chemin et de prendre la route de l'ouest. Les malheureux artistes, qui comptaient prendre le petit déjeuner à Chicago, où nous aurions dû arriver à onze heures, se lamentaient, car avec le nouvel itinéraire que nous étions obligés de suivre, nous ne pouvions atteindre Milwaukee avant une heure et demie. Là, nous devions donner une *matinée* à deux heures : *La Dame aux Camélias* . J'eus donc le meilleur déjeuner que je pus préparer, et mes domestiques le portèrent à ma compagnie, dont les membres se montrèrent très reconnaissants.

La représentation ne commençait qu'à trois heures et se terminait à six heures et demie ; nous avons recommencé à huit heures avec *Froufrou* .

Immédiatement après la pièce, nous sommes partis pour Grand Rapids, Détroit, Cleveland et Pittsburg, dans cette dernière ville où je devais rencontrer un de mes amis américains qui devait m'aider à réaliser un de mes rêves – du moins, je le pensais. En partenariat avec son frère, mon ami était propriétaire de grandes aciéries et de plusieurs puits de pétrole. Je l'avais connu à Paris, et je l'avais retrouvé à New York, où il m'avait proposé de me conduire à Buffalo, afin que je puisse visiter ou plutôt qu'il m'initie aux chutes du Niagara, pour lesquelles il entretenait une passion d'amoureux. Souvent, il partait de manière inattendue, comme un fou, et se reposait dans un endroit proche des chutes du Niagara. Le bruit assourdissant des cataractes ressemblait à de la musique après le bruit dur, martelant et strident des forges travaillant sur le fer, et la limpidité des cascades argentées reposait ses yeux et rafraîchissait ses poumons saturés de pétrole et de fumée.

Le buggy de mon ami, tiré par deux magnifiques chevaux, nous emmenait dans un tourbillon ahurissant de boue nous éclaboussant et de neige nous aveuglant. Il pleuvait depuis une semaine et Pittsburg, en 1881, n'était pas ce qu'elle est aujourd'hui, même si c'était une ville qui impressionnait par son génie commercial. La boue noire coulait le long des rues et partout dans le ciel s'élevaient d'immenses nappes de fumée épaisse, noire et opaque ; mais il y avait une certaine grandeur dans tout cela, car le travail y était roi. Les trains circulaient dans les rues chargés de barils de pétrole ou remplis le plus haut possible de charbon de bois et de charbon. Ce beau fleuve, l'Ohio, emportait avec lui des paquebots, des barges, des chargements de bois attachés ensemble et formant d'énormes radeaux, qui flottaient seuls sur le fleuve, pour être arrêtés en chemin par le propriétaire à qui ils étaient destinés. Le bois est marqué et personne d'autre ne pense à le prendre. On me dit que le bois n'est plus acheminé de cette façon maintenant, ce qui est dommage.

La voiture nous entraînait à travers les rues et les places, au milieu des voies ferrées, sous la vibration énervante des fils électriques qui couraient comme des sillons dans le ciel. Nous traversons un pont qui tremble sous le poids léger du buggy. C'était un pont suspendu. Finalement, nous nous sommes arrêtés chez mon ami. Il me présenta son frère, un homme charmant, mais très froid et correct, et si tranquille que j'en fus étonné.

« Mon pauvre frère est sourd », dit mon compagnon, après que je m'étais efforcé depuis cinq minutes de lui parler de ma voix la plus douce. Je regardais ce pauvre millionnaire, qui vivait dans le bruit le plus extraordinaire, et qui n'entendait pas le moindre écho de ce tumulte indigne. Il n'entendait rien du tout, et je me demandais s'il fallait l'envier ou le plaindre. On me fit alors visiter ses fours à incandescence et ses cuves en ébullition. J'entrai dans une pièce où refroidissaient des disques d'acier qui ressemblaient à autant de soleils couchants.

Leur chaleur semblait brûler mes poumons et j'avais l'impression que mes cheveux allaient prendre feu.

Nous avons ensuite emprunté une route longue et étroite sur laquelle circulaient de petits trains. Certains de ces trains étaient chargés de métaux incandescents qui rendaient l'atmosphère irisée à leur passage. Nous avons marché en file indienne le long de l'étroit passage réservé aux piétons entre les rails. Je ne me sentais pas du tout en sécurité et mon cœur s'est mis à battre vite. Poussé d'un côté puis de l'autre par le vent des deux trains venant en sens inverse et se croisant, j'ai serré mes jupes autour de moi pour qu'elles ne soient pas happées. Perchée sur mes talons hauts, à chaque pas que je faisais, j'avais peur de glisser sur ce trottoir étroit, gras et jonché de charbon.

En résumé, ce fut un moment très désagréable, et très heureux d'arriver au bout de cette rue interminable qui menait à un champ immense qui s'étendait à perte de vue. Il y avait des rails partout ici, que les hommes polissaient et limaient, etc. Mais j'en avais bien assez et j'ai demandé à pouvoir rentrer me reposer. Nous sommes donc tous les trois rentrés à la maison.

En arrivant là-bas, des valets en livrée ouvraient les portes, prenaient nos fourrures, marchant sur la pointe des pieds. Il y avait du silence partout, et je me demandais pourquoi, car cela me paraissait incompréhensible. Le frère de mon ami ne parlait presque pas, et quand il le faisait, sa voix était si basse que j'avais beaucoup de peine à le comprendre. Lorsque nous lui posions une question en gesticulant, nous devions l'écouter très attentivement pour saisir sa réponse, et je remarquais qu'un sourire presque imperceptible illuminait un instant son visage de pierre. J'ai compris très vite que cet homme détestait l'humanité, et qu'il se vengeait à sa manière de son infirmité.

Le déjeuner nous avait été préparé dans la véranda d'hiver, un coin de verdure et de fleurs magnifiques. Nous venions de nous asseoir à table lorsque les chants de mille oiseaux éclatèrent comme une véritable fanfare. Sous de grandes feuilles, des familles entières de canaris étaient emprisonnées par des filets invisibles. Ils étaient partout, dans les airs, en bas, sous ma chaise, sur la table derrière moi, partout. J'ai essayé d'apaiser ce vacarme aigu en secouant ma serviette et en parlant à voix haute, mais la petite tribu à plumes s'est mise à chanter d'une manière affolante. Le sourd était adossé au dossier d'un rocking-chair et j'ai remarqué que son visage s'était illuminé. Il rit à haute voix d'une manière méchante et malveillante. Au moment où mon caractère prenait le dessus sur moi, un sentiment de pitié et d'indulgence me vint au cœur pour cet homme dont la vengeance me paraissait aussi pathétique que puérile. Décidant aussitôt de tirer le meilleur parti de la méchanceté de mon hôte, assisté de son frère, je pris mon thé dans la salle à l'autre bout de la véranda. J'étais presque mort de fatigue, et quand mon ami m'a proposé d'aller avec lui voir ses puits de pétrole, à quelques kilomètres de la ville, je l'ai regardé avec une expression si effrayée et si désespérée qu'il m'a supplié de la plus haute voix. manière amicale et polie de lui pardonner.

Il était cinq heures, la nuit tombait et je voulais rentrer à mon hôtel. Mon hôte m'a demandé si je lui permettrais de me ramener par les collines. La route était un peu plus longue, mais je devrais pouvoir avoir une vue plongeante sur Pittsburg, et il m'a assuré que cela en valait la peine. Nous sommes partis dans le buggy avec deux chevaux frais et quelques minutes plus tard, j'ai fait le rêve le plus fou. Il me semblait qu'il était Pluton, le dieu des régions infernales, et que j'étais Proserpine. Nous parcourions notre empire au petit trot, traînés par nos chevaux ailés. Tout autour de nous, nous pouvions voir du feu et des flammes. Le ciel rouge sang était brouillé de longues traînées noires qui ressemblaient à des voiles de veuve. Le sol était couvert de longs bras de fer tendus vers le ciel dans une imprécation suprême. Ces bras jetaient de la fumée, des flammes ou des étincelles, qui retombaient en pluie d'étoiles. Le buggy nous transportait sur les collines, et le froid nous glaçait les membres tandis que les incendies excitaient notre cerveau. C'est alors que mon ami m'a parlé de son amour pour les chutes du Niagara. Il en parlait plus en amant qu'en admirateur, et me disait qu'il aimait y aller seul. Il a cependant dit que pour moi, il ferait une exception. Il parlait des rapides avec une passion si intense que je me sentais un peu mal à l'aise et commençais à me demander si cet homme n'était pas fou. Je m'alarmai, car il roulait au bord même du précipice, sautant les tas de pierres. Je lui jetai un regard de côté : son visage était calme, mais sa lèvre inférieure se contractait légèrement ; et j'avais également remarqué cela particulièrement avec son frère sourd.

À ce moment-là, j'étais assez nerveux. Le froid et les incendies, cette pulsion démoniaque, le bruit de l'enclume qui faisait retentir des carillons lugubres qui semblaient venir de sous terre, et puis le profond sifflet de la forge sonnant comme un cri désespéré déchirant le silence de la nuit ; les cheminées aussi, avec leurs poumons épuisés crachant leur fumée avec un râle perpétuel, et le vent qui venait de se lever tordant les traînées de fumée en spirales qu'il envoyait vers le ciel ou abattait d'un seul coup. sur nous, toute cette danse sauvage des éléments naturels et humains, a affecté tout mon système nerveux à tel point qu'il était tout à fait temps pour moi de rentrer à l'hôtel.

Je sautai rapidement hors de la voiture en arrivant et m'arrangeai pour voir mon ami à Buffalo, mais, hélas ! Je ne devais plus jamais le revoir. Il prit froid le jour même et ne put m'y rencontrer ; et l'année suivante, j'appris qu'il avait été heurté contre des rochers alors qu'il essayait de diriger un bateau dans des rapides. Il est mort de sa passion, — pour sa passion.

A l'hôtel, tous les artistes m'attendaient, car j'avais oublié que nous devions répéter à quatre heures et demie *La Princesse Georges* . J'ai remarqué un visage qui m'était inconnu parmi les membres de notre société, et en m'enquérant de cette personne, j'ai découvert qu'il s'agissait d'un illustrateur venu avec une présentation de Jarrett. Il demanda à pouvoir faire quelques croquis de moi, et après avoir donné l'ordre de le faire asseoir, je ne m'occupai plus de lui. Nous avons dû nous dépêcher pendant la répétition afin d'être au théâtre à temps pour la représentation de *Froufrou* que nous donnions ce soir-là. La répétition fut donc précipitée et bavarde, de sorte qu'elle fut bientôt terminée, et l'inconnu partit, refusant de me laisser regarder ses croquis, sous prétexte qu'il voulait les retoucher avant de les montrer. Ma joie fut grande le lendemain lorsque Jarrett arriva à mon hôtel parfaitement furieux, tenant à la main le principal journal de Pittsburg, dans lequel notre illustrateur, qui se révéla être journaliste, avait écrit un article rendant compte en détail de la répétition générale de *Froufrou* ! « Dans la pièce de *Froufrou* , écrivait ce charmant imbécile, il n'y a qu'une scène qui ait quelque importance, c'est celle des deux sœurs. Madame Sarah Bernhardt ne m'impressionnait pas beaucoup, et quant aux artistes de la Comédie Française, je les trouvais médiocres. Les costumes n'étaient pas très beaux et, dans la scène du bal, les hommes ne portaient pas de costumes habillés.

Jarrett était fou de rage et j'étais fou de joie. Il connaissait mon horreur des journalistes, et il avait présenté celui-ci de manière sournoise, dans l'espoir d'en tirer une bonne publicité. Le journaliste s'imaginait que nous assistions à une répétition générale de *Froufrou* et que nous répétions simplement *Princesse Georges d'Alexandre Dumas* pour nous rafraîchir la mémoire. Il avait confondu la scène entre la princesse Georges et la comtesse de Terremonde avec la scène du troisième acte entre les deux sœurs dans *Froufrou* . Nous portions tous nos costumes de voyage, et il fut surpris de ne pas voir les hommes en habit et les femmes en tenue de soirée. Comme c'était amusant pour nous et pour toute la ville, et je puis ajouter quel sujet de plaisanteries cela fournissait à tous les journaux rivaux.

J'ai dû jouer deux jours à Pittsburg, puis me rendre à Bradford, Erie, Toronto et arriver à Buffalo dimanche. J'avais l'intention d'offrir à tous les membres de mon entreprise une journée de sortie aux chutes du Niagara, mais Abbey voulait aussi les inviter. Nous avons eu une discussion sur le sujet, et elle a été extrêmement animée. Il était très dictatorial, et moi aussi, et nous préférions tous les deux tout abandonner plutôt que de nous céder l'un à l'autre. Jarrett nous a cependant fait remarquer que cette solution priverait les artistes d'une petite fête dont ils entendaient beaucoup parler et qu'ils attendaient avec impatience. Nous avons donc finalement cédé et, pour régler l'affaire, nous sommes convenus de partager les dépenses entre nous. Les artistes acceptèrent notre invitation avec la plus charmante bonne grâce, et nous prîmes le train pour Buffalo, où nous arrivâmes à six heures dix du matin. Nous avions télégraphié d'avance pour que les voitures et le café soient prêts et que des vivres nous soient fournis, car c'est tout simplement folie que trente-deux personnes arrivent un dimanche dans de telles villes sans prévenir d'un tel événement. Nous avions un train spécial qui roulait à toute vitesse sur les voies, entièrement dégagées le dimanche, et qui était décoré de festons de fleurs. Les plus jeunes artistes étaient ravis comme des enfants ; ceux qui avaient déjà tout vu auparavant en parlaient ; puis il y avait l'éloquence de ceux qui en avaient entendu parler, etc. etc.; et tout cela, ainsi que les petits bouquets de fleurs distribués aux femmes et les cigares et cigarettes offerts aux hommes, mettaient tout le monde de bonne humeur, de sorte que tout le monde paraissait heureux. Les voitures rencontrèrent notre train et nous conduisirent à l'Hôtel d'Angleterre, qui nous était resté ouvert. Il y avait des fleurs partout et de nombreuses petites tables sur lesquelles étaient disposés du café, du chocolat ou du thé. Chaque table fut bientôt entourée d'invités. J'avais à ma table ma sœur, Abbey, Jarrett et les principaux artistes. Le repas fut de courte durée et très gai et animé. Nous nous rendîmes ensuite aux Chutes, et je restai plus d'une heure sur le balcon creusé dans le rocher. Mes yeux se sont remplis de larmes alors que je me tenais là, car j'étais profondément ému par la splendeur de la vue. Un soleil radieux rendait l'air irisé autour de nous. Il y avait des arcs-en-ciel partout, illuminant l'atmosphère de leurs douces couleurs argentées. Les pendentifs de glace dure qui pendaient le long des rochers de chaque côté ressemblaient à d'énormes joyaux. J'étais désolé de quitter ce balcon. Nous descendions dans des cages étroites qui glissaient doucement dans un tube disposé dans la fente de l'énorme rocher. Nous arrivâmes ainsi sous les chutes américaines. Ils étaient là presque au-dessus de nos têtes, nous aspergeant de leurs gouttes bleues, roses et mauves. Devant nous, nous protégeant des chutes, se trouvait un amas de glaçons formant une toute petite montagne. Nous avons surmonté cela du mieux que nous pouvions. Mon lourd manteau de fourrure me fatiguait, et à mi-chemin environ, je l'enlevai et le laissai glisser sur le flanc de la montagne de glace, pour le reprendre lorsque j'atteignis le fond. Je portais une robe de drap blanc avec une blouse de satin, et tout le monde criait de surprise en me voyant. Abbey ôta son pardessus et le jeta sur mes épaules. Je m'en débarrassai rapidement et le manteau d'Abbey rejoignit ma cape de fourrure en dessous. Le visage du pauvre *imprésario* paraissait très vide. Comme il avait bu pas mal de cocktails, il chancela, tomba sur la glace, se releva et retomba aussitôt, au grand amusement de tout le monde. Je n'avais pas du tout froid, comme je n'ai jamais froid dehors. Je ne ressens le froid à l'intérieur des maisons que lorsque je suis inactif.

Finalement nous arrivâmes au point culminant de la glace, et la cataracte était vraiment des plus menaçantes. Nous étions couverts par la brume impalpable ; qui s'élève au milieu du bruit tumultueux. J'ai tout regardé, abasourdi et fasciné par le mouvement rapide de l'eau, qui ressemblait à un large rideau d'argent, se déployant pour être violemment précipité en un tas rebondissant et éclaboussant avec un bruit différent de tout ce que j'avais jamais entendu. J'ai très facilement le vertige, et je sais bien que si j'avais été seul, je serais resté là pour toujours, les yeux fixés sur la nappe d'eau qui s'écoule à toute vitesse, l'esprit bercé par le bruit fascinant, et mes membres engourdis par le froid traître qui nous entourait. J'ai dû être entraîné, mais je suis vite redevenu moi-même face à un obstacle.

Il nous fallut redescendre, et ce n'était pas aussi facile que de remonter. Je pris la canne d'un de mes amis, puis je m'assis sur la glace. En mettant le bâton sous mes jambes, j'ai pu glisser jusqu'en bas. Tous les autres m'imitèrent, et c'était un spectacle comique de voir trente-deux personnes descendre ainsi la colline de glace. Il y a eu plusieurs culbutes et collisions, et beaucoup de rires. Un quart d'heure plus tard, nous étions tous à l'hôtel où le déjeuner avait été commandé.

Nous avions tous froid et faim ; il faisait chaud à l'intérieur de l'hôtel et le repas sentait bon. Le déjeuner terminé, le propriétaire de l'hôtel me demanda d'entrer dans un petit salon où m'attendait une surprise. En entrant, j'ai vu sur une table, protégée sous une longue boîte de verre, les chutes du Niagara en miniature, avec des rochers ressemblant à des cailloux. Un grand verre représentait la nappe d'eau et des fils de verre représentaient les chutes. Çà et là, il y avait du feuillage d'un vert dur et brut. Se dresser sur une petite butte de glace était une figure qui m'était destinée. C'était à faire hurler d'horreur, tant tout cela était hideux. Je parvins à faire sourire l'hôtelier en guise de félicitation pour son bon goût, mais je restai pétrifié en reconnaissant le domestique de mes amis les frères Th... de Pittsburg. Ils avaient envoyé cette monstrueuse caricature de la plus belle chose du monde.

Je lus la lettre que leur domestique me remit, et tout mon dédain fondit. Ils s'étaient donné beaucoup de mal pour m'expliquer ce qu'ils voulaient que je comprenne, et ils étaient si ravis à l'idée de me faire plaisir.

Je renvoyai le valet de chambre après lui avoir remis une lettre pour ses maîtres, et je demandai à l'hôtelier d'envoyer à Paris l'œuvre d'art soigneusement emballée. J'espérais qu'il pourrait arriver en fragments.

Cependant, cette idée me hantait et je me demandais comment la passion de mon ami pour les chutes pouvait être conciliée avec l'idée d'un tel cadeau.

Tout en admettant que son esprit imaginatif aurait pu espérer pouvoir réaliser son idée, comment se fait-il qu'il ne se soit pas indigné à la vue de cette imitation grotesque ? Comment avait-il osé me l'envoyer ? Comment se fait-il que mon ami aimait les chutes, et qu'avait-il compris de leur merveilleuse grandeur ? Depuis sa mort, j'ai remis en question cent fois mes propres souvenirs de lui, mais en vain. Il est mort pour eux, ballotté dans leurs eaux, tué par leurs caresses ; et je ne peux pas penser qu'il ait jamais pu voir à quel point ils étaient vraiment beaux. Heureusement, j'ai été rappelé, car la voiture était là et tout le monde m'attendait. Les chevaux partirent avec nous, trottant de cette façon lasse particulière aux chevaux de touristes.

Lorsque nous sommes arrivés sur la côte canadienne, nous avons dû entrer dans la clandestinité et nous habiller d'imperméables noirs ou jaunes. Nous ressemblions à des marins lourds et trapus qui portaient ces vêtements pour la première fois. Il y avait deux grandes cellules pour nous abriter, une pour les femmes et l'autre pour les hommes. Tout le monde se déshabilla plus ou moins au milieu d'une confusion sauvage, et faisant un petit paquet de nos vêtements, nous le confiâmes à la garde de la responsable. Avec la capuche en imperméable serrée sous le menton, cachant entièrement les cheveux, une énorme blouse beaucoup trop large couvrant tout le corps, des bottes de fourrure à semelles rugueuses pour éviter les jambes et la tête cassées, et d'immenses culottes d'imperméable façon zouave, les plus jolies et les plus élancées. La femme se transforma aussitôt en un ours énorme, encombrant et maladroit. Un gourdin à pointe de fer à porter à la main complétait ce costume élégant. J'avais l'air plus ridicule que les autres, car je ne voulais pas couvrir mes cheveux et, de la manière la plus prétentieuse, j'avais attaché des roses dans ma blouse en imperméable. Les femmes étaient ravies en me voyant. "Comme elle est jolie comme ça!" s'exclamèrent-ils. « Elle trouve toujours le moyen d'être *chic, quand-même !*» Les hommes baisèrent la patte de mon ours de la manière la plus galante, s'inclinant profondément et disant à voix basse : « Toujours et *quand-même* la reine, la fée, la déesse, la divinité », etc. etc. Et j'ai continué, ronronnant de contentement et tout à fait satisfait de moi-même, jusqu'à ce que, en passant devant le comptoir où était assise la fille qui donne les billets, je m'aperçois dans la glace. J'avais l'air énorme et ridicule avec mes roses épinglées et les mèches de cheveux bouclés formant une sorte de pic à ma capuche maladroite. J'avais l'air plus gros que tous les autres, à cause de la ceinture d'argent que je portais autour de ma taille, qui resserrait les plis durs de l'imperméable autour de mes hanches. Mon visage maigre était presque recouvert par mes cheveux, aplatis par ma capuche. On ne voyait pas mes yeux et seule ma bouche servait à montrer que ce tonneau était un être humain. Furieux contre moi-même de ma coquetterie prétentieuse, et honteux de ma propre faiblesse de m'être si contenté des flatteries pitoyables et peu sincères des gens qui se moquaient de moi, je décidai de rester tel que j'étais, en punition de ma stupide vanité. Il y avait parmi nous un certain nombre d'étrangers qui se donnaient des coups de coude, me montraient du doigt et riaient sournoisement de mon ridicule accoutrement, et c'était tout ce que je méritais.

Nous avons descendu les marches taillées dans le bloc de glace pour passer sous les chutes canadiennes. Le spectacle y était des plus étranges et extraordinaires. Au-dessus de moi, je vis une immense coupole de glace suspendue dans l'espace, attachée d'un seul côté au rocher. De cette coupole pendaient des milliers de glaçons aux formes les plus variées. Il y avait des dragons, des flèches, des croix, des visages rieurs, des visages tristes, des mains à six doigts, des pieds déformés, des corps humains incomplets et de longues mèches de cheveux de femmes. En fait, avec l'aide de l'imagination et en fixant le regard quand on regarde les yeux mi-clos, l'illusion est complète, et en moins de temps qu'il n'en faut pour décrire tout cela, on peut évoquer toutes les images de la nature et de nos rêves. , toutes les conceptions folles d'un esprit malade, ou les réalités d'un cerveau réfléchi.

Devant nous se dressaient de petits clochers de glace, les uns fiers et dressés, se détachant sur le ciel, d'autres ravagés par le vent qui ronge la glace, ressemblant à des minarets prêts pour le muezzin. A droite, une cascade dévalait aussi bruyamment que de l'autre côté, mais le soleil avait commencé sa descente vers l'ouest, et tout était teinté d'une teinte rose. L'eau nous aspergea et nous fûmes soudain couverts de petites vagues argentées qui, secouées, se raidissaient légèrement contre nos imperméables. C'était un banc de très petits poissons qui avaient eu le malheur d'être entraînés dans le courant, et qui étaient venus mourir dans l'éclat éblouissant du soleil couchant. De l'autre côté, il y avait un petit bloc qui ressemblait à un rhinocéros entrant dans l'eau.

"J'adorerais monter là-dessus!" M'écriai-je.

"Oui, mais c'est impossible", a répondu un de mes amis.

"Oh, à ce propos, rien n'est impossible", dis-je. « Il n'y a que le risque ; la crevasse à couvrir n'a pas un mètre de long.

« Non, mais c'est profond », remarque un artiste qui était avec nous.

"Eh bien," dis-je, "mon chien est juste mort. Nous parierons sur un chien — et si je gagne, je dois choisir mon chien — que j'y vais.

Abbey a été récupéré immédiatement, mais il est arrivé seulement à temps pour me voir dans le quartier. J'ai failli tomber dans la crevasse, et lorsque j'étais sur le dos du rhinocéros, je ne pouvais pas me relever. C'était aussi lisse et transparent que de la glace artificielle. Je m'assis sur son dos, en m'accrochant à la petite bosse, et je déclarai que si personne ne venait me chercher, je resterais là où j'étais, n'ayant pas le courage de faire un pas sur ce dos glissant ; et puis aussi, il me semblait qu'il bougeait légèrement. J'ai commencé à perdre mon sang-froid. J'avais le vertige, mais j'avais gagné mon chien. Mon excitation était passée et j'étais pris d'effroi. Tout le monde me regardait avec étonnement, et cela augmentait ma terreur. Ma sœur devint hystérique et mon cher Guérard gémit d'une manière déchirante : « Oh mon Dieu, ma chère Sarah, oh mon Dieu ! Un artiste faisait des croquis ; heureusement les membres de notre compagnie étaient remontés pour aller voir les rapides. Abbey m'a supplié de revenir ; le pauvre Jarrett m'a supplié. Mais j'avais le vertige et je ne pouvais pas et je ne voulais plus traverser. Angelo sauta alors par-dessus la crevasse et, restant là, demanda une planche de bois et une hache.

"Bravo! Bravo!" M'exclamai-je depuis le dos de mon rhinocéros.

La planche a été apportée. C'était un vieux morceau de bois d'apparence noire et je l'ai regardé avec méfiance. La hachette a coupé la queue de mon rhinocéros, et la planche a été fermement fixée par Angelo de mon côté et tenue par Abbey, Jarrett et Claude de l'autre côté. Je me laissai glisser sur la croupe de mon rhinocéros, et je m'élançai alors, non sans terreur, le long de la planche de bois pourrie, si étroite que j'étais obligé de mettre un pied devant l'autre, le talon sur l'orteil. . Je revins à l'hôtel très fiévreux, et l'artiste m'apporta les drôles de croquis qu'il avait pris.

Après un déjeuner léger, je devais reprendre le train qui nous attendait depuis vingt minutes. Tous les autres avaient pris place depuis longtemps. Je partais sans avoir vu les rapides dans lesquels mon pauvre ami de Pittsburg trouva la mort.

XXXVIII
LE RETOUR EN FRANCE — L'ACCUEIL AU HÂVRE

Notre grand voyage touchait à sa fin. Je dis grand voyage, car c'était mon premier. Cela avait duré sept mois. Les voyages que j'ai entrepris depuis ont toujours duré de onze à seize mois.

De Buffalo, nous allâmes à Rochester, Utica, Syracuse, Albany, Troy, Worcester, Providence, Newark, faisant un court séjour à Washington, ville admirable, mais qui avait alors une tristesse qui touchait les nerfs. C'est la dernière grande ville que j'ai visitée.

Après deux admirables représentations et un souper à l'Ambassade, nous partîmes pour Baltimore, Philadelphie et New York, où devait se terminer notre tournée. Dans cette ville, j'ai donné une grande *matinée professionnelle* à la demande générale des acteurs et actrices de New York. La pièce choisie était *La Princesse Georges* .

Oh, quelle belle performance, inoubliable ! Tout a été applaudi par les artistes. Rien n'échappait à l'état d'esprit particulier de ce public composé d'acteurs et d'actrices, de peintres et de sculpteurs. A la fin de la pièce, on me remit un peigne à cheveux en or sur lequel étaient gravés les noms d'un grand nombre de personnes présentes. De Salvini, j'ai reçu un joli coffret de lapis, et de Mary Anderson, alors dans la beauté éclatante de ses dix-neuf ans, une petite médaille portant un myosotis en turquoises. Dans mon dressing, j'ai compté cent trente bouquets.

Ce soir-là, nous avons donné notre dernière représentation avec *La Dame aux Camélias* . J'ai dû revenir et m'incliner devant le public quatorze fois.

Puis j'eus un instant de stupeur, car dans la tempête des cris et des bravos j'entendis un cri aigu poussé par des milliers de bouches, que je ne comprenais pas du tout. Après chaque « appel », je demandais en coulisses quel était le sens du mot qui frappait mes oreilles comme un éternuement épouvantable, recommençant encore et encore. Jarrett est apparu et m'a éclairé. "Ils réclament un discours." Je l'ai regardé, déconcerté. "Oui, ils veulent que vous fassiez un petit discours."

"Ah non!" M'exclamai-je en remontant sur scène pour saluer. "Non." Et en m'inclinant devant le public, j'ai murmuré : « Je ne peux pas parler. Mais je peux vous le dire : merci, de tout mon cœur !

C'était au milieu d'un tonnerre d'applaudissements, soulignés par « Hip, hip, hourra ! *Vive la France!* » que j'ai quitté le théâtre.

Le mercredi 4 mai, je m'embarquai sur le même paquebot transatlantique, l'*America* , le vaisseau fantôme auquel mon voyage avait porté chance. Mais il n'y avait plus le même commandant. Le nouveau nom était Santelli. Il était aussi petit et au teint clair que son prédécesseur était grand et brun. Mais il était tout aussi charmant et un bon causeur.

Le commandant Jowclas s'est fait exploser la cervelle après avoir lourdement perdu au jeu.

Ma cabane avait été nouvellement aménagée et cette fois les boiseries étaient recouvertes d'un tissu bleu ciel. En montant à bord du paquebot, je me tournai vers la foule amicale et leur lançai un dernier adieu. " *Au revoir!* ", ont-ils répondu.

Je me dirige ensuite vers ma cabine. Debout à la porte, dans un élégant costume gris fer, portant des chaussures pointues, un chapeau à la dernière mode et des gants en peau de chien, se tenait Henry Smith, le showman des baleines. J'ai poussé un cri semblable à celui d'une bête sauvage. Il garda son sourire joyeux et me tendit un écrin que je pris dans le but de le jeter à la mer par le hublot ouvert. Mais Jarrett m'a attrapé le bras et a pris possession du cercueil qu'il a ouvert. "C'est magnifique!" s'exclama-t-il, mais j'avais fermé les yeux. J'ai bouché mes oreilles et j'ai crié à l'homme : « Va-t'en ! espèce de coquin ! espèce de brute ! S'en aller! J'espère que tu mourras sous d'atroces souffrances ! S'en aller!"

J'ai entrouvert les yeux. Il est parti. Jarrett voulait me parler du présent. Je n'en entendrais rien.

« Ah, pour l'amour de Dieu, M. Jarrett, laissez-moi tranquille ! Puisque ce bijou est si beau, donne-le à ta fille, et ne m'en parle plus. Et il l'a fait.

La veille de mon départ d'Amérique, j'avais reçu un long télégramme, signé Grosos, président de la Société de Sauvetage du Hâvre, me demandant de donner à mon arrivée une représentation dont les bénéfices seraient répartis entre les familles de la société de Sauveteurs de vie. J'ai accepté avec une joie indescriptible.

En regagnant ma terre natale, je devrais aider à sécher mes larmes.

Une fois les ponts dégagés pour le départ, notre navire s'éloigna lentement et nous quittions New York le jeudi 5 mai.

Détestant les voyages en mer comme je le fais habituellement, je partis cette fois le cœur léger et le visage souriant, dédaigneux de l'horrible inconfort causé par le voyage.

Nous n'avions pas quitté New York depuis quarante-huit heures lorsque le navire s'est arrêté. Je sautai hors de ma couchette et fus bientôt sur le pont, craignant un accident pour notre *Phantom* , comme nous avions surnommé le navire. Devant nous, un bateau français avait hissé, abaissé et hissé à nouveau ses petits pavillons. Le capitaine, qui avait donné les réponses à ces signaux, me fit appeler et m'expliqua le fonctionnement et l'orthographe des signaux. Je ne me souvenais de rien de ce qu'il m'avait dit, je dois avouer ma honte. Un petit bateau fut descendu du navire en face de nous, et deux matelots et un jeune homme très mal habillé et au visage pâle s'embarquèrent. Notre capitaine fit baisser les marches, le petit bateau fut hélé, et le jeune homme, escorté de deux matelots, monta sur le pont. L'un d'eux a remis une lettre au policier qui attendait en haut des marches. Il l'a lu et, regardant le jeune homme, il a dit doucement : « Suivez-moi ! Le petit bateau et les matelots retournèrent au navire, le bateau fut hissé, le sifflet retentit et après le salut habituel, les deux navires continuèrent leur route. Le malheureux jeune homme fut amené devant le capitaine. Je m'en allai après avoir demandé au capitaine de me dire plus tard quel était le sens de tout cela, à moins que cela ne se révèle être quelque chose qui devait rester secret.

Le capitaine est venu lui-même et m'a raconté la petite histoire. Le jeune homme était un pauvre artiste, graveur sur bois, qui avait réussi à se glisser sur un paquebot à destination de New York. Il n'avait pas un sou d'argent pour son voyage, puisqu'il n'avait même pas pu payer un billet d'émigrant. Il avait espéré passer sans se faire remarquer, se cachant sous les ballots de toutes sortes. Il était pourtant tombé malade, et c'était cette maladie qui l'avait trahi. Frissonnant de froid et fiévreux, il avait parlé à voix haute dans son sommeil, prononçant les paroles les plus incohérentes. Il fut emmené à l'infirmerie et, là-bas, il eut tout avoué. Le capitaine s'engagea à lui faire accepter ce que je lui envoyais pour son voyage en Amérique. L'histoire se répandit bientôt, et d'autres passagers firent une collecte, de sorte que le jeune graveur se trouva bientôt en possession d'une fortune de douze cents francs. Trois jours plus tard, il m'apporta une petite boîte en bois, fabriquée, sculptée et gravée par lui. Cette petite boîte est maintenant presque pleine de pétales de fleurs, car chaque année, le 7 mai, je recevais un petit bouquet de fleurs avec ces mots, toujours les mêmes, année après année, « Gratitude et dévotion ». Je mets toujours les pétales des fleurs dans la petite boîte, mais depuis sept ans je n'en ai pas reçu. Est-ce l'oubli ou la mort qui a poussé l'artiste à abandonner ce petit témoignage gracieux de gratitude ? Je n'en ai aucune idée, mais la vue de la boîte me procure toujours un vague sentiment de tristesse, car l'oubli et la mort sont les compagnons les plus fidèles de l'être humain. L'oubli s'installe dans notre esprit, dans notre cœur, tandis que la mort est toujours présente, nous tendant des pièges, surveillant tout ce que nous faisons et raillant gaiement quand le sommeil nous ferme les yeux, car nous lui donnons alors l'illusion de ce qu'elle sait. jour soit une réalité.

Hormis l'incident ci-dessus, rien de particulier ne s'est produit pendant le voyage. Je passais chaque nuit sur le pont à regarder l'horizon, espérant attirer vers moi cette terre sur laquelle se trouvaient mes proches. Je me suis retourné vers le matin et j'ai dormi toute la journée pour tuer le temps.

Les bateaux à vapeur d'alors n'effectuaient pas la traversée avec la même vitesse qu'aujourd'hui. Les heures me semblaient terriblement longues. J'étais si impatient d'atterrir que j'ai appelé le médecin et lui ai demandé de m'endormir pendant dix-huit heures. Il m'a donné douze heures de sommeil avec une forte dose de chloral, et je me suis senti plus fort et plus calme pour affronter le choc du bonheur.

Santelli avait promis que nous arriverions le 14 au soir. J'étais prêt et je me promenais distraitement depuis une heure, lorsqu'un officier vint me demander si je ne voulais pas me rendre sur la passerelle avec le commandant qui m'attendait.

Avec ma sœur, je montai en toute hâte, et je compris bientôt, aux propos embarrassés de l'aimable Santelli, que nous étions trop loin pour espérer atteindre le port cette nuit-là.

J'ai commencé à pleurer. Je pensais que nous ne devrions jamais arriver. J'imaginais que l'esprit allait triompher, et je pleurais ces larmes qui étaient comme un ruisseau qui coule sans cesse.

Le commandant a fait ce qu'il pouvait pour me ramener à un état d'esprit rationnel. Je suis descendu du pont avec le corps et l'âme comme des haillons mous.

Je m'allongeai sur un transat et, à l'aube, j'étais engourdi et somnolent.

Il était cinq heures du matin. Nous étions encore à vingt milles de la terre. Le soleil, cependant, commençait joyeusement à éclairer les petits nuages blancs, légers comme des flocons de neige. Le souvenir de mon jeune bien-aimé m'a redonné du courage. J'ai couru vers ma cabine. J'ai passé beaucoup de temps sur mes toilettes pour tuer le temps.

A sept heures, je m'informai auprès du capitaine.

« Nous sommes à douze milles de distance », dit-il. "Dans deux heures, nous atterrirons."

« Vous le jurez ? »

"Oui je jure." Je reviens sur le pont où, m'appuyant sur le pavois, je scrute la distance. Un petit bateau à vapeur apparut à l'horizon. Je l'ai vu sans le regarder, m'attendant à chaque minute à entendre un cri venant de là-bas, de là-bas...

Tout à coup, je remarquai des masses de petits drapeaux blancs agités sur le petit bateau à vapeur. J'ai récupéré mes lunettes, puis je les ai laissées tomber avec un cri de joie qui m'a laissé sans force, sans souffle. Je voulais parler : je ne pouvais pas. Mon visage, semble-t-il, devint si pâle qu'il effraya les gens qui m'entouraient. Ma sœur Jeanne pleurait en agitant les bras au loin.

Ils voulaient me faire asseoir. Je ne voudrais pas. Accroché aux pavois, je sens les sels qui me sont poussés sous le nez. Je laisse des mains amies m'essuyer les tempes, mais je regarde là d'où vient le vaisseau. Là-bas est mon bonheur ! ma joie! ma vie! mon tout! plus cher que tout !

Le *Diamant* (le nom du navire) s'approche. Un pont d'amour se forme entre le petit et le grand navire, un pont formé des battements de nos cœurs, sous le poids des baisers retenus depuis tant de jours. Vient ensuite la réaction qui s'opère dans nos larmes, lorsque les petites embarcations, s'approchant du grand navire, permettent aux impatients de grimper sur les échelles de corde et de se jeter à bras tendus.

L' *Amérique* est envahie. Tout le monde est là, mes chers et fidèles amis. Ils ont accompagné mon jeune fils Maurice. Ah, quel moment délicieux ! Les réponses précèdent les questions. Le rire se mêle aux larmes. Les mains sont pressées, les lèvres s'embrassent, pour ensuite recommencer. On ne se lasse jamais de cette répétition de tendre affection. Pendant ce temps, notre navire est en mouvement. Le *Diamant* a disparu, emportant les courriers. Plus nous avançons, plus nous rencontrons de petits bateaux ; ils sont ornés de drapeaux et sillonnent la mer. Il y en a une centaine. Et d'autres arrivent....

"Est-ce un jour férié?" J'ai demandé à Georges Boyer, le correspondant du *Figaro* , qui avec quelques amis était venu me rencontrer.

— Oh oui, madame, grande *fête* aujourd'hui au Hâvre, car on attend le retour d'une fée partie il y a sept mois.

« Est-ce vraiment en mon honneur que tous ces jolis bateaux ont déployé leurs ailes et arboré leurs mâts ? Ah, comme je suis heureux ! Nous sommes maintenant à côté de la jetée. Il y a là peut-être vingt mille personnes qui crient : « *Vive* Sarah Bernhardt !

J'étais abasourdi. Je ne m'attendais pas à un retour triomphal. Je savais bien que le spectacle qui allait être donné pour la Société de Sauvetage avait conquis le cœur des Havrais, mais j'apprenais maintenant que des trains étaient venus de Paris, remplis de monde, pour saluer mon retour....

Je sens mon pouls. C'est moi. Je ne rêve pas.

Le bateau s'arrête devant une tente de velours rouge, et un orchestre invisible entonne un air du *Châlet* , « *Arrêtons-nous ici* ».

Je souris de cette enfantillage bien français. Je descends et marche au milieu d'une haie de visages souriants et bienveillants de marins qui m'offrent des fleurs.

Sous la tente, tous les sauveteurs m'attendent, portant sur leur large poitrine les médailles qu'ils ont tant méritées.

M. Grosos, le président, me lit l'adresse suivante :

« MADAME , En qualité de Présidente, j'ai l'honneur de vous présenter une délégation de la Société de Sauvetage du Hâvre, venue vous accueillir et vous exprimer sa gratitude pour la sympathie que vous avez si chaleureusement exprimée dans votre dépêche transatlantique.

« Nous sommes également venus vous féliciter pour l'immense succès que vous avez rencontré à chaque endroit que vous avez visité au cours de votre voyage aventureux. Vous avez désormais acquis dans deux mondes une popularité et une célébrité artistique incontestables ; et votre merveilleux talent, ajouté à vos charmes personnels, a affirmé à l'étranger que la France est toujours la terre de l'art et le berceau de l'élégance et de la beauté.

« Un écho lointain des paroles que vous avez prononcées au Danemark, évoquant un souvenir profond et triste, frappe encore nos oreilles. Il répète que votre cœur est aussi français que votre talent, car au milieu des succès fébriles et brûlants sur scène vous n'avez jamais oublié d'unir votre patriotisme à vos triomphes artistiques.

« Nos sauveurs m'ont chargé de vous exprimer leur admiration pour la charmante bienfaitrice dont la main généreuse s'est spontanément tendue vers leur pauvre mais noble société. Ils souhaitent vous offrir ces fleurs, cueillies sur le sol de la mère patrie, sur la terre de France, où vous les trouverez partout sous vos pieds. Ils méritent que vous les acceptiez avec faveur, car ils vous sont présentés par les plus courageux et les plus fidèles de nos sauveurs.

On dit que ma réponse a été très éloquente, mais je ne peux pas affirmer que cette réponse a réellement été faite par moi. J'avais vécu plusieurs heures dans un état de surexcitation par émotions successives. Je n'avais rien mangé, je n'avais pas dormi. Mon cœur n'avait cessé de battre un refrain émouvant et joyeux. Mon cerveau était rempli de mille faits entassés depuis sept mois et racontés en deux heures. Cet accueil triomphal, auquel j'étais loin de m'attendre après ce qui s'était passé juste avant mon départ, après avoir été si mal traité par la presse parisienne, après les incidents de mon voyage, toujours mal interprétés par plusieurs journaux français, tout cela les coïncidences étaient de proportions si différentes qu'elles semblaient peu crédibles.

Le spectacle a fourni une récolte fructueuse pour les sauveteurs. Quant à moi, j'ai joué *La Dame aux Camélias* pour la première fois en France.

J'ai été vraiment inspiré. J'affirme que ceux qui étaient présents à cette représentation ont expérimenté la quintessence de ce que mon art personnel peut donner.

J'ai passé la nuit chez moi à Ste. Adresse. Le lendemain je partais pour Paris.

Une ovation des plus flatteuses m'attendait à mon arrivée. Puis, trois jours après, installé dans mon petit hôtel particulier de l'avenue de Villiers, je reçus Victorien Sardou, afin de l'entendre lire sa magnifique pièce, *Fédora* .

Quel grand artiste ! Quel admirable acteur ! Quel merveilleux auteur !

Il m'a lu cette pièce d'emblée, jouant tous *les rôles* , me donnant en une seconde la vision de ce que je devais faire.

"Ah!" M'écriai-je une fois la lecture terminée. « Ah, cher Maître ! Merci pour cette belle partie ! Merci pour la belle leçon que vous venez de me donner.

Cette nuit-là me laissa sans sommeil, car je souhaitais apercevoir dans l'obscurité la petite étoile en laquelle j'avais foi.

Je l'ai vu alors que l'aube se levait et je me suis endormi en pensant à la nouvelle ère qu'il allait éclairer.

Mon parcours artistique avait duré sept mois. J'avais visité cinquante villes et donné 156 représentations, comme suit :

La Dame aux Camélias	65	les performances
Adrienne Lecouvreur	17	"
Frou Frou	41	"
La Princesse Georges	3	"
Hernani	14	"
L'Etrangère	3	"
Phèdre	6	"
Le Sphinx	7	"
Recettes totales	2 667 600	francs
Recettes moyennes	17 100	"

BUSTE DE VICTORIEN SARDOU
PAR SARAH BERNHARDT

Je termine ici le premier volume de mes souvenirs, car c'est bien là la première étape de ma vie, le véritable point de départ de mon être physique et moral.

J'avais fui la Comédie Française, Paris, la France, ma famille et mes amis.

J'avais pensé faire une folle chevauchée à travers les montagnes, les mers et l'espace, et je suis revenu amoureux du vaste horizon, mais apaisé par le sentiment de responsabilité qui pesait sur mes épaules depuis sept mois.

Le terrible Jarrett, avec sa sagesse implacable et cruelle, avait dompté ma nature sauvage par un appel constant à ma probité.

Au cours de ces quelques mois, mon esprit avait mûri et la brusquerie de ma volonté s'était adoucie.

Ma vie, que je croyais d'abord si courte, paraissait maintenant susceptible d'être très, très longue, et cela me procurait un grand plaisir malicieux chaque fois que je pensais au mécontentement infernal de mes ennemis.

J'ai décidé de vivre. J'ai décidé d'être le grand artiste que je désirais être.

Et dès ce retour, je me livrai entièrement à ma vie.

[*Fac-similé de l'écriture de Sarah Bernhardt.*]